Bauwelt Fundamente 17

Herausgegeben von Ulrich Conrads
unter Mitarbeit von
Gerd Albers, Adolf Arndt,
Lucius Burckhardt, Werner Hebebrand,
Werner Kallmorgen, Hermann Mattern,
Julius Posener, Hans Scharoun,
Hansjörg Schneider

Günter Günschel

Große Konstrukteure 1

Freyssinet
Maillart
Dischinger
Finsterwalder

Ullstein Berlin Frankfurt/M Wien

Die vorliegenden Schriften Freyssinets wurden durch Willfred Hartig und Frau Dipl.-Ing. Eva Dunstheimer übersetzt. Die aus der Jubiläumsschrift des Deutschen Beton-Vereins e. V. entnommenen Auszüge sind Übersetzungen von Dr.-Ing. Gotthard Franz. Der Autor ist Frau Nanny Dischinger, Herrn Dr.-Ing. E. h. Dr.-Ing. Ulrich Finsterwalder, Herrn Dipl.-Ing. Schambeck, der Eidgen. Materialprüfungsanstalt der E. T. H. Zürich, der Société Technique pour l'Utilisation de la Précontrainte, Paris, und der Firma Dyckerhoff & Widmann, München, für die stets bereitwillige Unterstützung zu besonderem Dank verpflichtet.

VERLAG ULLSTEIN GMBH · BERLIN · FRANKFURT/M · WIEN
Umschlagentwurf von Helmut Lortz
© 1966 by Verlag Ullstein GmbH, Frankfurt/M — Berlin
Alle Rechte, auch das der photomechanischen Wiedergabe, vorbehalten
Printed in Germany, Berlin West 1966 · Gesamtherstellung Druckhaus Tempelhof

Inhalt

Vorwort *von Fritz Leonhardt*	7
EUGÈNE FREYSSINET	15
Biographisches 17	
Die Entstehung des Spannbetons	24
Die Brücken *Die vorgespannten Marnebrücken 52*	45
Die Luftschiffhallen von Orly	57
Spannbeton	66
Herstellung der Vorspannung	71
Möglichkeiten, die sich durch die Anwendung der Vorspannung in inhomogene Konstruktionen ergeben	71
Formänderungen des Betons	73
Erzeugung von Vorspannung ohne Verwendung von Spanndrähten	74
Vorträge und wichtigste Veröffentlichungen *Wissenschaftliche Arbeiten und Publikationen 79* *Formänderungen des Betons 79* *Ideen und neue Betrachtungsweisen 80*	79
ROBERT MAILLART	81
Biographisches 86	
Masse oder Qualität im Betonbau?	96
Aktuelle Fragen des Eisenbetonbaus *I. Gestaltung des Eisenbetons 99* *II. Zur Berechnung des Eisenbetons 101*	99
Betrachtungen zum Gewölbebau	104
Leichte Eisenbeton-Brücken in der Schweiz	107
Einige neuere Eisenbeton-Brücken *Der Fußgängersteg über die Töß bei Wülflingen 122* *Spitalbrücke über die Engstligen 123* *Die Eisenbahnbrücke über die Birs in Liesberg 124* *Aare-Brücke in Innertkirchen 126*	120
Die Lorraine-Brücke über die Aare in Bern	129
Zur Entwicklung der unterzuglosen Decke in der Schweiz und in Amerika	130
Verzeichnis der veröffentlichten theoretischen Arbeiten und Werke	137

FRANZ DISCHINGER und ULRICH FINSTERWALDER	139
Franz Dischinger 144	
Ulrich Finsterwalder 149	
Fortschritte im Bau von Massivkuppeln von Franz Dischinger	160
Eisenbetonschalendächer, System Zeiss-Dywidag von Franz Dischinger und Ulrich Finsterwalder	170
Schalendächer für Überdachung rechteckiger Grundrisse 170	
Baubeschreibung der Großmarkthalle Frankfurt am Main 180	
Die querversteiften zylindrischen Schalengewölbe mit kreissegmentförmigem Querschnitt von Ulrich Finsterwalder	185
Doppelt gekrümmtes, durch vertikale Binderscheiben ausgesteiftes Dywidag-Dach von Franz Dischinger und Ulrich Finsterwalder	188
Vieleckskuppeln, System Zeiss-Dywidag, zusammengesetzt aus versteiften Zylinderschalen von Franz Dischinger	189
Betonschiffe in Schalenbauweise von Ulrich Finsterwalder	196
Erfahrungen mit Betonschiffen vor dem zweiten Weltkrieg 196	
Gründe für die Anwendung der Schalenbauweise 197	
Besondere Gesichtspunkte für die Anwendung der Schalenbauweise 198	
Ausgeführte Schiffstypen 202	
Eisenbetontragwerk, insbesondere für Balkenbrücken von Franz Dischinger	203
Eisenbetonträger mit selbsttätiger Vorspannung von Ulrich Finsterwalder	206
Weitgespannte Tragwerke von Franz Dischinger	215
Echte Hängebrücken aus Stahl für schwerste Verkehrslasten (Eisenbahnen) von Franz Dischinger	219
Über das Entwerfen von Spannbetonbrücken von Ulrich Finsterwalder	228
Die Donaubrücke beim Gänstor in Ulm von Ulrich Finsterwalder und Hermann König	234
Die Entwicklung des freien Vorbaus von Spannbetonbrücken von Ulrich Finsterwalder und Herbert Schambeck	239
Franz Dischinger Vorträge und Veröffentlichungen	253
Ulrich Finsterwalder Vorträge und Veröffentlichungen	256
Dischinger-Rüsch	260
Geschichtliches über die Entwicklung des Stahlbetons	261
Literaturverzeichnis, Fotonachweis	276

Vorwort

In den letzten 50 Jahren hat sich das Bauen so grundlegend geändert wie nie zuvor in einem vergleichbaren Zeitraum. Das gleiche kann man wohl von allen Sparten der Technik sagen. Man ist geneigt, diese große Wandlung einfach der Entwicklung der Technik zuzuschreiben. An diese immer rascher fortschreitende Entwicklung der Technik sind wir schon so sehr gewöhnt, daß sie als gar nichts Besonderes mehr empfunden wird, und wir meist ganz übersehen, wem wir diese Entwicklung der Technik zu verdanken haben und wieviel leidenschaftliche Hingabe und Kampf einzelner Menschen dahinter steckten. Nur auf wenigen Gebieten hat man bisher Männer, denen wir die vielen technischen Hilfen zu verdanken haben, in das Licht der Öffentlichkeit gerückt, so vor allem auf dem Gebiet der Physik und Chemie, und hier besonders durch die Verleihung der Nobelpreise. Wenig weiß man jedoch über die Männer, die das *Bauen* in diesem Jahrhundert so stark verändert haben, die die Voraussetzungen schufen, unsere Häuser immer höher und lichter zu bauen, große Hallen mit leichten Schalen zu überdecken, unsere Straßen auf kühnen Brücken über alle Hindernisse hinwegzuführen oder den störenden Verkehr tief unter die Erde zu legen.

Es sind dies die Bauingenieure, ein Beruf, der sich erst im letzten Jahrhundert herausgebildet hat, der jedoch im Bewußtsein der breiten Öffentlichkeit so wenig bekannt ist, daß Journalisten sie meist als Architekten bezeichnen. Dabei werden die Dienste des Bauingenieurs für zahllose öffentliche Aufgaben in großem Umfang in Anspruch genommen. Man denke hier nur an die wichtigen, baulichen Aufgaben des gesamten Verkehrswesens, des Straßen- und Eisenbahnbaues, des Wasserbaues (Kanäle, Schleusen, Staustufen), der Hafenanlagen, der Wasserversorgung und Wassergütewirtschaft, des Industriebaues, der Kraftwerksanlagen einschließlich großer Staudämme für Wasserkraft oder Bewässerung, des konstruktiven Hochbaues, wie er für alle vielgeschossigen Häuser oder besonders für Hallentragwerke erforderlich ist, sowie schließlich als Krönung der Bauingenieurtätigkeit: des Brückenbaues.

An der Entwicklung auf diesem breiten Gebiet des Bauwesens sind natürlich Tausende Männer beteiligt gewesen und noch beteiligt, teils als Wissenschaftler und Forscher im konstruktiven Ingenieurbau, in Baustoffkunde, Baustatik oder in den Grundlagenwissenschaften der Mathematik und Mechanik. Einen hervorragenden Anteil hatten jedoch zweifellos die erfinderischen Ingenieure der Praxis, die Bauten zu entwerfen, zu berechnen und durchzukonstruieren hatten und die bei der Lösung ihrer Aufgaben den Mut aufbrachten, Neues zu erproben und kühne Gedanken in die Tat umzusetzen, wobei all die Probleme der Bauausführung und auch der Wirtschaftlichkeit hereinspielen und gemeistert sein wollen. Diesen Männern wachsen aus der Erfahrung neue Erkenntnisse und neues Wissen zu, die sie dann beim nächsten Bauvorhaben befähigen, ihre Lösung zu verbessern und schließlich die Kühnheit ihrer Tragwerke so zu steigern, daß sie unsere Bewunderung erregen.

Es ist sehr zu begrüßen, daß in dem vorliegenden Buch einmal solche Ingenieure der Baupraxis vorgestellt werden, die durch ihre Erfindungen und Bauausführungen Leistungen vollbracht haben, die man vor einem halben Jahrhundert noch nicht ahnen konnte und die so einen nachhaltigen Einfluß auf die Entwicklung und Gestaltung unseres heutigen Bauens ausgeübt haben.

Die Wahl fiel auf vier hervorragende Bauingenieure aus dem Gebiet des Betonbaues, nämlich

den Franzosen   EUGENE FREYSSINET
den Schweizer   ROBERT MAILLART
und die beiden Deutschen FRANZ DISCHINGER und ULRICH FINSTERWALDER.

Ihre Leistungen werden in den ersten Kapiteln dieses Buches durch eine Auswahl ihrer eigenen fachlichen Veröffentlichungen dargestellt, in denen in interessanter Weise die Probleme zum Zeitpunkt der Erfindungen und Entwicklungen zum Ausdruck kommen. Anschließend wird eine Zusammenstellung ihrer wichtigsten Veröffentlichungen gegeben. Am Schluß des Buches folgt eine kurze Lebensbeschreibung der vier großen Konstrukteure und abschließend eine Zusammenstellung der wichtigen geschichtlichen Daten der Entwicklung des Stahlbetons.

EUGENE FREYSSINET gilt als der Vater des Spannbetons, der Bauart, bei der Beton durch gespannte Stahleinlagen so unter Druck gesetzt wird, daß er später unter Belastungen keine Zugspannungen erfährt, die er nicht erträgt, ohne zu reißen. Durch die Vorspannung wird also die schwache Seite des Betons, nämlich seine geringe Zugfestigkeit, ausgeglichen, indem man von seiner guten Eigenschaft, nämlich der hohen Druckfestigkeit, auch auf der zugbeanspruchten Seite Gebrauch macht. Der Gedanke der Vorspannung nicht zugfester Bauelemente ist sehr alt, auch der Gedanke der Vorspannung des Betons taucht schon 1886 auf. Den ersten Versuchen, Spannbeton zu verwirklichen, war jedoch kein Erfolg beschieden, weil die Vorspannung mit normalem Stahl durch die anfänglich unbekannten Erscheinungen der Schwind- und Kriechverkürzungen des Betons nach einiger Zeit wieder verlorenging, so daß die Tragwerke auf der Zugseite doch Risse bekamen, die man mit der Vorspannung eigentlich verhüten wollte.

Es ist das große Verdienst Freyssinets, diese unerwünschten Verkürzungen des Betons, die mit dem durch chemische Abbinde-Vorgänge und durch Verdunsten überschüssigen Anmachwassers bedingten Austrocknen und Schrumpfen zusammenhängen, klar erkannt und in ihren Größenordnungen durch Versuche festgestellt zu haben. Da diese zeitabhängigen Verkürzungen als unvermeidbar hingenommen werden müssen, hat Freyssinet die richtige Schlußfolgerung gezogen, daß eine Vorspannung nur dann wirksam bleibt, wenn die Dehnung der gespannten Stahleinlagen wesentlich größer gewählt wird als die späteren Verkürzungen, so daß ein ausreichender Prozentsatz der Federkraft des gespannten Stahles wirksam bleibt. Freyssinets berühmtes Spannbetonpatent sah daher vor, daß der Stahl mit mindestens 4000 kp/cm^2 gespannt werden müsse, d. h., für Spannbeton mußte ein Stahl wesentlich höherer Festigkeit verwendet werden als für den einfachen Stahlbeton, bei dem man die Stahlstäbe ohne Vorspannung einbetoniert und Risse im Beton zuläßt.

In der klaren Erkenntnis der Bedeutung möglichst hoher Stahlspannungen bzw. Stahldehnungen für den bleibenden Erfolg der Vorspannung hat Freyssinet Stähle benützt mit den höchsten erreichbaren Festigkeiten, wie sie zunächst als kalt gezogene Drähte verfügbar waren. Er hat auch erkannt, daß man die Stahlfestigkeit bis zu einem sehr hohen Prozentsatz ausnützen kann, weil die Stahlspannung später im Bauwerk durch Schwinden und Kriechen mehr abnimmt als sie durch Belastungen zunehmen kann. So hat Freyssinet Drähte mit 18 000 kp/cm^2 Zugfestigkeit bis zu rund 14 000 kp/cm^2 gespannt. Mit solch hohen Spannungen kann man natürlich schon mit kleinen Kabeln riesengroße Kräfte ausüben. Man braucht also in den Tragwerken nur geringe Querschnittsflächen zur Unterbringung der Spannkabel, so daß die Spannbetontragwerke gegenüber den früheren nicht vorgespannten Stahlbetonträgern wesentlich leichter und auch viel schlanker gebaut werden konnten. Die mögliche Steigerung der Schlankheit hat Freyssinet gleich bei seinen ersten großen Spannbetonbrücken unter Beweis gestellt.

Des Wertes seiner Erfindungen war sich Freyssinet wohl bewußt, so daß er die erste große Veröffentlichung über seine Erkenntnisse und Entwicklungen mit dem Titel »Une Révolution dans l'Art de Bâtir« überschrieben hat. Tatsächlich haben seine Ideen zu einer »Revolution in der Baukunst« geführt, indem die Spannweiten der Betontragwerke gegenüber früher rund verdreifacht, die Schlankheiten verdoppelt und die Gewichte und Kosten wesentlich vermindert werden konnten. Diese Neuerungen haben vor allem im Brückenbau große Früchte getragen. So werden heute in Deutschland rund 90 % aller Brücken aus Spannbeton hergestellt, wobei die Kosten der Brücken sich in den letzten 20 Jahren fast nicht verändert haben, was allerdings nicht allein den Ideen Freyssinets, sondern vielen anderen wertvollen Entwicklungen in der Brückenbaukunst zuzuschreiben ist.

Freyssinet hat den Gedanken der Vorspannung sehr vielseitig angewandt und hat ein geniales Verfahren der Vorspannung und Verankerung von Spannstählen entwickelt, das dank einer hervorragenden Organisation heute auf der ganzen Welt verbreitet ist. Als typischer Ingenieur vertiefte er sich gern in die Lösung konstruktiver Probleme und war so ein Meister der Details, der das Verhalten seiner Baustoffe hervorragend beherrschte und auch mit den Möglichkeiten der praktischen Ausführung und Herstellung bis ins letzte vertraut war und dabei manchen neuen Weg für die Fertigung gewiesen hat. Solche Ingenieure sind meist kaufmännisch und organisatorisch weniger begabt, und es war daher das große Glück Freyssinets, daß er in seinem Leben mehrmals Männern begegnet ist, die den Wert seiner Ideen erkannt und unternehmerisch genützt haben. So sind die großen praktischen Erfolge Freyssinets zu einem guten Teil der fruchtbaren Zusammenarbeit mit Herrn Edme Campenon, Präsident der großen Bauunternehmung Campenon-Bernard, zu verdanken, die die weltweite Organisation der STUP (Société Technique pour l'Utilisation de la Précontrainte) ins Leben gerufen hat, welche die Verfahren Freyssinets in der ganzen Welt propagiert und eingeführt hat, wobei so hervorragende Ingenieure wie Yves Guyon, langjähriger Präsident der Fédération Internationale de la Précontrainte (FIP), mitwirkten. Freyssinet konnte sich so auf seine Ingenieurarbeit konzentrieren und sein Ingenieurkönnen für viele Aufgaben zur Verfügung stellen.

Freyssinet hat viele hohe Ehrungen und Auszeichnungen erfahren dürfen; in Deutschland erhielt er 1959 die Emil-Mörsch-Gedenkmünze. Die Franzosen verstehen sehr wohl, die Leistungen ihrer großen Ingenieure in der ganzen Welt herauszustellen, und so stand der Name Freyssinets auch beim diesjährigen 5. Internationalen Spannbeton-Kongreß in Paris, 4 Jahre nach seinem Tod, in wohlverdienter Weise an vorderster Stelle, zeigte doch der Kongreß, in welch großem Ausmaß der Spannbeton sich in der ganzen Welt ausgebreitet und entwickelt hat.

Der Schweizer ROBERT MAILLART gehört einer etwas früheren Zeit an, die vom Spannbeton noch wenig wußte. Seine großen Verdienste liegen darin, daß er Wege gewiesen hat, den Beton durch verschiedene neue Tragwerksarten höher auszunützen als bisher, indem er die Querschnittsabmessungen wesentlich verkleinerte und die erforderliche Sicherheit durch geschickt angeordnete Bewehrungen erzielte. Ihm haben wir nicht nur verhältnismäßig dünne und weitgespannte Massivplatten als Decken unserer Hochbauten, insbesondere in der Form der Pilzdecke, zu verdanken, sondern vor allem feingliedrige, besonders kühne Brücken. Am berühmtesten wurden die sogenannten Maillart-Bogen, das sind Dreigelenkbogen, die am Kämpfer und am Scheitel auf dünne Platten auslaufen, während sie im Bereich der großen Biegemomente U-förmigen Querschnitt mit verhältnismäßig hohen Stegen zeigen. Das markanteste Beispiel dieser Maillart-Bogen ist die 1929 bis 1930 erbaute, rund 90 m weit gespannte Brücke über den Salgina-Tobel in Graubünden, die selbst heute kaum mit kleineren Querschnittsabmessungen ausgeführt werden könnte.

Bei vielen anderen Bauwerken zeigt Maillart immer wieder, wie man durch logische Übertragung des günstigsten Kräfteablaufes zu sparsamen neuen Tragwerksformen kommt. Dabei ist ihm meist auch eine gute Gestaltung gelungen. Beweise dafür sind verschiedene seiner Brücken aus versteiften Stabbogen, bei denen die Lasten durch sehr dünnwandige polygonartig gekrümmte Gewölbeplatten getragen werden, während die Biegemomente den Balken unter der Fahrbahn zugewiesen werden.

Robert Maillart hatte sich bereits 5 Jahre nach dem Studium als Bauunternehmer selbständig gemacht und die von ihm entworfenen Bauwerke weitgehend selbst ausgeführt. Dies beweist eine praktische und unternehmerische Veranlagung. Erst in späteren Jahren hat er sich auf das Ingenieurbüro beschränkt und die Bauausführung anderen überlassen. Die jahrelange enge Verbindung von Entwurf, Konstruktion und Bauausführung in einer Person war zweifellos von entscheidender Bedeutung für die weitere Entwicklung und die großen Erfolge dieses Ingenieurs. Kann man doch immer wieder beobachten, daß große Leistungen der Ingenieure bevorzugt dann entstehen, wenn gute theoretische und wissenschaftliche Grundlagen einerseits mit Intuition und andererseits mit dem gründlichen, praktischen Erfahren bei der Bauausführung gepaart werden. Während ich die drei anderen großen Ingenieure dieses Buches persönlich kannte und manche langen fachlichen Gespräche mit ihnen führen durfte, bin ich Robert Maillart nur in Veröffentlichungen und in einigen seiner Brücken begegnet, so daß ich für dieses Vorwort nicht aus dem direkten Erleben seiner Persönlichkeit schöpfen kann.

Franz Dischinger und Ulrich Finsterwalder, zwei der großen deutschen Ingenieure des Betonbaues, sind manches Wegstück gemeinsam gegangen, so daß sie in diesem Buch auch mehrmals gemeinsam auftreten, obwohl sie in ihrer Art recht verschieden sind. Sie gehören beide der gleichen Bauunternehmung, der Dyckerhoff und Widmann KG (Dywidag) an, sie sind also als Unternehmer-Ingenieure groß geworden. Während Dischinger später einen Ruf auf den Lehrstuhl für Massivbau der Technischen Hochschule Berlin angenommen und sich so in seinem zweiten Lebensabschnitt der Lehre und Forschung gewidmet hat, ist Finsterwalder seiner Firma treu geblieben und wirkt dort heute noch als der hochgeachtete Meister, der innerhalb seiner Firma eine große Schule gebildet und viele begabte junge Ingenieure um sich geschart hat, die voll Verehrung zu ihm aufblicken und seine Regeln streng befolgen. Er hat sich so einen großen Wirkungsbereich geschaffen.

Dischinger und Finsterwalder sind zunächst in Theorie und Praxis mit der Entwicklung dünnwandiger Schalentragwerke aus Beton hervorgetreten, zu denen der große Optik-Ingenieur und hervorragende Wissenschaftler der Firma Carl Zeiss, Jena, W. Bauersfeld, im Hinblick auf seine Planetarien die ersten Anregungen, auch hinsichtlich der theoretischen Behandlung, gegeben hatte. Die beiden Dywidag-Ingenieure wetteiferten lange mit ihren Beiträgen zur Entwicklung dieser Schalentragwerke, mit denen sie bei den Großmarkthallen Frankfurt, Leipzig und Köln beachtenswerte Leistungen aufzeigten. Die Schalenbauweise breitete sich rasch über die ganze Welt aus, und sie gehört heute mit einer großen Vielseitigkeit der Formen zum feststehenden Repertoire der Architekten und Ingenieure für das Entwerfen von Bauwerken fast jeder Zweckbestimmung.

Während seiner Hochschultätigkeit veröffentlichte Dischinger eine grundlegende Theorie für die rechnerische Behandlung der Einflüsse des Schwindens und Kriechens auf Stahlbetontragwerke, die vor allem bei der Berechnung von Spannbetontragwerken angewandt wird. Er machte auch vielerlei Projekte mit gigantischen Abmessungen, so z. B. Stahlbetonbogenbrücken mit über 400 m Spannweite oder riesenhafte Kuppelhallen, wobei er sich mit der geringstmöglichen Dicke solch großer Schalentragwerke beschäftigte in einer Zeit, in der ein größenwahnsinniger Machthaber solche Hallen aus meterdicken massiven Granitgewölben für die Ewigkeit planen ließ. Damals war es für fortschrittlich denkende Ingenieure nicht gerade leicht zu leben und ihre Vorstellungen von modernen Tragwerken zu vertreten.

In jene Zeit fallen auch Dischingers Vorschläge und Patente für Spannbetonbrücken, die er sich ohne Verbund zwischen dem Spannstahl und dem Beton vorstellte. Tatsächlich hat er in der Aue-Brücke in Plauen eine der ersten großen deutschen Spannbetonbrücken in dieser Bauart errichtet, die jedoch schon nach wenigen Jahren starke Schäden zeigte. Es hat mancher Diskussion bedurft, bis Dischinger den Wert des Verbundes zwischen Spannstahl und dem Betontragwerk anerkannt hat, und man kann den Zeitpunkt dieser Erkenntnis an seinen darauffolgenden Patentanmeldungen für Spannbeton mit Verbund ablesen.

In seinen letzten Jahren hat sich Dischinger wiederholt auch mit dem Entwurf großer Hängebrücken beschäftigt, wobei sich allerdings zeigte, daß ein jahrzehntelang im Betonbau tätiger Ingenieur nicht so ohne weiteres auf Stahlbrücken übergehen kann. Seine Entwürfe kamen daher meist wegen Unwirtschaftlichkeit nicht zum Erfolg. Wohl aber verdanken wir Dischinger die Wiederbelebung der alten Schrägkabelbrücken, bei denen Balken mit fächerartigen Schrägkabeln an Pylonen aufgehängt werden. Seine Arbeiten auf diesem Gebiet haben erst nach seinem Tod wirklich Früchte getragen, und heute werden sehr viele weitgespannte Brücken mit solchen Schrägkabeln ausgestattet.

Auch FINSTERWALDER hat sich frühzeitig dem Spannbeton zugewandt, und er hat dabei entschieden fruchtbarere Beiträge geleistet als Dischinger. Finsterwalder hat in sehr konsequenter Weise das Dywidag-Spannverfahren mit dicken Stäben aus Stählen mittlerer Festigkeit entwickelt, wobei er die Tragfähigkeit der alten Gewindeverbindungen durch langwierige Versuche entscheidend verbessern konnte. Wir verdanken ihm vor allem den Gedanken der sogenannten beschränkten Vorspannung, bei der die Vorspannkraft nur so groß gewählt wird, daß für häufig vorkommende Nutzlasten keine Zugspannungen im Beton auftreten, während für extreme Lastfälle Zugspannungen zugelassen werden. Diese Ermäßigung des Vorspanngrades gegenüber den Grundsätzen von Freyssinet hat sich in der weiteren Entwicklung als richtig erwiesen, weil sich die Bauwerke damit unter ständiger Last nicht unter so sehr hohen Druckspannungen befinden und sich entsprechend weniger durch Kriechen verformen. Die beschränkte Vorspannung kommt auch der von Finsterwalder gewählten Verwendung von Spannstählen mittlerer Festigkeit entgegen, bei denen die volle Vorspannung zu unverhältnismäßig hohen Spannkraftverlusten durch Schwinden und Kriechen des Betons führen würde.

Die augenfälligsten Erfolge hat Finsterwalder mit dem vom Stahlbau her bekannten freien Vorbau von Spannbetonbrücken erzielt, den er zu einer hohen Vollkommenheit entwickelt hat. Mit dieser Bauart hat er 1952 den Rhein bei

Worms als erster mit einer Balkenbrücke aus Beton überquert und dabei Spannweiten von 114 m erreicht. Der Freivorbau von Spannbetonbrücken fand dann in der ganzen Welt vielerlei Nachahmungen. Als Krönung der Arbeit Finsterwalders auf diesem Gebiet darf die 1965 vollendete Rheinbrücke Bendorf mit der für Beton noch vor wenigen Jahren kaum für möglich gehaltenen freien Spannweite von 208 m angesehen werden; sie ist im Buch ausführlich beschrieben. Solche Werke gelingen nur, wenn eine ganze Mannschaft guter Ingenieure und Arbeiter ihr Bestes geben und mit Zuverlässigkeit und Sorgfalt rechnen, konstruieren und ausführen. Finsterwalder hat es besonders gut verstanden, einen solchen Mannschaftsgeist heranzubilden und hat damit seine Firma auf ein hohes Qualitätsniveau gebracht.

Auch Finsterwalder hat sich sehr vielseitig betätigt und außer Schalen und Brücken auch Schiffe, Straßen, Maste und Eisenbahnschwellen aus Spannbeton entworfen, ja sogar neue Formen von Spannstählen entwickelt und bei all diesen Arbeiten manche wertvolle neue Lösung gezeigt.

Hervorheben möchte ich noch seine eindringliche Überredungskunst, mit der er seine wohlgegründete Überzeugung von seinen Lösungen auf andere übertragen kann. So hat er in der Anfangszeit des Spannbetons anläßlich eines Brückenwettbewerbes einmal einen verdienten alten *Stahl*brückenbauer in einer einzigen Unterredung davon überzeugt, daß bei dem Wettbewerb nur eine Spannbetonbrücke die richtige Lösung sei, so daß dieser Stahlbauer sich zum großen Erstaunen seiner Kollegen am anderen Tag für den Betonentwurf eingesetzt hat. Es ist dies nur ein kleines Beispiel dafür, daß die Ingenieurbegabung allein nicht zum Erfolg führen muß, sondern daß manche andere Eigenschaften oder Umstände dazu gehören, und gerade bei Finsterwalder darf auch noch erwähnt werden, daß die Macht, die eine große, finanzstarke Bauunternehmung darstellt, keine geringe Rolle für das Verwirklichen großer Bauten mit neuen Ideen spielt.

Die Bauwerke der hier vorgestellten großen Ingenieure sind nicht immer schön geworden, man betrachte nur die Brücke bei Plougastel in ihren Einzelheiten. Selten ist beim Ingenieur künstlerische und konstruktive Begabung vereint, vor allem fehlt dem Ingenieur meist jede Ausbildung und Schulung in künstlerischer Hinsicht — ein Mangel, den zu überwinden die Technische Hochschule Stuttgart gerade begonnen hat. Es ist leider nicht so, daß die technisch richtige und logisch auf den Naturgesetzen aufgebaute Lösung einer Bauaufgabe gleichzeitig schön werden müsse. Schönheit folgt eigenen Gesetzen, die nicht von selbst sich einbauen, sich wohl aber mit der technisch richtigen Lösung vereinbaren lassen. Die Harmonie von Form und Konstruktion wird aber nur bei bewußter Anwendung der Gesetze der Schönheit durch künstlerisch begabte Menschen erreicht. Bei Ingenieuren wie P. L. Nervi, Rom, und E. Torroja, Madrid, waren beide Begabungen vereint, auch bei Maillart können wir dies für die meisten seiner Brücken sagen. Freyssinet und Dischinger waren den architektonischen Fragen wenig zugeneigt, während Finsterwalder die Zusammenarbeit mit guten Architekten mit Gewinn für seine Bauwerke gepflegt hat. Diese Zusammenarbeit der beiden Zweige des Baumeister-Berufes entstand in positiver Form erst beim

Bau der Autobahnen, gefordert durch den großen Straßenbauingenieur Dr.-Ing. Fritz Todt, und sie hat gute Früchte getragen. Die Notwendigkeit und der Wert guter Gestaltung der Ingenieurbauwerke gelangten damals in das Bewußtsein vieler Bauingenieure, und so darf zum Schluß noch erwähnt werden, daß gerade bei Finsterwalders großen Bauten einige Architekten an der gutgelungenen Gestaltung Anteil haben, im letzten Jahrzehnt vorzugsweise der Bonatz-Schüler Dr.-Ing. E. h. G. Lohmer, Köln.

Möge dieser Band dazu beitragen, eine breite Öffentlichkeit mit den Leistungen großer Bauingenieure etwas besser vertraut zu machen und ihr die Schönheit dieses schöpferischen Berufes darzustellen.

Stuttgart, Juli 1966   Fritz Leonhardt

Bemerkungen zur Terminologie

In den Originalbeiträgen dieses Buches ist meist von *Eisen*beton und Bewehrungs*eisen* die Rede, während seit etwa 1920 die offizielle Bezeichnung *Stahl*beton und Bewehrungs*stahl* lautet, weil natürlich kein Eisen, sondern Stahl verwendet wird.

Die in diesem Band enthaltenen Originalbeiträge sind in gerader Schrift, die verbindenden Texte des Autors *kursiv* gesetzt.

EUGÈNE FREYSSINET

Eugène Freyssinet

geboren am 13. Juli 1879 in Objat (Corrèze), gestorben am 8. Juni 1962 in Saint-Pierre-de-Vésubie (Alpes maritimes).
Obwohl Freyssinet nie an einer Hochschule lehrte, hat er kraft seiner schöpferischen Begabung großen Einfluß gehabt auf die Ingenieure in aller Welt. Er hat ihnen nicht nur seine Liebe und Begeisterung zum konstruktiven Denken weitergegeben, sondern auch eine Vielzahl von Erkenntnissen. Das Gedankengut unserer Bau-Ingenieure beruht zu einem großen Teil auf den Ergebnissen seines Lebenswerks. Noch heute arbeiten sie nach den Prinzipien und mit den Mitteln, die Freyssinet entwickelt hat, und führen sie zur weiteren Vervollkommnung. Seine wenigen Schriften in ihrer einfachen und klaren Logik, teilweise durchsetzt mit beißender Schärfe, fanden vor allem bei den jungen Ingenieuren großen Widerhall. Seine Vorträge und seine vielgestaltigen technischen Taten waren kraftvolle Aktionen, mit denen er sich den allzu leichtfertigen Versuchungen der Technik widersetzte.
Freyssinet schrieb den Handwerkern, denen er in seiner Kindheit begegnete, einen sehr nachhaltigen Einfluß auf seine Erziehung zu. Er ist selbst ein großer Handwerker geworden, ausgestattet mit Mut, Rechtschaffenheit, Zähigkeit und Liebe zu der übernommenen Aufgabe, die für den Ingenieur notwendiger als der Intellekt sind, der nur Werkzeug sein kann.
Freyssinet bekannte: Um das zu tun, was ich getan habe, brauchte ich zu keinem Zeitpunkt eine außergewöhnliche Intelligenz.
War es so schwierig zu erkennen, daß sehr flache Gewölbe, deren Verkürzung durch Schwinden man voraussehen mußte, aus der Form geraten, wenn man sie nicht fest gegen ihre Widerlager preßt? Das ist für jeden Zimmermann, der seit langem weiß, daß man zu kurze Stützbalken mit Keilen verspannt, ein ganz selbstverständlicher Gedanke. Ich habe die Keile durch Hebeböcke ersetzt, die stärker und praktischer waren. Ich habe mich bemüht, sie so zu vervollkommnen, wie es für das Ausrüsten notwendig ist. Das vereinfachte meine Gerüste und machte sie gegen Hochwasser weniger anfällig. Worin liegt da die Genialität? Das ist die Arbeit des Handwerkers. Hat man das niemals vor mir gemacht? Na und ob! Trotzdem ist ein Versuch gerechtfertigt. Da ich ungern Risiken auf mich nehme — wenn nicht unbedingt nötig —, machte ich den Versuch. Aber

◁ *1 Eugène Freyssinet*

nachdem ich geprüft hatte, daß ein Verfahren gut und nützlich war, hätte ich mich für den letzten der Feiglinge gehalten, wenn ich gezögert hätte, es anzuwenden, weil man es vor mir noch niemals so gemacht hatte.
Ich bin mir der Qualität meiner eigenen Arbeit sicher. Ich bin mir nicht ihres Wertes als Präzedenzfall sicher. Selbst wenn die Arbeit gelingt, ist sie für mich eine Erfahrung, die nur dann wertvoll ist, wenn man sie genau kennt und des intellektuellen und moralischen Wertes ihres Urhebers sicher ist.
Die Idee, die Versteifungsrippen auf den Gewölberücken anzubringen, und die Idee, für das Verdichten des Betons Rüttler zu verwenden, die schon seit langem in den Gießereien benutzt werden, sind ebenso einfach. Es sind die Ideen des Handwerkers, der seine Arbeit zu vereinfachen sucht.
Die Idee der Vorspannung ist gleichermaßen einfach. Den Beton unter Druck zu setzen, damit er den späteren Zugbeanspruchungen dauernd widerstehen kann, ist ein einleuchtender Gedanke. Und wie ich herausfand, den Beton schnell zu erhärten? Muß man wirklich besonders schlau sein, um sich zu sagen, daß, wenn man den Wert der Zwischenräume zwischen den Kornzuschlägen zu Beginn des Abbindens von hundert auf eins reduziert, im gleichen Verhältnis auch das Volumen der für die Erhärtung notwendigen Hydrate und die erforderliche Erhärtungszeit reduziert werden? Und man bedenke, daß ich das Beispiel der Haftung durch Vermörtelung, das der gepreßten Betonsteine und das des mit der Kelle geglätteten Putzes hatte.
Diese Ideen mögen für einen Mathematiker, der die Natur nur durch eine Wolke aus x und y sieht, frappierend sein. Man glaube mir, für einen Handwerker, der das Material zwischen seinen Fingern gefühlt, der mit seinen Händen Fugen vermörtelt und Putze geglättet hat, waren sie einfach.
Sicher, um diese Ideen verwirklichen zu können, mußte ich Geduld und Beharrlichkeit und Gewissenhaftigkeit der Technik gegenüber besitzen. Vielleicht hätte ich meine Ziele mit weniger Anstrengung erreicht, wenn ich die intellektuellen Gaben, die man mir so großzügig zuschreibt, wirklich besessen hätte. Mein Fehler war die mir eigene Hartnäckigkeit, und mindestens dreimal in meinem Leben habe ich eine Kühnheit bewiesen, die mich größte Risiken verachten ließ.
Aber diese Qualitäten haben weder etwas mit der Wissenschaft noch mit der Intelligenz zu tun, die nur Werkzeuge sind und an sich noch keine schöpferische Kraft darstellen. Nur eine einzige Tugend kann sie erhalten und geben: das ist die Liebe. Nicht die Gelegenheitsliebe oder die Liebe zum Wertlosen, sondern die grenzenlose Liebe zu einer Aufgabe, der man uneingeschränkt und vorbehaltlos sein ganzes Leben gibt. (Zitat aus: »Travaux« Juni 1954.)
Freyssinet war zeit seines Lebens gleichermaßen Konstrukteur und Forscher. Als Konstrukteur schuf er viele Brücken, die durch ihre Eigengesetzlichkeiten weithin bekannt wurden. Die wesentlichsten von ihnen sind: Le Veurdre, Boutiron, Villeneuve-sur-Lot, Tonneins-sur-Garonne, Candelier-sur-la-Meuse, Saint-Pierre-du-Vauvray, Plougastel, Luzancy, die fünf Viadukte der Serie von Esbly, Saint-Michel in Toulouse, die drei Autobahnviadukte in Carácas, Tangarville.
Er konstruierte und baute Silos, Kaianlagen, Flugzeug- und Luftschiffhallen,

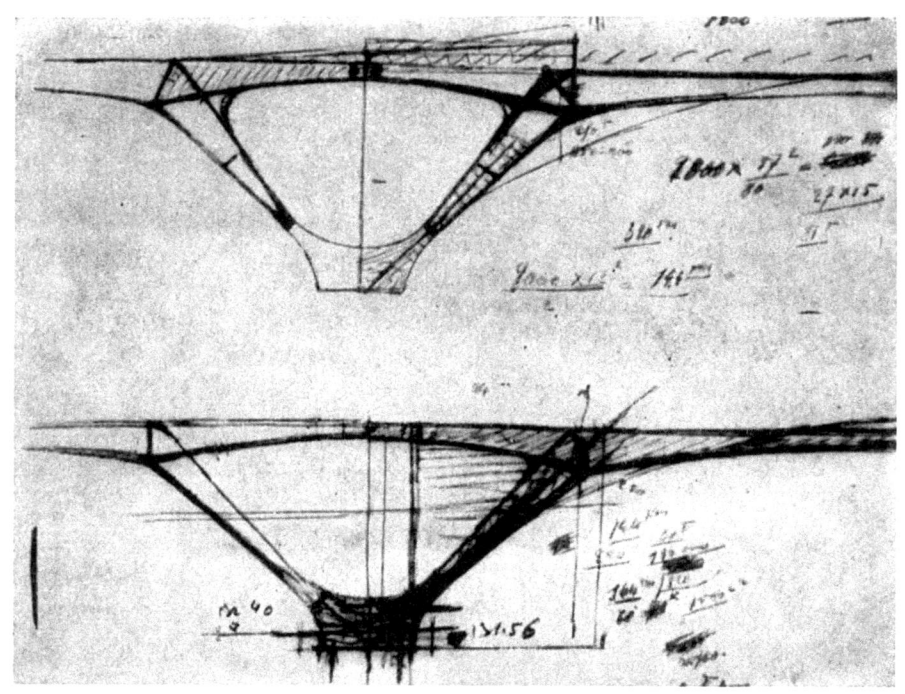

4 Entwurfsskizzen für die Brücke Saint-Michel in Toulouse 1959

Fabrikationshallen und Werkstätten, Schalendächer (kurze und Konoidschalen), Trinkwasserbehälter, Eisenbahnschwellen, Maste, Hochdruckrohre, Gründungspfähle, Plattformen von Ufermauern, schwimmfähige Senkkästen, Stahlbetontransportschiffe, Talsperren, Rollbahnen, Stollen- und Tunnelauskleidungen, hydraulische Pressen, Lafetten für Mörser, Tragflügel, um nur einige Beispiele aus seinem umfangreichen Lebenswerk zu nennen. Einen großen Teil dieser Arbeiten realisierte er in Spannbeton.

Sie zeigen, daß er sich fast allen Problemen des Ingenieurbaus gegenübersah. Immer waren seine Bauten direkte Auseinandersetzungen mit der Materie. Er spürte instinktiv, wieweit er ihr seinen Willen aufzwingen konnte, und stets gelang es ihm, die technischen Mittel zu schaffen, um das verwirklichen zu können, was sich sein unermüdlicher Geist ausdachte. Mitarbeiter haben uns überliefert, daß seine Entwürfe in all ihren korrespondierenden Teilen so klar konzipiert waren, daß man sie bedenkenlos in die Wirklichkeit umsetzen konnte. Die Brücke von Le Veurdre zeigt, wie groß sein Mut war und wieweit sich in ihm, dem damals erst 27jährigen, bereits die Klärung der technischen Probleme voll-

5 Spannbetonbrücke Saint-Michel in Toulouse 1959

zogen haben mußte: er konnte es wagen, dieses Bauwerk ohne behördliche Absicherung in alleiniger technischer Verantwortung zu errichten.
Parallel zu den praktischen Arbeiten gingen seine Forschungen. Schon während seines Regionaldienstes als Brücken- und Straßeningenieur in Moulins erkannte Freyssinet die Unzulänglichkeiten der offiziellen Vorschriften und versuchte, sich durch eigene Experimente Klarheit über das Wesen der Materialien zu verschaffen. Seine Untersuchungen über die Formänderungen des Betons – Schwinden und Kriechen –, über das Kriechen der Stähle, über die Erhöhung der Betonqualität, über die Erhärtungszeit des Betons, über die Wirkungsweise der Vorspannung mit und ohne Bewehrung, über die Wirkungsweise der Gelenke, seine Erfindungen der mechanischen Hilfsmittel zur Verbesserung der Materialqualität, zur Erzielung wirksamer Vorspannungen, zur Erleichterung des Gießens und Ausschalens von Betonbauten usw., über die er in den nachfolgenden Schriften selbst berichtet, haben ihren unverrückbaren Platz in der Geschichte des Betonbaus. Sie haben unser Bauen tief und weitreichend beeinflußt.
Jedes seiner Bauwerke wurde von ihm bis ins Detail hinein neu durchdacht, für

6 Unterirdische Basilika St. Pius X in Lourdes aus Spannbeton. Länge: 201 m, Breite: 81 m. 1958

jedes übernahm er die ungeteilte Verantwortung. Freyssinet hat sich niemals allein durch Vorschriften, Tabellen oder Präzedenzfälle abgesichert. Nur durch eine so umfangreiche Forschungsarbeit konnte er allen Problemen begegnen und die Möglichkeiten, die sich aus dem Material Beton ergeben, für immer kühnere Konstruktionen nutzen. Freyssinets Formen bildeten sich jedesmal neu, so wie sich ihm auch die Aufgabe immer wieder neu stellte je nach den landschaftlichen und technischen Gegebenheiten, den Lasten, den Beanspruchungen, den Verformungen und dem Material. Er entwickelte und variierte die Form so lange, bis er für die jeweilige Situation die beste fand, die er überhaupt finden konnte. Wenn wir uns fragen, warum die Formen und Volumen der Bauwerke

Freyssinets so selbstverständlich in ihrer Umwelt stehen, so finden wir darin die Antwort.

Als Eugène Freyssinet 1962 starb, stand er in hohem Ansehen. Er war Kommandeur der Ehrenlegion; Ehren-Generalinspekteur der »Ponts et Chaussées«; Träger des Caméré-Preises; Träger des Elphège-Baude-Preises der »Société d'Encouragement pour l'Industrie Nationale«; Inhaber der Goldmedaille der »Annales des Ponts et Chaussées«; Präsident der Kommission für Experimentelle Studien in Beton und Stahlbeton für Wissenschaft und Industrie; Mitglied des Direktionskomitees der Kommission für Stahlbeton und des Büros Securitas; Mitglied der Kommission für Technische Studien der Kammer für Stahlbeton-Konstrukteure in Frankreich; französisches Mitglied der Studienkommission für Beton und Stahlbeton der Internationalen Gesellschaft für Materialversuche; Mitglied des Komitees der Bauingenieure 1929, 1930, 1931; beratender Ingenieur der Stockholmer Hafenverwaltung für den Bau der Stahlbetonbrücke über die Meerenge von Traneberg; Ehrendoktor der Universitäten Gent, Brüssel und Leeds; Ehrenpräsident der Internationalen Vereinigung für Spannbeton; Inhaber der Emil-Mörsch-Gedenkmünze des Deutschen Betonvereins; Inhaber der Wilhelm-Exner-Medaille der Österreichischen Industrievereinigung; Inhaber der Sir-James-Alfred-Ewing-Medaille des Bundes der Bauingenieure.

Die Entstehung des Spannbetons
von Eugène Freyssinet (Auszug)

Ich bin ein intuitiver Mensch, der viel weniger seinem Verstande als den Regungen seines Unterbewußtseins gehorcht, ein Nachkomme jenes naturhaften, mit konstruktiven Instinkten bedachten Menschenschlages, der in einer jahrtausendealten Abgeschiedenheit unter besonders schwierigen Lebensbedingungen geprägt wurde.
Wiedergeschaffen durch eine Laune der Vererbung und durch günstige Umstände, wurde dieses Exemplar in eine Umwelt verpflanzt, die alle Hilfsmittel für die Arbeitsprozesse weiterentwickeln half, ohne jedoch deren Art zu verändern, etwa wie der Humusboden einer Gärtnerei die Zuckerproduktion einer Zuckerrohrart steigert, die man aus den Bergen Javas eingeführt hat.
Seit vielen Jahrhunderten lebten meine Vorfahren in ihren Behausungen und Dörfern, eingenistet in Hänge steil abfallender Schluchten, in die sich die Wildwasser des Plateaus von Corrèze hinabstürzen. Als ein Land der Wälder und des undurchdringlichen Dickichts, mit rauhem Klima, armem Boden und leicht zu sperrenden Zufahrtswegen, bildete das Hochland von Corrèze zu allen Zeiten eine Zufluchtsstätte für Unbeugsame und Rebellen.
Derartige Lebens- und Auslesebedingungen prägten einen harten, gewalttätigen, ungeselligen, sehr armen und sehr stolzen Menschenschlag, der, ohne Güter zum Warenaustausch und dem Wettbewerb abgeneigt, alles das aus seinem dürftigen Boden herausholte, was für ihn lebensnotwendig war. Als allseitig beschlagene Handwerker schufen sich diese Menschen eine Kultur, die gekennzeichnet ist durch außergewöhnlich starkes Bemühen um Vereinfachung der Formen und Sparsamkeit im Gebrauch der Mittel.
Ein Handwerker, der für seinen Lebensunterhalt schafft und weiß, daß er seine Ungeschicklichkeiten mit einem Übermaß an Plackerei bezahlen muß, erwirbt sich ein Gespür für den jeweiligen Werkstoff, das ihm keine Schule vermitteln kann. Und dieses Wissen, das für das Überleben einer Menschengruppe so unerläßlich ist, verfestigt sich mit der Zeit zu erblichen Instinkten. Diese haben einen Bau-, Kunst- und Lebensstil bestimmt, der oft zum Meisterwerk führte.
Ich weiß sehr wohl, daß diese Anlagen für die Bildung des Bauernstils nicht allein in meiner Heimat zu finden sind, aber sie sind dort zu einer selten erreichten Vervollkommnung gelangt, weil nur wenige Menschengruppen bereit sind, ihre Unabhängigkeit mit so harten Lebensbedingungen zu bezahlen, wie sie noch zur Zeit meiner Geburt bestanden.
Dieses Leben war das meines Vaters in seiner Jugend, und auch ich habe es in meiner Kindheit noch kennengelernt. Heute haben ein Wegenetz und die Verkehrsmittel diesen Zustand aufgehoben. Aber dafür gibt es auch keine Handwerker mehr. Die reich gewordenen Bauern kaufen jetzt Gegenstände, die in Serienproduktion hergestellt werden.

Meine Großmutter betrieb eine altertümliche Mehl- und Ölmühle, etwa eine Stunde von dem Bergdorf entfernt, wo sie zur Welt kam.
Mein Vater, von Geburt an Waise, wurde zuerst Landarbeiter, aber da er zielstrebig und intelligent war, verschaffte er sich schließlich eine sehr beneidenswerte Bildung. Er war sensibel, den Künsten zugetan, und er hatte viele Freunde. Mein jüngerer Bruder war ein liebenswerter Künstler. Bei mir griff der Dämon der Vererbung drei Generationen zurück, um mich nach dem Ebenbild meines rückständigsten Vorfahren zu bilden, der wegen seiner harten Worte berüchtigt war, die jeder zu hören bekam, der seine Abgeschiedenheit störte.
Ich war etwas über sechs Jahre alt, als sich meine Eltern in Paris niederließen. Sie schickten mich in die Gemeindeschule in der Rue des Écluses-Saint-Martin.
Ich fand dort bewundernswerte Lehrer, die ich verehrte. Mit meinen kleinen Schulkameraden war ich jedoch weniger zufrieden. Bei ihnen führte eine Bande von Taugenichtsen das Wort, die mit viel Erfolg die Sprache und die Manieren der Tunichtgute in diesem Stadtviertel nachäfften. Diejenigen unter ihnen, die mich für hoffnungslos blöd hielten, ließen mich in Ruhe. Aber die anderen, Pariser Gassenjungen, Radaumacher und Hänselbrüder, peinigten mich wie ein Wespenschwarm, denn mein gaskognischer Tonfall und mein unbeholfenes Wesen belustigten sie so sehr. Nach manchen harten Schlägereien ließ man mich jedoch zufrieden. Seitdem lebte ich allein in einer Traumwelt, die mir meine Phantasie schuf, um vor mir jenes widerwärtige Paris zu verbergen, in dem zu leben ich gezwungen war. Ich bekam eine Krankheit nach der anderen, und meine Eltern mußten mich zweimal im Jahr zu langen Erholungsreisen aufs Land schicken, trotz der schweren schulischen Nachteile, die mir daraus erwuchsen.
Mit welcher Freude betrat ich immer die Umgebung meiner Kindheit. Ich hatte sehr wenige gleichaltrige Kameraden; meine Freunde waren die Handwerker auf dem Lande, die Tischler, die Zimmerleute, die Schmiede und die Weber. Ich war stets bei dem einen oder dem anderen. Sie waren keine Fachmänner, sondern Bauern, die sich nicht ausschließlich mit der Feldarbeit beschäftigten und für bestimmte Arbeiten geeignetes Handwerksgerät beschafft hatten.
Mein großer Festtag war immer das Stillegen der Mühle nach der Korn- und Heuernte. Auf den Bescheid meiner Großmutter hin erschienen am festgesetzten Tag vor Sonnenaufgang etwa fünfzig stramme Burschen mit Hacke und Schaufel über der Schulter. Um Mitternacht hatte der Müller die Fischnetze ausgelegt und die Schotten am Wehr geöffnet.
Schon am selben Abend hatte der Wasserstand in den Kanälen, an den Böschungen und Deichen sein normales Niveau wieder erreicht. Danach machte man es sich auf dem großen Hof der Mühle bequem, um die gefangenen Fische und die auf unseren Feldern geschossenen Hasen und Rebhühner zu verzehren und aus herbeigerollten Fässern den leichten Wein von unseren Reben zu trinken; daneben probierte man auch einen ausgezeichneten Kräuterschnaps, den ein fernstehender Ahne destilliert hatte.
Sobald einmal der Mühlbach trockengelegt war, erschienen bei uns, gleichsam

an unserem Familienleben teilnehmend, der Mechaniker, der Zimmermann, der Tischler, der Maurer und ihre Gehilfen. Es gab immer ein Mühlrad auszubessern, Mühlsteine zu behauen und auszuwuchten, einen Schutzdamm zu befestigen, eine Scheune zu erweitern. Für mich war es ein Problem, alles mitzubekommen. Da ich nicht überall sein konnte, lief ich unaufhörlich von einem zum anderen. Diese Männer waren die ersten und tüchtigsten unter meinen Lehrern, sie waren es, die mich am stärksten geprägt haben. Ihrem Vorbild nacheifernd, wurde ich mit 20 Jahren ein vollkommener Handwerker, der für die zahlreichen Probleme in der Mühle und auf dem Bauernhofe die besten Lösungen fand und bei der Verwirklichung selbst mit Hand anlegte. Die Probleme erstreckten sich vom Handwerksgerät bis zur Errichtung von Bauten, von der Nahrung bis zur Kleidung. Dieses Wissen ist die solideste Grundlage für meine technische Ausbildung geworden.

Der größte Dienst jedoch, den mir die Lehrmeister meiner Jugend leisteten, war der, daß sie meinen Geist dem ihren gleich formten, indem sie durch ihr Vorbild die von meinen Ahnen ererbten konstruktiven Begabungen weckten, und das Bündel dieser Instinkte zu einem unveränderlichen Wesenskern zusammenschweißten. Insbesondere entwickelten sie in mir eine Leidenschaft für die technische Redlichkeit und Gewissenhaftigkeit, die so heftig ist, daß ich das Fehlen eines beruflichen Gewissens und Bekenntnisses, was für mich dasselbe ist, wie einen Fußtritt von hinten empfinde, der die heftigsten Reaktionen in mir auslöst. Sie haben mir ihre Liebe zur übernommenen Aufgabe mitgegeben und den Glauben an die Schönheit des Handwerks und an die Wirksamkeit jeder zähen und ausdauernden Anstrengung.

Aber die längsten Ferien hören einmal auf, und ich mußte nach Paris zurückkehren. Zum Glück entdeckte ich das »Musée des Arts et Métiers« (Kunst- und Gewerbemuseum), das sich nicht weit von unserer Wohnung befand. Es enthüllte mir den unendlichen Reichtum der Welt der Arbeit. Bald kannte ich den Standort eines jeden Modells. Dann entdeckte ich, daß es Abendkurse gab, und ich besuchte sie eifrig zwischen meinem zehnten und zwölften Lebensjahr. Es waren Kurse in angewandter Elektrizität, in Chemie und Physik. Alles schien mir gut, sofern es nur viele Bilder und Experimente dabei gab. Für einige Sous erstand ich auf dem Flohmarkt alte Apparaturen und Vorrichtungen und bastelte daraus die unwahrscheinlichsten Maschinen. Seitdem lebte ich so abgeschieden von den Parisern, als ob ich hundert Meilen von Paris entfernt gewesen wäre. Aber ich war vollkommen glücklich dabei.

Im Jahre 1933 beging ich aus einem Gefühl der Dankbarkeit gegenüber einer Einrichtung, der ich soviel verdanke, einen kleinen Fehler. Ermutigt von meinem Freund Raoul Dautry, meldete ich meine Kandidatur für den Lehrstuhl für Stahlbeton am Conservatoire an. Dies geschah nach meiner Arbeit in Plougastel; seit 1920 war ich Träger des Caméré-Preises; ich hatte soeben das Evangelium des Spannbetons verkündet. Dautry glaubte, das würde mir Titel einbringen. Die Akademie der Wissenschaften entschied, daß ich einen schlechten Professor abgeben würde, denn sie zog fast einstimmig einen anderen Bewerber vor.

Als durchschnittlicher Schüler einer Pariser Gemeindeschule wurde man automatisch auf die Chaptal-Schule entsandt, wurde mit einem Stipendium versehen und hatte gute Chancen, eines Tages am Polytechnikum zugelassen zu werden. Da ich keine besonderen Makel hatte, wurde ich im Jahre 1899 (nach einem Fehlschlag im Jahre 1898) unter der wenig glänzenden Nr. 161 in das Polytechnikum aufgenommen.

Ich empfand das Milieu auf dem Polytechnikum sehr viel angenehmer als das der Chaptal-Schule, das nach meiner Ansicht zu pariserisch war. Meine vorwiegend aus der Provinz kommenden Studienkameraden gefielen mir durch ihren Ernst, ihre Gewissenhaftigkeit und ihre Arbeitslust. Die Vorlesungen, die von hervorragenden Wissenschaftlern gehalten wurden, begeisterten mich. Nur eines mißfiel mir zutiefst: die ständigen Kontrollen unseres Fleißes durch ein System fortwährender Zensuren und Prüfungen, die sich Thesenpauker, die Feinde unserer Freiheit, ausgeheckt hatten. Meine Unfähigkeit, mich ihnen anzupassen, hätte mich trotz allen Fleißes fast um den von mir frei gewählten weiteren Berufsweg gebracht, wenn nicht zwei der Abschlußprüfer, Calvalho und Pottier, persönlich eingegriffen hätten. Indem sie mir nämlich die besten Noten erteilten, brachten sie mich aus dem letzten Drittel des Prüfungsjahrgangs auf den neunzehnten Platz, was mir ermöglichte, die Laufbahn im Brücken- und Straßenbau einzuschlagen.

Meine Schulausbildung« machte aus mir keinen »Polytechniker« im gewöhnlichen Sinne des Wortes, d. h., einen Menschen, der felsenfest an die Wirksamkeit und an die Macht deduktiver Schlußfolgerungen glaubt, besonders wenn sie sich mathematisch darstellen lassen. Von diesem Glauben habe ich mir nicht den geringsten Bruchteil aneignen können. Der Komplex meiner handwerklichen Instinkte war zweifellos schon vor meinem Fachstudium zu fest zusammengewachsen, als daß ihm selbst die härteste Schleifmühle für Gehirne, die es gab, etwas anhaben konnte.

Für mich gibt es nur zwei Informationsquellen: die direkte Wahrnehmung der Tatsachen und die Intuition, in der ich den Ausdruck und die Zusammenfassung aller während des Lebens von früh an im Unterbewußtsein der Wesen angesammelten Erfahrungen erblicke. Wohlgemerkt, die Intuition muß natürlich von der Erfahrung kontrolliert werden. Aber wenn sie sich im Widerspruch zu einem Berechnungsergebnis befindet, so lasse ich die Berechnung wiederholen, und meine Mitarbeiter bestätigen, daß es letzten Endes immer die Berechnung ist, die unrecht hat.

Man verstehe mich richtig: ich leugne nicht die Größe und Schönheit der Mathematik. Sie gab Einstein und de Broglie die Sprache, mit der sie das großartigste Epos schrieben, das die Menschen je erdachten. Ich bestreite ebensowenig ihren praktischen Nutzen in unserem Beruf und habe nicht verzichtet, sie gelegentlich anzuwenden.

Aber wir dürfen nie vergessen, daß sie uns nur die Mittel liefert, die Art der Werte, die uns bereits bekannt sind, zu verändern; und welches auch immer das Interesse und der Nutzen solcher Umwandlungen sein mögen, so

werden wir doch am Ende der Berechnung immer nur das wieder finden, was wir zu Anfang in sie eingesetzt haben.
Wenn ich auf diesen Punkt besonders hinweise, so deshalb, weil zahlreiche Ingenieure so handeln, als wären sie vom Gegenteil überzeugt. So hat man vielleicht hundertmal von mir und meinen Mitarbeitern Beweisrechnungen für Masten, Träger, Rohre und andere serienmäßige Bauelemente verlangt, deren Eigenschaften direkt gemessen werden konnten, was unendlich viel beweiskräftiger und sinnvoller war als Berechnungen, die auf Materialprüfungen beruhten und außerdem die Fehlerrisiken bei diesen Versuchen, nämlich Fehler bei der Auswertung und Auslegung der Ergebnisse, mit sich brachten.
Ich behaupte, daß die Mathematik, wenn sie der Unterstützung durch die Erfahrung beraubt ist, nur eine Fehlerquelle ist, die um so gefährlicher ist, weil sie voller Verlockungen steckt.
Nach einem Dienstjahr als Unterleutnant beim 7. Pionierregiment, wo ich meine erste Erfindung machte — es handelte sich um eine Seilfähre für Gerät und Gepäck, die einige Jahre später in die Felddienstordnung aufgenommen wurde —, brachte mich die Hochschule für Brücken- und Straßenbau mit drei berühmten Ingenieuren zusammen, die vor allem große Praktiker waren, dabei ganz besessen von ihrem Beruf: Résal, Séjourné, Rabut. Ich spürte bei ihnen eine Geisteshaltung, die der meinen sehr ähnlich war. Ich verdanke ihnen unendlich viel, und sie sind mir bis zu ihrem Tode wegweisende Männer und Freunde geblieben.
Den Vorlesungen Rabuts verdanke ich einerseits die Entdeckung der Vorzüge und Fehler des Stahlbetons, andererseits verdanke ich ihm das Gefühl für die in den Bauwerken vorhandenen Spannungen, das er in hohem Maße besaß und vermittelte. Es war das Zusammentreffen dieser beiden Erkenntnisse, die in mir den Gedanken der Vorspannung des Betons entstehen ließen, der mich nie wieder verlassen sollte.
Am 1. Juli 1905 wurde ich in Moulins mit der Wahrnehmung des allgemeinen Ingenieur- und Straßenbaudienstes im östlichen Arrondissement des Departements Vichy-et-Lapalisse beauftragt.
Ein Ingenieur im Straßenbaudienst ist zugleich technischer Berater mehrerer Bürgermeister. Ich wußte genau, was den Leuten auf dem Lande fehlte: sie benötigten Brücken, die die Furten ablösen sollten.
Dem Bürgermeister, der mir zuerst sein Leid klagte, erklärte ich, daß ich ihm eine Brücke zu weniger als 20 % des offiziell vorgesehenen Preises bauen könnte, wenn er durch eigene Dienstleistungen die Erdarbeiten und den Antransport des Materials ausführen ließe. Er dürfe also mit keiner staatlichen Unterstützung rechnen. Ich würde seiner Brücke übrigens eine Breite von 4,70 m statt der vom Straßenbaudienst vorgeschriebenen 2,50 m geben. Darauf bekundete mir der Bürgermeister sein Vertrauen und machte mir Hoffnung. Er beschaffte das Geld, und ich durfte mich an meine Aufgabe machen.
Das war einfach. Die stählernen Fahrbahnen, die über unsere Täler gespannt wurden, kosteten viel Geld. Man begrenzte also die Spannweiten, deshalb muß-

ten die hohen Widerlager tief ins Tal gegründet werden. Es genügte nun, die Spannweiten weitgehend zu vergrößern, um die Widerlager vor den Gewässern zu schützen und die Höhe der Zufahrten zu vermindern. Allerdings mußte man sich dann nicht an herkömmliche Formen halten, sondern welche erfinden, die den lokalen Bedingungen am besten entsprachen. Ich gelangte zu meinem Ziel, indem ich immer wieder ungezählte Skizzen anfertigte und darüber nachsann, und das mit einer so völligen Freiheit des Denkens und Gestaltens, als wäre ich der erste Mensch, der mit dem Brückenbau betraut worden wäre. Dies geschah mit völligem Mißtrauen gegen alles Vorhergegangene. Nach hundert Versuchen entsprang meinem Unterbewußtsein eine Idee, die sich für mich als die einzig mögliche herausstellte. Dann entwarf ich das Bauwerk bis in seine kleinsten Details, denn ich war überzeugt, daß ein Werk vor allem durch seine Einzelheiten gut oder schlecht ist. Nun ging ich an die Ausführung, die entweder unter meiner direkten Anleitung oder in Zusammenarbeit mit kleinen örtlichen Unternehmen abrollen sollte, die ich ganz in der Hand hatte. Ich war selbst Zimmermann, Einschaler, Eisenbieger, Betonarbeiter. Mit dem Beil, der Zange oder der Maurerkelle in der Hand zeigte ich den Burschen vom Lande – oder vielmehr wir entdeckten zusammen – die besten Möglichkeiten, schnell und gut Verschalungen zu erstellen und Armierungen zu biegen und einzulegen und die Betonmassen gut zu schütten.

Natürlich war ich recht bald bei den Bürgermeistern meines Arrondissements lieb Kind, und wer auch immer es gewagt hätte, ihnen zu sagen, daß meine Tätigkeit gegen die Vorschriften verstieße, hätte einiges erleben können, obwohl sie recht gehabt hätten, da ja keine Behörde meine Projekte abgenommen hatte, die unter völliger Mißachtung der Bestimmungen angelegt worden waren.

So habe ich eine große Anzahl von Brücken errichtet, von denen, wie ich glaube, keine der anderen gleicht. Das reichte von einfachen Rohrleitungen unter Dammaufschüttungen bis zu einem Brückengewölbe über die Sioule, das schon ziemlich gut die Brücke von Esbly vorprägte, wenn auch in den Abmessungen um einiges kleiner. Der Gesamtbetrag ihrer Kosten liegt wahrscheinlich unter 500 000 Francs. Aber diese Bauten waren zugleich Studienobjekte, die ganz und gar meinem Temperament entsprachen. Und welche Freiheit des Denkens und Handelns! Nur ein einziges Mal innerhalb von neun Jahren mußte ich mich mit technischen Einwänden auseinandersetzen. Es ging um das Bernand-Projekt, ein Brückengewölbe aus nichtarmiertem Beton mit 180 m Spannweite und 4 m Scheitelbreite, das im Departement Saône-et-Loire zu errichten war und bei der die Departementsaufsicht sich durch eine Kommission aus den Herren Résal, Séjourné und Mesnager decken wollte.

Ich hätte vielleicht das Verlangen nach bedeutenderen Aufgaben verspürt, wenn ich nicht in Moulins schon gleich am Tage nach meiner dortigen Ankunft einem außergewöhnlichen Mann begegnet wäre, der auf die Entwicklung meiner gesamten Laufbahn einen bestimmenden Einfluß ausübte: François Mercier.

In jeder Hinsicht war er wie ein Gigant, der verschwenderische Kraft ausstrahlte. Als Sohn eines Straßenarbeiters aus dem Departement Allier lernte er erst mit

25 Jahren das Lesen. Er war dann einfacher Pioniersoldat mitten im weltverlorenen Hinterland Tunesiens. Fünfzehn Jahre später, als ich ihn traf, war er einer der Könige des Big Business, ein Machtfaktor im Bereiche der Finanzen und der Politik, der Vertraute und Ratgeber von Georges Clemenceau. Er konnte scharfsinnig und geschmeidig oder saugrob sein; aber den Schwachen und den Unterlegenen gegenüber sah ich ihn immer von einer bewunderungswürdigen Feinfühligkeit, Freigebigkeit und Güte. Er überragte mich in jeder Hinsicht turmhoch: in der Klarheit seines Geistes, im Gedächtnis, in der Arbeitskraft, im Menschenverständnis. Jedoch hatten wir auch Gemeinsames: den Stolz auf unsere ländliche Herkunft, eine tiefgreifende Leidenschaft für gekonnte Arbeit und den Sinn für Verantwortung und Wagnis. Unsere Beziehungen begannen mit einer Reiberei. Er erwartete von mir die Billigung eines Packens von Plänen für Eisenbahnübergänge, für die ich gerade die Bauaufsicht übernommen hatte. Ich verweigerte sie ihm nach einer Untersuchung an Ort und Stelle.
Plötzlich wurde mein Büro von einem donnernden Mercier gestürmt, der losbrüllte: »Alle meine Pläne stehen in Einklang mit den Vorschriften!« – »Ich weiß«, antwortete ich ihm, »ich weiß aber auch, daß man noch bessere aufstellen kann, solche, die für die Benutzung bequemer und für Sie wirtschaftlicher sind. Kommen Sie mit mir zu einer Besichtigung an Ort und Stelle. Sie können mich auf einen anderen Posten versetzen lassen, wenn ich Sie nicht überzeuge.«
Zwei Stunden gemeinsamer Arbeit genügten, um aus uns Freunde zu machen. Ich bin sicher, daß mich Mercier wie einen Sohn liebte, und meine Zuneigung und Bewunderung für ihn reichten bis zur Verehrung. Trotzdem ließ es sich nicht vermeiden, daß unsere allzu ähnlichen Charaktere oft miteinander in Konflikt gerieten.
Im Jahre 1916 gab es mit unserem gemeinsamen Teilhaber, Claude Limousin, eine Differenz, die schwerwiegend und tiefgreifend war. Zweifelsohne hatte Limousin recht. Ich sagte dies auch. Da sonderte sich Mercier von uns ab. Wir alle drei hofften, daß dies nur vorübergehend sei, aber wir hatten nicht mit Merciers vorzeitigem Tod gerechnet.
Zwischen 1905 und 1914 vertraute mir Mercier die Leitung mehrerer Brückenbauten für Eisenbahnen mit 1 m Spurweite an, unter denen die bedeutendste die Brücke über den Bernand war, deren Fahrbahn durch harte Stähle vorgespannt werden sollte. Das Lehrgerüst war zur Hälfte fertig, als der erste Weltkrieg 1914 die Fertigstellung endgültig abstoppte.
Alles konnte man in diesen Bauten vorfinden: Mauerwerk, armierten und nichtarmierten Beton, Stahl und Holzgerüste. Meine Entwürfe legten die Schalungsnägel nach Zahl und Größe fest. In den Tälern des Sichon und seiner Zuflüsse sowie zwischen seinem Zusammenfluß mit der Allier und der 10 km langen Strecke von Cusset nach Boens stehen noch einige dieser Bauwerke, die trotz der Zerstörungen, die einige erlitten haben, eine Vorstellung meiner Tätigkeit zwischen 1906 und 1909 vermitteln. Die landschaftliche Lage der Bauplätze war hinreißend. Allerdings haben die großen Steinbrüche für Pflastersteine die Gegend erheblich verschandelt.

Mercier hatte von der Freundschaft eine ziemlich eigentümliche Vorstellung, die übrigens auch die meinige ist. Er glaubte nicht, daß man einem Freunde mit Schmeicheleien und Gefälligkeiten bei der Entfaltung seiner Persönlichkeit behilflich sein könne, sondern dadurch, daß man ihm Arbeit und Verantwortung aufbürdet.
Für die Hängebrücke in Boutiron-sur-l'Allier hatte ich einen Gegenvorschlag aufgestellt, der eine dreifeldrige Bogenbrücke von 72,50 m Spannweite zwischen den Achsen der Auflager vorsah. Die Felder wurden von zwei dünnwandigen Hohlkastenträgern aus sehr schwach armiertem Beton gebildet, wobei der eine die Wölbung bildete, der andere die Straßendecke trug und beide miteinander durch vier dreieckige Tympanone verbunden waren. Die Stichhöhe dieser Bögen lag zwischen 4 und 5 m. Obwohl diese Fahrbahnen außerordentlich dünn waren, enthielten sie im Durchschnitt weniger als 35 kg Stahl auf den Kubikmeter Beton. Ein Modell dieses Bauwerkes stand in meinem Büro. Im April 1907, gerade vor der Generalversammlung des Departementes, erblickte es Mercier. »Ein schönes Projekt«, meinte er, »ja, aber es hat keine Chance, wirklich ausgeführt zu werden. Erstens ist kein Geld da, und welche Verwaltung würde es wagen, so etwas gutzuheißen? Und wie ist es mit Ihnen? Wenn man Ihnen dafür die Mittel gäbe, würden Sie wagen, es auszuführen?« – »Natürlich«, erwiderte ich, »aber in Alleinregie. Da sehe ich kein Problem für mich.« Darauf nahm Mercier ein Stück Papier von meinem Tisch und entwarf einen Vertrag für die Ausführung einer Brücke über die Allier in Veurdre, die für 630 000 Francs gerade vergeben werden sollte, dazu für die Brücke von Boutiron, die mich interessierte, sowie für eine dritte Brücke bei Châtel-de-Neuvre, die bei seinem Freund Régnier, einem Abgeordneten, Interesse fand. Jede Brücke zu einem Pauschalpreis von 210 000 Francs (also nur einem Drittel des Preises der Veurdre-Brücke), zahlbar in einer einzigen Rate nach zufriedenstellenden Versuchsergebnissen. Diese Brücken sollten nach dem von mir stammenden Vorentwurf ausgeführt werden, und Mercier wollte die gesamte Verantwortung übernehmen. Im Falle eines Fehlschlags würde er sich verpflichten, die defekten Brücken aus Mauerwerk wieder aufzubauen, wie es für die Veurdre-Brücke vorgesehen war. Am folgenden Tage billigte die Generalversammlung des Departementes dieses königliche Geschenk: zwei große Brücken über die Allier. Vierzehn Tage später beauftragte mich ein amtliches Schreiben auf Kosten der Departementsverwaltung mit der Bauaufsicht dieser Brücken, deren geistiger Urheber ich war, deren Unternehmer ich sein sollte und deren Plan niemals irgend jemandem zur Prüfung vorgelegt werden sollte. Mercier reiste alsbald nach Portugal ab, räumte mir einen unbegrenzten Kredit bei seiner Bank ein, aber ohne mir dabei auch nur einen Mann oder ein Werkzeug oder einen Ratschlag zu geben. Niemals wurden einem Konstrukteur größere Freiheiten eingeräumt. Ich war völlig mein eigener Herr und empfing von niemandem Befehle oder Ratschläge.
Ich kann über den Brückenbau in Veurdre die Verse zitieren, die Mistral über seine Dichtung »Mireille« in einem Brief an Lamartine schreibt:

»Dies ist mein Herz und meine Seele,
dies ist die Blüte meiner Jahre.«
Von dem Tage an, da ich für diesen Bau die Verantwortung übernahm, beschäftigte er mein Denken Tag und Nacht, bewußt und unbewußt. Er hatte meine Gedanken so ausschließlich in Anspruch genommen, daß ich an keine anderen wichtigen Dinge mehr dachte. Ich mußte einen Bautrupp zusammenstellen. Die vielen kleineren Arbeiten, die ich überall ausführte, ließen mich sichere und zuverlässige Leute finden. In der Person meines Freundes Biguet, des Leiters der Brücken- und Straßenbaudirektion in Vichy, den ich wegen seiner Gewissenhaftigkeit und seiner Hingabe bewunderte, fand ich einen Leiter für meine Baustelle. Ich kann hier nicht den Bau der Brücke von Veurdre schildern. Vielleicht werde ich dies eines Tages tun, aber man benötigt wohl ein ganzes Buch dazu, um dieses Unternehmen zu beschreiben und es in allen Augenblicken während der vierjährigen Bauzeit zu verfolgen. Das Wesentliche ist ja bekannt: das Problem der Ausrüstung der besonders flachen großen Gewölbe, die kaum bewehrt waren, löste ich durch das Expansionsverfahren. Dies wurde zuerst bei einem Brückengewölbe (Rairéals-sur-Besbre) von 26 m Spannweite zwischen den Gelenken ausprobiert, das um etwa $1/20$ gedrückt wurde, sodann bei einem Versuchsbogen von 50 m Spannweite und 2 m Stichhöhe. Schließlich hatte ich für die Brücke in Veurdre eine erste Form meiner plastischen Gelenke entworfen, die nur bei den Kämpfern ihre Anwendung fand.
Ich will nur die dramatische Episode wiedergeben, durch die ich 1912 über das Vorhandensein unterschiedlicher elastischer Verformungen des Betons in Kenntnis gesetzt wurde. Die Umstände, die Starrköpfigkeit Mesnagers und dann der erste Weltkrieg zögerten das Erscheinen meiner ersten Veröffentlichung über diese Phänomene bis ins Jahr 1926 hinaus.
Alle Aussagen der Vorschriften und Veröffentlichungen des Jahres 1906, die sich auf die linearen Formänderungen des Betons beziehen, sind von Grund auf falsch. Diese Texte verkennen völlig die Schwankungen des Youngschen Moduls sowohl hinsichtlich der Intensität der Spannungen als auch hinsichtlich ihrer Anwendungsdauer, während sie doch zwischen ihren größten und kleinsten Werten von 1 bis $1/10$ liegen können. Sie schreiben dem Ausdehnungsmodul einen festen Wert zu. In Wirklichkeit besteht er jedoch aus einer sehr komplexen Funktion einer Menge von Faktoren, deren Wert, der im Durchschnitt viel geringer ist, als in den Vorschriften niedergelegt, zwischen 2×10^{-5} und 10^5 liegen kann. Kurz gesagt, diese Vorschriften nehmen dem Beton seine Bildsamkeit und sein Leben, d. h. seine wesentlichen Eigenschaften, ohne die kein Bauwerk aus Stahlbeton je bestehen könnte.
Wenn ich jedoch den »Geschichten«, die mit dem Namen Maurice Lévy gezeichnet sind, Glauben schenke, müßte ich die Bögen meiner Veurdre-Brücke mit einem Scheitelgelenk ausstatten. Nach langem Zögern, wovon mein Versuchsbogen bei Moulins, der nur zwei Gelenke hatte, zeugt, tat ich es dann auch. Ich weiß nicht, ob es eine berauschendere Freude für einen Konstrukteur gibt, der sein vollendetes Werk ohne Selbstgefälligkeit überprüft und an ihm keinen

7 Le Veurdre-Brücke über die Allier. Entworfen 1907, beendet 1910

Fehler entdeckt. Welche Belohnung für seine Mühen. Er fühlt sich wie Gott am siebenten Tage.
Aber was für eine schreckliche Angst folgt dieser Euphorie, wenn man nach mehreren Monaten allmählich auftretende störende Symptome bemerkt, Formänderungen, die für einen aufmerksamen Beobachter kaum zu sehen sind, die aber fortschreitend zu einem Punkt anwachsen, an dem man sich als äußerste Grenze nur noch den Einsturz der Brücke vorstellen kann.
Diese Formänderungen bestanden in einem sehr langsamen vertikalen Einknicken, das nur durch eine fortschreitende und beträchtliche Senkung erklärlich war, die von 1 bis $1/4$ und vielleicht $1/5$ des Youngschen Moduls reichte, obwohl der Beton der Gewölbe außergewöhnlich hart war. Bei Preßversuchen an Betonwürfeln, von denen ich einen großen Vorrat hatte, zeigte sich ein sehr klares Anwachsen dieses selben Moduls. Außerdem muß noch eine andere Veränderung berücksichtigt werden, die sich als Funktion der Intensität der Spannungen erweist, deren Maxima sehr schnell durch eine Vergrößerung der Abstände zwischen der mittleren Achse und der Stützlinie der Belastungen anwuchsen. Jedoch nach Mesnager und dem Labor in der Avenue d'Iéna war der Modul der Betonarten bei einem Probewürfel, der normale Härte erreicht hatte, eine fast absolute Konstante. Zwanzig Laborversuche, die von Mesnager gutgeheißen wurden, schienen zu bestätigen, daß dies meiner eigenen Erfahrung widersprach.
Um aus dieser unmöglichen Situation einen Ausweg zu finden, begab ich mich nach Paris in die Avenue d'Iéna, nahm mir die Laborgehilfen beiseite und ermahnte sie unter schrecklichen Androhungen, mir genau zu erzählen, was sie über die Experimente wußten, deren praktische Ausführung sie überwacht hatten. Eingeschüchtert gestanden mir diese armen Teufel, daß sie, um das Zerbrechen der teuren Meßapparate für Formänderungen zu vermeiden, diese abbauten, sobald der Winkel-Koeffizient am Anfang einer Geraden bekannt war, die man an Stelle der Deformationskurve einsetzte.

33

So ungewöhnlich das heute erscheinen mag, wo die Messung von Formänderungen eine leichte und geläufige Angelegenheit ist, hatten die Testtrugbilder die Überzeugung der verantwortlichen Herausgeber dieser Vorschriften verfestigt, daß der Youngsche Modul eines Betons nur eine Konstante sein könne. Ich darf übrigens daran erinnern, daß Rabut und Considère es ablehnten, sich den Folgerungen der Kommission für Stahlbeton anzuschließen. In der Tat widersprach nicht ein einziger experimenteller Befund meinen Beobachtungen. Es stimmte genau, daß Beton viel formveränderlicher, viel plastischer war, als es das Schema, das in den Vorschriften gebilligt wurde, wahrhaben wollte. Eine Tatsache, die sich übrigens (durch die tägliche Erfahrung bei Betonbauwerken) jedem denkenden Menschen reichlich zeigte, der nicht durch den Mißbrauch der Mathematik ein Brett vor dem Kopf hatte.

Nachdem dies einmal bekannt war, baute ich keine Scheitelgelenke mehr ein. Es wurde sogar offenbar, daß ihr Vorhandensein Ursache für das Einsinken meiner Bögen war. Um diesem Vorgang Einhalt zu gebieten, genügte es, sie zu entfernen. Man setzte von neuem die Pressen an, die zum Ausrüsten des Bogens gedient hatten, um den Bogen genügend zu heben, damit der Großteil der erhöhten Spannungen beseitigt werden konnte, die von der Formänderung der Bogenachse herrührten. Es konnte nicht die Rede davon sein, die Chefingenieure oder Präfekten zu benachrichtigen, um eine regelrechte Verkehrsunterbrechung zu veranlassen. Sie wären verrückt geworden und hätten mich in meiner Arbeit behindert. Aber jeder Tag Verzug konnte den Einsturz hervorrufen, denn die Deformationen nahmen jetzt erschreckend schnell zu.

Als ich nachts nach Moulin zurückkam, sprang ich auf mein Fahrrad und begab mich nach Veurdre hinunter, um Biguet und drei andere zuverlässige Leute zu wecken. Zu fünft brachten wir die Pressen wieder in Stellung – glücklicherweise hatte ich mir diese Möglichkeit vorbehalten –, und sobald es nur einigermaßen hell genug wurde, um die Nivellierinstrumente und Nivellierlatten benutzen zu können, begannen wir, die drei Bögen gleichzeitig anzuheben. Es war gerade Markttag, und wiederholt war es erforderlich, die Arbeit zu unterbrechen, um Wagen passieren zu lassen. Es ging jedoch alles gut. In ihre früheren Lagen zurückgebracht und von der Krankheit geheilt, die sie beinah vernichtet hätte, hat sich die Brücke von Veurdre ganz ausgezeichnet verhalten, bis sie 1940 im zweiten Weltkrieg zerstört wurde. Wenn die Brücke eingestürzt wäre, hätte ich mich dafür verantwortlich gehalten. Und wirklich, als ich darüber nachdachte, erkannte ich, daß ich die Vorschriften ohne Überprüfung nicht hätte akzeptieren dürfen.

Gewisse Leute werden sagen, daß der Respekt vor den Vorschriften zwingend sei und die Ingenieure keinen Anlaß hätten, deren Grundlagen zu überprüfen. Das ist eine bequeme, aber verkehrte Anschauung. Denn die Leute, welche die Vorschriften entwerfen, können sich genauso irren wie die anderen. Es war vielleicht ein Fehler, ab 1906 eine Vorschrift für Stahlbeton, der noch zuwenig bekannt war, aufzustellen, aber es war ganz gewiß einer, deren Abfassung einem Mathematiker anzuvertrauen, der nicht allein total unwissend in einer Technik war, die

8 Brücke über die Allier bei Boutiron

er autokratisch zu lenken beabsichtigte, sondern der auch auf Grund seiner Vorbildung und seiner Denkgewohnheiten ganz und gar unfähig war, jemals etwas davon zu verstehen.

Ich glaube, daß eine Vorschrift nur dann wahren Wert und Sinn hat und den Konstrukteuren und der Öffentlichkeit Sicherheitsgarantien bietet, wenn sie sich darauf beschränkt, diejenigen Regeln aufzustellen, die von einer ausgereiften Technik bestätigt werden, die sich bei zahlreichen und unterschiedlichen Unternehmungen bewährt hat. Andernfalls ist die Vorschrift ein Klotz am Bein und eine Binde vor den Augen, die nur den Fortschritt hemmt und zu Purzelbäumen führt. In jedem Falle hat ein Ingenieur, der es unternimmt, ein Bauvorhaben *neuen Typs* auszuführen, die absolute Pflicht, sich nur auf die Tatsachen zu verlassen, deren Genauigkeit er selber prüfen konnte.

Es wurde schon erwähnt, daß mir hinsichtlich meiner Brücken keine Schwierigkeiten erspart bleiben sollten. Die Veurdre-Brücke hat einen jüngeren Gefährten: die Brücke von Boutiron, drei Kilometer von Vichy entfernt, vielleicht etwas weniger schön, weil sie der allzu flachen Gegend weniger gut angepaßt ist. Sie ist aber in allen wesentlichen Teilen mit der Veurdre-Brücke identisch. Es waren dieselben Gewölbe, dieselben Lehrgerüste. Sogar nach den Brückenbauten von Tonneins und Plougastel halte ich sie, seit die Veurdre-Brücke in Trümmer gesunken ist, für die schönste meiner Brücken. Die unteren Hohlkastenträger waren gegossen. Für die triangulierten Fachwerke und den oberen Hohlkastenträger waren die Schalungen erstellt und die Bewehrung eingelegt. Man brauchte nur noch den Beton zu gießen. Das war eine Angelegenheit von höchstens vierzehn Tagen. Es war damals Mitte Juni, wo sehr hohe Hochwasser selten sind und meine Gerüste nur den mittleren Hochwassern ausgesetzt waren.

Eines Abends jedoch, bei Anbruch der Nacht, erreichte uns eines der heftigsten Sommerhochwasser, die man seit Jahrhunderten in jener Gegend beobachtet hatte. Es trieb alle Hallen und Zäune einer in Vichy in Vorbereitung befindlichen Ausstellung und das ganze Heu aus der Auvergne in meine Gerüste. Unter dem rechten Brückenjoch, dessen Gerüste auf Pfählen ruhten, die in den harten Mergelschiefer geschlagen waren, bildete die Hochwasserströmung mit allem, was sie mit sich führte, einen ersten Staudamm. Unter dem Druck der so zurückgestauten Wassermassen verbogen sich die Pfähle, krachten dabei entsetzlich und bildeten zusammen mit den vertikalen Teilen des Gerüstes eine V-Form. Jedoch hielt das verbogene Gebälk dank seiner Windversteifungen und der Steifigkeit des Betons und auch dank der Tatsache, daß sich das Wasser Wege bahnte, wobei es den Sand bis auf den nackten Fels wegwusch, und zwar zuerst unter dem Gerüst des Mittelbogens, dann unter dem dritten Bogen, was den Druck auf das Gerüstgebälk verminderte.

Am nächsten Tage hatte sich das Hochwasser genügend gesenkt, so daß man eine erste Bilanz der Katastrophe aufstellen konnte.

Das Lehrgerüst ruhte auf 6 Unterstützungen pro Bogen. Am Bogen 1 waren die Stützen 2 und 3 in Talrichtung um rund 80 cm verbogen. Bei den Bögen 2 und 3 gähnten unter den gleichen Stützen, die völlig verschwunden waren, Löcher von 6 m Tiefe, die die Strömung schon wieder mit Schlamm ausfüllte. In vertikaler Richtung hatten die Gewölbe und Verschalungen Deformationen von mehreren Dezimetern erlitten. In der Horizontalen gab es keine sichtbaren Deformationen. Die vor 14 Tagen gegossenen Gewölbe hatten dem Druck widerstanden. Einige meiner Leute, die den Kopf verloren hatten, wollten die Verschalungen aufbrechen, um festzustellen, in welchem Zustand sich der Beton befand. Ich erklärte, daß ich jedem den Schädel einschlagen würde, der die Nägel von den Planken der Verschalung reißen wolle, und daß ich so vorgehen werde, als ob die Gewölbe keinerlei Schäden erlitten hätten, auf die Gefahr hin, diejenigen auszubessern, die man später entdecken würde.

Den ganzen Tag hindurch ließ ich Planken, Baumstämme und Steinpackungen heranschaffen. Andertags konnte man losarbeiten. In die Löcher ließ ich große Körbe aus Brettern einsetzen und mit Flußkies ausfüllen. Die Bretter wurden dabei mit Stahlsaiten zusammengehalten. In der tiefen Wasserrinne, wo die Strömung immer noch heftig war, brachte man Spreizen an, die aus groben, unbehauenen, geneigten Tannenholzstämmen gemacht waren, die als Strebebogen vor die verbogenen Pfähle gesetzt und an ihrer Basis gegen die ins Flußbett geworfenen Steinpackungen abgestützt wurden. Dann drückte ich mit meinen Pressen und Winden die Köpfe der Pfähle wieder in ihre Ausgangslage zurück, aus der sie die Hochflut geschoben hatte. Unter dem Lärm zerbrechenden Holzes gelangten Gewölbe, Verschalungen und Bewehrungen wieder sehr genau in ihre Ausgangsformen zurück.

Ich gab dann die Anweisung, ohne einzuhalten, Tag und Nacht zu betonieren, denn ich hatte eine schreckliche Angst vor der zweiten Hochflut, die erfahrungsgemäß häufig einer ersten Sommer-Hochflut folgt. Alle, bis zum technischen Zeichner und bis zum Buchhalter, wurden für das Feststampfen des Betons eingesetzt, denn Biguet war nicht der Mann, der ungeachtet der Umstände ein un-

zureichendes Feststampfen des Betons mit ansehen konnte. Wenn Sie demnächst eine Kur in Vichy machen sollten, sehen Sie sich mal die Boutiron-Brücke an; klettern Sie auf den Wölbungen herum und prüfen Sie den Beton mit der Lupe, wobei Sie gleichzeitig bedenken müssen, daß sie in insgesamt drei Tagen und zwei Nächten gegossen worden sind (wir hatten damals noch keine Vibrationsgeräte). Sie werden voller Bewunderung für Biguet zurückkehren.
Das zweite Hochwasser kam, wie ich es befürchtete, aber die vollendete Brücke hielt gut stand. Ich ließ die Leute dann Ausschalen, und bei der Überprüfung der Wölbungen konnten wir zu unserer großen Freude keine Spur weder eines Risses noch einer dauerhaften Deformation feststellen.
Dieser Vorfall war der Anfang meiner geschäftlichen Verbindung mit meinem Freunde Limousin. Als Zeuge beim Auseinanderpressen der Gewölbe der Boutiron-Brücke schwor er mir, ich solle, und müßte er mich gewaltsam dazu zwingen, von nun an sein Geschäftspartner werden. Übrigens verschaffte mir kurz danach das Expansionsverfahren, das in Anwesenheit der gesamten École des Ponts et Chaussées mit Robert, Mesnager und zahlreichen Ingenieuren als Zuschauer stattfand, eine große Publizität. Rabut forderte und erhielt für mich den »Prix Caméré«. Von allen Seiten erbat man von mir Entwürfe. Damals entschlossen wir uns zur Gründung der Gesellschaft Mercier, Limousin & Cie., die später zur Firma Limousin & Cie. für Freyssinet-Verfahren wurde.
Obwohl ich durch zahlreiche Bauvorhaben sehr beschäftigt war, beabsichtigte ich, die Untersuchungen über Formänderungen in verschiedenen Betonarten fortzusetzen, die mir als das einzig mögliche Hindernis für die Beständigkeit des Spannbetons erschien, mit dem ich mich noch immer beschäftigte. Ich wollte ihn für den Fahrdamm der Bernand-Brücke vorsehen, die Ende 1914 fertiggestellt werden sollte. In meinem Garten hatte ich eine Werkstatt mit Präzisionsgeräten eingerichtet, wo ich mich damit vergnügte, selbst Meßgeräte zu bauen. Ich stellte ein Untersuchungsprogramm für die langsamen Formänderungen des Betons auf, wobei ich die Bewegungen eines Versuchsbogens benutzte. Es kamen zahlreiche Mitarbeiter zu mir, die jung und begeisterungsfähig waren. Unglücklicherweise ist die Jugend mit Nachteilen belastet, denn wir mußten alle am 31. Juli 1914 ausrücken und am 2. August an unseren Mobilmachungsorten sein. Das Grundstück, auf dem sich mein Versuchsbogen, meine Aufzeichnungen und mein Material befanden, wurde dem Militär zur Verfügung gestellt. Als ich 1919 zurückkam, stand ich vor einem großen Trümmerhaufen. Die Arbeit all meiner Jahre vor 1914 war zerstört.
Nachdem ich zwei Monate an der Alpengrenze, wohin man mich nach meiner Einberufung geschickt hatte, auf Befehle wartete, wurde ich im November 1914 in die Militärkommission für den Bereich Nord beordert, die mehrere Bauwerke errichten mußte, dafür aber keinen Stahl besaß. Der Beton stand bei ihr in Ehren, teils aus Liebe zu diesem Stoff, größtenteils aber aus einer Zwangslage heraus, und sie brauchten daher Fachleute.
In meiner Eigenschaft als Offizier dieser Militärkommission wurde mir der Wiederaufbau der Brücke von Laversine-sur-Oise (eine Rekordleistung an Schnellig-

keit) und des Viaduktes von Pix angetragen, bei dem unter Belastung stehende Pfeiler wieder aufgerichtet werden mußten, was in vielerlei Beziehungen zu den Problemen der Vorspannung stand. Außerdem leitete ich zahlreiche weniger hervorstechende, obwohl oft schwierige Arbeiten: Unterfangen im Torfboden stehender Fundamente, die durch Explosionen beschädigt worden waren. Dann habe ich Hektar um Hektar mit Werkstätten, Hallen, Fabriken, Schuppen für alle möglichen Zwecke, teilweise bedeutende, wie z. B. die Verhüttungsanlage von Caen, die Montagewerkstatt der Firma Creusot, bebaut. Ferner konstruierte ich Schiffe, die vollkommen seetüchtig waren, und sogar Lafettenfahrgestelle für 300-mm-Haubitzen, die zwar durch den Sieg überflüssig geworden waren, aber den strengen Versuchen sehr gut widerstanden, denen sie ausgesetzt wurden.
Zwischen 1918 und 1928 war ich Mitgeschäftsführer eines großen Stahlbeton-Bauunternehmens und speziell für all das verantwortlich, was die Technik betraf. Nach 1918 nahm mich der Wiederaufbau mehrere Jahre voll in Anspruch.
1913 hatte ich Gewölbe mit darüberliegenden Gewölberippen erfunden, 1916 gleitende Lehrgerüste. Hätte ich sie patentieren lassen, wäre ich heute Milliardär. Dies ist übrigens eine wohlbekannte Tatsache: nur die dümmsten Patente machen ihre Urheber reich.
Aber um zu wissen, ob sich im Beton dauerhafte Vorspannungen trotz seiner langsamen Formänderungen erzeugen lassen, mußte man deren genaue Gesetze kennen. Eine Gelegenheit zur Wiederaufnahme dieser Untersuchungen bot sich mir beim Bau der Brücke von Plougastel. Ich mußte zur Bestimmung der besten Form der Brückenbögen die zeitabhängigen Formänderungen ihres Betons kennenlernen.
Ich führte also zu Beginn des Jahres 1926 Experimente durch, die fast drei Jahre dauerten. Sie sind klassisch geworden. Aber es ging mir in diesem Zusammenhange, wie es mir so oft im Leben ergangen war. Weil ich ihnen Aufgaben vorgezogen habe, die mich mehr interessierten, habe ich wichtige Arbeiten unvollendet gelassen. Ich habe nur ein kurzes Resümee meiner Untersuchungen über die langsamen Formänderungen veröffentlicht, und das dicke Buch, dessen Thema ich erst andeutungsweise formuliert hatte, wird zweifellos niemals gedruckt werden. Ich bedaure es ein bißchen, denn ich wies dort die Gründe für die Irrtümer nach, denen die Angelsachsen verfallen waren; diese Irrtümer führten sie dazu, den Formänderungen, die größtenteils nur verzögerter und umkehrbarer elastischer Art sind, den Namen »Kriechen« zu geben. Ferner haben sie diese für nicht umkehrbar erklärt, ohne sich darüber klarzuwerden, daß sie in ihren Versuchen nur die Belastungsbedingungen umkehrten, ohne auch die hygrometrischen Bedingungen ihres Betons umzukehren, der zwar zu Beginn des Experiments feucht war, aber bei dessen Abschluß trocken war und so blieb.
Dieselben Autoren täuschten sich nochmals bei der Beobachtung der Gesetze der Schwankungen des Youngschen Moduls auf Grund der Spannungen, wobei sie die Summe der beiden Phänomene für ein einziges Phänomen nahmen, deren eines eine kontinuierliche plastische Ausdehnung des Betons vor der Belastung ist unter der Einwirkung thermohygrometrischer Schwankungen, denen jeder

Betonblock ausgesetzt ist. Diese Ausdehnung schafft einen Zustand, vergleichbar einem Stab, der sehr weit über seine elastische Dehnung gebogen wird: ihr scheinbarer Modul ist dann fast gleich Null. Daher die Illusion, daß sich der Modul mit der Belastung erst erhöht und dann abnimmt, während er doch in Wirklichkeit von Anfang an abnimmt, sobald die Belastungen zunehmen.
Ich bin durchaus davon überzeugt, daß solche Forschungen sehr nützlich und interessant sind, vielleicht viel interessanter als die Schaffung neuartiger Baukonstruktionen, aber sie liegen außerhalb meines Berufes als Baumeister. Ich habe nur notgedrungen Physik studiert angesichts des Versagens der Laboratorien auf einem Gebiet, von dem ich unbedingt wesentliche Tatsachen kennenlernen mußte.
Sobald ich deshalb die Gesetze der langsamen Formänderungen genügend gut kannte und die Gewißheit hatte, daß sie sich durch eine bleibende Vorspannung neutralisieren ließen, entschloß ich mich, mein ganzes Vermögen, meinen Ruf, meine ganze Kraft daranzusetzen, aus der Idee der Vorspannung eine industrielle Realität zu machen. Da ich einen langen und harten Kampf und die Notwendigkeit einer finanziellen Unterstützung voraussah, ließ ich aus Vorsicht Patente anmelden. Mein Geschäftspartner Limousin weigerte sich, mir auf diesem Wege zu folgen, und ich legte meine Stellung als Mitgeschäftsführer nieder und trat all meine Rechte am Unternehmen ab, inbegriffen jene, die sich auf meine Untersuchungen, Pläne und Patente vor dieser Abtretung bezogen, was für mich sehr hart war. Claude Limousin und ich hatten füreinander eine tiefe Zuneigung, die sich auf gegenseitiger Achtung und einer fünfzehnjährigen Zusammenarbeit gründete. Ohne etwa, wie Mercier, ein Übermensch zu sein, war er bemerkenswert begabt und fügte viel gesunden Menschenverstand und Scharfsinn der Vorliebe am Wagnis hinzu, ohne die es kein florierendes Unternehmen geben kann. Er war ausgesprochen ehrenhaft und großherzig in den Beziehungen zu seinen Auftraggebern, seinen Geschäftspartnern und seinem Personal. Der einzige Grund zu unserer Trennung war, daß Limousin nie an die Zukunft der Idee der Vorspannung glaubte. Davon überzeugt, daß mich meine Versuche in kurzer Zeit geschäftlich ruinieren würden, meinte er, daß ihm seine Freundschaft zu mir die Pflicht auferlege, sich mit allen Mitteln dem zu widersetzen, was er für Wahnsinn hielt. Für mich dagegen war dieser Wahn, und sollte er sich als verderblich erweisen, eine Mission, die ich erfüllen mußte, wie groß auch immer die mir abgeforderten Opfer sein sollten.
Sie waren von Anfang an beträchtlich. Ich verlor meinen besten Freund, eine breite finanzielle Grundlage, die Annehmlichkeiten, die mich in meinem Beruf als Konstrukteur verwöhnten, zahlreiche Mitarbeiter, die ich herangebildet hatte und die ich liebte. Mehr noch, in ihren Augen nahm ich die Gestalt eines Deserteurs an. Ein einziger folgte mir: mein getreuer Décharne, der seit 1912 in meinem Dienst stand. Mit 50 Jahren verließ ich meine vorgezeichnete Lebensbahn, um mir eine neue Existenz voller Unsicherheiten und Gefahren zu schaffen.
Der erste Lizenznehmer meiner Spannbeton-Patente wurde die Forclum-Gesellschaft, hervorgegangen aus dem großen Netz der Elektrizitätsfirmen der Re-

gion Paris, wo ich viele Freunde hatte. Die Firma benötigte Leitungsmasten. Es läßt sich leicht zeigen, daß von allen Verwendungsarten des Spannbetons diejenigen, bei denen die Spannungen zwischen $-N$ und $+N$ variieren, die am wenigsten vorteilhaft sind. Und dies ist genau bei den Stromleitungsmasten der Fall. Unglücklicherweise waren dies die einzigen Dinge, die meine Freunde interessierten.

Ein Mathematiker hätte schon sogleich auf die Unmöglichkeit einer wirtschaftlichen Herstellung vorgespannter Leitungsmasten geschlossen. Da ich aber kein Zutrauen zur Mathematik habe, stellte ich Versuche an, die bewiesen, daß sie trotz theoretischer Einwände von großem Interesse sein könnten, unter der Bedingung jedoch, daß sie von sehr hoher Qualität sind. Ein vorgespannter Leitungsmast von mittlerer Qualität ist von vornherein zur Unbrauchbarkeit verdammt.

Ich machte mich an meine Arbeit nach einem Programm, das Herr Gouverneur, zu jener Zeit Direktor der Forclum, entworfen hatte. Er war in vielen Hinsichten ein Mensch mit hohen Qualitäten, aber auch mit überschwenglicher Phantasie und Begeisterungsfähigkeit. Er plante mehrere Fertigungsstätten, jede mit einem Jahresausstoß von mindestens 20 000 Leitungsmasten von 12 bis 16 m Länge. Die Vorspannkräfte in den Armierungen mußten 200 t für die stärksten Leitungsmasten von 16 m erreichen.

Ich sollte in einer existierenden Fabrik in Montargis, die als Hauptwerk vorgesehen war, ein Fließband nach den Techniken, wie ich sie angeboten hatte, einrichten.

Auf der geschäftlichen Ebene war der Mißerfolg der Fabrik so vollständig wie nur möglich. Ihr Inventar wurde als Alteisen verkauft, ohne daß es jemals genutzt worden war. Trotzdem glaube ich fest, wenn ich einmal die Zeit finde, diese Geschichte zu schreiben, daß dieser Fehlschlag meinen Gedanken dann nützlicher sein wird als meine schönsten Erfolge. Auf der Fabrikationsebene ist das Problem des vorgespannten Leitungsmastes außerordentlich schwierig. Der beste Mast ist notwendigerweise ein ausgehöhlter Kegelstumpf, dessen Form jedoch schwierig zu verwirklichen ist. Er kann nur dann von wirtschaftlichem Interesse sein, wenn er sehr leicht ist. Da er keine Druckbewehrung in sich hat und weil man bei der Verdichtung nur über einen Bruchteil des Widerstandes des Betons verfügt, der die Vorspannung übersteigt, die sehr stark sein muß, so muß der Beton des Leitungsmastes drei- oder viermal so widerstandsfähig sein wie die besten klassischen Betone. Die Vorspannungen sind höher als bei irgendeinem anderen Bauobjekt. Man überschritt oft 350 kg/cm^2 beim Ausschalen der Leitungsmasten aus der Fabrik Montargis. Da die spätere Entspannung nach einigen Wochen 20 bis 25 Prozent erreichte, lag die Dicke zwischen und über den Bewehrungen in der Größenordnung von Millimetern.

Die Gesamtspannungen, denen die Bewehrungen ausgesetzt werden mußten, waren enorm. Sie durch die Gußformen aufrecht zu erhalten, war die einzige Lösung. Die Gußformen mußten daher außerordentlich solide und mit Verankerungsmöglichkeiten versehen sein und unter Spannung seitens der Beweh-

rung stehen. Diese Verankerungsmöglichkeiten sollten in der Lage sein, für jede der vier Ecken der Gußformen die mit 50 t gespannten Bewehrungen entweder sofort zu fixieren oder zu lockern. Sie mußten daher sehr kostspielig sein, um so mehr, als ein und dieselbe Gußform die Herstellung mehrerer Leitungsmast-Typen von unterschiedlicher Länge und unterschiedlichem Querschnitt ermöglichen sollte. Dies machte natürlich ein sehr schnelles Erhärten des Betons unerläßlich, um die Anzahl der Gußformen zu begrenzen.
Entsprechend den Theorien über den Beton, die ich gerade veröffentlicht hatte, schuf ich Verfahren, die die Erhärtung der gewöhnlichen Portland-Betone quasi sofort durch die Einwirkung von Vibrationen herbeiführten, die vor, während und nach dem Einbringen des Betons in die Gußformen, verbunden mit leichten wechselnden Drücken, angewandt wurde. Das ergab eine sehr hohe Verdichtung.
In Bezons stellte mir die Forclum eine sehr große alte Kraftwerkhalle zur Verfügung, die noch mit einem Laufkran ausgerüstet war. Ich verwandelte sie in ein Werkslaboratorium, das mit Maschinen ausgestattet war, die ich entwickelte, um eine sehr genaue Herstellung meiner Gußformen zu ermöglichen. Die mächtigsten von ihnen, Fräsen und Pressen, wurden an Ort und Stelle mit Fundamenten aus Spannbeton gebaut.
Mit diesen Maschinen, die halbfeste Stahlbleche von 7 mm Dicke und 4 m Länge wie Zigarettenpapier auswalzten, konstruierte ich Gußformen, die in der Lage waren, je nachdem Masten von 12 m bis 16 m, jeweils um 50 cm in der Länge variierend, zu produzieren. Größe und Dicke konnten ebenfalls variieren. Ich baute eine vollautomatische Maschine, die in der Lage war, Bündel von Stahldrähten mit Durchmessern von 5–10 mm bis zu 100 t pro Formhälfte einzulegen, in die gewünschten Längen zu zerschneiden und zu spannen. Die Spannung für jeden Stahl war fast bis auf das Kilogramm reguliert, ganz gleich, wie die Länge war, die bei demselben Mast zwischen 2,50 und 16 m variieren konnte. Eine andere Maschine vermochte die so bewehrten Gußformen mit Beton zu füllen, wobei dieser außerhalb der Gußform schon vorgerüttelt worden war. Eine weitere Maschine konnte diesen Beton auf 16 kg/cm² durch Aufblasen eines dehnbaren Futters aus Kautschuk drücken, den wir uns selber aus Rohgummi herstellen mußten, nachdem wir mehrere Fehlschläge mit den Produkten zweier bedeutender Gummifabriken erlebt hatten. Dann hatten wir für unsere Gußformen eine Trockenkammer mit 100° Hitze, außerdem automatische Transportmittel sowie Gußformen, die gefüllt bis zu 4000 kg wogen. Eine Stunde nach dem Gießen widerstanden unsere Betone, deren Gesamtdicke sich in gewissen Fällen auf 12 mm vermindern konnte, Belastungen von mehr als 500 kg/cm², ihre Bruchbelastung erreichte nach einigen Tagen 1000 kg/cm².
Zu Beginn des Jahres 1933 war diese Fertigungsstraße betriebsbereit. Während eines ganzen Nachmittags produzierte sie, von 10 Mann bedient, vor den Augen ausgewählter Gäste, die sehr langen Leitungsmasten von 16 m, je 2 Stück pro Stunde, die eine Stunde nach ihrem Guß ausgeschalt wurden und schon am nächsten Tag auf ihre Bruchfestigkeit geprüft werden konnten. Ihr Gewicht lag um 40 Prozent unter dem der herkömmlichen Masten von gleicher Höhe und

gleicher Widerstandsfähigkeit. Der Aufwand an Metall war bei ihnen um $1/3$ niedriger als bei den üblichen Normen. Sie hielten unbegrenzt den wechselnden Belastungen stand, die innerhalb einer Stunde die klassischen Masten hätten in Stücke brechen lassen.

Die Jahre 1929 bis 1933, in denen diese Verfahren geschaffen wurden, waren für mich eine Zeit der leidenschaftlichsten Tätigkeit, die ich je gekannt habe. Wieviel Nächte verbrachte ich mit meinen Leuten, die mir in Glaube und Leidenschaft nicht nachstanden, um in fiebriger Erregung den Ergebnissen eines Experimentes nachzuspüren. Ich verspürte das erhebende Gefühl, neue Verfahrenstechniken von größtem Interesse zu schaffen. Als wir aber in der Lage waren, in Montargis 50 Masten pro Tag herzustellen, mußte man sie auch verkaufen. Und da mußte die Forclum feststellen und zugeben, daß eine Kundschaft für einträgliche Serien von Leitungsmasten zwischen 12 und 16 m im Jahre 1933, einer schweren Krisenzeit für die Elektrizität, nicht vorhanden war und daß sie wahrscheinlich auch nur in der Einbildung Gouverneurs bestanden habe.

Der Präsident der Forclum, der leitende Ingenieur Imbs, mußte seine zahlreichen Beziehungen in der Elektrizitätswirtschaft spielen lassen, um einen erbärmlichen Auftrag von einigen tausend Masten, hauptsächlich von 9 m Länge, hereinzuholen. Da es sich aber um eine große Zahl verschiedener Modelle handelte, paßten unsere enormen Gußformen und unsere fast vollautomatische Fertigung für diese Herstellung überhaupt nicht. Das war dasselbe, als wenn man mit einem Hammer von 100 t einen Nagel einschlagen wollte.

Wir setzten dennoch unsere Gußformen ein, allerdings nach kostspieligen Veränderungen. Und diese paar tausend Leitungsmasten, die vor mehr als 20 Jahren unter sehr verschiedenen Bedingungen errichtet wurden, sind noch alle intakt trotz ihrer Betondicke von nur $1/10$ gegenüber den üblichen Dicken. Sie waren für sich selbst genügend Beweis, um zu zeigen, welche wertvollen Verfahren ich geschaffen hatte.

Ich könnte hierzu noch einen weit bemerkenswerteren Beleg anführen. Es ist schon einige Zeit her, als zwei Flugzeugingenieure der Firma Breguet, die Herren Brocard und Bruner, zu mir kamen und mich baten, ihnen bei der Konstruktion von Flugzeugtragflächen aus Spannbeton behilflich zu sein, zuerst aber versuchsweise bei Flügeln für Raketengeschosse.

Ich gestehe, daß mein erster Eindruck der war, ich hätte es mit Verrückten zu tun. Als sie aber alle Aspekte ihres Problems vorgetragen hatten, merkte ich, daß es sich nur sehr wenig von dem meiner Leitungsmasten in Montargis unterschied. Nach einigen Stunden Arbeit, wobei ich als Modellfall meine Geräte von 1933 nahm, konnte ich die Konstruktionsmethoden von Gußformen definieren, die das Gießen von Mörteln um gespannte Klaviersaiten, die meinen Betonen in Montargis ähnelten, in noch kleinerem Maßstab ermöglichen.

Angewandt von Männern, die von einem ebenso tiefen Glauben beseelt waren wie der, welcher mich selbst angespornt hatte, war es den Breguet-Flugzeugwerken möglich, in kurzer Zeit tadellose Tragflächen herzustellen, die allen Testversuchen widerstanden und die auf dem letzten Flugzeug-Salon ausgestellt wurden und die Aufmerksamkeit der Flugzeugkonstrukteure der ganzen Welt auf sich zogen durch ihre überraschenden Qualitäten und ihre sehr niedrigen Selbstkostenpreise. Ich verweise Sie auf den Artikel, der unter den Namen Brocard und Bruner in der Zeitschrift »Technique et Science Aéronautique« erschien. Aber unsere Fabrik ohne Kundschaft hatte nur noch Schrottwert. Meine Frau und ich sahen uns geschäftlich ruiniert.

Jedoch, und das ist das Absonderliche des menschlichen Schicksals, es steht zweifellos fest, daß diese Katastrophe eine wesentliche Ursache für den jetzigen schnellen Erfolg des Spannbetons bei öffentlichen Bauvorhaben gewesen ist. Stellen Sie sich vor, Gouverneur hätte mir 1929 ein vernünftiges Programm vorgelegt, das auf leichte Leitungsmasten von 8 bis 11 m begrenzt gewesen wäre, das nur Materialien, die beträchtlich leichter gewesen wären, erfordert hätte, dann würde ich zwei Jahre lang lieber leichte und wirtschaftliche Masten hergestellt haben, welche die Elektrizitätsleute, die damals noch reich waren, mit Begeisterung abgenommen hätten.

Dieser sehr spezielle Verwendungszweck des Spannbetons hätte mir recht komfortable Gewinne gesichert. Ich wäre dann zu Trägern und Traversen übergegangen. Aber viele Jahre wären nötig gewesen, bis ich an die großen Arbeiten, an Brücken, Kaianlagen, Staudämme herangekommen wäre, bei denen sich infernalisch das Referenzproblem stellt, das jeder Erfinder kennt, der eine neue Lösung für Probleme vorschlägt, die schwere Verantwortung mit sich bringen.

Sie dürfen mir glauben, die schnelle Verbreitung der Vorspannung bei großen Bauvorhaben der öffentlichen Hand war nur möglich nach der Ausführung der Fundamente des Seehafens von Le Havre mit Hilfe unserer Verfestigungsverfahren. Die Bewältigung dieses Vorhabens hat der Vorspannung einen derartig guten Ruf mit auf den Weg gegeben, daß kurz danach das Generalgouvernement von Algerien und dann die Handelsmarine nicht vor entsprechenden Ausführungen in großem Rahmen zurückschreckten und daß eine große Baufirma wie Campenon-Bernard dafür unbedenklich die Verantwortung übernehmen konnte. Diese Empfehlung war es, die zwischen 1935 und 1939 die Caissons von Brest, die Anlagen von Oued-Fodda und die Staumauer von Beni-Bahdel ermöglichte, alles Anwendungsbeispiele für Spannbeton bei schwierigsten Problemen im Rahmen großer öffentlicher Bauvorhaben.

Diese Geschichte von Le Havre ist so viele Male erzählt worden, daß ich sie bei der Mehrzahl von Ihnen als in den Einzelheiten bekannt voraussetzen darf. Ich will daher nur ganz kurz daran erinnern, daß dieses enorme Bauwerk, dessen Fundamente 10 m tief lagen, sich mit einer Geschwindigkeit von 25 mm pro Monat in den 30 m tiefen Schlick hineinbohrte, ohne daß irgend etwas eine Verlangsamung der Senkung anzeigte. Andere Teile, die 30 m tief gegründet waren, bewegten sich nicht. In der allgemeinen Verwirrung glaubte man an einen völligen Einsturz.

Damals legte ich meinen Fundamentierungsvorschlag vor, der ganz auf den vielfältigen Anwendungsmöglichkeiten der Idee der Vorspannung und auf der Verwendung der in Montargis entwickelten Verfahren beruhte, wobei allerdings hier die Anwendungsbedingungen ganz anders waren. Der erfolgreiche Abschluß dieser Arbeiten mußte kurzfristig mit vielen neuen Verfahren, die noch nie angewandt worden waren, gewährleistet werden. Außerdem mußte eine ganze Anzahl von ihnen von A bis Z neu geschaffen werden. Ein Verzug auf Grund des geringsten Mißerfolgs konnte alles verderben.

Es ist offensichtlich, daß ein so kühnes Projekt nur erwogen werden konnte, um eine verheerende Katastrophe für das französische Ansehen vor den Augen der ganzen Welt zu verhindern, die sich auf den Ozeanliner »Normandie« und seinen Heimathafen richteten.

Aber hätte ich selbst den Gedanken gehabt, dies vorzuschlagen? Hätte ich den Mut gefunden, diese Verantwortung auf mich zu nehmen, wenn sich nicht auch für mich eine einmalige Chance ergeben hätte, die Verfahren, die mich mein ganzes Vermögen und fünf Jahre härteste Arbeit gekostet hatten, der Vergessenheit zu entreißen und so vor allem mein Selbstvertrauen zu retten?

Nachdem die ersten Pfähle eingerammt worden waren, hörten die gefährlichsten Setzungen auf. Der Erfolg war nun gewiß. Prominente Besucher kamen dann, um sich den Verlauf der Arbeiten anzusehen.

Unter ihnen befand sich einer, Herr Edme Campenon, Präsident und Generaldirektor der Firma Campenon-Bernard, der so viel Klarsicht, Zuversicht und Mut besaß, mein Tun und die Idee der Vorspannung so zu unterstützen, daß es dabei trotz der Schwierigkeiten und teilweisen Rückschläge, die wir noch erleiden sollten, keinen Augenblick des Versagens mehr gab. Er hat damit seinen Namen an die Spitze derjenigen gesetzt, die die Menschen um eine neue Perspektive der Baukunst bereichert haben, die alle ihre Möglichkeiten in neuem Lichte erscheinen läßt.

Der vielleicht größte der zahlreichen Dienste, die Campenon der Vorspannung geleistet hat, war, daß er mich mit einem Stab von Mitarbeitern umgab, die von unserer gemeinsamen Zuversicht beseelt waren und deren Anzahl unaufhörlich gewachsen ist.

Sie kommen heute aus allen Nationen, und mir ist es unmöglich geworden, jedem einzelnen unter ihnen die Würdigung zuteil werden zu lassen, die er verdiente.

Dieser Vortrag wurde am 21. Mai 1954 gehalten.

Aus: »Travaux«, Juni 1954, Seite 463.

Die Brücken

In Villeneuve-sur-Lot baute Freyssinet 1914-1919 eine 10,90 m breite Brücke mit 96,25 m Lichtweite und 14,45 m Pfeilhöhe. Das Haupttragwerk besteht aus zwei 3,00 m breiten Betongewölben ohne Eiseneinlagen und ohne Gelenke, die 4,90 m voneinander entfernt stehen [9].
Das Lehrgerüst dieser Brücke war sehr einfach und enthielt weder Sandtöpfe noch sonstige Vorrichtungen zum Absenken. Das Ausrüsten erfolgte durch das Expansionsverfahren, das Freyssinet erstmalig 1908 bei einem Probebogen mit 50 m Spannweite erfolgreich erprobt hatte. Bei diesem Verfahren wurde das Gerüst nicht abgesenkt, sondern durch horizontal wirkende hydraulische Pressen, die im Gewölbescheitel zwischen einer durchgehenden Fuge montiert wurden, abgehoben. Die Pressen hatten eine Druckkraft von 500 t. Bei 270 t Druck war die Fuge im Gewölbe 8 cm breit, und der Betonbogen hatte sich 9 cm vom Gerüst abgehoben. Das Ausrüsten hatte sich damit vollzogen. Die Fuge wurde mit armiertem Beton gefüllt, und die Pressen wurden entfernt. Der Bogen hatte sich um 53 mm verlängert, die Verkürzung der Eigengewichtskräfte war beseitigt, das Schwinden wurde beeinflußt, und die Spannungen im Scheitelquerschnitt wurden ermäßigt.
Dieses ausgezeichnete Verfahren wandte Freyssinet noch öfter an. Es fand große Anerkennung bei seinen Fachkollegen und trug ihm den Caméré-Preis der Société des Ingénieurs Civils de France ein.
Freyssinet entwickelte 1914 nach dem System der Brücke Villeneuve-sur-Lot das Brückengewölbe von Bernand mit 180 m Spannweite, dessen Ausführung durch den Krieg 1914/18 unterbrochen wurde.
1921 legte er die Grenze der Spannweiten solcher nichtarmierter Betongewölbe auf 350 m fest. Aber 1930 korrigierte er dahingehend, daß auf Grund der erreichten Fortschritte in der Betonherstellung die Spannweiten noch vergrößert werden könnten, wenn nicht die dadurch entstehenden großen Volumen und Schübe auf die Bogenwiderlager Grenzen setzen würden.
Freyssinets Interesse galt daher in den kommenden Jahren immer mehr dem dünnwandigen geschlossenen Kastenquerschnitt aus Eisenbeton, also dem Hohlbogen mit ein- oder mehrzelligem Querschnitt.
Einzellig ist er bei der 1922/23 erbauten und bis dahin am weitesten gespannten Eisenbeton-Bogenbrücke über die Seine bei Saint-Pierre-du-Vauvray. Das Haupttragsystem besteht aus zwei parallelen gelenklosen Bogenträgern mit angehängter Fahrbahn. Sie spannen sich über 131,8 m und haben 25 m Pfeilhöhe [10]. Entgegen den sonst üblichen Ausführungen, die den Windverband zwischen den Bögen sichtbar lassen, ordnete er an den Brückenenden nur je einen kastenförmigen Querriegel an. Auch bei diesem Bauwerk legte Freyssinet sein ganzes Können nicht nur in die Konstruktion der Gewölbe, sondern auch in die des

9 Brücke in Villeneuve-sur-Lot 1914—19

Gerüstes [11]. Er entwarf ein außerordentlich kühnes, fächerförmiges Lehrgerüst aus einzelnen Holzlamellen, die zu Fachwerken und Gittermasten vernagelt waren. Während des Betonierens wirft ein sehr starker Sturm das Gerüst — dem es an Seitensteifigkeit mangelte — in den Fluß. Freyssinet läßt es mit einigen Verstärkungen wieder aufbauen und vollendet die Brücke. Für das Ausrüsten wurde wieder das Expansionsverfahren angewandt.

Freyssinets bedeutendste Eisenbetonbogenbrücke — bis 1942 war sie die am weitesten gespannte der Welt — führt über die rund 700 m breite Mündung des Elorn zwischen Plougastel und Brest. Sie setzt sich aus drei gleichen Bögen von je 186,40 m Spannweite zusammen, die unter Verwendung eines einzigen Lehrgerüstes gebaut wurden. Jeder Bogen hat einen dreizelligen geschlossenen Kastenquerschnitt [12]. Im Scheitel wird in Höhe des Untergurtes die Fahrbahntafel für eine eingleisige Eisenbahn durch die mittlere Zelle geführt. Die Fahrbahntafel für die Straße und die Gehwege liegt in der Höhe des Obergurtes. Zwischen den einzelnen Bogenscheiteln werden die Fahrbahntafeln durch parallele Fachwerkträger getragen. Die Brücke hat im Bogenscheitel einen Querschnitt von 9,50 m und eine lichte Durchfahrtshöhe für Schiffe von 36 m.

Dieser Brücke gehörte Freyssinets ganze Liebe. 1930 schrieb er in »Le Génie Civil« in überschwenglicher Begeisterung: Vom architektonischen Standpunkt

10 Bogenbrücke über die Seine bei Saint-Pierre-du-Vauvray 1922—23

11 Lehrgerüst der Brücke bei Saint-Pierre-du-Vauvray

12 Albert-Louppe-Brücke über den Elorn zwischen Plougastel und Brest 1926—30

finde ich, daß die Plougastelbrücke mir am besten gelungen ist. Nur die von Veurdre (Allier) und die von Tonneins (Garonne) könnten mit ihr verglichen werden. Aber die Plougastelbrücke überragt sie durch ihre Größe. Die herrliche Landschaft gibt ihr einen wunderbaren Rahmen. Ihr Maßstab ist nicht dem Menschen, sondern der Natur angepaßt. Durch das Hinzusetzen eines neuen Elementes solcher Größe in ein altes Landschaftsbild, das seinen Reiz der Patina vieler Jahre verdankt, riskierte ich, Anstoß zu erregen. Ich habe nichts getan, um dieses Risiko zu vermeiden.

Die Anklänge an bretonische Architektur, die M. Coyne in der Triangulation der Fahrbahn-Fachwerkträger erkennen will, sieht er vollständig falsch. Mich haben bei diesem Element allein Fragen der Stabilität und der Wirtschaftlichkeit geleitet. Aber in der Bretagne hüllt ohne Unterlaß das Licht – wie eine Fee – die Natur in einen schillernden Mantel, der mitunter wie Blei glänzt, mitunter aber auch wie Silber oder Perlmutt, und wie irgend etwas Immaterielles und Strahlendes leuchtet.

An jenem Abend, als die Brücke geprüft wurde, hatte die Fee über den Ankerplatz ihre prächtigsten Schätze gebreitet, und jede Linie des Bauwerkes, in einen Rosenkranz unwirklichen Lichtes verzaubert, fügte dem herrlichen Land Schön-

13 Lehrgerüst der Hangars von Orly

heit hinzu und bewies damit, daß die »fée de la Rade« das Kind schon angenommen hatte, das die Menschen ihr hingereicht und dem sie Kleider gewebt hatte, die herrlich genug waren, die Unzulänglichkeiten des Werkes zu verbergen.

Die Brücke bei Plougastel ist für Freyssinet auch in wissenschaftlicher Hinsicht von großer Bedeutung. Nachdem er seit 1911 das Kriechen des Betons beobachtet hat, kann er an dieser Brücke exakte Messungen dieser Erscheinungen durchführen und damit endlich die Fachwelt überzeugen.

Eine Besonderheit dieser Brücke war wieder das Lehrgerüst, eine Holzfachwerkkonstruktion, die aus lauter gleichen dünnen Holzbohlen zusammengesetzt wurde. Das Gerüst bestand aus acht Bindern. Die obere Leibung wurde durch kreuzweise vernagelte Bohlen hergestellt. Freyssinet berichtet:

Die Einwirkungen des Windes auf die Gerüstbögen begrenzen deren Ausführungsmöglichkeiten und folglich auch die der Gewölbe selbst. Ich war der Ansicht, daß ich beim Bau des Gerüstbogens der Brücke von Plougastel nicht die Ergebnisse theoretischer Berechnungen zugrunde legen durfte; ich beschloß, sie durch aerodynamische Versuche an einem Modell zu überprüfen, das im Maßstab 1:100 den Aufbau des Bogens einschließlich des Gitterwerks, der Kabel usw.

14 Einschwimmen des Lehrgerüstbogens der Brücke von Plougastel

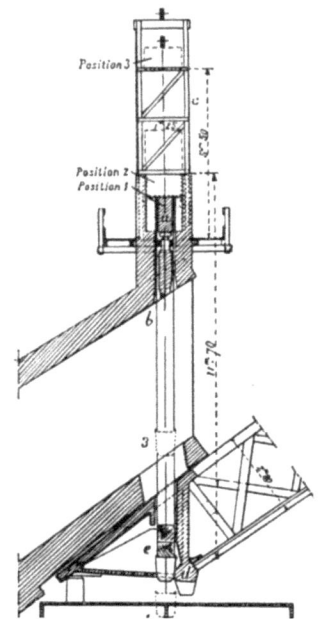

15 Das Lehrgerüst wird vom schwimmenden Prahm abgehoben und durch hydraulische Winden gegen das Widerlager gepreßt

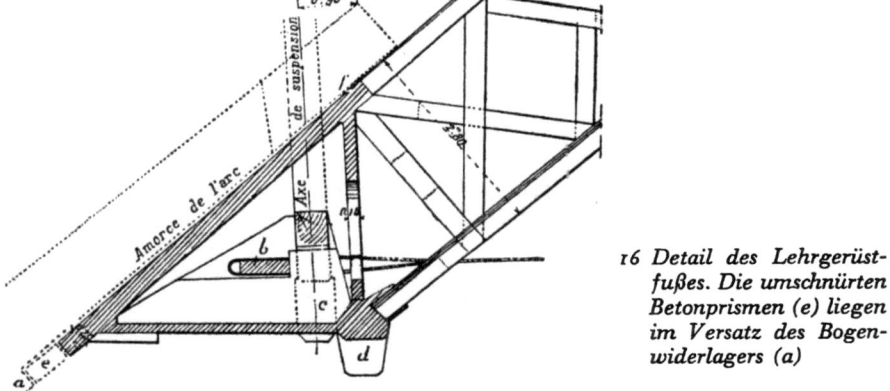

16 Detail des Lehrgerüstfußes. Die umschnürten Betonprismen (e) liegen im Versatz des Bogenwiderlagers (a)

sehr genau wiedergab. Diese Versuche ergaben, daß nur eine entfernte Beziehung zwischen den Berechnungs- und den Erfahrungsergebnissen besteht und daß Modellversuche, die übrigens einfach und nicht kostspielig sind, für jedes wichtige Gewölbeprojekt bedeutsam sind.
Bei der Brücke von Tonneins habe ich die Lehrgerüste zweigeteilt. Jedes Teil wurde mit Hilfe eines schwimmenden Pontons auf seinen Platz gebracht; das erste Teil wurde durch Kabel so lange schräg auskragend gehalten, bis es mit dem zweiten verbunden wurde.
Das Gerüst der Hangars von Orly bestand aus drei Teilen. Beim Heben des Mittelteiles dienten die beiden anderen, die durch Strebepfeiler gehalten wurden, als Auflager [13].
Wenn man eine Wasserfläche zur Verfügung hat, ist die einfachste und sicherste Methode jene, die ich in Plougastel benutzte [14]. Ich baute das Gerüst an einer günstigen Stelle des Flußufers. Nachdem wir seinen Horizontalschub durch ein Zugband ausgeglichen hatten, dessen Länge mit Hilfe von hydraulischen Winden zu regulieren war, wurde unter jedes Lehrgerüst-Ende ein Eisenbetonprahm geschoben, den wir speziell für diesen Zweck konstruierten. Dann wurde das Gerüst mit Hilfe der Prahme unter die auskragenden Auflager geflößt, die den unteren Teil der Bögen bildeten. Diese Auflager wurden durch stählerne Zugbänder und Winden unter einer ganz bestimmten Spannung gehalten, um diesen Teil des Bauwerkes in einen ausreichend elastischen Zustand zu bringen. Das Gerüst wurde mit Stahldrahtschlingen in die Auflager eingehängt und durch die hydraulischen Winden gehoben, bis es sich fest an die schon stehenden Teile des Bogens preßte, und dann durch Zementmörtel mit den Auflagern verbunden [15]. Die Eisenbetonprahme wurden durch Winden bewegt, die kräftig genug waren, das Gerüst durch einen Wind von 15 m/sec zu ziehen oder bei Sturm durch Trossen an ins Wasser versenkten Stahlbetonklötzen zu verankern. Dieses Ma-

növer ist dreimal ohne Zwischenfall durchgeführt worden, trotz einer im zweiten Manöver plötzlich aufkommenden heftigen Bö.
Ich bin sicher, daß die Ausführung einer Brücke mit mehreren gleichen Bögen nach diesem Verfahren ganz besonders wirtschaftlich ist. Der Schiffahrt war das Gerüst nur 2 bis 3 Stunden behinderlich.
Das Lehrgerüst war mit Winden versehen, die es ermöglichten, die Spannweite und die durch die Anfangsdrücke entstandene Verformung des Gerüstbogens zu regulieren, um optimale elastische Bedingungen zu erreichen und Irrtümer zu kompensieren, die bei der Ausführung des Gerüstes oder der Pfeiler entstanden waren. Nach diesen Regulierungen gossen wir in eine 30 cm dicke Aussparung zwischen den Bögen und den Gerüstenden ein Betonpolster, das aus z. T. umschnürten Betonprismen bestand. Das Ausrüsten war heikel, da man die enorme Spannung beseitigen mußte, die sich durch den Druck des Gerüstes aufgespeichert hatte [16]. Wir zerstörten die Betonprismen, die sich, da sie umschnürt waren, wie plastische Massen verhielten. Dieses Verfahren brachte ausgezeichnete Resultate.
Wenn man Gerüste nur ein einziges Mal benutzt, kann die Masse, die geflößt werden soll, beträchtlich verringert werden, indem man das Gerüst in 3 Elemente zerlegt, wobei die Seitenteile, die das Auflager für den Mittelteil bilden, durch Kabel gehalten werden. Wenn die Auskragung $1/10$ der gesamten Spannweite beträgt, würde sich das Gewicht des Mittelteiles eines Gerüstes von 500 m Spannweite um 1000 t, dasjenige eines Gerüstbogens von 1000 m Spannweite um 5000 t und dasjenige eines Gerüstbogens von 1500 m Spannweite um 20 000 t vermindern.
Wir finden in Freyssinets Schriften wiederholt den Hinweis, daß es möglich sei, Stahlbetonbogenbrücken mit 1000 m Spannweite zu errichten. Er hat solche Projekte durchkonstruiert, berechnet, und auch über die Lehrgerüste hatte er klare Vorstellungen. Bis heute sind solche weitgespannten Bogenbrücken nicht gebaut worden. Die praktischen Schwierigkeiten haben wohl immer wieder davon abgehalten. Man sollte für große Spannweiten, die ja auch beträchtliche Pfeilhöhen erfordern, andere Konstruktionssysteme anwenden, wie sie z. B. Finsterwalder (Spannbandbrücke) und andere vorschlagen.
Zitate aus: »Le Génie Civil«, Oktober 1930

Die vorgespannten Marnebrücken

Mit der Marnebrücke bei Luzancy (entworfen 1941 und nach dem Krieg 1945 beendet) und den Brücken von Esbly (1946–1950) ergänzt Freyssinet durch außergewöhnlich kühne Konstruktionen die traditionsreiche Reihe hoher französischer Brückenbaukunst [17]. Es handelt sich bei diesen Brücken um flache Zweigelenkrahmen mit nachstellbaren Gelenklagern; nachstellbar, um auf das Kriechen und Schwinden einwirken und die großen Horizontalkräfte bei dem nicht allzu guten Baugrund aufnehmen zu können [18].

17 *Vorgefertigte Spannbetonbrücke über die Marne bei Ussy 1949*

18 *Konstruktionszeichnung einer Spannbetonbrücke der Serie von Esbly*

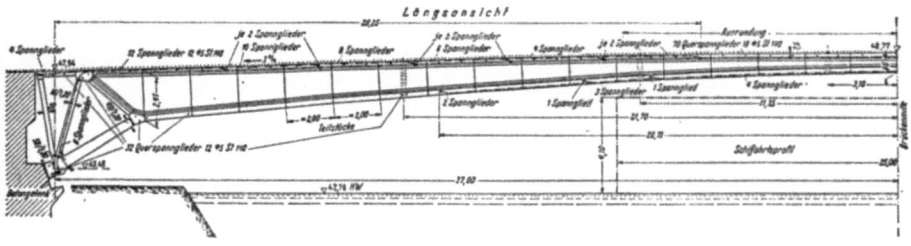

Die Brücke in Luzancy hat eine Spannweite von 55 m, die fünf Brücken der Serie von Esbly spannen sich über 74 bis 78 m bei einer Stichhöhe von nur 4,95 m. Sie sind 8 m breit und bestehen aus 6 Hauptträgern mit I-Querschnitt, die am Scheitel eine Höhe von 86 cm und in Kämpfernähe von 2,42 m haben. Die unteren Flansche der I-Träger sind im Scheitel 44 cm breit und verbreitern sich

19 Montage der Fertigteile einer Marnebrücke

20 Konstruktionszeichnungen der Widerlagersicherung gegen Horizontalschub bei den Marnebrücken ▷

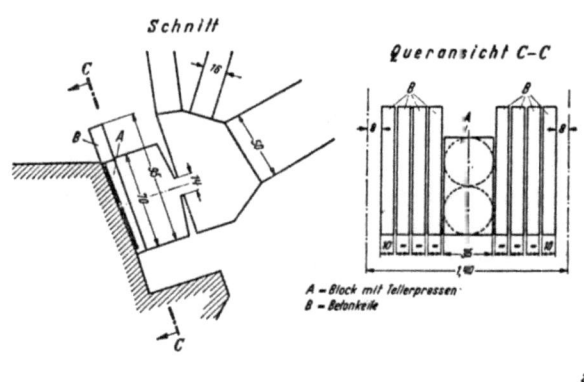

A = Block mit Tellerpressen
B = Betonkeile

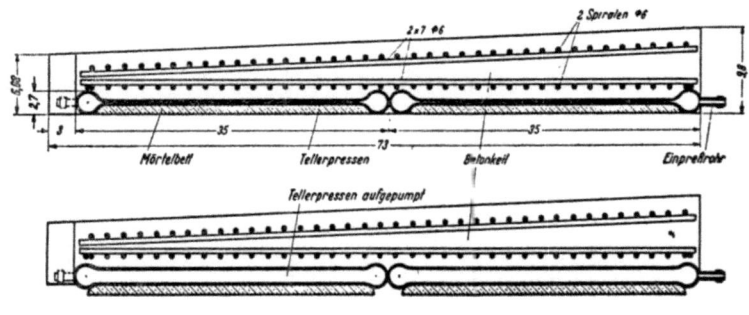

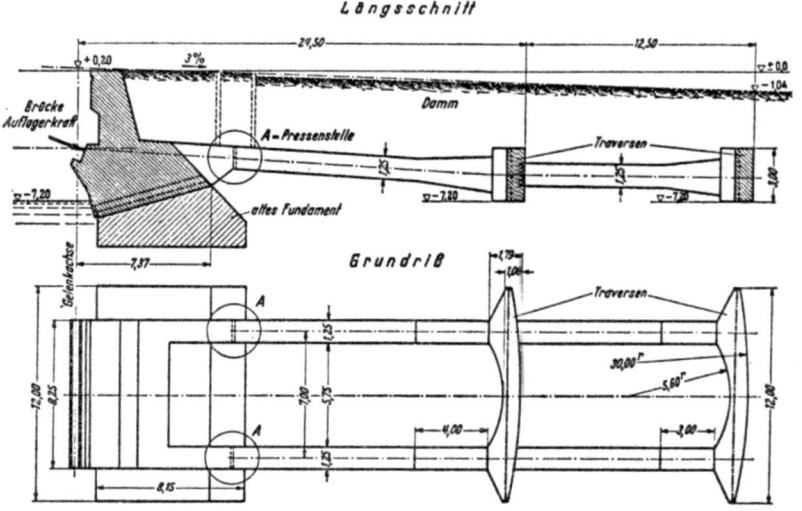

zum Kämpfer hin auf 110 cm. Die Hauptträger sind durch Querrippen zusammengehalten. Das Besondere dieser Brücken ist ferner, daß sie aus 2,44 m (Luzancy) bzw. 2,00 m (Esbly) langen Betonfertigteilen zusammengesetzt sind. Für die Brücken von Esbly wurde extra in der Nähe eine Fabrik errichtet.
Bild 19 zeigt die Montage der Fertigteile, die vorher durch außen angebrachte Spannstäbe zu Trägerstücken zusammengespannt wurden. Sie waren auf dem Wasserweg zur Baustelle gebracht worden.
Die Spanndrähte verlegte Freyssinet in Rillen bzw. fädelte sie durch vorgesehene Röhren. Es waren Spanndrahtbündel von 12 bzw. 18 Drähten Φ 5 mm St. 140. Die schrägen Hauptzugspannungen wurden durch vorgespannte Bügel aufgenommen. Auch die lastverteilenden Querträger sind vorgespannt. Die Marnebrücken sind die ersten in allen drei Richtungen vorgespannten Betonbrücken. Die geistreiche Lösung zur Aufnahme des Horizontalschubes durch den Baugrund mittels Tellerpressen zeigt Bild 20. Bemerkenswert ist auch die Konstruktion der Kabelkräne, mit denen Freyssinet die zum Teil 40 m langen Mittelstücke aus den zusammengespannten Fertigteilen zwischen die auskragenden Randfelder setzt, und zwar trotz der großen Gewichte ohne Verkantung.
Die Brücken über die Marne sind schön in der Form, geistreich in der Konstruktion und wirtschaftlich in der Ausführung. Sie zeigen wie kaum ein anderes Werk das Können Freyssinets.

Die Luftschiffhallen von Orly
von Eugène Freyssinet (Auszug)

Unter Freyssinets vielgestaltigen Hallenbauten zeichnen sich die 1923 errichteten Luftschiffhallen von Orly durch ihre einfache und logische Strukturform besonders aus.
Die Funktionen der Halle, die Gewölbeform, die Standfestigkeit, die Materialqualität, die Baudurchführung und die Wirtschaftlichkeit sind hier kompromißlos als Ganzes gesehen und haben zu einer ästhetisch guten Lösung geführt [21].
Im September 1923 hat Freyssinet diese Bauwerke in der Zeitschrift »Le Génie Civil« sehr ausführlich beschrieben. Der nachfolgende Text ist dem Aufsatz entnommen. Er zeigt sehr deutlich, wie Freyssinet unter ständigem Abwägen aller Belange nach der bestmöglichen Form sucht.

Bereits im Jahre 1913 haben wir der Abteilung für Ingenieurbau im Militärdistrikt Orléans Projekte für Flugzeughallen aus Stahlbeton angeboten. Es waren wahrscheinlich die ersten, die pauschal angeboten werden sollten. Eines

21 Luftschiffhalle von Orly 1923

dieser Projekte sah eine Reihe von Gewölben vor, die von einem Gewölbe gleicher Art rechtwinklig durchdrungen werden, so daß Kreuzgewölbe entstehen. Unser Projekt wurde nicht ernst genommen, weil wir in der Baubeschreibung erklärt hatten: »Der Eisenbeton bietet im Flugzeughallenbau so viele Vorteile in bezug auf Festigkeit, Sicherheit, Dichtigkeit und Feuerbeständigkeit, wie man sie bisher nicht kannte, Vorteile, zu denen sich noch die Wirtschaftlichkeit in der Herstellung addiert.«

Als der Krieg begann, legten wir diese Projekte beiseite; sie wurden jedoch im Winter 1915–16 wieder hervorgeholt, nachdem die Nachteile leicht gebauter Hallen mehr und mehr zutage traten. Es gelang uns, die Ingenieurbauabteilung mit einem unserer großen gewölbten Hallentypen vertraut zu machen, den sie dann auch annahm. Er war aus den Projekten von 1913 entwickelt worden. 1916 wurden die ersten 8 Flugzeughallen (46×60 m) in Avord (Cher) ausgeführt. Es sind dünnwandige Tonnengewölbe, die an den Stirnseiten durch Tore abgeschlossen sind. Die Gewölbe stützen sich direkt auf den Erdboden. Auf ihren Außenflächen sind versteifende Rippen angeordnet. Dieses Detail, das auf den ersten Blick wenig bedeutsam erscheint, hat die Entwicklung dieser Konstruktionsart sehr beeinflußt, denn es vereinfacht die Ausführung beträchtlich und reduziert die Herstellungskosten erheblich.

Nachdem die Flugzeughallen in Avord sehr schnell und zu aller Zufriedenheit vollendet wurden, bekamen wir vom Kriegsministerium den Bauauftrag für eine neue Serie von 31 Hallen desselben Typs, die in Istres (Bouches-du-Rhône) gebaut werden sollten, drei davon als Werkstattgebäude zu einem einzigen Bauwerk zusammengefaßt [22]. Sie waren 18 m kürzer als die Hallen von Avord. In der Zwischenzeit, 1916 und 1917, hatten wir der Militärbehörde mehrere Baupläne für Luftschiffhäfen unterbreitet, die wir auf Grund umfangreicher Programme erstellten. Eines dieser Projekte sah den Bau von 5 Hangars mit je 92 m Spannweite und 42 m lichter Höhe vor, die wir um einen großen Hof strahlenförmig gruppieren wollten. Sie wurden als Tonnengewölbe konstruiert, versteift durch ein doppeltes System außen angebrachter Rippen. Die Abwicklung des Bogens einer solchen Halle beträgt 132 m.

Obgleich die Herstellungskosten für Eisenbetonkonstruktionen damals niedriger als heute waren, ergaben sich doch immer noch beträchtliche Summen. Und da die Bauzeiten auch nicht gerade kurz waren, verzichtete das Ministerium auf die Ausführung unserer Pläne.

Wir müssen schließlich noch auf eine interessante Anwendungsmöglichkeit der Gewölbe hinweisen, die 1919 in Villacoublay ausgeführt wurde. Es handelt sich um einen Hangar aus drei parallelen Tonnengewölben von je 40 m Spannweite, die rechtwinklig dazu von einem vierten Gewölbe durchdrungen werden, und zwar vom Scheitelpunkt des ersten bis zum Scheitelpunkt des dritten Gewölbes. So entstand ein Raum von 120×45 m ohne jegliche Pfeiler. Das Charakteristische der Konstruktion ist auch hier, daß alle Versteifungsrippen und alle zusätzlichen Verstärkungen der Grate an der Außenseite der Gewölbe liegen. Dadurch vereinfachte sich das Einschalen sehr.

22 *Flugzeughallen aus Eisenbeton in Istres (Bouches-du-Rhône) 1917*

Außer den Luftschiffhallen haben wir viele Industriehallen gebaut, von denen sich einige durch sehr beträchtliche Ausmaße auszeichneten. Wir hatten also bereits zu dem Zeitpunkt, als das Programm von Orly zur Bearbeitung bei uns eintraf, vielfältige Erfahrungen mit besonders hohen Bauwerken.
Das Problem bei solchen Gebäuden liegt in der Größe der Dimensionen. Man könnte meinen, daß es einfach sei, die bereits vorhandenen Gewölbesysteme und die Ausführungsmethoden, die ja durch zahlreiche Bauvorhaben weiterentwickelt wurden und z. B. bei Höhen von 30 m völlig zufriedenstellende Ergebnisse gezeigt haben, doppelt so hohen Gebäuden anzupassen, und zwar durch bloßes Verändern des Maßstabes und geringfügiges Überarbeiten der Abmessungen.
Nehmen wir z. B. einen Luftschiffhangar, der als Rippengewölbe von 30 m Höhe konstruiert ist. Verdoppeln wir alle seine Maße, so erhalten wir folgende Ergebnisse: Zuerst werden wir das Betonvolumen der Gewölbewandung des ursprünglichen Projektes pro qm verdoppeln. Das Volumen der Materialien pro Volumeneinheit der Konstruktion ändert sich nicht; aber die Gesetze der mechanischen Ähnlichkeit zeigen, daß sich der Grad der Beanspruchung auch verdoppelt, und insbesondere verdoppeln sich die Windkräfte. Also wird es klug sein, für ein Gebäude von 60 m Höhe eine stärkere Windkraft als für ein Gebäude von 30 m Höhe anzunehmen. Man wird daher am Ende ein ungenügend standfestes Bauwerk haben, obgleich seine Gewölbe stärker als bei dem ursprünglichen Gebäude sind.
Wenn wir dieses Projekt verbessern wollen, ohne die Grundkonzeption zu ändern, müssen wir die Höhe der Rippen im Verhältnis zu ihrer Dicke und zu der des Gewölbes sehr vergrößern. Das erfordert jedoch weitere Vorkehrungen, die das Ausknicken und Verbiegen der Rippen verhindern müssen, und alles muß gut mit dem Gewölbe verbunden sein. Auf Grund ihrer großen Abmessungen wird man die Rippen als Kastenprofile ausbilden. Man ist also gezwungen, ein sehr kompliziertes Tragwerksystem mit dem Gewölbe zu verbinden, die zusam-

men die notwendige Steifigkeit ergeben. Die Konstruktion verliert die Vorzüge, die in der Einfachheit liegen, und sie wird schwer auszuführen sein, sie hat sich daher in ihren wesentlichen Teilen vom ursprünglichen System zum negativen hin verändert. Bei außerordentlich hohen Bauwerken sind diese Überlegungen von Bedeutung, weil das Verhältnis der Herstellungskosten unter normalen Bedingungen zu den Herstellungskosten an der Verarbeitungsstelle sehr schnell mit der Höhe, in der die Materialien zum Einsatz kommen, wächst. Diese Tatsachen sind den Ingenieuren bekannt, und sie ergeben sich aus folgendem: Erstens sind es die Unannehmlichkeiten, die die Handwerker auf sich nehmen müssen; die Zeitaufwendungen und die Anstrengungen, die beim Aufstieg zum Arbeitsplatz nötig sind, die Gefahr des Absturzes, die Arbeitsüberwachung, die höheren Löhne, die Unbilden der Witterung und die Schwierigkeit, überhaupt Arbeitskräfte für solche Arbeiten zu finden. Zweitens sind es Probleme technischer Art; höhere und damit gefährdetere Baugerüste und leistungsstarke Hilfsmittel zur Materialbeförderung. Infolgedessen kann eine sehr hohe Konstruktion nur dann wirtschaftlich sein, wenn sie einfach auszuführen ist. Die bestechendsten theoretischen Projekte lassen sich nicht ausführen, wenn sie diese wesentlichen Voraussetzungen nicht erfüllen.
Wir kamen also zu dem Ergebnis, daß große Luftschiffhangars aus Tonnengewölben mit Versteifungsrippen nicht mehr wirtschaftlich sind, und mußten Lösungen finden, denen andere Konstruktionsprinzipien zugrunde lagen.
Wir haben dann ein Konstruktionssystem weiterentwickelt, mit dem wir 1915 in Montluçon (Allier) eine Halle für einen großen Glasschmelzofen überdeckt haben. Dieser Bau besteht aus einer Anzahl von Gurtbögen mit 30 m Spannweite und polygonalem Bogenrücken, zwischen die man leichte Gewölbe spannte, deren Erzeugende auf den Bogenrücken geführt wurde. Diese Konstruktion hat sich bemerkenswert gut bewährt, obwohl sie durch den Glasschmelzofen harten Temperaturspannungen unterworfen war.
Wir haben dennoch die in einer Richtung gekrümmten Sekundärgewölbe bei späteren Projekten aufgegeben und die Gurtbögen nach der Stützlinie für Eigenlasten mit einem vom Scheitel zum Auflager hin wachsenden Querschnitt ausgebildet. Die Sekundärgewölbe, die sie verbinden, sind dementsprechend doppeltgekrümmt, und zwar in Richtung der Gurtbögen und rechtwinklig dazu [23]. Hier sind nun die Leitgedanken für die Konstruktionsform der Hangars von Orly, der wir vor allen anderen Konstruktionssystemen den Vorzug gaben.
Ein Luftschiffhangar muß hauptsächlich den Eigengewichts- und den Windkräften widerstehen. Unabhängig von den Querschnitten einer monolithischen Konstruktion aus einem kontinuierlichen Bogen erhält man für die Eigenlasten eine gleichbleibende und minimale Beanspruchung, wenn man der Bogenachse die Form der Stützlinie für Eigenlasten gibt, und zwar unter der Bedingung, daß der Flächeninhalt des normalen Bogenquerschnittes vom Scheitel bis zu den Auflagern hin wächst, einem Gesetz der Variation folgend.
Die Windbeanspruchung hängt sehr stark von dem äußeren Profil des Gewölbes ab, dessen Fläche man deshalb stark reduzieren sollte. Die Form, an die man

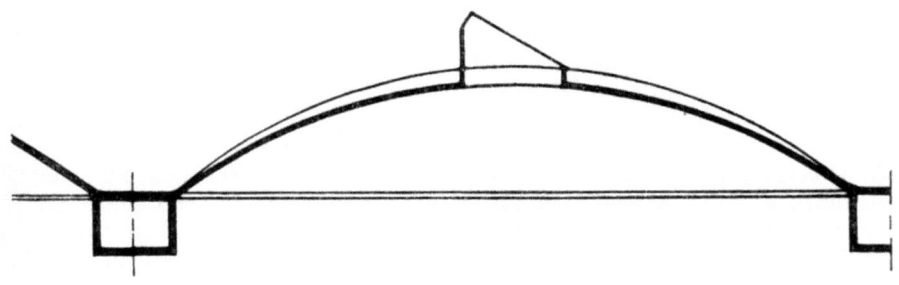

23 Vorprojekt der Luftschiffhallen von Orly. Schnitt des doppelt gekrümmten Gewölbes

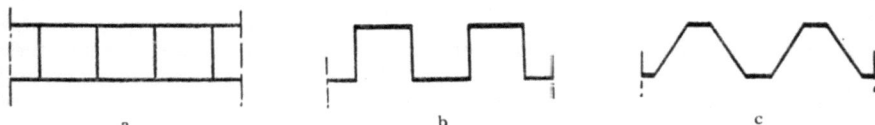

24 Schematische Schnitte der in Betracht gezogenen Gewölbeprofile

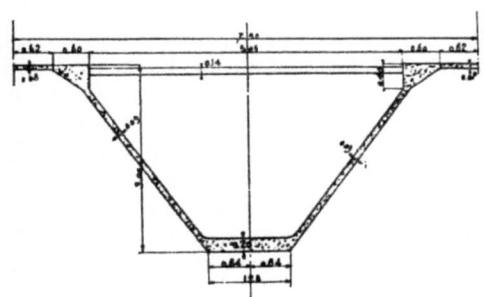

25 Schnitt durch den Scheitel eines Gewölbeelementes

zuerst denkt, um die größtmöglichen Trägheitsmomente bei geringsten Volumen und einem Minimum an Materialbedarf zu erhalten, ist die eines Kastengewölbes, das aus zwei durch Stege verbundene Gewölbeschalen gebildet wird, wobei die Stege in Richtung der Erzeugenden verlaufen [24a]. Diese Form ist wegen der umfangreichen und komplizierten Schalungsarbeiten schwer auszuführen, vor allem, weil ein beträchtlicher Teil der Schalung im Innern des Kastengewölbes liegt. Das Ausschalen und die Wiederverwendung der Schalung wirft hier schwierige Probleme auf. Man kann diese Nachteile durch Veränderungen am Gewölbeprofil umgehen, wie sie in Bild [24b] gezeigt werden.

Durch eine weitere Veränderung [24c] erreicht man eine Verringerung der einzuschalenden Oberflächen und ein leichteres Ausschalen. Dabei erhöhen sich die Materialkosten geringfügig. Die Trägheitsmomente bleiben die gleichen. Diese Form ist in bezug auf eine einfache Ausführung perfekt. Nach einigen Veränderungen, die nötig waren, um die Belichtungsflächen einzubauen, erhielten wir das endgültige Profil, mit dem wir die Hangars ausgeführt haben.
Wir haben somit ein Gewölbe erhalten, das aus dünnen Wandungen besteht und durch keinerlei Rippen verstärkt wird. Es spannt sich frei von einem Fundament zum anderen. Seine Form ist der Stützlinie für Eigengewichte angepaßt. Die Steifigkeit des Bauwerkes entsteht ganz einfach durch die regelmäßige Faltung des dünnwandigen Stahlbetongewölbes. Die Faltung erinnert an groß dimensionierte Zorès-Eisen, und sie ist außen wie innen frei von Trägern oder aufgesetzten Rippen. Jede Faltung ist 7,50 m breit, und man benötigte für jeden Hangar 40. Bild [25] zeigt den bemaßten Scheitelquerschnitt eines dieser Elemente. Alle anderen Schnitte vergrößern sich nach einer Gesetzmäßigkeit, die durch Versuche ermittelt wurde. Dadurch ist erreicht worden, daß das Bauwerk in allen seinen Teilen gleichen maximalen Beanspruchungen unterworfen ist. Die Höhe des Querschnittes schwankt zwischen 3,00 und 5,40 m. Das gefaltete Gewölbe ist fest in eine bewehrte Fundamentplatte eingespannt.
Der untere Teil der Gewölbe wurde als Widerlager vorab betoniert [26]. Diese Teile sind widerstandsfähig genug, wenn ihre Höhe eine bestimmte Grenze nicht überschreitet. Ihre Elemente wurden einzeln nacheinander ausgeführt. Das Umstellen der Gußform von einem Element zum anderen vollzog sich sehr leicht durch horizontales Verschieben parallel zu den Wandungen des Hangars. Die Vorab-Fertigung dieser Elemente vereinfachte die Ausführung beträchtlich, da das Gewicht des Mittelteiles geringer wurde und mit einfacheren Hilfsmitteln gefertigt werden konnte und das Lösen der gesamten inneren Gußform des Mittelteiles durch Absenken der Form ermöglicht wurde. Wir hatten uns nach diesen Überlegungen entschlossen, die Höhe der Seitenteile auf 17 m festzulegen, für die die Bedingungen der maximalen Beanspruchung unter der Einwirkung des Eigengewichtes und des Windes ungefähr die gleichen sind wie für das fertige Gewölbe. Mit der Ausführung der beiden zunächst als Widerlager wirkenden 17 m hohen Seitenteile hatten wir $2/7$ der gesamten Masse der Konstruktion errichtet. Um diese beiden Teile zu verbinden, bedurfte es noch der Ausführung eines Gewölbes von 75 m Spannweite. Der Rauminhalt dieses Gewölbes beträgt pro Element von 7,50 m Breite 150 cbm.
Für die Herstellung des Mittelteiles hatten wir zwei Systeme in Betracht gezogen. Man konnte sich ein Gerüst vorstellen, das eine halbe Gußform trägt, die mit einer weiteren halben Gußform ein Ganzes bildet. Diese zweite Hälfte kann man beim Entschalen mit Hilfe von Scharnieren abdrehen. Unter diesen Voraussetzungen ist das Umsetzen des Gerüstes nach einer für die Verschiebung nötigen geringen vertikalen Verlagerung einfach. Aber für jeden weiteren Guß muß man die Form neu herstellen, d. h., sehr viele bewegliche Teile müssen auf ihren Platz gebracht und eingepaßt werden. Daraus ergeben sich zusätzliche

26 *Herstellung des Mittelteiles. Die 17 m hohen Seitenteile wurden vorab betoniert*

Lohnausgaben und ein größerer Zeitaufwand. Im Laufe der Zeit mußte man mit Schäden an den Scharnieren und mit einer mangelhaften Beschaffenheit der Formen rechnen.

Wegen dieser Schwierigkeiten gaben wir einer Gußform den Vorzug, die vollständig fest auf dem Gerüst liegt und in allen ihren Teilen den Formen der Seitenteile glich. Diese Gußform erfordert für das Loslösen der Teile in Scheitelnähe eine vertikale Absenkung von mindestens 3 m. Das war jedoch für das Loslösen der unteren Teile der Gußform zuwenig. Wir mußten also eine Konstruktion finden, die ein Absenken um 11 m erlaubte, oder die Form teilen oder mit Gelenken versehen. Wir entschlossen uns für das erstere [27].

Die Abstützung einer Gußform, wie sie nun von uns konzipiert worden war, mußte folgenden Bedingungen genügen:

1. Das kontinuierliche Aufbringen des Betons durfte nur sehr kleine Deformationen verursachen. Sollten sich größere ergeben, so mußten sie korrigiert werden können, denn es mußte ein harmonischer Übergang zu der zuletzt gegossenen Stelle (Seitenteile) zu schaffen sein.

2. Die Gußform mußte leicht zu regulieren sein, und zwar in der vertikalen Richtung und in der Spannweite, denn wir mußten damit rechnen, daß, trotz aller Vorkehrungen, die Endpunkte der Seitenteile nicht alle gleich weit voneinander entfernt waren.

3. Das Absenken mußte sicher und einfach durchgeführt werden können.

4. Das Ausschalen mußte kontinuierlich verlaufen, und zwar durch ›Deformation‹ der Gußform und mit geringem Kraftaufwand.

Punkt 4 ist besonders wichtig. Obwohl die Haftung zwischen dem Zement und dem geölten Holz sehr gering ist, ist sie nicht Null.

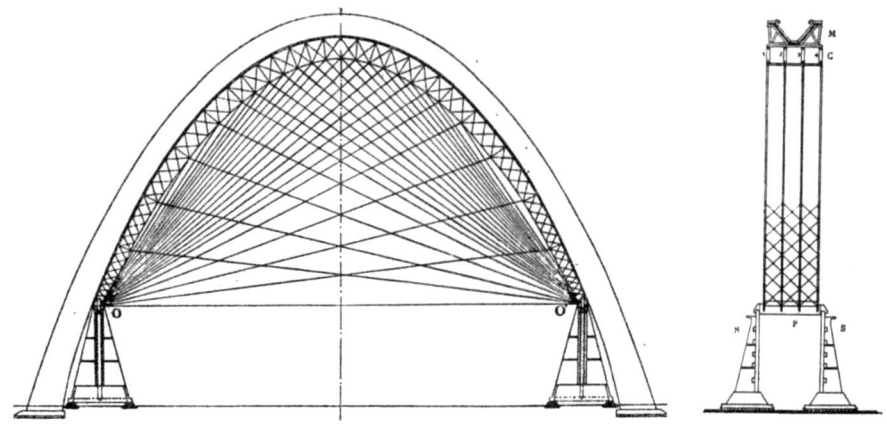

27 *Das auf zwei verschiebbaren Eisenbetonböcken ruhende Gerüst der Luftschiffhallen. Ansicht und Schnitt*

Man muß damit rechnen, daß sich im Beton und in der Gußform Unebenheiten befinden oder daß der in die Fugen zwischen den Schalbrettern dringende Beton die Gußform mit der Betonmasse verbindet. Die Verbindung zwischen der Form und dem Gußmaterial ist hier besonders zu beachten, da das Profil der Form ausgeprägt eckig gestaltet ist und das Ablösen der Gußform sehr schräg zur Oberfläche vollzogen werden muß, was besonders in den unteren Teilen der Fall ist.

Wenn man die Gußform insgesamt ablösen will, muß man die Summe der Adhäsionskräfte aufheben. Geschieht das Ablösen jedoch durch ›Deformation‹ der Gußform (Ablappen), so kommen die Kontaktkräfte nur auf einer dünnen Linie zur Wirkung, die sich nach und nach verschiebt. Dieser Vorgang ist beim Ablösen eines frisch geklebten Plakates ähnlich. Hebt man es am Rand hoch, so kann man es mit geringen Anstrengungen abreißen, während die gesamte Adhäsionskraft des Plakates mehrere Tonnen groß ist.

5. Das Gerüst muß in den Stadien der Ruhe und der Bewegung den Windkräften widerstehen können. Wir hatten zunächst mit einer Windstärke von 150 kg gerechnet. Aber nach dem Orkan vom 7. und 8. März 1922, bei dem wir Windstöße in der Größenordnung von 250 kg feststellen konnten, haben wir diese Zahl mit einem zweifachen Sicherheitsfaktor angenommen.

Das Tragwerk für die Gußform war ein Holzbogen, der beim Absenken und Aufrichten wie ein Gelenkbogen funktionierte. Aber vom Beginn des Betonierens an gewährleisteten die Verbindungen, die durch die Schalung, die Bewehrung und den Beton entstanden waren, sofort eine vollständige Einspannung. 24 Stunden nach dem Abbinden konnte die äußere Gußform abgehoben werden.

Sie wurde auf den Boden gebracht, gereinigt und geölt. Inzwischen wurden die verglasten Fenster eingesetzt.

Nach einer ausreichenden Erhärtung, die je nach Temperatur in 3 oder 5 Tagen erreicht war, konnte die Form herausgelöst werden. Das geschah durch wechselweise Steuerungen mit Winden, die das untere Ende der inneren Gußform, die dabei leicht auseinandergefaltet wird, zunächst von der Wandung löst und dann wieder andrückt. Auf diese Weise erreichten wir ein progressives Loslösen, das sich nach mehrmaligen Manövern bis zum Scheitel erstreckte. Danach senkten wir die Stützen bis auf die Schienen für die Horizontalverschiebung ab. Diesem Vorgang folgte das Absenken des Gerüstbogens, der, sobald er seine untere Lage erreicht hatte, zum Betonieren des nächsten Elementes gefahren wurde.

Das Gesamtgewicht des Gerüstes einschließlich der inneren Schalung betrug im unbelasteten Zustand 340 t, die Gewichte der bewehrten Betonauflager je 110 bis 120 t. Es mußte also bei jedem neuen Arbeitsvorgang ein Gerüstgewicht von ungefähr 800 t um 7,50 m horizontal verschoben werden.

Aus: »Le Génie civil« September/Oktober 1923

Spannbeton

von Eugène Freyssinet

Der Name Freyssinet ist mit der Entwicklungsgeschichte des Spannbetons eng verbunden, wenngleich die ersten Patente und Versuche – wie der kurze geschichtliche Überblick am Ende dieses Buches zeigt – bis ins 19. Jahrhundert zurückreichen. Aber von Freyssinet stammen einige wichtige Erkenntnisse. Als erster weist er auf die Notwendigkeit hin, den Spannbeton mit hohen Betonfestigkeiten und hochwertigen Stählen mit großer Elastizitätsgrenze herzustellen, um eine wirksame Vorspannung zu erreichen. Durch unermüdliches Beobachten und durch Messungen an der Plougastelbrücke stellt er das Schwinden und Kriechen des Betons fest. Er verbessert die Betonqualität und erhält Patente für die Rüttelverdichtung, das Pressen und Beheizen des Betons. 1928 wird ihm ein Patent zugesprochen, das eine Vorspannung mit hochfesten Stählen mit 4000 kg/qcm vor dem Betonieren schützt. Später schlägt er hochfeste Stähle mit Stahlspannungen bis 10 000 kg/qcm vor. Es gelingt ihm, Quervorspannungen bei quer zur Spannrichtung gelegten schlaffen Bewehrungen durch Behinderung der Querdehnung zu erzeugen. Sein Verfahren, die Vorspannung nach dem Erhärten des Betons durch Drahtbündel mit Keilverankerung einzuleiten, wird heute in vielen Ländern benutzt [28].

Freyssinet schreibt 1949 über den Spannbeton:
Einen willkürlichen Spannungszustand dem zufälligen Spannungszustand in einer ganzen Konstruktion bei deren Herstellung zu überlagern, stellt ein Arbeitsprinzip dar, dessen sich der Ingenieur bei seinem ganzen Tun bedienen kann, wobei gleichzeitig die Eigenheiten des Baustoffes und der Lasten zu berücksichtigen sind. Der Begriff der Vorspannung enthält daher in zahlreichen Beziehungen praktisch unbegrenzte Arten der Anwendung.
Der Gedanke, beim Stahlbeton den elastischen Kräften, die in der Bewehrung infolge der Verformung beim Aufbringen der Belastung entstehen, von vornherein dauernd Spannungen von ausreichender Größe zu überlagern, ist mir zum ersten Male im Laufe der Vorlesungen an der École des Ponts et Chaussées von Charles Rabut 1903/1904 gekommen. Der Gegenstand der Vorlesungen war einerseits der Stahlbeton, andererseits das systematische Studium der Formänderungen von Stabwerken infolge von Eigen- und Lastspannungen.
Die Mittel, die ich mir ausdachte, um diese Kräfte hervorzurufen, bestanden einmal in der Reaktion von festen Punkten aus wie bei Bogenträgern oder andererseits in elastischen Kräften infolge der Anspannung der Bewehrung. Bereits damals war der Gedanke, die Bewehrung des Betons vorzuspannen, nicht neu. Schon Considère (1841–1914) hatte als Ingenieur der Leuchttürme und Schifffahrtzeichen von Finistère Bauwerke, die dem Wogenschlag ausgesetzt sind, mit Hilfe von eingemörtelten Eisenstäben, die mittels in hartem Stein eingebetteter

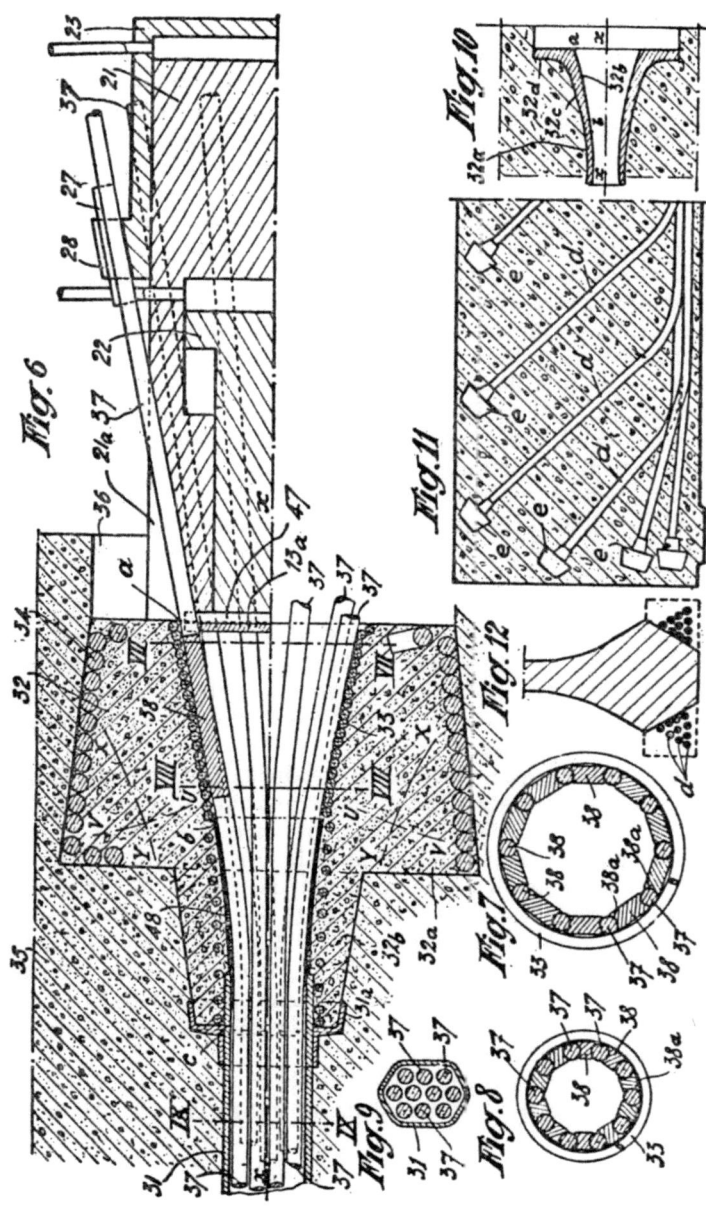

28 Zeichnung aus Freyssinets Patentschrift von 1939. Keilverankerung der Spanndrahtbündel nach dem Erhärten des Betons

Schraubenmuttern angezogen wurden, gegen den Felsen verankert. Rabut plante damals eine ähnliche Anwendung für die Kragträger des Bahnhofs Saint-Lazare.
Etwa 1906 bis 1907 hatte ich so viel Klarheit über die vorher aufgebrachten Druckspannungen gewonnen, daß ich das Projekt eines mit 2500 t vorgespannten Zugbandes entwarf, welches die zwei Widerlager eines Versuchsbogens mit 50 m Spannweite verband. Sein prismatischer Betonquerschnitt erhielt eine Vorspannung von ungefähr 180 kg/qcm durch die Zugkraft von zahlreichen Drähten aus Hartstahl.
Dieses Zugband und sein Bogen wurden im Laufe des Frühjahrs 1908 ausgeführt. Beim Studium ihrer Formänderungen und anderer Beobachtungen entdeckte ich aber auch das Kriechen des Betons, das damals noch unbekannt war und selbst von der offiziellen Wissenschaft energisch geleugnet wurde. Es stellte für die ständigen Spannungen eine beachtliche Unbekannte dar. Ich studierte sofort so genau und vollständig wie möglich dieses Problem, aber meine Anstrengungen waren vergeblich, da ich im August 1914 eingezogen wurde. Ich habe diese Untersuchungen erst 1926 wieder aufnehmen und zu einer genügend genauen Erkenntnis der Kriechgesetze kommen können, ungefähr zur selben Zeit wie die englischen und amerikanischen Forscher, die inzwischen dieses Problem in Angriff genommen hatten (Faber, Glanville u. a.).
Erst 1928 fühlte ich mich sicher genug, künstliche Spannungen im Beton dauernd aufrechtzuerhalten, so daß ich versuchen konnte, ihre planmäßige Überlagerung über die klassische Bewehrung in der Praxis zu verwirklichen.

Die wichtigsten Bauwerke mit Vorspannung vor dem Erhärten des Betons sind in Deutschland durch die Fa. Wayss & Freytag AG nach meinen Entwürfen und auf Grund von Lizenzen meiner Patente ausgeführt worden (1935 und 1937 Versuchsbalken, 1938 Brücke bei Oelde/Westf. über die Autobahn und 1941 Brücke über die Neiße bei Löwen).
Wenn man für die Vorspannung keinen hinreichenden Gegenhalt an der Schalung oder anderen Widerlagern findet, muß man die Vorspannung erzeugen, indem man sich hierbei auf den Beton selbst abstützt, der vorher gegossen und erhärtet ist. Die Bewehrung wird dann innerhalb des Betons in zu diesem Zweck gelassenen Hohlräumen geführt oder außerhalb des Betons, d. h. außerhalb der Bauteile. Diese Art der Ausführung verringert den Spannungsverlust um den Wert des Schwindens und der elastischen Deformation, der bis zu dem Augenblick eingetreten ist, an dem man das Spannen der Bewehrung beendet. Man ist daher immer bestrebt, die Spannung zweimal einzuleiten, um den Spannungsabfall zu vermindern und die Zugkräfte in den einzelnen Teilen der Bewehrung auszugleichen.
Chronologisch betrachtet habe ich dieses Verfahren zum ersten Male 1908 bei dem vorgespannten Zugband benutzt. *(Jedoch nicht in der Absicht, Spannbeton zu erzeugen.)*

29 Entwurfsskizze einer Spannpresse von Freyssinet ▷

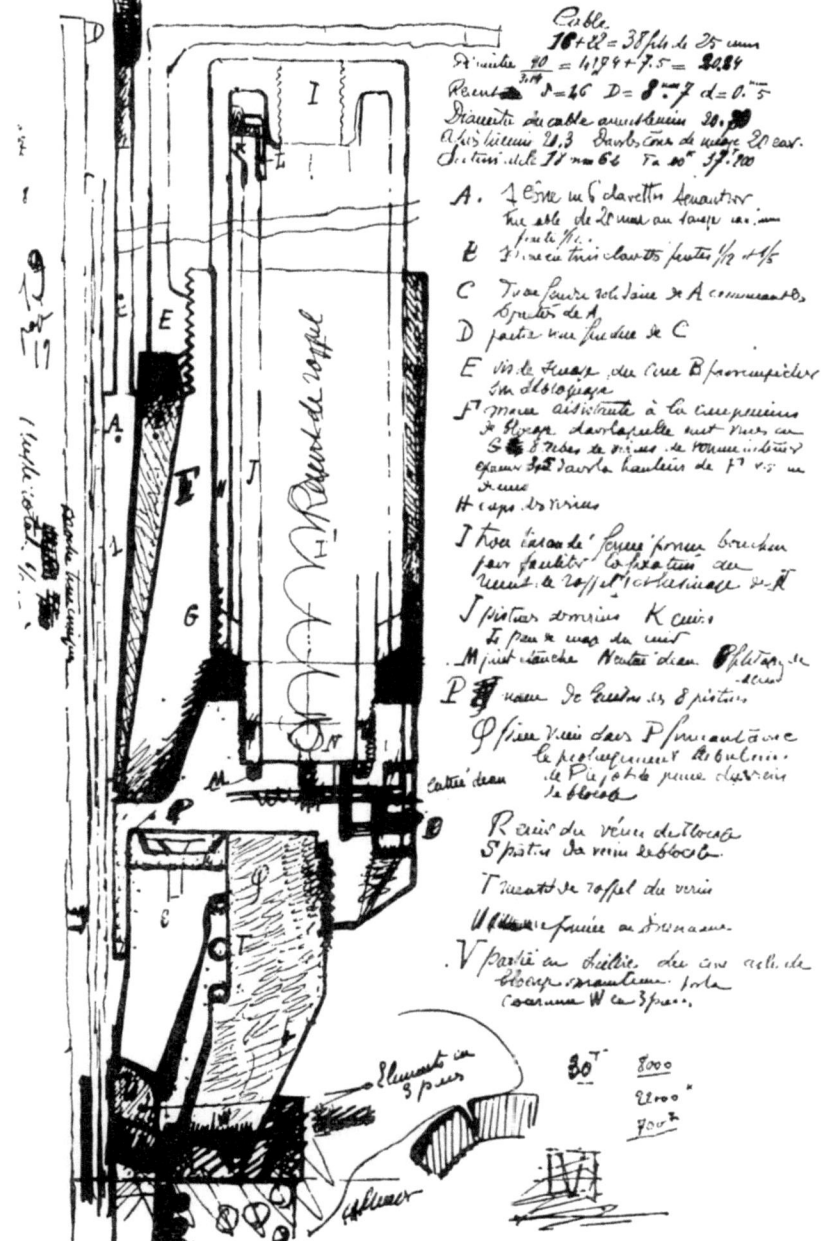

Die Drähte wurden paarweise gespannt und mit Keilen blockiert, die in keilförmigen Löchern entweder der Spannpresse oder des vorzuspannenden Betons saßen. Dieser enthielt eine Reihe von tiefen Rillen zur Aufnahme der Drähte. Das Interessante an diesem System ist, daß, wenn man n Paare von Drähten in einer Ebene anordnet, die Kraft konstant bleibt, welche die Gruppe von n Keilnuten zu sprengen versucht, wie groß die Zahl n auch ist. Man erhält auf diese Weise sehr einfach Lagen von parallelen Drähten, die voneinander genügend Abstand haben. Unbequem ist, daß die Rillen für diese Lagen die Form der Bauteile kompliziert und leicht zerbrechlich machen und daß es schwierig ist, sie später wieder auszufüllen.
Übrigens fehlt diesem System auch die Anpaßbarkeit. Es erlaubt kaum etwas anderes als starke, geradlinige Bewehrungen auszuführen und auch nur unter der weiteren Einschränkung, daß weder der Raumbedarf noch das Gewicht lästig werden.
Ich habe es daher ganz verlassen, seit ich eine bessere Ausführung gefunden habe. Das ist mir jedoch erst 30 Jahre später gelungen. Wenn ich in der Zwischenzeit sehr große Kräfte in den Beton einleiten mußte, habe ich ein sehr einfaches Verfahren angewandt, das darin besteht, an den beiden Enden Gruppen von zahlreichen Drähten in betonierte Spannköpfe zu führen, auf die man mit hydraulischen Pressen einwirkt. Nach dem Pressen kann man entweder die Fugen, die sich zwischen dem Beton der Spannhäupter und dem vorzuspannenden Beton geöffnet haben, mit Mörtel vollstampfen oder, wenn es sich um die Kapselpressen handelt, diese mit einer rasch erhärtenden Masse ausfüllen (spezielle Kunstharze oder Zementemulsion). Schon die große Vielfalt der von mir vor 1939 angewandten oder projektierten Lösungen würde ein hinreichender Grund zur Kritik sein. So unbedeutend diese Lösungen waren, so haben sie es mir doch ermöglicht, Arbeiten für mehrere hundert Millionen Francs auszuführen: Sicherung der Gründung des Seebahnhofs von Le Havre; Mauern, Sohlenplatte und Pfeiler der Wehre von Oued-Fodda und Beni Badhel, Senkkästen im Hafen von Brest.
Als ich jedoch 1936 für das Stauwehr am Oued-Fodda die Dienstbrücke und die beweglichen Schütztafeln konstruieren wollte, mußte ich meine Zuflucht zu derartig komplizierten Lösungen nehmen, daß ihre Ausführung für das Büro und die Baustelle ein wahres Kunststück bildete.
Erst 1939 konnte ich verschiedene Arten der sogenannten Rundkeilverankerung (ancrages à cônes) verwirklichen, die ich seither kaum mehr geändert habe und von der heute Hunderttausende von Exemplaren in den verschiedensten Bauwerken eingebaut sind. Ich halte diese Verankerung für den größten Fortschritt bei der Anwendung der Vorspannung, seit der Gedanke der Vorspannung zum ersten Male bei mir aufgetaucht ist.

Aus: »Deutscher Beton-Verein e.V., Vorträge zum 50jährigen Bestehen 1949«

Herstellung der Vorspannung
von Eugène Freyssinet (Auszug)

Die Schaffung eines Systems von Vorspannung besteht im wesentlichen aus einer Aufwendung von potentieller Energie. Dieser Energievorrat muß immer einen zum Ausgleich der zu erwartenden Verluste ausreichenden Wert behalten, seien es endgültige Verluste infolge des Kriechens von Beton und Stahl oder wiedergewonnene infolge der periodischen Längenänderungen durch den Wechsel von Temperatur und Feuchtigkeit. Man ist daher bestrebt, der Größe an potentieller Energie einen möglichst großen Wert zu geben. Dieses Ergebnis erreicht man am besten, wenn man zu der Formänderungsenergie des Betons die Formänderungsenergie des Stahles hinzufügt, der wesentlich deformierbarer als der Beton ist und daher eine wesentlich größere Formänderungsenergie aufzunehmen vermag. Man hat ferner ein Interesse daran, eine möglichst weit verformbare Bewehrung zu wählen — woher die Forderung nach Stählen hoher Festigkeit entspringt.
Dennoch kann man auf die Anwendung der Bewehrung in gewissen Fällen verzichten, z. B. wenn die Änderungen der voraussichtlichen Energiemenge gering oder sogar negativ sind (trockener Beton, der nach dem Vorspannen infolge Durchfeuchtung einem Quellen ausgesetzt ist), was im allgemeinen bei Sohlplatten unter Wasser oder unterirdischen Stollen der Fall ist, oder ferner, wenn eine Zurückgewinnung der Verluste ständig erreicht werden kann (Rollfelder für schwere Flugzeuge). In diesen Fällen kann man die Vorspannungsenergie auf den allein der Verformung des Betons entsprechenden Anteil beschränken.

Aus: »Deutscher Beton-Verein e. V., Vorträge zum 50jährigen Bestehen 1949«

Möglichkeiten, die sich durch die Anwendung der Vorspannung in inhomogenen Konstruktionen ergeben
von Eugène Freyssinet (Auszug)

Diejenigen Baustoffe, die keine oder eine sehr geringe Zugfestigkeit haben, weder in ihrer Masse noch in ihren Fugen, was im allgemeinen bei Steinen zutrifft, können nur in der Form von Pfeilern verwendet werden, ebenso auch als Mauern, Säulen oder Bogen, die Pfeiler mit gekrümmter Achse und doppelter Basis darstellen.

In allen diesen Konstruktionen, selbst in den einfachen Erdanschüttungen, veranlaßt die Schwerkraft den für die Dauer notwendigen Zusammenhalt zwischen den großen oder kleinen Elementen. Die Stabilität einer Wand, die einer horizontalen Belastung ausgesetzt ist, beruht einzig und allein auf dem Gewicht ihres Baustoffes, das, zusammengesetzt mit den horizontalen Kräften, resultierende Kräfte ergibt, die mit den Möglichkeiten des Gleichgewichtes verträglich sind. Die senkrechten Gewichtskräfte, die nicht unmittelbar nützlich sind, besitzen genau die gleiche Bedeutung wie die Vorspannungen.
Die Verwendung der Schwere als einzigem Mittel des Zusammenhaltes führt zu einer sehr strengen Begrenzung der möglichen Architekturformen.
Wenn man die normalen Holzkonstruktionen außer Betracht läßt, deren Verwendungsmöglichkeit wegen ihrer Empfindlichkeit und des geringen Werts ihrer Zugverbindungen ohnehin beschränkt ist, so sind die Metallstabwerke die ersten menschlichen Konstruktionen, deren Stabilität nicht ausschließlich auf Vorspannkräfte zurückgeführt werden kann. Sie sind infolgedessen frei in ihrer Form. Zum erstenmal haben sie erlaubt, Tragwerke mit geringer Bauhöhe auszuführen.
Wenn ich die vorgespannten Konstruktionen besonders lobend heraushebe, so bin ich nur zu einer Tradition zurückgekehrt, die ebenso alt wie der Mensch ist und zu der die Natur die Modelle geliefert hat.
Um jedoch die Freiheit der Formen, die von den Zimmerleuten und Stahlbauern errungen worden ist, zu bewahren, muß man auf die Anwendung der Schwere als auf das einzige Mittel zur Schaffung der Vorspannungen verzichten und ein anderes Mittel anwenden, um diese Kräfte zu erhalten. Es muß gleichzeitig kräftiger und anpassungsfähiger sein. Man verwendet hierzu die durch die Formänderung hervorgerufenen dauernden elastischen Reaktionen, sei es der zusammengedrückten Masse der Träger und Widerlager oder der gedrückten Träger und der vorgespannten Drähte.

Aus: »Deutscher Beton-Verein e. V., Vorträge zum 50jährigen Bestehen 1949«

1926 berichtete Freyssinet in der Commission Technique de la Chambre Syndicale des Constructeurs Français de Béton Armé auf Grund seiner Beobachtungen über das Schwinden und Kriechen des Betons. Bis 1929 untersuchte er diese Erscheinungen vollständig und trug die Ergebnisse in der École des Ponts et Chaussées in Lausanne 1929 vor. Er erkannte, daß »die Verformung des Betons von den Veränderlichen: Zeit, hygrometrischer Zustand der Umgebung, Art und Größe der Spannungen, Temperatur, durch äußerst verwickelte Gesetze abhängig ist, wegen der physikalischen, chemischen, mechanischen und geometrischen Eigenschaften der Mischungen von Komponenten und Wasser.« *Freyssinet versuchte,* »diese Gesetze mit den Erscheinungen der Molekularanziehung durch eine einfache Theorie zu verbinden, die eine Voraussage gestattet. Es wird deshalb die Hypothese aufgestellt, daß die Verformungen des Betons von gewissen mechanischen und geometrischen Eigenschaften der sehr kleinen Zwischenräume im Zementbrei abhängen. Die wirksamen Abmessungen der Zwischenräume erreichen nur die Größe von einigen Wassermoleküldurchmessern. Sie sind einer direkten Beobachtung sehr schwer zugänglich. Daher wird versucht, die Art, Form und Eigenschaften dieser Zwischenräume vorauszubestimmen. Die Theorie zeigt die unmittelbare Abhängigkeit dieser Eigenschaften vom Verhältnis Wasser : Zement.«

Formänderungen des Betons
von Eugène Freyssinet (Auszug)

»Bis zum Jahre 1926 wurde ohne Diskussion offiziell und allgemein angenommen, daß die Verformung des Betons linear und umkehrbar sei.
Dieser Irrtum ist immer noch erschreckend lebendig. Allen gegenteiligen Experimenten zum Trotz ist er auch heute noch Grundgedanke zahlreicher Vorschriften und, was viel schlimmer ist – nach wie vor –, unzerstörbares Gedankengut aller derjenigen, die Projekte berechnen.
Ich muß diesen Irrtum noch täglich bei meinen engsten Mitarbeitern bekämpfen, und mitunter entdecke ich ihn sogar in einem Winkel meines eigenen Gehirns.
Bekanntlich ist es viel angenehmer, mit einer Rechenmaschine zu spielen, um Gleichungen ersten Grades zu lösen, als sich das Gehirn zu zermartern, wie man die Bauwerke mit der komplexen Realität in Einklang bringen kann.
Wir sind noch weit davon entfernt, die Einzelheiten der Gesetze für die Verformung des Betons zu kennen, aber wir kennen in groben Zügen ihren Ablauf, der zwei völlig entgegengesetzte Aspekte beinhaltet. Diese beiden Aspekte ermöglichten übrigens den Stahlbeton und dann den Spannbeton.
Die elastische Verformung ist die Bestimmungsmethode für diejenigen festen Körper, deren Moleküle in durchschnittlich unveränderter Art netzförmig angeordnet sind.
Aber der Beton ist kein fester Körper, er ist ein halb fester, halb flüssiger Komplex, der wie ein lebendes Wesen aufgebaut ist und über dessen wesentliche Eigenschaften er auch verfügt. Der Beton hat ebenfalls einen netzförmigen Kreislauf, der ihm Abwehrreflexe ermöglicht. Wenn man ihm genügend Zeit läßt, entzieht er sich damit den übermäßigen Beanspruchungen, und zwar durch Verformungen, deren Mittel – von physikalisch-chemischer Natur – in der Auflösung der Kristalle in den Druckzonen und der darauf folgenden Rekristallisation in den Zugzonen bestehen.
Derselbe Vorgang erlaubt es ihm, seine Verletzungen langsam zu heilen, zumindest in genügend feuchter Umgebung. Darüber hinaus erinnert er sich gut

an all die mechanischen, physikalischen oder chemischen Behandlungsarten, denen er seit seiner Herstellung unterworfen war.
Dieses Leben erlaubt es dem Beton, sich mechanischen Verhältnissen anzupassen, die bei einer leblosen Materie mit gleichen mechanischen Eigenschaften ein Auseinanderfallen nach sich ziehen würde.
Dieses Leben erklärt auch das Paradoxon, daß eine Materie — ihre Reaktion auf Zug- und Druckkräfte gehört zu den empfindlichsten, die es gibt — in allen unseren Konstruktionen mit außerordentlicher Sicherheit auf Zug arbeitet, wenn man ihr nur ein wenig dabei hilft. Die Anpaßbarkeit ist dank der enormen Verformungen — im Vergleich zu den normalen elastischen Verformungen, die bei Zug ebenso gut funktionieren wie bei Druck — ein unentbehrlicher Faktor für die Haltbarkeit von Betonkonstruktionen.
Aber die Fähigkeit, sich unter den Belastungen zu verformen, um den Bruch zu vermeiden, ist nur eine negative Eigenschaft und genügt nicht, um aus dem Beton ein Konstruktionsmaterial zu machen, das ja vor allem den Belastungen mit einer begrenzten Verformung widerstehen soll.
Aber wenn der Beton wirklich ein lebendes Wesen ist, wird er wie alle Wesen, wenn er älter wird, sehr faul, und er wird seine Abwehrmittel nur bei Bruchgefahr benutzen.
In den Bereichen, die genügend von der Gefahrenzone entfernt sind, verhält er sich wie ein lebloser Körper, also elastisch.
Kurz, der Beton, der in dem Bereich, in dem er normal ausgenutzt wird, praktisch elastisch ist, kann außerhalb dieser Zone, vor allem, wenn man ihn langsam belastet, nichtelastische Verformungen ertragen, die weitaus größer sind als die elastischen.«

Aus: »Exposé« in »Travaux«, Oktober 1950, Seite 723

Erzeugung von Vorspannung ohne Verwendung von Spanndrähten
von Eugène Freyssinet

Mauern und Gewölbe stellen Anwendungen von sozusagen automatischer Vorspannung dar, die durch die Schwerkraft ausgeübt wird. Ich habe bereits dargelegt, daß jede Vorspannung mit Aufspeicherung von potentieller Energie in den Gewölben verbunden ist. Sie entspricht der Arbeitsfähigkeit der Schwerkraft vor dem Bruch des Gewölbes. Die unmittelbare Erzeugung von Ausrüstungsdrücken mit Hilfe von Druckwasserpressen, die ich bereits 1907 angewandt habe, indem ich Gegenbiegung hervorrief, steigert die verfügbare potentielle Energie. Sie stellt daher eine Vervollkommnung der Gewölbe dar.

Wenn man die potentielle Energie weiter steigern will, ohne dabei Stahleinlagen in Anspruch zu nehmen, so muß man jede Formänderung der gedrückten Bauteile in Querrichtung verhindern und sie sehr hohen Druckspannungen aussetzen. Z. B. könnte die ebene oder als umgekehrtes Gewölbe ausgeführte Sohle einer Talsperre, die ein Tal zwischen zwei Hängen aus festem Felsen abschließt, durch Druckwasserpressen, die parallel zu ihrer Mittellinie wirken, vorgespannt werden. Die Beanspruchung könnte hierbei zweckmäßigerweise bis auf 50 % der Bruchgrenze des Betons gesteigert werden, da das Kriechen diese Spannung später auf ungefähr $1/4$ der Festigkeit vermindern würde.

Der grundsätzliche Mangel aller Ausführungen dieser Art ist der geringe Wert der so erreichten potentiellen Energie, die auf die Formänderungsarbeit des Betons beschränkt ist. Man hat offenbar ein Interesse daran, Beton hoher Festigkeit zu verwenden. Ein Beton mit der Festigkeit K hat unter der Spannung K/n eine potentielle Energie, die proportional der Spannung K/n ist und proportional einer Verkürzung, die ihrerseits wieder verhältnisgleich der Spannung und dem Elastizitätsmodul ist, der mit $1/\sqrt{K}$ wächst.

Temperatur- und Feuchtigkeitsänderungen sind bei Bauwerken dieser Art sehr zu fürchten. Eine flache Platte aus Zement, vorgespannt zwischen starren Widerlagern bei kaltem Wetter, würde, wenn sie ohne Schutz dem Klima der Sahara ausgesetzt wäre, in der Mittagssonne wie eine Bombe bersten. Wenn die Vorspannung bei Sonne aufgebracht würde, verschwände sie durch die nächtliche Auskühlung vollständig. Man muß daher, bevor man sich zu der Anwendung der Vorspannung auf einen Betonblock durch Druck zwischen festen Widerlagern entschließt, die größte Sorgfalt auf das Studium der Ausdehnung legen, welcher er unterworfen ist. Man müßte ihn außerdem stufenweise unter Druck setzen, um dem langsamen Kriechen des Betons Rechnung zu tragen. Es bleibt noch die Möglichkeit, von außen eine Kraft wirken zu lassen, z. B. indem man diese einem Kraftakkumulator entnimmt, der Druckwasserpressen dauernd unter gleichem Druck hält.

Das Werkzeug par excellence für die Verwirklichung von Vorspannungen ohne Bewehrung ist eine einfache, dichte Kapsel [50], die je nach der Größenordnung der verlangten Drücke und Formänderungen aus Blech, Gummi oder ähnlichen Stoffen bestehen kann. Anfangs berühren sich die gegenüberliegenden Flächen. Wenn man die Kapsel aufbläht, indem man eine Flüssigkeit unter Druck hineinpreßt, so übertragen ihre Wände auf den festen Baustoff außerhalb einen gleichförmigen Druck. An den Rändern rollt sich der Wulst der Kapsel gemäß dem Schema [50] hierbei auf. Das Profil AB kann derart entworfen werden, daß der Punkt M festbleibt. Daher kann man für den Wulst einen stetigen Verlauf mit kleinem Radius anwenden.

Zwei Bleche aus weichem Stahl mit 4 mm Stärke und einer Fläche von 10 m mal 10 m können durch einen wurstartigen Wulst von anfangs 4 cm Durchmesser miteinander verbunden werden und ermöglichen einen Hub von etwa 10 cm und die Anwendung eines Druckes von etwa 200 kg/cm^2. Sie entwickeln

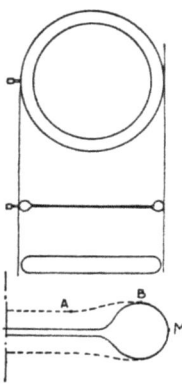

30 Schematische Zeichnung einer Kapselpresse

hierbei eine Kraft von 20 Millionen t, und dies bei geringfügigen Kosten im Vergleich zu der Wirkung. Es ist wichtig, noch darauf hinzuweisen, daß das Blech oder eine andere deformierbare Haut nur in der Gegend des Randes der gedrückten Fläche erforderlich ist. Außerhalb der Randzone können die Oberflächen der Presse durch irgendwelche dichte Flächen gebildet werden.
Man könnte z. B. den Beton einer runden Stollenauskleidung dadurch vorspannen, daß man zwischen dem Erdboden und dem Beton eine Druckflüssigkeit einbringt, wobei ersterer gegebenenfalls mit einer wasserdichten Verkleidung zu versehen ist. Man müßte dann den Betonring aus hochwertigem Beton und so dünn als möglich, entsprechend den allgemeinen Richtlinien, ausführen.
Wenn die dichte Umgebung durch die Flüssigkeit unter Druck gesetzt ist, so kann man diese erhärten lassen (von selbst erhärtende Flüssigkeiten, kolloidale Emulsion von Zement), oder man fixiert die erreichte Lage durch Verkeilen in vorgesehenen Zonen zwischen den Druckpressen. Wenn auch der Anwendung der Vorspannung ohne Bewehrung nur enge Grenzen gesetzt sind, so ist sie doch dafür von einer erstaunlichen Anpassungsfähigkeit. Die hierdurch zur Verfügung stehenden, fast unbegrenzten und dennoch fast kostenlosen Kräfte erlauben es, Wirkungen von unerhörter Größe zu erzielen, die ganz außerhalb des Bereiches der normalen Technik liegen.
Ich glaube daher, daß die Anwendung dieses Verfahrens dazu berufen ist, noch eine gewaltige Rolle bei der Ausführung großer Aufgaben des Wasserbaues zu spielen, so z. B. bei Talsperren und Tunneln. Dabei wird dieses Verfahren nicht nur benützt werden, um in den Bauwerken selbst Vorspannungen zu erzeugen, sondern auch um die physikalischen und mechanischen Eigenschaften des umliegenden Bodens zu verändern.
Die erste Anwendung dieser Methode, die ich um 1936 vorgenommen habe, ist sehr bescheiden. Es handelte sich um die Sohle eines kleinen Wehres für eine Wasserfassung in Oued-Fodda. Diese Sohlplatte hat eine Länge von hundert und

31 Staumauer in Beni-Badhel (Algier) 1935—40

32 Schnitt durch die Staumauer von Beni-Badhel

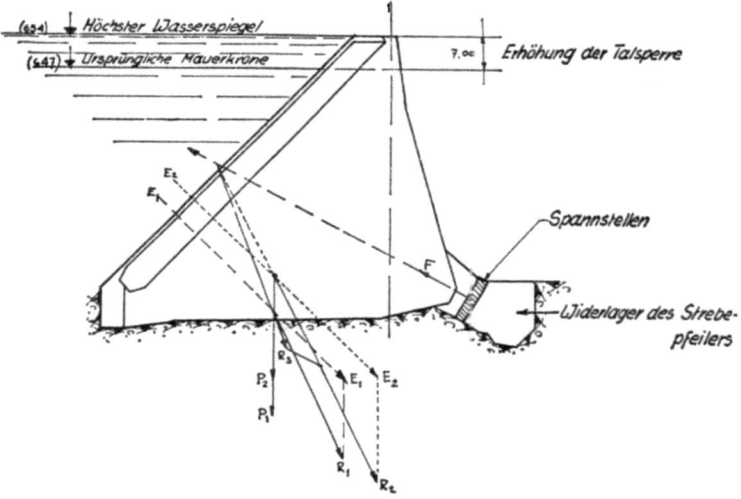

einigen Metern, eine Breite von zehn und einigen Metern und eine Dicke von etwa 1 m. Nachdem man in der mittleren Faser in Richtung der Längsachse eine gleichförmig verteilte Druckspannung von etwa 30 kg/cm² erzeugt und während eines Monats aufrechterhalten hatte, um einen Teil des Kriechens sich auswirken zu lassen, hat man die Fugen ausgefüllt, die sich um ungefähr 2 cm geöffnet hatten. Ich schätze, daß man damit die Zugfestigkeit des Betons um etwa 20 kg/cm² erhöht hat. Mit 100 kg Stahl für Pressen habe ich 100 t an Bewehrung gespart.

Fast unmittelbar danach habe ich eine Anwendung von ungleich größerem Umfang verwirklicht, und zwar bei Gelegenheit der Erhöhung der Staumauer in Beni-Badhel (Algier) [31]. Diese Talsperre von 60 m Höhe mit 13 Gewölben von 20 m Spannweite auf Strebepfeilern in der klassischen Bauart war fast fertiggestellt, als die Baubehörde entschied, daß ihre Höhe auf 67 m vergrößert werden sollte. Da der Baugrund nur mittelmäßig war, wollte man ihn aber nicht höher beanspruchen. Ich habe eine Lösung veranlaßt, die darin bestand, daß die Talsperre auf der Luftseite auf Kalksteinbänke guter Qualität abgestützt wurde, indem man die unsicheren Schieferschichten und Verwerfungen vermied. Ferner wurden mit Hilfe von runden Kapselpressen von 60 cm Durchmesser Drücke auf die Talsperre übertragen, die unter bestimmten Annahmen der Belastung und der Temperatur mehr als 30 000 t je Strebepfeiler betrugen [32].

Diese Reaktionen ergeben nun, zusammengesetzt mit dem Wasserdruck, resultierende Kräfte auf die ursprüngliche Gründungsfläche, die viel günstiger sind, sowohl zahlenmäßig als auch hinsichtlich des Reibungswinkels, als diejenigen des ursprünglichen Projektes.

Gleichzeitig verbinden vorgespannte Stützbalken zwischen den Strebepfeilern deren Füße untereinander und drücken die Endmauern der Talsperre, welche die Widerlager der letzten Gewölbe bilden, gegen den Boden an, wobei die ständigen Drücke höher sind als die Unterdrücke, die man befürchten mußte.

Die gesamte Kraft aller Kapselpressen, die bei Beni-Badhel angewandt wurde, ist größer als 500 000 t. Das Zutrauen der Verwaltung zu den Pressen war derart, daß sie während zweier Jahre die Abstützung der Talsperre auf die Pressen aufrechterhalten hat, um die Änderung der Stützkräfte der Talsperren unter Last als Funktion der täglichen und jahreszeitlichen Veränderungen sowie der Füllungszustände zu studieren. Es genügte, hierfür die Druckänderungen des Öles, das die Pressenbatterien füllte, zu registrieren.

Aus: »Deutscher Beton-Verein e.V., Vorträge zum 50jährigen Bestehen 1949«

Freyssinet Vorträge und wichtigste Veröffentlichungen

Wissenschaftliche Arbeiten und Publikationen

Zahlreiche Studien und Publikationen über neue und weiterentwickelte Konstruktionssysteme. Im besonderen:

Brücke in Villeneuve-sur-Lot
Le Génie Civil, 30 Juillet, 6 et 13 Août 1921

Stahlbetonschalen
Bericht auf dem Congrès de l'Association Française pour l'avancement des Sciences

Hangars in Orly
Description et méthodes employées. Indication des propriétés des bétons vibrés
Le Génie Civil, 22, 29 Septembre et 6 Octobre 1923

Brücke Candelier
Annales des Ponts et Chaussées, 2ème semestre 1923

Une Revolution dans les Techniques du Béton
Editeur Léon Eyrolles, Paris 1926

Influence de la quantité d'eau de gâchage sur la qualité des bétons
Le Génie Civil, 21 Juillet 1928

Amélioration des constructions en béton armé par l'introduction de déformations élastiques systématiques Le Génie Civil, 15 Septembre 1928

Stahlbetonbrücken großer Spannweiten
Premier Congrès International du Béton et du Béton Armé à Liège, Septembre 1930
Mémoires de la Société des Ingénieurs Civils de France, Juillet-Août 1931

Formänderungen des Betons

Bericht auf dem Congrès International des Ponts et Charpentes in Wien, September 1928

Vortrag an der École d'Ingénieurs de Lausanne, Oktober 1929 (nicht veröffentlicht)

Vortrag bei der Association Internationale pour l'essai de matériaux, November 1929 (nicht veröffentlicht)

Bericht auf dem Congrès International des Ponts et Charpentes, Paris Mai 1932

Bedeutung und Schwierigkeiten der mechanischen Erscheinungen im Beton
Bericht auf dem Congrès International du Béton Précontraint in Genf

Ideen und neue Betrachtungsweisen

Étude sur les modifications fondamentales des propriétés du béton et du béton armé par l'influence de divers traitements
Science et Industrie, Janvier 1933

Progrès pratiques des méthodes de traitement mécanique des bétons
Science et Industrie, Mai 1935

Une Révolution dans l'Art de Bâtir. Les constructions précontraintes
Travaux, Novembre 1941

Une Révolution dans l'Art de Bâtir — Les constructions précontraintes
Vortrag vor den Ingénieurs Civils, 12. März 1943

Zusammenfassender Bericht des gegenwärtigen Standes in der Entwicklung des Spannbetons
Bericht für die Société Royale Belge des Ingénieurs et des Industriels à Bruxelles, 17. Mai 1946

Zusammenfassender Bericht vom Congrès de l'Association Internationale des Ponts et Charpentes de Liège, September 1948
Brücken aus Spannbeton
Balken aus Spannbeton
Startbahnen aus Spannbeton
Bauwerke aus Spannbeton für Wasserbauten und Hochbehälter

Exposé d'ensemble de l'idée de précontrainte
Annales de l'Institut Technique du Bâtiment et des Travaux Publics Série J N° 13, Juin 1949

Überblick über die Entwicklung des Gedankens der Vorspannung
Deutscher Beton-Verein e. V., Vorträge zum 50jährigen Bestehen 1949

Naissance du béton précontraint et vues d'avenir. Article à l'occasion du Jubilé de M. Freyssinet
Travaux, Juin et Août 1954

L'idée française de la précontrainte révolutionne l'art de construire
Travaux, Juillet 1957

Incidents survenus au cours de la construction du bâtiment des émetteurs de la Station de radio de Felsberg (Europa n° 1)
Travaux, Février 1956

ROBERT MAILLART

Robert Maillart

Geboren am 6. Februar 1872 in Bern, gestorben am 5. April 1940 in Genf.
Das Auftreten eines neuen Baumaterials (Stahlbeton) mit neuen Eigenschaften ist von großer Bedeutung, indem dadurch für die doppelte Aufgabe des Entwerfenden: Raumgestaltung und Materialbehandlung neue Lösungen ermöglicht werden, da seine Eigenschaften nicht bloß der Summe beider Bestandteile entsprechen, sondern weil neue Eigenschaften entstehen.
Der Ingenieur möge sich daher von den durch die Tradition der älteren Baustoffe gegebenen Formen lösen, um in voller Freiheit und mit dem Blick aufs Ganze die zweckmäßigste Materialausnutzung zu erzielen.
Maillart, der diese Worte schrieb, setzte sich intensiv mit den Eigenschaften des neuen Materials auseinander. Er erkannte, daß das Zusammenwirken von Beton und Stahl und die Formbarkeit des Stahlbetons Konstruktionssysteme und Bauformen ermöglichen, die sich wesentlich von denen des Stein-, Holz- und Stahlbaus unterscheiden.
Das Finden materialgemäßer Konstruktionssysteme setzt genaue Kenntnisse über die Wirksamkeit der Materie voraus. Maillart hatte sich dieses Wissen erworben. Nicht zufällig verband ihn eine jahrzehntelange Freundschaft mit dem Direktionspräsidenten der Eidgen. Materialprüfungsanstalt, Prof. Dr.-Ing. h. c. M. Roš, jenem bedeutenden Wissenschaftler, der selbst durch verschiedenartigste Versuche und Berechnungen zur Entwicklung des Stahlbetonbaus beitrug.
Roš nahm an den Arbeiten Maillarts regen Anteil und führte an dessen Bauwerken Material- und Belastungsversuche durch. Maillart stand der Materialprüfung immer positiv gegenüber. Es ging ihm bei all seinen Arbeiten darum, das Wesen des Materials zu erkennen und herauszudestillieren. In seinen wissenschaftlichen Schriften forderte er die rationellste Materialausnützung und ehrliche Formensprache des Eisenbetons, was die Überwindung veralteter oder allzu theoretischer Anschauungen sowie überlieferter Schönheitsbegriffe bedingt, und er warnte davor, Berechnungsmethoden, die für andere Materialien anwendbar sind, auf den Eisenbetonbau zu übertragen, da die damit gewonnenen Zahlen den Tatsachen oft gar nicht entsprechen.
Seine Schriften sind keine ausgefallenen theoretischen Abhandlungen, er wollte nur die Fachwelt mit den darin behandelten Problemen konfrontieren. Sie soll-

◁ *33 Robert Maillart*

ten teilnehmen können an den Erkenntnissen über die Eigenschaften des neuen Materials und an den Erfahrungen, die er mit seinen Bauten gewonnen hatte. Dennoch wurde Maillart sehr oft mißverstanden. Man mißtraute seinen vereinfachten Berechnungsmethoden und übersah, daß sie das Wesentliche trafen. Viele seiner Projekte wurden nur gegen Widerstände oder gar nicht verwirklicht. Er mochte keine komplizierten statischen Systeme, und in seiner Entwurfsarbeit verwendete er die mathematischen Berechnungen erst dann, wenn es galt, bereits entworfene Konstruktionsteile zu analysieren.

So wie Maillart den Eisenbeton als einheitliche zusammenwirkende Struktur erfaßte, war er auch bestrebt, die Konstruktion als Ganzes zu sehen. Er entstammte der Schule Hennebiques, der 1892 bis 1895 mit Plattenbalken und Stützen, bei denen die Bewehrungen die einzelnen Bauglieder durchdringen, eine monolithische Bauweise anwendete. Sie war jedoch noch mit vielen Fehlern in der Berechnung und in der Ausführung behaftet.

Maillart bildete bei seinen Brücken die Fahrbahnplatte, die Gewölbeplatte und die Längswände als tragenden Eisenbeton-Kastenquerschnitt aus. Sie werden eine konstruktive Einheit. Die Fahrbahn ist also nicht mehr als aufgeständerte Last auf ein tragendes Gewölbe überführt, sondern Teil eines organischen Verbundes. Durch dieses System, das sich besonders für Dreigelenkbogen eignet, können die Gewölbe dünner und die Lehrgerüste einfacher ausgeführt werden. 1905 verzichtete Maillart erstmalig darauf, den Kastenquerschnitt bis zum Kämpfer durchzuführen; er will so zusätzliche Biegebeanspruchungen vermeiden, die entstehen, wenn die Bogenachse mit der Stützlinie nicht in Übereinstimmung gebracht werden kann. Diese Dreigelenkbogenbrücken als Kastenträger im organischen Verbund wurden für Maillart typisch, und er baute sie in vielen Variationen entsprechend den vorgefundenen Gegebenheiten, auf die er stets Rücksicht nahm und die ihn – neben wirtschaftlichen Überlegungen – seine Zwillings- und Drillingsgewölbe finden ließen.

Unsere Bilder [34, 38, 40, 44, 47, 56] zeigen das konstruktive System dieser einfachen, den Gesetzen der Statik folgenden, teils anmutigen, teils kraftvollen und spannungsreichen Formen. Niemals vor Maillart wurden Dreigelenkbogenbrücken überzeugender und schöner gebaut. Obwohl Maillarts Kollegen und Auftraggeber die einprägsame Einfachheit seiner Werke nicht verstanden, baute er immer wieder so. Für ihn konnte das Wahre nur einfach sein.

Um die Erkenntnis der wahren funktionellen, festigkeitsmäßigen und materialtechnischen Vorgänge und der ästhetischen Werte hat er sich stets kompromißlos bemüht, auch in der Zeit angespannter wirtschaftlicher Verhältnisse, in denen er – nach der russischen Oktoberrevolution sehr arm in die Schweiz zurückgekehrt – bis zu seinem Tode lebte. Immer reagierte Maillart mit großer Schärfe, wenn Auftraggeber oder Behörden Veränderungen seiner Bauwerke verlangten, die weder statisch noch funktionell begründet waren und das Kräftespiel seiner Konstruktionen zu verschleiern drohten; oder wenn man seine mit konstruktiver Logik geschaffenen Formen ästhetischen Vorstellungen unterwerfen wollte, die nicht die seinen waren.

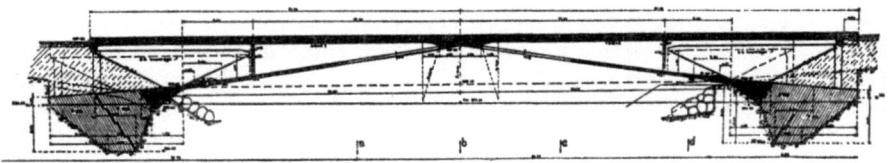

34 Brücke über die Simme in Garstatt, Kanton Bern 1939

Neben dem Dreigelenkbogen verwendete Maillart bei seinen Viadukten den versteiften Stabbogen und bezog auch hier den versteiften Fahrbahnträger in das Gesamttragwerksystem mit ein, das nunmehr – im Gegensatz zum versteiften Stabzug des Holz- und Stahlbaus – flächig ausgeführt wird und aus dünnen Betonscheiben besteht. Auf Seite 115 erläutert Maillart dieses System, das sich besonders durch seine Anpaßbarkeit auszeichnet. Es ist bezeichnend für seine Brücken, daß sie sich in den Verlauf der Straßen und Wege organisch einfügen. Das gelang ihm besonders bei den versteiften Stabbogenbrücken mit segmentförmiger Fahrbahn, für die die Schwandbachbrücke ein hervorragendes Beispiel ist. Mit diesem Tragwerk ist Maillart etwas Vollkommenes und Neues gelungen [37]. Das gleiche Denken, das seinen Brücken zugrunde liegt, finden wir bei seinen Pilzdecken, den unterzuglosen Decken nach dem Zweibahnensystem (siehe Seite 130). Auch da durchdringen sich die einzelnen Bauglieder und wirken zu einem einheitlichen Ganzen zusammen, und auch dieses Ergebnis ist frei von konventionellen gestalterischen Vorstellungen.

Maillart verwandte für seine Konstruktionen fast immer die gleichen Systeme. Aber wenn er – weil es die Aufgabe erforderte – neue schuf, so wurden sie unverkennbare Maillartsche Schöpfungen. Mit jedem neuen Bauwerk versuchte er neue Lösungen, um die funktionellen, statischen, wirtschaftlichen und ästhetischen Belange noch sinnvoller und konsequenter zu integrieren. Das wurde ihm nicht immer gestattet. Aber besonders in seinen letzten Werken – bei der Brücke über die Simme [34], bei der er in folgerichtiger Weiterentwicklung die bisher gewölbte Innenleibung der Kastenträger gerade ausführte, bei der Brücke in Lachen, die als Zwillingsgewölbe mit, der Situation entsprechend, unterschiedlichen und versetzten Kämpferhöhen eine Straße im spitzen Winkel über einen Gleiskörper führt, und bei der Zementhalle auf der Landesausstellung [41] – wird offenbar, daß Maillart seine Ideen hier ganz ohne Abstrich verwirklichen konnte. Seine Konstruktionen sind immer sehr wirtschaftlich. Gleichzeitig mit den Tragwerken entwickelte er die Gerüste und Ausführungsverfahren. Bei seinen fächerförmigen Brückengerüsten mit den quersteiften Bindern, vor allem bei dem der Salginatobelbrücke, wo Gerüst, Konstruktion und Ausführungsverfahren im unmittelbaren Zusammenhang gesehen werden, verbinden sich Wirtschaftlichkeit und Kühnheit.

Hervorragend wie die Konstruktion ist auch die Qualität der ausgeführten Brükken. 1927 schreibt Professor Roš über die durch einen Erdrutsch zerstörte Dreigelenkbogenbrücke über den Rhein bei Tavanasa, daß an diesem Bauwerk, das 22 Jahre in rauhem Klima stand, keinerlei Spuren des Zerfalls zu sehen waren. Die Betonstruktur und -festigkeit, die Lage, Umhüllung und Beschaffenheit der Bewehrungseisen, die Oberflächenbeschaffenheit des Tragwerkes, das Verhalten der Bleigelenke und vor allem das Gesamtverhalten der Eisenbetonkonstruktion waren in jeder Hinsicht einwandfrei.
Der Bericht über das 1905 von Maillart & Cie. ausgeführte kleine, aber zu jener Zeit überaus kühne Bauwerk zeigt, daß auch die kleinsten Teile im Äußeren und im Innern seiner Werke von Maillarts technischem Ingenium durchdrungen sind.
Wenn Maillart 1932 schrieb: Vom Eisenbeton wußten die Zeitschriften vor fünfzig Jahren noch nichts zu berichten. Wohl bemühten sich einzelne schon um seine Anwendung, aber er galt noch lange als wissenschaftlich nicht hoffähige Kuriosität, als nicht ernst zu nehmende Modesache. Trotz solchem noch jetzt da und dort spukenden Widerwillen und der Einengung durch ängstliche Vorschriften – meist Produkte aus viel grünem Tisch, Studierstube und Laboratorium mit wenig Praxis – ist die Entwicklung des Eisenbetons ein beispiellos rascher Siegeslauf geworden, *so ist diese Entwicklung durch seine theoretischen Abhandlungen, durch seine unbeirrbare Haltung und nicht zuletzt durch die Schönheit seiner Konstruktionen wesentlich beeinflußt worden.*

Biographisches

Maillart studiert von 1890–1894 am Eidgenössischen Polytechnikum in Zürich Bauingenieurwesen und legt dort seine Diplomprüfung ab.
Von 1894–1897 arbeitet er in der Firma Pümpin & Herzog in Bern und von 1897–1899 beim Städtischen Tiefbauamt in Zürich.
1899 konstruiert er die Stauffacherbrücke in Zürich als Dreigelenkbogen mit 39,60 m Spannweite, 3,70 m Pfeilhöhe und 20,00 m Breite. Von 1899–1902 ist er in der Firma Froté & Westermann in Zürich beschäftigt. Im Jahre 1902 macht er sich selbständig und ist Teilhaber der Bauunternehmung Maillart & Cie. in Zürich.
1901 baut er die Straßenbrücke in Zuoz (Engadin) und 1903 die Thurbrücke bei Billwil. Diese Brücken konstruiert er als Dreigelenkbögen mit vollwandigem Kastenquerschnitt, erstmalig im organischen Verbund von Fahrbahn, Gewölbeplatte und den Längswänden. Die Billwil-Brücke spannt sich über zwei Öffnungen von je 35,00 m [43].
1905 errichtet er die 51 m weit gespannte Dreigelenkbogen-Brücke über den Rhein bei Tavanasa, die 1927 durch eine Rüfe zerstört wurde. Bei dieser Brücke verzichtet Maillart zum erstenmal aus statischen Gründen auf den vom Scheitel bis zum Kämpfer durchgehenden vollen Kastenquerschnitt [44].

35 Lagerhalle der S. A. Magazzini Generali Chiasso, Kanton Tessin 1924/25

1908 entwickelt Maillart mit Hilfe von Versuchsmodellen eine Pilzdecke nach dem Zweibahnensystem [siehe Seite *130*] und baut *1910* mit diesen unterzuglosen Decken ein Lagerhaus in Zürich. In den folgenden Jahren verwendet er diese Konstruktion im Universitätsgebäude Zürich, in Fabrikbauten (Zürich, Genf, Herisau, Villanueva y Geltrù, Lyon, Charkow, Barcelona, Broc, Lancey, Paris, Vernier, Gerlafingen, Bern u. a.), in Gefrier- und Lagerhäusern (Zürich, Chur, Petrograd, St. Petersburg, Broc, Chiasso, Genf, Vernier u. a.) und in Schulen, Gemeindehäusern, Ausstellungshallen, Dienstgebäuden und Luftschutzkellern (Zürich, Zofingen, Wipkingen, Albisrieden, Genf u. a.).
1909 gibt Maillart wesentliche Anregungen für die schweizerischen Eisenbeton-Vorschriften.
Im Sommersemester *1911* lehrt er am Eidgen. Polytechnikum in Zürich.
1912 geht er nach Rußland und errichtet dort u. a. in Charkow für die Russische Allgemeine Elektrizitätsgesellschaft Fabrik-, Lager- und Bürobauten, in Petrograd ein Gefrierhaus und in St. Petersburg ein Lagerhaus. Gleichzeitig baut er in der Schweiz ein Sanatorium, in Spanien und Frankreich Fabrikbauten und mehrere Brücken in der Schweiz. Eine davon ist die Muota-Brücke in Vorder-Ibach (Kanton Schwyz). Diese Brücke besteht aus zwei Kragträgern mit ein-

*gehängten Plattenbalken und spannt sich bei nur 2,00 m Pfeilhöhe über 35,94 m. 1913 verwendet er für die Wehrbrücke über den Rhein beim Kraftwerk Augst-Whylen ein Lehrgerüst aus hölzernen Dreigelenk-Nagelbindern. Als die russische Revolution ausbricht, kehrt Maillart völlig verarmt in die Schweiz zurück. Er eröffnet 1919 in Genf ein Ingenieurbüro und einige Jahre später Zweigbüros in Bern und Zürich.
1921 veröffentlicht er in der »Schweizerischen Bauzeitung« seinen Aufsatz »Zur Frage der Biegung mit Definition des ›Schubmittelpunktes‹« und 1923 »Betrachtungen zum Nietproblem«.
1924 überdeckt er die Spinnerei Benet in Barcelona mit einer leicht wirkenden Eisenbeton-Shedkonstruktion ohne Zugbänder. In diesem Jahr konstruiert er auch das Lagerhaus der S. A. Magazzini Generali in Chiasso, Kanton Tessin, mit unterzuglosen Decken und überdacht die davorliegende offene Halle mit einem originellen Eisenbetonfachwerk, dessen Stützen, Streben und Gurte dem Kräftespiel entsprechend geführt und auch geformt sind [35].
1925 baut Maillart den Aquädukt über die Eau-Noir, der das in einer Entfernung von 1,20 km gefaßte Wasser der Eau-Noir von einem Ufer zum anderen in das Kraftwerk Barberine leitet. Das Tragwerk wird als bogenartiger Rahmen mit 30,44 m Stützweite ausgebildet. Rechts und links davon ordnet er mit Abständen von etwa 9,50 m in der Querrichtung steif ausgebildete senkrechte Pendelstützen zur Aufnahme der horizontalen Kräfte und der Schwind- und Temperatureinflüsse an. Die Hauptträger sind 2,60 m hoch. Der wasserführende kastenförmige Querschnitt ist im Lichten 1,65 m breit und 2,20 m hoch [36].
1925–1926 kommt der erste versteifte Stabbogen Maillartscher Bauart bei der 43,20 m weit gespannten Straßenbrücke über das Val-Tschiel bei Donath, Kanton Graubünden, zur Anwendung [49]. Die Schwandbach-Brücke bei Hinterfultingen-Schönentannen im Kanton Bern baut Maillart 1933 mit 37,40 m Spannweite, 6,00 m Pfeilhöhe und 4,90 m Breite [37]. Sie steht in der Nähe der Roßgrabenbrücke, einem 1932 gebauten Dreigelenk-Kastengewölbe von 82,00 m Spannweite [38]. Maillart baut in der Schweiz noch weitere versteifte Stabbögen: 1930/31 die Spitalbrücke über die Engstligen zwischen Fruttigen und Adelboden als versteiften Zwillingsstabbogen mit 30,00 m Spannweite (s. S. 123), 1932 die Traubachbrücke bei Habkern mit 40,00 m Spannweite, die Bohlbachbrücke bei Habkern mit versteifenden Brüstungen und einer Spannweite von 14,40 m, 1934 den Fußgängersteg bei Wülflingen mit 38,00 m Spannweite (s. S. 122) u. a. m. Besondere Erwähnung verdient noch die in einer Kurve von 125 m liegende Eisenbahnbrücke in Klosters, die Maillart 1930 als versteiften Stabbogen mit 30 m Spannweite baut (s. S. 116). Diesem technisch und wirtschaftlich hervorragenden Bauwerk liegen eingehende materialtechnische Untersuchungen zugrunde, die von der Eidgen. Materialprüfungsanstalt in Zürich durchgeführt werden. Professor Dr. M. Roš schreibt über die Landquart-Brücke in Klosters: »Die konstruktive Gestaltung ist in konsequentester Weise den Kraftwirkungen — Eigengewicht, Verkehrslast, Fliehkräfte, Winddruck, Bremswirkung, Wärmeeinflüsse, Schwinden — angepaßt; sie hat sich ganz der Zweck-*

*36 Aquädukt über die Eau-Noire bei Châtelard für das Kraftwerk Vernayaz der SBB
1925*

bestimmung untergeordnet. Das Bauwerk verkörpert strenge Logik und Formwillen seines geistigen Schöpfers; es atmet Wahrheit und erfüllt dadurch auch die ästhetischen Grundbedingungen der Baukunst.«

1928 veröffentlicht Maillart einen 1924 verfaßten Aufsatz über Gewölbe-Staumauern mit abgestuften Druckhöhen. Darin schlägt er vor, statt einer einzelnen Gewölbemauer mehrere hintereinander auszuführen, die auf der dem Wasser entgegengesetzten Seite in der Höhe abgestuft und deren Zwischenräume mit Wasser gefüllt sind. Der Kubikinhalt dieser drei- oder vierfach hintereinanderliegenden Mauern soll geringer als der einer Einzelmauer sein. Mit dieser Konstruktion will er die komplizierten statischen Verhältnisse und Temperaturspannungen umgehen, die sich in Einzelmauern mit nach unten wachsender Gewölbestärke ergeben können, und wirtschaftlichere Ausführungen erreichen.

1928–1930 entwickelt und verwirklicht er für die 82,00 m weit gespannte Lorraine-Straßenbrücke über die Aare in Bern ein Wölbverfahren aus Betonquadern. Dieses ohne Armierung hergestellte eingespannte Gewölbe wird auf einem neuartigen Lehrgerüst ausgeführt (s. S. 129). Bei Schiers im Kanton Graubünden überspannt Maillart 1930 das 75,00 m tiefe Salginatobel mit einem Drei-

gelenk-Kastengewölbe von 90,04 m Spannweite. Die Brücke [47] hat eine Pfeilhöhe von 12,99 m und ist zwischen den Brüstungen 3,50 m breit (s. S. 109).
1931 übernimmt er die konstruktive Sicherung des schiefen Turmes in St. Moritz. Für die Sport- und Grünanlagen im neuen Sihlhölzli in Zürich konstruiert er 1932 einen schalenförmigen Musikpavillon, dessen Dachkonstruktion in der Längsrichtung als Konsole und in der Querrichtung als Rahmen wirkt, und den Dachstuhl der Turnhalle, beides aus Eisenbeton.
1932 berichtet er in einem Aufsatz über »Erdbebenwirkung auf Hochbauten«.
1932 veröffentlicht er eine Stellungnahme zum Entwurf der neuen schweizerischen Eisenbeton-Normen, die mit vielen seiner Anregungen 1935 in Kraft treten.
1932 übernimmt Maillart die konstruktive Bearbeitung für den Ausbau des Quai Perdonnet in Vevey, der 1877 auf 106 m Länge abgerutscht war. Seinen Vorschlägen gehen strömungstechnische Versuche in der Versuchsanstalt für Wasserbau an der E. T. H. Zürich unter der Leitung von Professor E. Meyer-Peter voraus. Maillarts Konstruktion besteht aus zwei pneumatisch versenkten Pfeilerreihen. Die Pfeiler der vorderen und hinteren Reihe sind durch Eisenbetonträger biegungsfest miteinander verbunden. Beide Reihen haben 12,90 m Achsabstand. Die Pfeiler innerhalb einer Reihe haben 12,50 m Achsabstand. Auf den vorderen Pfeilern ruht die Tauchwand in Form von Eisenbeton-Schwimmkästen, die wegen der Temperaturspannungen nicht fest mit den Pfeilern verbunden sind. An der Tauchwand brechen sich die Wellen. 1933 rutscht auch der 1877 stehengebliebene Teil der alten Kaimauer noch ab. Maillart hatte 1932 in seinem Gutachten bereits vor dieser Gefahr gewarnt [39].
1932 entwirft er eine 100,00 m weit gespannte versteifte Stabbogenbrücke.
1933 wird Maillarts Thurbrücke bei Felsegg im Straßenzug Wil–Henau–St. Gallen als Dreigelenk-Kastengewölbe mit 72,00 m Spannweite und einer Pfeilhöhe von 8,53 m gebaut. Die 9,50 m breite Brücke wird mit Zwillingsbogen ausgeführt, also mit zweimaliger Verwendung der Schalung. Maillart schreibt:
Bei früheren Ausführungen wurden die Innenleibungen im Scheitel stets ausgerundet, während hier diese Konzession an den hergebrachten Schönheitsbegriff des Gewölbes unterlassen und der konstruktiv begründete Spitzbogen ausgeführt worden ist. Entgegen der üblichen Anordnung werden hier die vier Längsträger des Anschlußviaduktes nicht von vier, sondern nur von zwei Pfeilern getragen mit dem Erfolg einfacherer Fundation und ruhigerer Wirkung. Die massiven Brüstungen und der Asphaltbelag der Fahrbahn sind vom Bauherrn gewünscht worden, beides wohl nicht zum Vorteil des Aussehens.
1934 entwirft er einen versteiften Stabbogen mit 200,00 m Spannweite, 44,00 m Pfeilhöhe und zwei Ausweichstellen auf der 3,40 m breiten Fahrbahn über die Sitter im Kanton St. Gallen. Diese Brücke wird leider nicht gebaut. Im selben Jahr entstehen die Aarebrücke der Grimselstraße in Innertkirchen, Kanton Bern (s. S. 126), und 1935 die Eisenbahnbrücke über die Birs in Liesberg (s. S. 124).
1935 reicht Maillart zum Wettbewerb für eine Eisenbahnbrücke über die Aare in Bern ein Projekt mit vorgeschobenen sichtbaren Kämpfergelenken ein, zwi-

37 Schwandbachbrücke Hinterfultigen-Schönentannen, Kanton Bern 1933

38 Roßgrabenbrücke über das Schwarzwasser, Schwarzenburg, Kanton Bern 1932

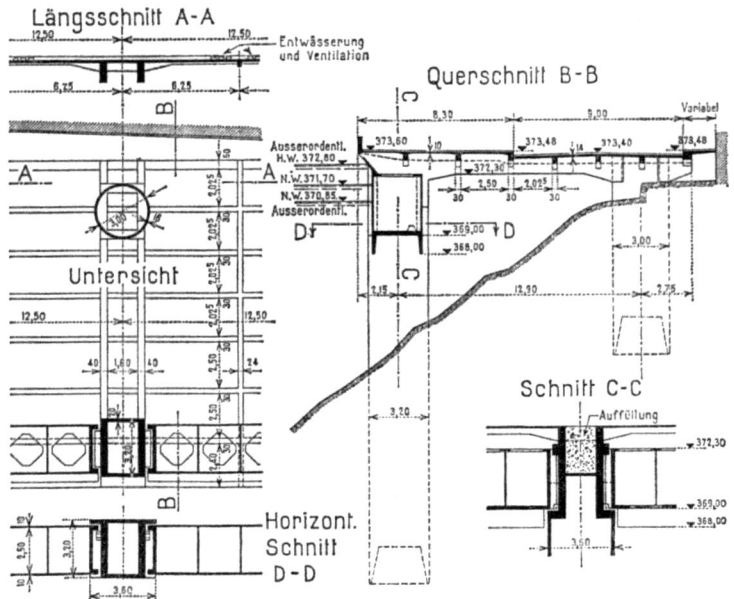

39 *Konstruktive Ausbildung des neuen Quai Perdonnet 1932*

schen denen sich ein 132,00 m weiter Dreigelenkbogen als Kastenträger spannt. Im selben Jahr entsteht auch der Entwurf für die Rheinbrücke bei Schaffhausen. Bei dieser 140,00 m weit gespannten Vollwandbalken-Brücke wird die Fahrbahn so geführt, daß sie am Kämpfer oberhalb des Balkens beginnt und am Scheitel unterhalb des Balkens liegt. Beide Projekte werden nicht ausgeführt.

1935 veröffentlicht er einen Aufsatz über Flachdächer ohne Gefälle, damit das Regenwasser zum Schutz der Dachhaut auf dem Dach stehenbleiben kann. Er hatte zuvor solche Konstruktionen ausgeführt.

1936 wird Maillart zum Ehrenmitglied des »Royal Institut of British Architects« ernannt.

1936-37 wird nach seinen Plänen das Quai Turrettini in Genf neu erbaut. Infolge der reißenden Strömung der Rhône mußte die winklig in das Flußbett ragende alte Kaimauer in einer Länge von 215,00 m begradigt werden. Er setzt die Stufen- und Treppenanlagen des zurückgesetzten neuen Kais auf Eisenbetonrahmen im Abstand von je 2,00 m. Die Rahmen ruhen auf Holzpfählen. »Technisch und wirtschaftlich ist diese Lösung insofern interessant, als dadurch sowohl das Eigengewicht wie der Erddruck auf ein Minimum herabgesetzt werden konnten. Ihr Verhältnis ist rd. 7:1, was die Neigung der Pfähle bestimmte. Das fluß-

40 Straßenbrücke über die Arve Champel-Vessy bei Genf 1936

41 Zementhalle der Schweizerischen Landesausstellung, Zürich 1939

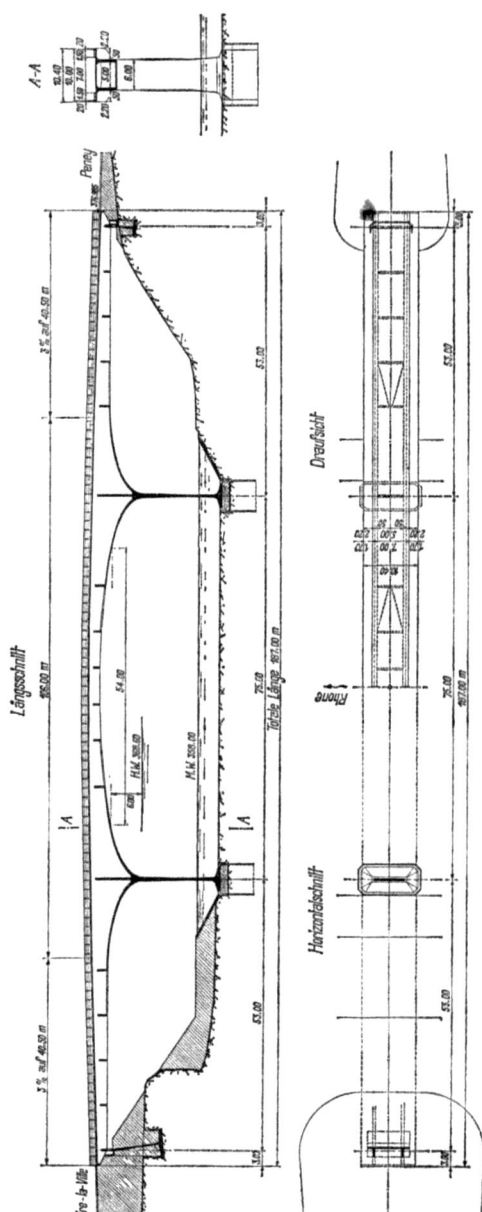

42 Offizieller Entwurf für die Rhônebrücke Aire La Ville-Peney, Kanton Genf 1939

seitige Fundament hat man durch eine eiserne Spundwand von 3,5 bis 5,5 m Tiefe vor Unterspülung gesichert« (SBZ). Als Dreigelenk-Drillingskastengewölbe mit 55,97 m Spannweite konstruiert Maillart 1936 die Straßenbrücke über die Arve bei Vessy/Genf. Die Brücke ist 10,00 m breit, hat eine Pfeilhöhe von 4,77 m und kostet nur 80 000 sfr. Je zwei Längsträger ruhen auf Pendelstützen, die in halber Stützenlänge gelenkig ausgebildet sind [40].
1938-39 baut er mit dem Architekten H. Leuzinger zusammen die Zementhalle der Schweizerischen Landesausstellung in Zürich als parabelförmige, durch Rippen ausgesteifte kurze Eisenbetonschale. Die Schale hat eine Spannweite von 16,10 m und eine Höhe von 11,70 m. Sie ist 6 cm stark und auf der einen Seite 9,21 m weit über die Versteifungsrippen herausgezogen, während sie auf der anderen Seite konisch ausgebildet wird. Die Versteifungsrippen sind mit einer als Zugband wirkenden Brücke verbunden [41].
1939 projektiert Maillart eine durchlaufende Vollwandbalken-Brücke über 3 Öffnungen mit 53,00 + 75,00 + 53,00 m Spannweite über die Rhône zwischen Aire-la-Ville und Peney im Kanton Genf. Dieses Projekt ist offizieller Entwurf eines Submissionswettbewerbs, bei dem es den Teilnehmern freigestellt ist, diesen Entwurf zugrunde zu legen oder selbst einen Entwurf zu machen und anzubieten. Leider wird Maillarts Vorschlag nicht ausgeführt. Bild 42 zeigt den Konstruktionsgedanken dieses hervorragenden Entwurfs.
1939/40 baut er die Brücke über die Simme in Garstatt, Kanton Bern, als gegeneinander verschobene Zwillingskastenträger mit einer Spannweite von 32,00 m und einer Pfeilhöhe von nur 2,35 m [34].
1940 entsteht Maillarts letzte Brücke zwischen Altendorf und Lachen, Kanton Schwyz; Spannweite 40,00 m, Pfeilhöhe 4,50 m.
Im selben Jahr wird er einziges Ehrenmitglied des Schweizerischen Ingenieur- und Architektenvereins (SIA) in der Fachgruppe für Brücken- und Hochbau.
Sein Werkverzeichnis umfaßt 267 Hoch- und Tiefbauten, die er konstruktiv bearbeitet hat, darunter 34 ausgeführte Brücken.

Masse oder Qualität im Betonbau?

von Robert Maillart

Landläufig wird, was massig ist, auch für stark gehalten. Mächtige Pfeiler, dicke Gewölbe erwecken das Zutrauen des Beschauers, gegliederte, leichte Gebilde dagegen beängstigen ihn oft mehr, als sie ihn erfreuen.
Auch gilt ein massiger Bau als dauerhafter, und zwar nicht nur bei Laien! Dennoch finden wir bei antiken Bauresten oft guterhaltene, schlanke Säulen stehend neben zusammengebrochenem massivem Mauerwerk, obwohl sie offenbar viel stärker beansprucht waren.
Daß leichte, gegliederte Bauten auch vom Laien einmal als ebenso schön oder schöner als massive empfunden werden, liegt außer Zweifel. Hier soll indes nur von der größeren Zweckmäßigkeit die Rede sein.
Im unberührten Baugrund herrscht im allgemeinen Gleichgewichtszustand. Der Bau darf ihn nicht stören. Häufig ist dies jedoch der Fall, wenngleich die Störung auch oft erst nach Jahren zu größeren Bewegungen führt. Baufälligkeit und Einsturz von Bauwerken sind wohl in der Mehrzahl durch solche Bodenbewegungen bedingt; besonders trifft dies bei Gewölben vermöge schiefer Beanspruchung des Baugrundes zu.
Die Bewegungen sind aber eine Funktion des Gewichtes des Bauwerkes, und zwar wachsen sie damit nicht nur proportional, sondern progressiv.
Es hat also schon in dieser Hinsicht als Axiom zu gelten, daß unter sonst gleichen Umständen die Sicherheit eines Bauwerkes um so größer wird, als sein Gewicht sich ermäßigt. Darum frage man sich jedesmal, ob eine die Konstruktion »verstärkende« Massenvermehrung auch eine Erhöhung der Sicherheit bedeutet.
Aber selbst wenn eine eigentliche Bodenbewegung nicht eintritt, so bewirkt das Gewicht der Bauten doch eine Zusammendrückung des Baugrundes. Diese Fundamentsetzung, sofern sie vertikal und regelmäßig ist, schadet dem Bauwerk nicht. Aber Unregelmäßigkeiten sind oft nicht zu vermeiden, und solche werden wachsen, wenn die durchschnittliche Setzung wächst. Dadurch entstehen im Bauwerk Zusatzspannungen, und es ist bemerkenswert, daß sie bei gleichem Ausmaß der Setzungen desto größer ausfallen, je stärker die Konstruktion bemessen ist. Denn sie sind proportional den Höhen der Bauglieder. Also selbst dann, wenn es gelingt, die unregelmäßigen Setzungen durch Vergrößerung der Fundamentfläche des schwereren Bauwerkes dem des leichteren gleichzusetzen, bleibt jenes doch größeren Beanspruchungen durch Setzungen unterworfen.
Ganz ähnlich ist die Wirkung der Änderung der Lufttemperatur und des Schwindens; jede Vergrößerung der Trägerhöhen des Bauwerkes ruft proportionale Vergrößerung der durch diese Einflüsse bedingten Spannungen hervor.
Wenn sich nun diese Spannungen einigermaßen berechnen und deshalb konstruktiv berücksichtigen lassen, so trifft dies kaum mehr zu für die Folgen der durch den Abbindeprozeß bedingten Temperaturerhöhungen und der ungleichen

Temperaturen an verschiedenen Punkten des Baukörpers überhaupt. Bei großen Betonmassen sind die Temperaturdifferenzen der Oberfläche und des Innern oft ganz enorm, und die entsprechenden verschiedenen Dehnungen müssen sich als Spannungen, oft mit Rißbildungen, auswirken. Bei schlanken Konstruktionsteilen dagegen sind diese Differenzen gering und werden kaum je nennenswerten Einfluß ausüben.

Aber auch abgesehen von den durch diese Einwirkungen bedingten Störungen der berechneten Spannungen ist die Spannungsberechnung bei massigen Körpern schon an und für sich viel unsicherer. Unsere Berechnungsmethoden gelten für stabförmige Tragelemente; schon Platten bereiten uns Schwierigkeiten bei der Berechnung, und die Bestimmung der Spannungen im dreidimensionalen Gebilde kann für die Praxis im allgemeinen nicht in Frage kommen. Wenn man sich also auch für solche – und allzu dicke Konstruktionsglieder gehören dazu – der für Stäbe gültigen Gesetze bedient, so ist ein zuverlässiges Resultat kaum zu erwarten.

Kein Wunder also, daß gerade massive, »starke« Bauwerke die meisten Risse zeigen. Die Stabilität des Bauwerkes wird damit meist nicht in Frage gestellt, indem mit der Rissebildung die Setzungs- und Temperaturkräfte automatisch abnehmen. Ist das Material vorzüglich, so bildet auch das durch Risse eindringende Wasser keine Frostgefahr. Aber gemeiniglich glaubt man, bei massigen Bauten mit ihren geringen rechnungsmäßigen Druckspannungen sich auch mit billigerem Material begnügen zu können. Wenn ein Beton den fünf- bis sechsfachen Druck aushält, der im Bauwerk errechnet wurde, so gilt er als gut genug. Ob auch die Beständigkeit dieses Materials gegen Wind, Wetter und Frost genügt, wird nicht immer erwogen. Dann ist aber der Bestand des Bauwerkes ernstlich in Frage gestellt.

Das Publikum mag also die Masse lieben. Je mehr Kubikmeter, Tonnen oder Eisenbahnzüge Material dafür verbraucht wurden, desto mehr wird der Bau von ihm bewundert werden. Auch der ausführende Ingenieur mag daran Freude haben. Für ihn ist es interessant, Mittel und Wege zu finden, größte Massen in kürzester Zeit zu bewältigen. Der entwerfende Ingenieur dagegen soll der Masse feindlich gegenüberstehen. Schon aus wirtschaftlichen Gründen natürlich, sodann aber auch im Hinblick auf den Bestand des Bauwerkes. Dieser verlangt die Anwendung des besten, wetterbeständigsten Materials, und dies kann man sich aus wirtschaftlichen Gründen nur dann leisten, wenn man die Masse verkleinert.

Um schlank konstruieren zu können, müssen wir hohe Spannungen zulassen. Dies bedingt Vertrauen zum Material. Viele Konstrukteure haben es nicht; sie »verstärken« die Bauten im Hinblick auf schlechte Ausführung, vermehren damit die Kosten und geben die Dauerhaftigkeit preis. Nichts ist verwerflicher als das! Wir können aber Vertrauen zum Material haben. Ein sachkundiger und vertrauenswürdiger Unternehmer, eine verständnisvolle, praktisch denkende Bauleitung und eine Bauherrschaft, vernünftig genug, gute Arbeit auch richtig zu bezahlen, sind allerdings Vorbedingungen. Unsere Rohmaterialien sind vorzüglich, und was sehr wichtig ist: dank der auf hoher Stufe stehenden Materialprüfung kennen wir sie gründlich. Durch fortlaufende Prüfung unseres Materials, sowohl an Probekörpern wie auch durch Belastungsproben am fertigen Bauwerk, festigen wir diese Kenntnis und damit unser Vertrauen. Die Materialprüfung führt uns so von der rohen Massivkonstruktion zu leichteren, billigeren und dabei dauerhafteren Bauten oder mit anderen Worten: zur Qualitätsarbeit. Der große volkswirtschaftliche Nutzen der Materialprüfung ist damit gekennzeichnet. Er kann gar nicht überschätzt werden.

Beitrag zur Denkschrift anläßlich des 50jährigen Bestehens der Eidgen. Materialprüfungsanstalt der E.T.H. Zürich, November 1930

Aktuelle Fragen des Eisenbetonbaues

Nach einem Vortrag am Diskussionstag des S. V. M. T. am 12. Nov. 1937
von Robert Maillart (Auszug)

I. Gestaltung des Eisenbetons

Eisenbeton entsprang aus zwei Hauptquellen: Zuerst kam Monier mit seinen Gefäßen und dann mit Platten und Gewölben, die gegenüber Steinplatten und Steingewölben größere Spannweiten bei geringer Dicke erhielten. Sehr kühne Gewölbe sind dabei entstanden, die indes trotz der glänzenden Bestätigung durch die österreichischen Gewölbeversuche nicht die gebührende Beachtung und Entwicklung fanden. Dies rührt daher, daß die Berechnung darin sehr große Betonspannungen ergab und die offizielle Technik seit Anbeginn und übrigens noch bis heute auf »zulässige Randspannungen« abstellte, statt die effektive Tragfähigkeit von Eisenbetonquerschnitten auf Versuche gestützt abzuklären. Dabei lag das aus dem Betonbau übernommene Maximum der Randspannungen bei etwa 40 kg/cm². Daraufhin ausgeführte größere Eisenbetongewölbe lassen deswegen die schlanke Formgebung ihrer Vorgänger vermissen und unterscheiden sich kaum von nichtarmierten Gewölben. Das um so weniger, als infolge der kleinen zulässigen Druckspannungen nun keine oder nur ganz geringe Zugbeanspruchungen auftraten, so daß die Armierung keine Existenzberechtigung mehr hatte und in minimaler Stärke oft nur deshalb eingelegt wurde, um von einem Eisenbetongewölbe reden zu können. Die Erkenntnis, daß eine kräftige Armierung die Vergrößerung der Betonbeanspruchung auf der Gegenkante erlaubt, ist erst spät durchgedrungen, und so sind schlanke, elastische Gewölbe verhältnismäßig selten.

Während der Monierbau im Massivbau wurzelt, ging Hennebique von der damals üblichen Deckenkonstruktion, Profileisen mit Zwischenbeton, aus. Die schöpferische Erkenntnis, es sei ein eiserner Druckgurt angesichts des bis dahin nur als Füllung gedachten, jedoch für Druck aufnahmefähigen Betonkörpers nicht nötig, bildete die Grundlage für die Gestaltung seiner Bauten. Er schuf den T-Träger aus Eisenbeton mit Wahrung des Verbundes durch Abbiegungen und Bügel. Das Tragwerk bestand zumeist aus Haupt- und Nebenträgern, und die stets wenig weitgespannte Platte spielte eine untergeordnete Rolle. So haben seine und seiner Nachgänger Konstruktionen das Gepräge der früher üblichen Eisen- und Holzkonstruktionen. Die Entwicklung war so mächtig, daß die dem Monierbau eigenen, verhältnismäßig weitgespannten Platten in den Hintergrund traten. Die Gebundenheit an die von den früher bekannten Materialien stammenden Bauelemente drückt auch noch den meisten heutigen Eisenbetonbauten den Stempel auf.

Daß die weitgespannte Platte, besonders wenn sie vierseitig aufgelagert wird, ein wirtschaftliches und besonders für Einzellasten sehr geeignetes Bauelement ist, wurde erst später wieder erkannt, und ein weiterer Schritt gelang damit, daß man die Platte statt auf Linienauflager direkt auf Punktstützen setzen konnte. Wenn nun schon für Träger und Pfeiler sowohl als auch für Platten feinste Berechnungsmethoden bestehen, so kann man sich doch nicht verhehlen, daß damit die Leistungsfähigkeit des Eisenbetons nicht erschöpft werden kann. Eisenbeton wächst nicht wie Holz, wird nicht gewalzt wie Stabeisen und nicht gefügt wie Mauerwerk. Am ehesten läßt er sich noch mit Gußeisen vergleichen, als eine in Formen eingefüllte Materie, und wir könnten vielleicht gerade von den durch lange Erfahrung gewonnenen Formen des Gußeisens etwas lernen hinsichtlich der jede Starrheit vermeidenden Flüssigkeit der Übergänge zwischen den verschiedene Funktionen erfüllenden Bauteilen. Es ist der Blick aufs Ganze statt auf die Einzelteile, der diese schöne Flüssigkeit bedingt. Der Automobil- und Flugzeugbauer hat diese auch in hohem Maße erreicht, während sie beim Eisenbeton doch nur ausnahmsweise zu erblicken ist.

Nicht etwa das Schönheitsgefühl allein weckt den Wunsch, die Funktion des Ganzen vor der der Einzelteile im Auge zu behalten. Die Gesamtbeurteilung bringt auch stets wirtschaftlichen Vorteil. Als Beispiel sei einmal die Pilzdecke angeführt. Ihr Auftauchen hat eine Anzahl schöner Theorien über die auf Punktstützen gelagerte Platte entstehen lassen, die denn auch meist der Berechnung zugrunde gelegt werden. Indes führt diese Behandlung der Platte für sich allein zu keinem wirtschaftlichen Ziel. Es wird erst erreicht, wenn man das Gesamtgebilde, bestehend aus Platte, Pfeilern und Vouten, beurteilt. Allerdings eine rechnerisch kaum zu lösende Aufgabe, so daß nur Modellversuche und Messungen an ausgeführten Bauten zum einigermaßen sicheren Ziele führen. Dabei ergeben sich dann viel geringere Abmessungen als gemäß den üblichen Berechnungsweisen, aber doch genügende Sicherheit. So ist der wesentliche Unterschied zwischen meiner Berechnungsweise der unterzugslosen Decke und den meisten Vorschriften zu erklären.

Ein anderes Beispiel bilden die Bogenbrücken. Hier wird zumeist noch als Hauptstück das dem Mauerwerk entstammende Gewölbe – ob in Lamellen aufgelöst oder ausgehöhlt, bleibt sich grundsätzlich gleich – angewendet. Darauf wird meist eisen- oder holzbauartig »aufgeständert«, was ja immer noch besser ist, als in weiterer Anlehnung an den Mauerwerksbau mit Anzug ausgestattete Eisenbetonpfeiler anzuwenden. Auf Ständern und Pfeilern ruht die Fahrbahn. Es ist nun aus zahlreichen Belastungsversuchen bekannt, daß die meist sehr fein durchgeführte Gewölbeberechnung zufolge der Aufbauten nicht mehr zutrifft. Da die Spannungen im Gewölbe dabei kleiner werden, so gibt man sich meist damit zufrieden, ohne zu untersuchen, inwiefern dieser Entlastung des Gewölbes eine Mehrbeanspruchung der Aufbauten entspricht.

Diese heterogenen Bauten, aus der Formensprache älterer Baumaterialien entlehnten Gebilden zusammengesetzt, können schon ästhetisch nicht befriedigen. Sie sind auch weniger wirtschaftlich, als wenn in irgendeiner Art der ganze zwischen und über den Widerlagern befindliche Baukörper als Einheit aufgefaßt

und tunlichst demgemäß konstruiert wird; denn nur so kann eine klare Konstruktion mit annähernd restloser Ausnützung des Baustoffes erreicht werden.
Möge sich also der Ingenieur von den durch die Tradition der älteren Baustoffe gegebenen Formen lösen, um in voller Freiheit und mit dem Blick auf das Ganze die zweckmäßigste Materialausnützung zu erzielen. Vielleicht erreichen wir dann, wie im Flugzeug- und Automobilbau, auch Schönes, einen neuen materialgemäßen Stil. Dann könnte es eintreten, daß sich auch der Geschmack des Publikums derart abklärt, daß es die traditionsgemäß ausgebildeten Eisenbetonbrücken ähnlich beurteilt wie die Automobile der Jahrhundertwende, deren Vorbild noch das Pferdefuhrwerk war.

II. Zur Berechnung des Eisenbetons

Zur Berechnung der bei Eisenbetongebilden auftretenden äußeren Kräfte mangelt es nicht an Methoden, aber oft ist es schwer, die bestgeeignete zu finden und ihr Zutreffen zu beurteilen. Deshalb sind Modelluntersuchungen ebenso wie Messungen an Bauwerken von größtem Wert. Außerdem schärfen sie das Gefühl des Konstrukteurs und führen ihn ohne langes Tasten auf den richtigen Weg.
Für die Bemessung hat sich eine Berechnungsweise eingebürgert, die heute mit Recht von vielen Fachleuten kritisiert wird. Diese Frage wird unter Beschränkung auf den Fall der Biegung von Balken rechteckigen Querschnittes im folgenden behandelt.
Die jetzt übliche Berechnungsweise beruht auf dem Hook'schen Gesetz, einem sogenannten »Festwert« n, der jedoch in weiten Grenzen veränderlich ist, und auf sogenannten »zulässigen Spannungen«, die einen der Sicherheit entsprechenden Bruchteil von Streckgrenze und Betonfestigkeit darstellen sollen, was dadurch widerlegt wird, daß der Biegungsbruch allgemein nicht beim Erreichen eines bestimmten Mehrfachen der »zulässigen Spannung« eintritt.
Die gegenwärtige Berechnungsmethode ist also praktisch unzulänglich und zudem pädagogisch unerwünscht, da sie unrichtige Vorstellungen über das wahre Verhalten eines auf Biegung beanspruchten Betonquerschnittes vermittelt.
Ein neues Verfahren muß sich auf dieses wahre Verhalten gründen und illusorische Festwerte und »zulässige Spannungen« ausschalten. Einfachheit ist dabei erstrebenswerter als größte Genauigkeit, schon weil diese naturgemäß nicht erreichbar ist; selbst dann würde sie durch die auf roher Schätzung beruhenden Sicherheitszahlen überschattet.
Die interessanten Bemühungen, aus dem Studium der Spannungszustände in der Druckzone Plausibles abzuleiten, sind erfolglos. Denn es geht nicht an, in der Druckzone des Balkens mit Würfel- oder Prismenfestigkeiten zu operieren. Die eigentliche Druckfestigkeit kann nicht eindeutig gekennzeichnet werden, denn wie der Balken sind auch Würfel und Prismen *Konstruktionen*, deren gemessene Bruchlasten lediglich durch die Form bedingte Funktionen der eigentlichen

Materialfestigkeit sind. Wir können also Würfel- oder Prismenfestigkeit wohl als Maßstab der Betongüte verwenden, nicht aber direkt zur Abklärung des inneren Verhaltens einer anders gearteten Konstruktion, hier des Balkens.

Ein plausibles Rechnungsverfahren kann sich weder auf »zulässige Spannungen« noch auf theoretische Erwägungen, sondern nur auf *Bruchversuche an Betonbalken* stützen.

Die nun schon 30 Jahre alten Versuche an Balken aus schwachem Beton, nämlich Bimsbeton mit $\beta = 80$ kg/cm^2 mit sehr verschiedener, nämlich von $p = 0{,}0024$ bis $0{,}088$ veränderlicher Armierung, zeigen für das Bruchmoment in Funktion des Armierungsverhältnisses einen ausgesprochen parabelförmigen Verlauf mit horizontaler Fortsetzung von deren Scheitel an[1]. Dabei erscheint im Nullpunkt die Richtung der Tangente von der Zugfestigkeit des Eisens und nicht etwa von der Streckgrenze bestimmt. Diese Versuche vermitteln einen Begriff über das Verhalten eines Eisenbetonbalkens in Abhängigkeit von Eisenquerschnitt und Streckgrenze bei gegebenem Verhältnis von Breite zur Höhe und einer gegebenen Betonqualität.

Was zunächst das Verhältnis von Breite zur Höhe des Balkens anbetrifft, so ist sicher, daß bei verhältnismäßig hohen Querschnitten der Druckgurt eher nachgeben wird als bei breiten oder gar bei Platten. Denn im ersten Fall tritt das Absplittern des Druckgurtes dreiseitig auf, bei Platten dagegen nur einseitig. Man kann sich demnach fragen, ob diesem Umstand durch Einführung des Höhenverhältnisses in der Berechnung Rücksicht zu tragen ist. Es kommt indes noch hinzu, daß bei schmalen Trägern die kaum ganz vermeidliche Exzentrizität der Druckkraft ungünstig einwirkt, die nicht in Rechnung gebracht werden kann.

Ist es aber nötig, in einem Berechnungsverfahren alle Nebenumstände zu berücksichtigen? Gewiß herrscht vielfach die Ansicht, es solle die Berechnung eindeutig und endgültig die Abmessungen bestimmen. Indes kann angesichts der Unmöglichkeit der Berücksichtigung aller Nebenumstände *jede Berechnung nur eine Grundlage für den Konstrukteur* bilden, der sich darauf mit den Nebenumständen auseinanderzusetzen hat. Je nach den Verhältnissen kann dann das Rechnungsergebnis direkte Anwendung oder Abänderung erfahren, und das zweite wird oft geschehen, wenn nicht ein Rechner, sondern ein Konstrukteur arbeitet. Dieser wird eine schmale Tragwand nicht gleich beanspruchen wie eine Platte, sondern bei jener an Breite etwas zugeben und bei dieser gegenteils etwas kühner sein, als es die für mittlere Verhältnisse gültige Berechnung gestattet. Auch wird er, besonders bei im Verhältnis zur Höhe kurzen Balken, sich überlegen, ob die Adhäsionsverhältnisse es ihm gestatten, die Eiseneinlagen der Rechnung gemäß auszunützen. Leider verführen oder zwingen die amtlichen Vorschriften, besonders wenn sie als Lehrstoff benützt und von den Kontrollbeamten buchstäblich angewendet werden, den Ingenieur zu deren strikter mechanischer Anwendung. Eine allgemeine Lockerung der Vorschriften im

---

[1] Kongreß von Amsterdam, Bd. II, S. 13

Sinne der Zuweisung einer größeren Verantwortung an den konstruierenden Ingenieur würde sehr zur qualitativen Verbesserung unserer Bauwerke beitragen. Vor allem dürften die Vorschriften nicht schon dem Studierenden angelernt werden, da dies der Freiheit seines Blickfeldes nur sehr abträglich sein kann. Eine ganz einfache Berechnungsweise ist also einzig möglich und genügend. Die vernünftige Beurteilung ihrer Resultate ergibt jedenfalls eine Konstruktion von gleichmäßigerer Sicherheit als die strikte, aber gedankenlose Anwendung einer mit allen Feinheiten ausgestatteten Rechnungsmethode.

Aus: »Schweizerische Bauzeitung«, Bd. 3/1938, Seite 1

Betrachtungen zum Gewölbebau

von Robert Maillart (Auszug)

Man scheint hie und da zu glauben, daß eine dem Größenwahn zu vergleichende Manie manche Ingenieure dazu treibe, große Gewölbe anzustreben. In einem kürzlich von hervorragenden Ingenieuren und Architekten verfaßten Expertenbericht stand zu lesen, man habe in letzter Zeit mit großen Öffnungen gewölbter Brücken »Mißbrauch« getrieben. Mir ist in der Schweiz kein Gewölbe bekannt, von dem man behaupten könnte, es hätten an seiner Stelle besser mehrere kleine Gewölbe angeordnet werden sollen. Gewiß spannten die Alten ihre Gewölbe nicht so weit, wie wir es heute bestrebt sind. Das liegt aber kaum in weiser Selbstbeschränkung begründet, sondern die Grenze war einerseits durch die damaligen statischen Erkenntnisse, andererseits durch die Qualität der Baumaterialien gezogen. Wären die Römer auf diesen Gebieten in gleichem Maße ausgerüstet gewesen wie wir, so hätten sie zweifellos vielfach an Stelle ihrer Viadukte weitgespannte Gewölbe gebaut, und heute wäre man an derartige Bauten gewöhnt und würde sie nicht als monströs ablehnen. Gewiß können wir von den Römern im Brückenbau vieles lernen; die schönen Steinbrücken Frankreichs sind durch die römischen Vorbilder inspiriert, während utilitaristische Linienführung und moderne Dekoration vielerorts die häßlichsten Bauwerke erzeugt haben. Aber dies darf uns nicht hindern, im Gewölbebau weiter fortzuschreiten, nachdem schon das Mittelalter durch Anwendung des Stichbogens von der römischen Grundanschauung, daß ohne Halbkreisform ein Gewölbe nicht denkbar sei, abgewichen ist und damit bedeutend größere Spannweiten erzielen konnte. Gewölbe von über 50 m Weite entstanden damals; jahrzehntelang schaffte man an solchen Werken, und Generationen legten sich die größten Opfer auf, um sie zu ermöglichen. Nicht als bloße Nutzbauten wurden sie angesehen, sondern als erhabene Wahrzeichen der Baukunst und Stolz des Landes. Spätere Jahrhunderte waren solcher Kraftanstrengung nicht mehr fähig, und erst Perronet hat den Gewölbebau wieder zu Ehren gebracht. Schon dieser Meister, ein ebenso großer Architekt wie Ingenieur, dachte daran, Gewölbe von 500 Fuß (= 162 m) Weite zu erstellen. Das war vor etwa anderthalb Jahrhunderten. Dann wurde diese Entwicklung durch den Eisenbau wieder vollständig zurückgedrängt, und noch vor 30 Jahren lernten wir, daß 50 m Spannweite für Gewölbe ein Maximum bedeuten oder, mit anderen Worten, daß die vor fünf Jahrhunderten mit primitivsten Mitteln (dazu noch unter Anwendung von Weißkalk!) erzielten Maße nicht zu steigern seien.

Über den ästhetischen Wert großer Gewölbe mag jedermann seine Meinung haben. Mögen auch einzelne große Gewölbe drückend wirken, so sind sie entschieden für ein naives Empfinden der Inbegriff der Erhabenheit, mit der andere Gebilde der Baukunst kaum wetteifern können. Man spricht viel von der Einordnung in die Umgebung, die durch ein großes Gewölbe degradiert werde. Zugegeben, daß alles andere ihm gegenüber in den Hintergrund tritt, so kann dies noch nicht ohne weiteres gerügt werden, vorausgesetzt, daß das Werk selbst schön sei. Ästheten haben neuerdings gefunden, daß die alte Hängebrücke zum Freiburger Stadtbild gar nicht paßte! Aber die ganze Bevölkerung Freiburgs und alle Besucher, die dieses Werk anlockte, haben diesen Fehler mit Freuden ertragen und hätten gern auf die nunmehr vollzogene »Korrektur« verzichtet, die die Brücke dem Stadtbild unterordnen solle. Während die alte berühmte Brücke die Blicke der Welt auf sich zog, werden nur wenige herbeikommen, um das durch eine Dutzendlösung »verbesserte« Stadtbild zu bewundern, und auch in der Einwohnerschaft selbst wird der Anblick der neuen Brücke gewiß mancherorts ein schmerzliches Gefühl um das Verlorene auslösen.

Ich bin mir wohl bewußt, mit diesen ketzerischen Anschauungen nicht überall Beifall zu ernten. Dazu kommt der Einwand, daß selbst unter Annahme meines Standpunktes, wonach ein großes und schönes Gewölbe dem Beschauer höchsten Genuß bereite, es sich nicht rechtfertigen würde, dafür finanzielle Opfer zu bringen. Aber dies ist selbst angesichts der herrschenden ungünstigen Verhältnisse unrichtig. Im Gegenteil sind es gerade die mißlichen wirtschaftlichen Verhältnisse, worunter die Schweiz leidet, die zwingend gebieten, technische Höchstleistungen anzustreben. Der »Mißbrauch«, der in der Schweiz mit großen Gewölben schon getrieben worden ist, hat den Namen der schweizerischen Technik weithin getragen, und mit Genugtuung stellen wir in den Zeitschriften und Handbüchern aller Länder fest, welchen Ehrenplatz die schweizerische Gewölbebaukunst dort einnimmt. Die Schweiz kann ohne Export nicht leben; im Gegensatz zu anderen Produkten hat die Ausfuhr unserer vorzüglichen Zemente einen bedeutenden Aufschwung erfahren. Damit er fortdauere, ist es gewiß nicht ohne Bedeutung, weiter zu zeigen, was mit diesen Produkten erreicht werden kann. Aber auch eine ganze Anzahl bei uns ausgebildeter Ingenieure wartet darauf, »exportiert« zu werden. Für die Wertschätzung des schweizerischen Ingenieurs kommt aber nicht nur in Betracht, was er an der Technischen Hochschule gelernt hat, sondern auch die Stufe, die die Schweiz in der Ingenieurtechnik einnimmt. Ferner: erheischt die Ausführung großer Gewölbe wirklich die befürchteten Mehrkosten? In vielen Fällen sind sie zu vermeiden, wenn man sich entschließt, eingewurzelte, mit den Verhältnissen nicht im Einklang stehende Anschauungen zu opfern. Lassen wir dem Ingenieur die Freiheit, die Beanspruchungen seiner Materialien deren Qualität anzupassen, so werden wir erkennen, daß weitgespannte Gewölbe meist billiger sind als viele kleine Öffnungen auf hohen Pfeilern. Bei diesen kann nämlich trotz bester Qualität der Baumaterialien nicht viel gespart werden, da nicht die Druckfestigkeit, sondern die Stabilität in Frage kommt. Wenn man ferner bedenkt, daß es die heute vorhandenen großen Verkehrsbelastungen sind, die auch den Massivbauten am meisten zusetzen, und daß deren Einfluß um so geringer ist, je größer die Gewölbe sind, so erkennt man ohne weiteres, daß es gefährlich wäre, bei den kleinen Viaduktgewölben die nämlichen Spannungen anzuwenden, d. h. sie in gleichem Maße leichter zu machen, wie es bei großen Gewölben zulässig erscheint. In jedem Falle sollte demnach die Möglichkeit der Ausführung großer Öffnungen noch ernstlicher in Betracht gezogen werden, als dies heute bei uns geschieht. Gewiß wird es viele Fälle geben, wo der Viadukt sich als angebracht erweist, besonders da, wo eine flache, von einem unbedeutenden Gewässer durchflossene Talsohle mit einer Öffnung nicht zu überspannen ist oder wenn das Objekt in einer Kurve liegt. Wo aber fester Ufergrund und mäßige Breite der Talsohle es ermöglichen, durch Anwendung einer Spannweite dem Wasser freien Lauf zu lassen und das Werk während und nach dem Bau dessen Einwirkungen zu entziehen, ist ein großes Gewölbe das Richtige und der Viadukt eine Schwächlichkeit.

Ob ein großes Gewölbe zu armieren sei oder nicht, kann allgemein weder bejaht noch verneint werden. Wenn die Verhältnisse so liegen, daß die hauptsächlichen Berechnungsgrundlagen als zuverlässig gelten können und die Berechnung keine gefährlichen Zugspannungen ergibt, so hat eine Armierung keine Berechtigung. Abzulehnen sind die »formell« armierten Gewölbe, wo 0,1 bis 0,2 % Armierung eingelegt werden, damit sie als Eisenbetongewölbe angesprochen werden können. Eine so schwache Armierung nützt zuwenig im Vergleich zum Nachteil der umständlicheren Ausführung.

Eisenbetongewölbe sind immer da am Platze, wo wegen mangelnder Konstruktionshöhe oder aus anderen Gründen so schlank gebaut werden muß, daß die Exzentrizität der Drucklinie gefährliche Zugspannungen erwarten läßt.

Aus: »Schweizerische Bauzeitung«, Bd. 85/1925, Seite 151, 169

Leichte Eisenbeton-Brücken in der Schweiz
von Robert Maillart (Auszug)

Übersicht: Zur wirtschaftlichen Gestaltung von Bogenbrücken auch bescheidenen Ausmaßes ist der Eisenbeton zwar geeignet, doch läßt der volle rechteckige Gewölbequerschnitt den Nutzen der Eisenbetonbauweise nicht zur Entfaltung kommen. Erst die durch den Eisenbeton ermöglichte Gliederung des wirksamen Querschnittes ergibt wesentliche Vorteile. Eine wichtige Verbesserung wird gegenüber der durch Belastungsversuche festgestellten unbeabsichtigten Beteiligung der Fahrbahn an der Haupttragwirkung durch organische, rechnerisch erfaßbare Verbindung von Gewölbe und Fahrbahn erreicht. Dies kann entweder durch starre Vereinigung zu einem Gesamtquerschnitt geschehen oder im Gegenteil durch Vermeidung jeglicher Starrheit der Bindeglieder, wobei dann dem Gewölbe und der Fahrbahn als Teilen des Haupttragwerkes verschiedene Aufgaben zugewiesen werden. Beschreibung von Brücken, die nach einer dieser beiden Bauweisen in der Schweiz ausgeführt worden sind.

Die durch die schwierigen Lebensverhältnisse bedingte Entvölkerung der Gebirgstäler hat die Schweiz dazu geführt, diese in vermehrtem Maße durch fahrbare Wege zugänglich zu machen und so die Lebensbedingungen durch Verbilligung der Zu- und Abfuhr von Produkten aller Art erträglicher zu gestalten. Die spärliche Bevölkerung dieser Gegenden ist nicht imstande, zu den Kosten dieser zwar sehr schmalen, infolge der Bodenverhältnisse aber doch kostspieligen Sträßchen viel beizutragen, so daß nur die staatlichen Beiträge diese Bauten ermöglichen. Natürlich ist bei solchen Anlagen, wo der volkswirtschaftliche Nutzen ein bescheidener ist, äußerste Sparsamkeit am Platze. Hindernisse werden eher umgangen als durch teure Kunstbauten überwunden, so daß die noch nötigen Brückenbauwerke geringen Ausmaßes sind.

Einige Ausführungen der letzten Jahre, die den deutlichen Stempel äußerster Sparsamkeit tragen, seien hier zur Kenntnis gebracht.

Der Nutzen des Eisenbetons für Gewölbebauten wurde früher stark bezweifelt, da man nur den vom Mauerwerk übernommenen Rechteckquerschnitt im Auge hatte, der die darin auftretenden kleinen Zugspannungen ohne Gefahr für den Bestand des Gewölbes aufnehmen konnte. Nur bei recht schlanken Gewölben hätten Eiseneinlagen zur Aufnahme der durch ungleichförmige Last entstehenden Zugspannungen ersichtlichen Nutzen haben können. Doch außer in einigen kühnen Monierbogen (z. B. Brücke in Wildegg), die noch vor behördlicher und wissenschaftlicher Behandlung des Eisenbetons entstanden sind, wurde dieser Umstand nie recht ausgenützt. Der Grund liegt darin, daß man früher für Eisenbeton keine höheren Druckspannungen zuließ als für nichtarmierten Beton, der in Form von Beton-Dreigelenkbogen um die Jahrhundertwende die Praxis beherrschte. Denn wenn die Druckspannung niedrig begrenzt ist, so treten Zugspannungen, außer für Temperatur und Schwinden, meist überhaupt nicht auf.

Ein erster, dem Eisenbeton zu verdankender Fortschritt ist in der Auflösung des breiten Rechteckgewölbes in mehrere schmale Streifen zu erblicken, wobei aber nicht die Eiseneinlagen dieser Rippen das wesentliche Merkmal bilden, sondern die Riegel, welche sie zur Vermeidung seitlichen Ausknickens und mit Hinblick auf Seitenkräfte verbinden und versteifen. Solche Verbindungsteile sind eben mangels zuverlässiger Zugfestigkeit in gewöhnlichem Beton nicht denkbar.

Durch diese Auflösung konnte ein größeres Widerstandsmoment bei kleinerer Fläche erreicht werden.

Die Riegel können auch mit einer durchgehenden Platte ergänzt werden, wodurch die Seitenkräfte in viel vollkommenerer Weise aufgenommen werden als durch Riegel allein. Dadurch entsteht der einer Rippendecke ähnliche Querschnitt.

Die Tatsache, daß die Beanspruchung eines Gewölbes im ganzen symmetrisch zur horizontalen Achse des Querschnitts erfolgt, läßt die Anwendung zweier Platten, einer oberen und einer unteren, als ideal erscheinen, da so ein Hohlkörper entsteht, woraus die mittleren, nie voll ausnutzbaren Querschnittsteile größtenteils ausgeschnitten sind. Bei kleineren und mittelgroßen Brücken bleibt aber dieser Vorteil theoretischer Natur, da sowohl das Ein- und Ausschalen als auch das Eisenlegen und Betonieren dermaßen erschwert sind, daß die wirtschaftlichen Vorteile der Aushöhlungen aufgehoben werden. Bei sehr großen Brücken dagegen, wo die Hohlräume begehbar sind, behält diese Bauweise ihre Vorteile.

Unbestritten sind die Vorteile des Eisenbetons für den aus Pfeilern und Fahrbahn bestehenden Aufbau über den Gewölben, die dadurch stark entlastet werden. Nicht oder schwach armierte Betongewölbe mit Eisenbetonaufbau sind deshalb häufig anzutreffen und bildeten sogar lange Zeit die Regel.

Dabei zeigt aber die theoretische Überlegung, bestätigt durch Spannungsmessungen an ausgeführten Bauten[1], ein erhebliches Mitwirken der Aufbauten an den statischen Aufgaben des Gewölbes. Die übliche getrennte Berechnung von Gewölbe und Fahrbahn liefert also unrichtige Werte. Die Unterschiede zwischen Rechnung und Messung betragen für Verkehrslast im Gewölbe sogar bei durchbrochenem Aufbau bis reichlich 50 %. Da es sich immer um Entlastungen des Gewölbes handelt, so wurde im allgemeinen diesem Umstand keine große Bedeutung beigemessen, ja er wurde als Faktor zur Erhöhung der Sicherheit gern in Kauf genommen, trotzdem in den Fahrbahnteilen das Umgekehrte, nämlich eine Erhöhung der Beanspruchungen, stattfindet. Besonders gewissenhafte Konstrukteure haben wohl versucht, diese Nebeneinflüsse rechnerisch zu erfassen, doch sind diese Untersuchungen schwierig durchzuführen und ermangeln der Genauigkeit, da meist mehr oder weniger willkürliche vereinfachende Annahmen der Rechnung zugrunde gelegt werden müssen. Mehr Aussicht auf Erfolg haben Deformationsmessungen an Zelluloidmodellen nach Beggs und anderen, doch können hier nur wiederholte Versuche an stets den vorangehenden Ergebnissen angepaßten neuen Modellen zu einer endgültigen rationellen Konstruk-

---

[1] Bemerkenswert sind besonders die von Prof. Dr. h. c. Roš durchgeführten Messungen; siehe z. B. Schw. Bauzeitung vom 27. April und 10. August 1929

tion führen. Dies bedeutet aber wiederum eine sehr umständliche und zeitraubende Arbeit.
Die Tatsache, daß die übliche Konstruktion mit schweren Gewölben und gewöhnlichem Aufbau einesteils Materialverschwendung und anderteils unsichere statische Verhältnisse bedeutet, hat mich schon vor 30 Jahren dazu geführt, Gewölbe und Aufbau derart in organischen Zusammenhang zu bringen, daß die genannten Unsicherheiten verschwinden und die Mitwirkung der Aufbauten als erhebliche Ersparnis an Gewölbestärke zum Ausdruck kommt.
In einfacher Weise geschah dies durch Anwendung von Längswänden als Zwischenglied des Gewölbes und der Fahrbahn. Das so entstandene Tragwerk kastenförmigen Querschnitts, bestehend aus »Gewölbeplatte«, Längswänden und Fahrbahnplatte, ist dank seiner Höhe unempfindlich gegen teilweise Belastungen und ermöglicht vorzügliche Materialausnützung. Allerdings kommt infolge der großen Steifigkeit eine Einspannung des Kastenträgers besonders der Temperatur- und Schwindspannungen wegen nicht in Frage, und um auch sonst volle statische Klarheit zu erreichen, sind die in dieser Bauart erstellten Brücken mit Gelenken versehen worden. Indes ist in Anbetracht des großen Querschnittes der Bogenviertel, der ja von Unterkante Gewölbe bis Oberkante Fahrbahn reicht, eine vollkommene Gelenkwirkung nicht nötig, so daß statt der subtilen und teuren Stahlgelenke Bleiplattengelenke zur Anwendung kommen können. Da die Fahrbahnplatte in der Querrichtung gespannt ist, so tritt durch ihre Mitwirkung als Gewölbeteil in der Längsrichtung keine Spannungserhöhung, sondern einzig eine vollkommene Materialausnützung ein.
In größeren Abständen angeordnete Querwände dienen lediglich der Versteifung. Eine der ersten Anwendungen dieser Bauart ist die Thurbrücke bei Billwil (Ausführung 1903 durch Maillart & Cie., [43].
Immerhin befriedigt eine solche Ausführung mit Rücksicht auf die Verhältnisse bei den Kämpfern nicht vollkommen. Dort verläuft die Drucklinie stark exzentrisch, und es treten, theoretisch wenigstens, dort in der Fahrbahnplatte und den oberen Wandteilen Zugspannungen auf. Jedenfalls kann von einer nützlichen Mitwirkung dieser Teile als Gewölbeelemente nicht gesprochen werden. Dies führte zu einem dreieckförmigen Ausschnitt der überflüssigen Teile der Längswand, womit auch die darüberliegenden Teile der Fahrbahnplatte außer Wirkung gesetzt werden. Die erste Ausführung dieser Art ist die Rheinbrücke bei Tavanasa. (Ausführung 1905 durch Maillart & Cie. [44].) Die Baukosten dieser 51 m weit gespannten Brücke von 3,20 m nutzbarer Breite betrugen nur etwa 100 Franken per Quadratmeter Gesamtfläche[1].
Von den Ausführungen nach dieser Bauart sei die in letzter Zeit dem Verkehr übergebene Wegbrücke über das etwa 75 m tiefe Salginatobel bei Schiers dargestellt. (Ausführung: Prader & Cie. 1929–1930. Gerüst: Projekt und Ausführung: Coray.) Die aus dem Plan [45] ersichtlichen Abmessungen zeigen in drastischer Weise die Sparsamkeit der Bauweise, da das 90 m weit gespannte

---

[1] Näheres über diese Brücke und deren Zerstörung durch Bergsturz siehe Prof. Dr. h. c. Roš, Schw. Bauzeitung vom 8. und 29. Oktober 1927

43 Thurbrücke bei Billwil, Kanton St. Gallen 1903

»Gewölbe« – in Wahrheit handelt es sich nur um dessen unteres Teilstück – nur 20 cm dick ist. Das fertige Bauwerk zeigt das Bild 47. Seine Kühnheit liegt nicht zum wenigsten in der geringen Breite, die eine Ansicht vom rechten Widerlager [46] aus auffällig in Erscheinung bringt. Rechnungsmäßig besteht keine seitliche Knickgefahr, und auch die Windbeanspruchung ergibt keine gefährlichen Spannungen. Nichtsdestoweniger ist die Gewölbeplatte bei den Widerlagern von 3,80 auf 6 m verbreitert worden, um den Seitenkräften und der doch etwas beängstigenden Schmalheit Rechnung zu tragen. Ähnliche Verstärkungen haben die Endpfeiler erhalten, welche die auf die Fahrbahn wirkenden Windkräfte großenteils zu übertragen haben. Aus denselben Gründen sind die Bleigelenke verlassen und durch Einschnürungen der Betonquerschnitte bis 30 cm im Scheitel und 24 cm in den Kämpfern ersetzt. Mit Rücksicht auf die große Beanspruchung dieser reduzierten Querschnitte und damit diese unter außerordentlichen Verhältnissen auch Zugkräfte übernehmen können, sind in der Querschnittsmitte Eisen reichlich durchgeführt worden [48]. Diese Armierung wäre ohne Mithilfe des Betons imstande, den ganzen Schub ohne Überschreitung der

44 Rheinbrücke bei Tavanasa, Kanton Graubünden 1905

45 Querschnitte der Salginatobelbrücke

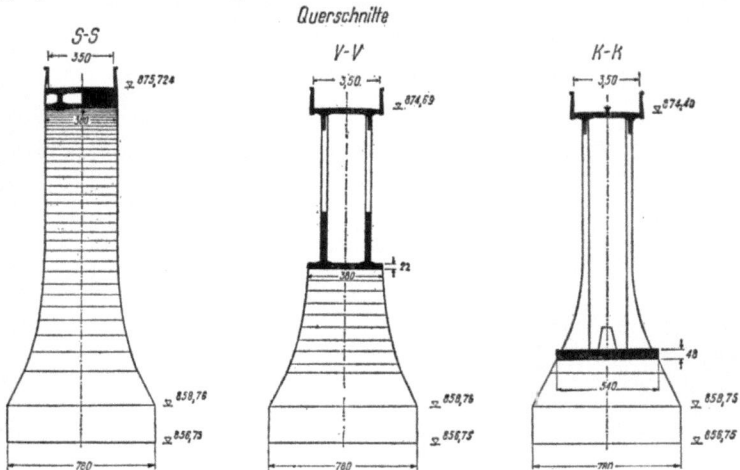

46 Ansicht der Salginatobelbrücke vom rechten Widerlager

47 Salginatobelbrücke bei Schiers, Kanton Graubünden 1930 ▷

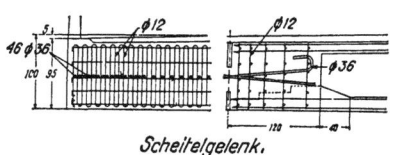

48 Scheitelgelenk der Salginatobelbrücke

Quetschgrenze aufzunehmen. So besteht das ganze Tragwerk trotz der Gelenke aus einem in den Widerlagern fest verankerten Stück. Daß die Gelenkwirkung bei dieser Anordnung keine vollkommene ist, kommt nicht zur Geltung, da der nutzbare Querschnitt bei den Bogenvierteln etwa 4 m hoch ist. Der Gelenkpunkt wurde beim Kämpfer im unteren, beim Scheitel im oberen Drittel des eingeschnürten Querschnittes angenommen, und es sind die Eisen dort durchgeführt. Die Brücke war für 300 kg/m² Menschengedränge und einen 7-t-Lastwagen zu berechnen. Trotz der geringen Dimensionen überschreiten die Spannungen außer in den Gelenkfugen nirgends 56 kg/cm². Es konnte deshalb von der Verwendung hochwertigen Zementes abgesehen werden; immerhin wurden mit dem vorgesehenen Kiesmaterial und Zement eingehende Vorproben vorgenommen, um mit vollständiger Sicherheit an die Ausführung schreiten zu können. Dank der

Gewissenhaftigkeit und der sorgfältigen Dispositionen der Unternehmung entsprach denn auch die Betonqualität durchaus allen Erwartungen.
Der obere Gerüstteil ruht auf auskragenden Unterbauten, die in den Gewölbewiderlagern vermittels I-Eisen verankert sind. Das Gerüst konnte dank der dünnen Gewölbeplatte sehr leicht gehalten werden. Da seine Kosten auch so noch etwa ein Drittel der Gesamtkosten des ganzen Bauwerkes ausmachen, so erhellt die große Ersparnis an Gerüstkosten die Vorteile, welche die Bauweise bietet, indem ein gewöhnliches Gewölbe eine mehrfache Last bedeutet hätte. Es ist nämlich durchaus nicht nötig, das Lehrgerüst für das ganze Gewicht des Tragwerkes zu berechnen, sondern es genügt die Berücksichtigung der Gewölbeplatte. Diese wurde zunächst in einem Zuge symmetrisch betoniert, wobei die Kämpfergelenke mit erstellt wurden. Das Scheitelgelenk dagegen, das höher liegt als die Gewölbeplatte, konnte erst später fertiggestellt werden und wurde provisorisch ersetzt durch ein die untere Gelenkfuge ausfüllendes Hartholzbrett, das später, nach Fertigstellung des Gelenkes und Ausrüstung, automatisch entlastet wird. Allerdings ist diese Gewölbeschale an sich trotz tunlichst gleichmäßiger Ausführung des Aufbaues mangels Eigensteifigkeit nicht ohne weiteres tragfähig. Aber sobald die Mehrbelastung auf eine Vergrößerung der Einsenkung des Lehrgerüstes hinwirkt, tritt die Gewölbeschale unter Aufnahme von zentrischen Kräften in Tätigkeit, so daß die Mehrbelastung des Gerüstes eine beschränkte und keinesfalls gefährliche war. Dem Gerüst kommt dabei die Rolle des die Gewölbeplatte versteifenden Elementes zu, so daß diese von Biegung und Knickgefahr verschont bleibt.
Die Gesamtkosten dieser Brücke betragen rd. 300 Franken per Quadratmeter Grundfläche, angesichts der Spannweite, der Tiefe der Schlucht und der schwierigen Zufuhrverhältnisse gewiß ein bemerkenswertes Ergebnis.
Die Belastungsproben erfolgten vor dem Aufbringen des aus Teermacadam bestehenden Fahrbahnbelages. Die Belastung bestand aus einem Rollwagenzug von 20 t Gewicht. Die sehr gründlichen Einsenkungs-, Dehnungs- und Drehungsmessungen erfolgten unter Leitung von Prof. Dr. Roš. Hier seien lediglich einige Zahlen aus den Resultaten mitgeteilt:

Größte	Scheitelsenkung	1,8 mm
,,	Viertelsenkung	1,2 mm
,,	Viertelhebung	0,2 mm
,,	Spannungen	± 4 kg/cm^2
,,	Drehungen im Scheitel	29 sec
,,	,, im Viertel	12 sec
,,	,, am Kämpfer	15 sec

Trotz der minimalen Abmessungen weist also die Brücke große Steifigkeit auf und bildet einen Beweis dafür, daß diese Bauart in ähnlichen Fällen gute Dienste leisten kann und selbst für größte Belastungen und Spannweiten in Betracht gezogen werden sollte.
Es gibt aber noch ein weiteres zweckmäßiges Mittel, um die den gewöhnlichen

49 Straßenbrücke über das Valtschiel bei Donath, Kanton Graubünden 1926

Gewölbebrücken anhaftenden statischen Unsicherheiten fast restlos aus der Welt zu schaffen. Man verleiht den Fahrbahnteilen so große Steifigkeit, daß die Trägheitsmomente des Gewölbequerschnittes und der Stützen gegenüber demjenigen des Fahrbahnquerschnittes ohne nennenswerten Fehler vernachlässigt werden können. Auf diese Weise werden Biegungsmomente sozusagen gänzlich vom Gewölbe ferngehalten und von der Fahrbahn übernommen. Das Gewölbe hat dann lediglich zentrische Normalkräfte aufzunehmen. Diese strenge Arbeitsteilung erscheint auf den ersten Blick nicht zweckmäßig; denn die Zuweisung der Biegungsspannungen einem schon gedrückten Querschnitt, nämlich dem des Gewölbes, scheint sparsamer zu sein, da die Zugspannungen größtenteils verschwinden und im ganzen eine Ersparnis an Armierungseisen erhofft werden kann. Doch hat sich diese aus dem Eisenbau als versteifter Stabbogen bekannte Bauart im scharfen Wettbewerb mit anderen Vorschlägen durchgesetzt. Besonders bei schmaleren und nicht zu weit gespannten Brücken, wo die massiven Brüstungen als Versteifungsträger ausgebildet werden können, ist die Bauart sehr vorteilhaft. Eine der ersten Ausführungen dieser Art ist die Wegbrücke über das Valtschiel bei Donath [49], Ausführung 1926 durch Hartmann & Cie. Bei 43,2 m Spannweite ist die Bogenstärke nur 23—29 cm.[1]
Insofern die Enden des Versteifungsträgers auf einer dünnen Wand, also leicht drehbar, gelagert sind, erfolgt die Berechnung wie die eines Zweigelenkbogens. Die Normalkräfte werden dem Gewölbe, die Biegungsmomente dem Versteifungsträger zugewiesen. Für die Zusatz-, Temperatur- und Schwindkräfte ist selbstredend das Trägheitsmoment des Trägers, streng genommen natürlich vermehrt um das Trägheitsmoment des Bogens, zu nehmen.

[1] Näheres über diese Brücke siehe Schw. Bauzeitung vom 1. Oktober 1927

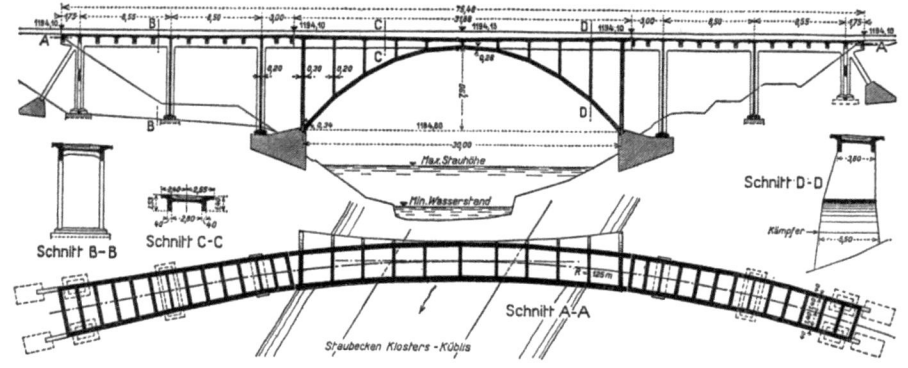

50 Landquartbrücke der Rhätischen Bahn in Klosters, Kanton Graubünden 1930. Längs-, Quer- und Horizontalschnitte

51 Teilansicht der Landquartbrücke in Klosters ▷

Ein Vorteil dieser Bauart besteht wiederum in der Ersparnis an Lehrgerüstkosten, da die Gerüste nur für das Bogengewicht zu berechnen sind. Das übliche Aneinanderreihen von parallelen Gerüstbindern mit mehr oder weniger befriedigender Seitenverstrebung wird als für so schmale Brücken ungeeignet vermieden. Die Konstruktion besteht aus zwei fächerartig angeordneten Scharen von Böcken, wobei die Aufnahme von in Gewölbehöhe wirkenden Horizontalkräften durch die Hauptpfosten selbst, also ohne Hilfe von Andreaskreuzen, erfolgt, die nun lediglich zur Verminderung der Knicklänge dienen. Die Böcke ruhen auf Hartholzschwellen und diese auf Betonfundamenten, entweder vermittels Sandtöpfen oder besser eines Sandbettes, das in den Beton eingelassen ist. Dieses Sandbett ist ausgedehnter als die Auflagerfläche der Hartholzschwelle, so daß diese zwecks Absenkung des Gerüstes unterhöhlt werden kann. Natürlich hat dieses Unterhöhlen mit größter Sorgfalt und Gleichmäßigkeit zu geschehen, und es ist auf gute und feste Abdeckung des Sandbettes zu achten.

Das große Trägheitsmoment des Trägers verleiht dem Bauwerk gute Steifigkeit, bewirkt aber auch verhältnismäßig große Zusatz-, Schwind- und Temperaturkräfte. Man hat es aber hier in der Hand, die erstgenannten meist fast gänzlich und die Schwindspannungen gut zur Hälfte zu eliminieren. Zu diesem Zweck wird nach Betonieren von Gewölbe und Wänden und Einschalen und Armieren der Fahrbahn samt Versteifungsträger das Gerüst gerade so weit abgelassen, daß der Bogen kaum mehr aufliegt. Erst dann werden die letztgenannten Teile in einem Zug betoniert, so daß sich das ganze Gewicht der noch nicht erhärteten Masse auf den Bogen legt. Die Zusatzkraft aus Eigengewicht ist damit ausge-

schaltet und ebenso der Einfluß des Schwindens, das vom Moment der Bogenbetonierung bis zur Trägerbetonierung eingetreten ist.

Wenn auch nicht zur Kategorie der leichten Straßenbrücken gehörig, sei hier noch ein Objekt dieser Bauart eingehender beschrieben, das als nicht ganz gewöhnlich Interesse bietet. Es handelt sich um eine Brücke der Rhätischen Bahn, die zwar schmalspurig gebaut ist, in vielen Beziehungen jedoch den Charakter einer Hauptbahn aufweist. Die Verkehrsdichte ist bedeutend, und die Lokomotivgewichte erreichen 70 t und darüber. Zur Ausschaltung der in Klosters befindlichen Spitzkehre wurde ein in scharfer Kurve von 125 m Radius liegendes Teilstück eingefügt, das größtenteils im Tunnel liegt, jedoch bei der Einmündung in den Bahnhof zutage tritt und die Landquart überschreitet. In solchen Fällen ist es üblich und bei der Rhätischen Bahn auch schon mehrfach bei Steinbrücken ausgeführt, daß die Tragwerke, hier meist Gewölbe, geradlinig gebaut und um die Pfeilhöhe verbreitert werden, die sich aus Tragwerkslänge und Radius ergibt. Um diese Mehrbreite tunlichst zu vermindern, ermäßigt man die Stützweite so viel als möglich. In unserem Falle war indes die Überquerung des Flusses mit einer einzigen Öffnung von 30 m erwünscht, was eine Verbreiterung der Fahrbahn um etwa einen Meter und bei den Widerlagern scharfe und unschöne Knicke der Fahrbahnränder ergeben hätte. Wie aus dem Plan [50] ersichtlich, ist hier die Fahrbahnkonstruktion, welche den Versteifungsträger bildet, genau dem Radius angepaßt. Auf der inneren Seite ist die Gewölbestirn im Grundriß ebenso geformt, entspricht also der Krümmung der Fahrbahnkonstruktion, während die entgegengesetzte Gewölbestirn symmetrisch dazu ausgebildet ist. Die Querwände, welche die Fahrbahn tragen, sind demnach einerseits vertikal, anderseits durch einen variablen Anzug abgegrenzt. Bei ruhender Last wird so das Gewölbe einseitig belastet, dagegen hat die Fliehkraft zur Folge, daß der Effekt dieser Exzentrizität gut ausgeglichen wird. Das Gewölbe hat die geringe Stärke von 26 bis 34 cm erhalten können, wobei es, wie übrigens bei allen solchen Ausführungen, nicht gerundet, sondern polygonal verläuft. Diese Formung ist die einzig richtige, wenn das Gewicht des Gewölbes gegenüber den übrigen Lasten zurücktritt, und ist auch einfacher auszuführen, sofern die Stützung der Kränze in den Knickpunkten erfolgt. Als besonderer Vorteil dieser Bauart, besonders für Eisenbahnbrücken, kann die große Masse der Fahrbahnkonstruktion hervorgehoben werden, welche mit der Masse der Fahrzeuge in gutem Verhältnis steht und so den Stößen besser standhält, als es die sonst verhältnismäßig leicht ausfallenden Fahrbahnträger tun. Es ist bekannt, daß gerade die Bedenken, die wegen der Stoßwirkung auf die Fahrbahnteile gehegt werden, ein Hindernis für die Anwendung des Eisenbetonbaues unter der Bahn bildet, während das Zutrauen selbst zu weitgespannten Eisenbetongewölben, welche die Stöße nicht direkt zu erleiden haben, eher vorhanden wäre. Es erscheint also zweckmäßig, die größere Masse dort anzuordnen, wo die direkte Stoßeinwirkung stattfindet, und den wirtschaftlichen Ausgleich im Gewölbe zu suchen.

Wie bei allen Objekten dieser Bauart besteht der Gewölbeaufbau aus schlanken

Wänden, ist also nicht in Pfeiler aufgelöst. Nicht nur wäre das Trägheitsmoment des Pfeileraufbaues größer als das der Wände, womit die statische Klarheit vermindert würde, sondern es verbürgt der vollwandige Aufbau auch den besten Widerstand gegen die unangenehmen seitlichen Schwankungen und belastet zudem das Gewölbe gleichmäßig, was bei dessen geringen Abmessungen von Wert ist [51].

Die Bremskraft wird von den Versteifungsträgern dem Gewölbescheitel übermittelt. Die Exzentrizitäten, welche diese Horizontalkraft im Gewölbe bewirken würde, werden durch den Versteifungsträger in ganz gleicher Weise aufgehoben, wie es für die einseitigen Lasten geschieht.

Die Anfahrtsöffnungen bilden Rahmen, deren Öffnungen den Weganlagen anzupassen waren. Es gelang, die Dispositionen so zu treffen, daß die Trägerhöhe derjenigen des Versteifungsträgers entspricht, so daß die Brücke trotz der verschiedenen Stützenkonstruktionen und Anzügen nicht uneinheitlich wirkt. Die Bremskräfte der Anschlußöffnungen sind durch Verstrebungen an den Brückenenden berücksichtigt.

Aus: »Der Bauingenieur«, Heft 10/1931, Seite 165 f.

Einige neuere Eisenbeton-Brücken
von Robert Maillart (Auszug)

Grundsätzliche Bemerkungen

Nachdem besonders im schweizerischen Brückenbau der sogenannte »Verbundbau«, nämlich einbetonierte Eisenkonstruktionen in Verbindung mit Eisenbeton, sich rasch einzuführen scheint und von manchen Ingenieuren sogar als das Zweckmäßigste angesehen wird, seien hier einige Objekte dargestellt, die für wirtschaftliche Möglichkeiten des reinen Eisenbetonbaues Zeugnis ablegen.
Eine der wichtigsten Einreden gegen den Eisenbeton war stets die Befürchtung, es könnte der Zusammenhang von Beton und Eisen auf die Dauer nicht gesichert sein; wenn auch bei Inbetriebnahme ein vollkommenes Zusammenarbeiten nicht zu bestreiten sei, so sei doch die Dauerhaftigkeit des Verbundes fraglich. Eine gewisse Berechtigung dieser Bedenken ist nicht zu bestreiten, und erst die Erfahrung während mehrerer Jahrzehnte hat sie zum Verstummen gebracht, wenigstens hinsichtlich aller jener Bauten, bei denen durch kunstgerechte Formgebung der Armierung jegliche Gleitgefahr an der Berührungsfläche der beiden Materialien ausgeschlossen wurde. Die Sicherung des Zusammenhanges erscheint beim Eisenbeton besonders gesichert, weil die verhältnismäßig kleinen Eisenquerschnitte von größeren Betonmassen allseitig umschlossen sind. Infolge zweckmäßiger Krümmung der Eiseneinlagen ist es nicht mehr die Haftfestigkeit allein, die den Zusammenhang gewährleistet, sondern selbst bei deren völligem Versagen bleibt er durch die in den Krümmungen auftretende Reibung gesichert. Bei Verwendung von Profileisen sind diese günstigen Verhältnisse nicht oder doch nur beschränkt vorhanden. Allerdings wird bei Belastungsproben meist ein auf der Adhäsion beruhendes vollkommenes Zusammenwirken beobachtet, und darauf gestützt fanden derartige Konstruktionen als gut brauchbar ohne weiteres Eingang. Die Erfahrung zeigt aber, daß hier der Zusammenhang auf die Dauer nicht immer gewährleistet bleibt. Die Belastungen und Erschütterungen in Verbindung mit Temperatur- und Schwinderscheinungen reichen oft aus, um die durch Ermüdung verminderte Adhäsion zu überwinden, womit dann auch Rostgefahr entsteht. Es braucht also große Aufmerksamkeit und besondere Vorkehren, um einen dauerhaften Verbund von Eisenkonstruktionen mit Beton zu erzielen, und solange über solche Anordnungen nicht jahrzehntelange günstige Erfahrungen vorliegen, ist es angebracht, dem reinen Eisenbeton in dieser Hinsicht größeres Vertrauen entgegenzubringen.
Die behauptete Wirtschaftlichkeit einbetonierter Eisenkonstruktionen beruht hauptsächlich auf dem übertriebenen Sicherheitsgrad, der für den Beton gefordert wird: Trotz strengster Ausführungsvorschriften ist er zwei- bis dreimal größer als für Eisen. Nur deshalb stellen sich mit Profileisen armierte Druckglieder billiger als solche ähnlichen Ausmaßes aus Eisenbeton. Gewiß ist bei kleineren Bauten,

wo die Umstände es nicht gestatten, auf eine gleichmäßige Betonqualität zu rechnen, der Sicherheitsfaktor reichlich anzusetzen. Wo aber Gelegenheit ist, Vorproben vorzunehmen und Betonqualität fortlaufend zu kontrollieren, zeigt die Erfahrung, daß mit unseren äußerst zuverlässigen Zementen und richtig sortierten Zuschlägen ein Beton erzeugt werden kann, dessen Qualität kaum mehr schwankt als die des Eisens. Ist aber diese Qualitätssicherung einmal erreicht, so führt es einfach zur Verschwendung, wenn massige Dimensionen oder, zu deren Vermeidung, Ersatz des Betons durch Eisen gefordert werden.

Vom wirtschaftlichen Standpunkt ist die Verwendung von ausländischem Profileisen statt von Rundeisen, das im Inland gewalzt und auch in hochwertiger Qualität erzeugt wird, gewiß nicht erstrebenswert. Ferner sei darauf hingewiesen, daß die Holzproduzenten energisch Absatz ihrer Produkte fordern, wogegen als Hauptvorzug der gemischten Bauweise gerade der Wegfall der Gerüste angerufen wird. Es ist also nicht recht verständlich, wenn die Holzproduzenten gerade dem Eisenbeton feindlich gegenüberstehen, wo doch dieser ihr bester Kunde ist, indem er sich für Gerüstungen und Schalungen mit der inländischen Durchschnittsqualität begnügen kann, während für bleibende Holzbauten inländisches Holz von genügender Qualität oft schwer aufzutreiben ist. Bei einigermaßen gegliederten Eisenbetonbauten übersteigen die Kosten der Schalung sowohl die des Betons als auch des Eisens, und der Unternehmer verausgabt für Ankauf von Holz meistens mehr als für eines der anderen Materialien, Zement, Kies und Eisen, und zwar auch dann, wenn der Wert des nach dem Bau verbleibenden Holzes in Abzug gebracht wird.

Der Ingenieur entschließt sich nur schwer, von den traditionsgemäßen Formen abzuweichen, und selbst wenn er es möchte, folgen ihm Bauherr und Publikum oft nur ungern. Kein Wunder also, wenn neuartige, weil dem Wesen des Eisenbetons ehrlich und rücksichtslos entsprechende Bauformen eher in ziemlich abgelegenen Gegenden zur Ausführung kommen und die Städte davon »verschont« bleiben, indem dort auf ein gewisses »monumentales« Aussehen Gewicht gelegt wird. Ein selbst bei ländlichen Eisenbetonbrücken meist als wünschbar erachtetes »architektonisches« Minimum sind Widerlager, die das Tragwerk einrahmen und vom Gelände trennen. Sie wegzulassen, erschien ebenso revolutionär, wie etwa ein Haus ohne Sockel zu bauen. Im Gegensatz zum ältesten der folgenden Beispiele, der Spital-Brücke über die Engstligen, zeigen die anderen alle die Tendenz, das möglichst einheitlich gestaltete Tragwerk direkt aus dem Boden wachsen zu lassen. Meines Erachtens ist auch diese »Rücksichtslosigkeit« ein Gewinn, und selbst wer die instinktive bzw. atavistische Abneigung gegen die dünnen Stabbogen nicht überwinden kann, dürfte zugeben müssen, daß z. B. die durch den Versteifungsträger des Fußgängersteges über die Töß gegebene unmittelbare Verbindung der ländlichen Ufer sich befriedigend auswirkt.

Neben dem Baujahr, der meist recht kurz bemessenen Bauzeit, und den erzielten Betonfestigkeiten (Würfelfestigkeit nach 28 Tagen) sind im folgenden auch die Baukosten (ohne Umgebungsarbeiten, wie Uferschutz, Straßenanschlüsse, und ohne Honorar) angegeben, denn die Wertung eines Bauwerkes ohne Kenntnis der Kosten ist unmöglich, indem die Durchführung auch bedeutendster Bauaufgaben nur dann Anerkennung verdient, wenn sie mit den geringsten Mitteln erfolgt ist. Auf Einzelheiten der interessanten Belastungsproben wird nicht eingegangen; die kurzen Angaben über größte Durchbiegungen, Spannungen und Stoßwirkungen geben immerhin ein deutliches Bild über das Verhalten der Bauwerke unter dem Einfluß von Nutzlasten. Dabei ist zu bemerken, daß die Belastungsproben oft sehr früh vorgenommen wurden, nachdem auch für das Ausrüsten keine unangebrachte Ängstlichkeit herrschte. Beides von der Erwägung ausgehend, daß es nicht nur nicht schädlich, sondern im Gegenteil sogar günstig ist, den Beton so frühzeitig als nur möglich zu belasten, da er dann dank kleinerem Elastizitätsmodul und einer gewissen Plastizität sich erzwungenen Verformungen besser anpaßt. Die oft vorgeschriebenen langen Ausschalungsfristen sind ein Unsinn, sofern man sich der Qualität des Betons versichert hat, denn sie führen oft zu einer Verlängerung der Bauzeit, die eine Lösung in Eisenbeton von vornherein ausschließt.

Der Fußgängersteg über die Töß bei Wülflingen

zeigt eine Anwendung des versteiften Stabbogens auf eine leichte Fußgängerbrücke, wobei die Versteifungsträger als Geländersockel benützt sind. Projektverfasser der im Jahre 1934 in einer Bauzeit von zwei Monaten durch die A.-G. Baugeschäft Wülflingen erstellten Brücke war Ingenieur W. Pfeiffer mit Ingenieurbüro Maillart. Die Baukosten betragen 15 800 Fr., entsprechend 117 Fr./qm Oberfläche.

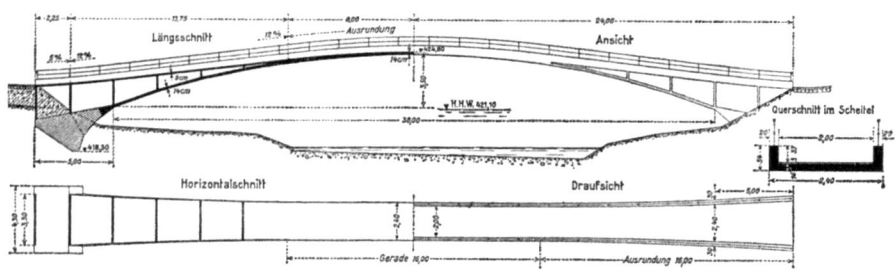

52 Fußgängersteg über die Töß bei Wülflingen, Kanton Zürich 1934. Ansicht und Schnitte

Spitalbrücke über die Engstligen in der Straße Frutigen-Adelboden

Seit der ersten Ausführung eines versteiften Stabbogens in Eisenbeton, der Valtschiel-Brücke bei Zillis, sind Brücken dieser Bauart in größerer Anzahl erstellt worden. Bei der Erstausführung erschien die Verwendung der massiven vorgeschriebenen Brüstung als Versteifungsträger besonders vorteilhaft. Bei breiteren Brücken und besonders dann, wenn infolge auskragender Gehwege das Gewölbe gegenüber der Straße bedeutend schmäler gehalten werden kann, konnte diese Anordnung nicht mehr beibehalten werden. Es zeigte sich indes, daß der versteifte Stabbogen für mittlere Pfeilerverhältnisse auch dann noch wirtschaftlich bleibt, wenn die Versteifungsträger *unter* der Fahrbahn angeordnet werden, wie es bei diesem Beispiel der Fall ist.

Eine Besonderheit ist hier die stark schiefe Lage. Dieser Umstand und die Möglichkeit einer zweimaligen Verwendung eines schmaleren Lehrgerüstes führten zur Ausführung zweier gegeneinander versetzter Tragwerke, die durch die Querwände und die Fahrbahnplatte verbunden sind. Das Tragwerk ist in der üblichen Betonqualität ausgeführt. Die Fahrbahn besteht aus einer Schicht von 8 cm Stärke aus Beton mit 400 kg/cbm hochwertigem Portland-Zement. Sie zeigt nach fünfjährigem intensivem Verkehr weder Schäden noch meßbare Abnützungen. Die Belastungsprobe wurde von Brückeninspektor Prof. F. Hübner durchgeführt, der sich zum Schluß wie folgt äußert:

»Zusammenfassend ist somit festzustellen, daß das statische Verhalten der Spital-Brücke als durchaus einwandfrei und eher noch günstiger als nach den theoretischen Voraussetzungen zu bezeichnen ist. Besonders zu erwähnen ist die namentlich für starke einseitige Belastungen günstige, die Sicherheit des Bauwerkes

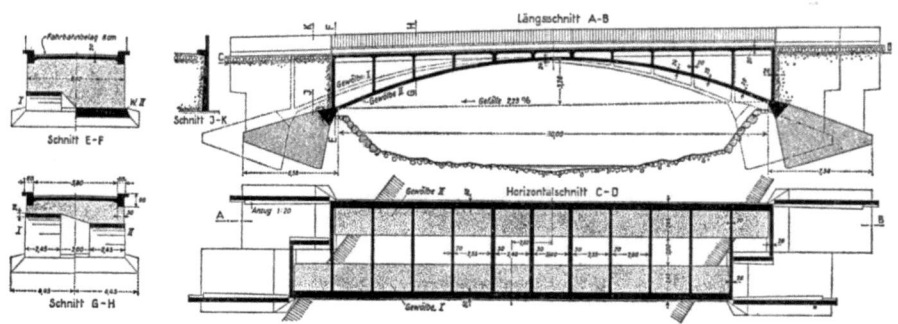

53 Spitalbrücke über die Engstligen in der Straße Frutigen—Adelboden, Kanton Bern 1931. Schnitte

erhöhende und durch die starren Querwände aber auch bestens gesicherte Wirkung der Brückenschiefe.«
Baujahr 1931; Bauzeit $3^{1}/_{2}$ Monate; Baukosten 60 150 Fr. = 179 Fr. pro qm Oberfläche.
Betonfestigkeiten: erste Probe 176 kg/qcm, später 340 kg/qcm.
Fahrbahnplatte 480 kg/qcm.
Belastungsproben, ausgeführt mit einem Lastwagen mit Achsdrücken von 9 + 4,9 t Gewicht, ergaben als

Durchbiegung:	Scheitel	im Viertel	
belastetes Gewölbe	0,72 mm	Senkung 1,0 mm	Hebung 0,20 mm
unbelastetes Gewölbe	0,15 mm	Senkung 0,5 mm	Hebung 0,24 mm

Spannungen im Viertel (ermittelt mit E = 370 000 kg/qcm)
Versteifungsträger: Druck 7 kg/qcm, Zug 11 kg/qcm
Gewölbe: Druck 7 kg/qcm, Zug 4 kg/qcm
Projekt und Bauleitung: Ingenieurbüro Maillart; Unternehmung J. Seeberger in Frutigen.

Die Eisenbahnbrücke über die Birs in Liesberg

Die Brücke dient dem Anschlußgleis der Zementfabrik Liesberg. Des Hochwasserstandes wegen war die Konstruktionshöhe äußerst beschränkt und deshalb obenliegendes Tragwerk unumgänglich. Der über der Fahrbahn liegende Trägerteil schmiegt sich dem unteren Einschnitt des Lichtraumprofils an, wobei die beim rechtsufrigen Brückenende liegende Gleiskurve zu berücksichtigen war. Dies bestimmte die größtzulässige Höhe der Hauptträger, wenn der Trägerabstand nicht wesentlich vergrößert werden sollte, was bei bedeutenden Mehrkosten auch eine größere, ebenfalls unzulässige Höhe der Querträger ergeben hätte. Deshalb wurde die Beanspruchung des maßgebenden Mittelquerschnittes dadurch vermindert, daß man das Bauwerk zuerst als zweistieligen Rahmen ausführte. Zu diesem Zweck ließ man oben an den Endstützen vorläufige Lücken und nahm man die Ausrüstung schon nach 14 Tagen, in diesem Zustand, vor; dabei senkten sich die Enden der Kragarme um 15 mm, während die Brückenmitte sich um 3 mm hob. Dank der großen Auskragungen wurde so das Eigengewichtsmoment in Trägermitte zum Verschwinden gebracht; alsdann wurden die Lücken ausbetoniert. Nach weiteren zwei Wochen erfolgte die Belastungsprobe mit einer 112 t schweren Dampflokomotive. Äußerste Beschränkung des Eigengewichtes und der Konstruktionshöhe wurden erreicht durch Weglassung des Schotterbettes und Einbetonieren der auf der ganzen Länge zusammengeschweißten, in eine von der Tragkonstruktion unabhängige und daran nicht haftende Betonplatte.
Die Brücke ist stark schief, und die Stützen sind sehr schlank, einmal, um den Durchfluß zu erleichtern, und dann zur Vermeidung größerer Temperaturspannungen. Um die dünnen Endpfeiler dem Erddruck zu entziehen, sind dahinter

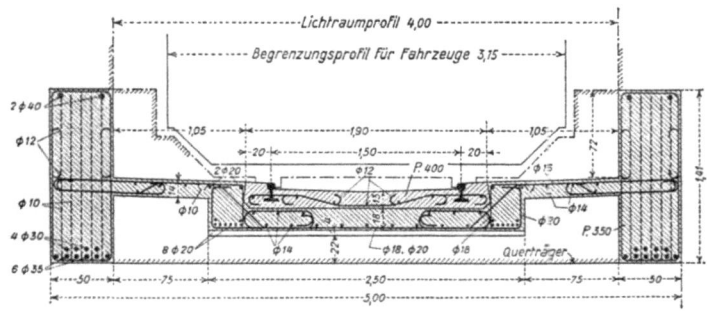

54 Querschnitte der Birsbrücke in Liesberg

55 Eisenbahnbrücke über die Birs in Liesberg, Kanton Bern 1935

in kleinem Abstand Schutzpfeiler dreieckigen Querschnittes angeordnet, die sich erst in Höhe der Fahrbahn gegen diese stützen. Die gewählten Abmessungen gestatteten denn auch den Verzicht auf Dehnungsfugen. Die Ausführung erfolgte mit gewöhnlichem Zement, jedoch mit 350 bis 400 kg/cbm Beton. Zur unschönen Gestaltung der Endauflagerung ist zu bemerken, daß die unterhalb des Trägers sichtbaren Pfeilerköpfe durch Böschungskegel hätten verdeckt werden sollen. Nachträglich wurde indessen behufs Vergrößerung des Durchflußprofils eine diese Teile freilegende Mauerung ausgeführt.

Die durch das Eidg. Materialprüfungsamt ausgeführten Belastungsproben ergaben recht ansehnliche Spannungen, jedoch eine auffallend geringe Stoßwirkung, indem sie nur 20 bis 35 % der nach den Vorschriften anzunehmenden beträgt. Dabei ergibt sie sich größer bei geringerer Geschwindigkeit, so daß anzunehmen ist, daß sich die hier ausgeführte Schienenlagerung auch für große Geschwindigkeiten eignen dürfte. Zu bemerken ist beiläufig, daß man es früher auch bei Straßenbahnen für unmöglich hielt, auf Schienenstöße und weiche Lagerung zu verzichten, während heute die stoßlose einbetonierte Schiene sich bewährt und sich noch viel besser bewähren würde, wenn der Verbund in konstruktiv richtiger Weise erfolgte.

Baujahr 1935; Bauzeit 3 Monate; Baukosten 32 900 Fr. = 152 Fr. pro qm Oberfläche.

Betonfestigkeiten: Würfel 470 kg/qcm; Prismen 380 kg/qcm.

Elastizitätsmodul (50 bis 5 kg/qcm) : 382 000 kg/qcm
(100 bis 5 kg/qcm) : 346 000 kg/qcm

Durchbiegungen: Mittelöffnung 5 mm Senkung, Seitenöffnungen 1 mm Hebung.

Spannungen:
Mittelöffnung Mitte oben: 37 kg/qcm Druck, unten: 36 kg/qcm Zug
Mittelöffnung Ende oben: 21 kg/qcm Zug, unten: 32 kg/qcm Druck
Pfeilerkopf innen: 80 kg/qcm Druck.

Schwingung: bei 20 bis 22 km/h bei 30 bis 35 km/h
Ausschlag in Brückenmitte: ± 0,7 mm ± 0,4 bis 0,6 mm
14 % 8 bis 12 %

Projekt: Ingenieurbüro Maillart; Bauleitung: Baubüro der Zementfabrik Liesberg (Ing. Hans Frey); Unternehmung: Ing. J. Cron in Basel.

Aare-Brücke in Innertkirchen im Zuge der Grimselstraße

Zur Wahrung des nötigen Durchflußprofils ist hier ein Dreigelenkbogen mit exzentrisch verlaufender Drucklinie ausgeführt worden. Der Querschnitt besteht aus zwei Randträgern mit sehr weitgespannter Fahrbahnplatte. Das Scheitelgelenk ist als Betonstreifen mit durchgehender starker Eiseneinlage ausgeführt, während die Kämpfergelenke aus schmalen Vestitmetall-Streifen bestehen. Angesichts der hohen Beanspruchungen ist das ganze Tragwerk mit hochwertigem Zement ausgeführt worden, in einer Dosierung von 350 kg/cbm.

Diese Aare-Brücke bei Innertkirchen zeigt auch insofern eine Besonderheit, als sie die erste Brücke ist ohne eigentlichen Fahrbahnbelag: die Fahrzeuge rollen direkt auf der Konstruktion. Im Hinblick auf Abnützung ist die Platte lediglich gegenüber der statischen Notwendigkeit um 3 cm verstärkt und diese Verschleißschicht mit viel Sorgfalt aus schwach plastischem Beton hergestellt worden.

Aus der Zusammenfassung des sehr eingehenden Berichtes von Prof. F. Hübner

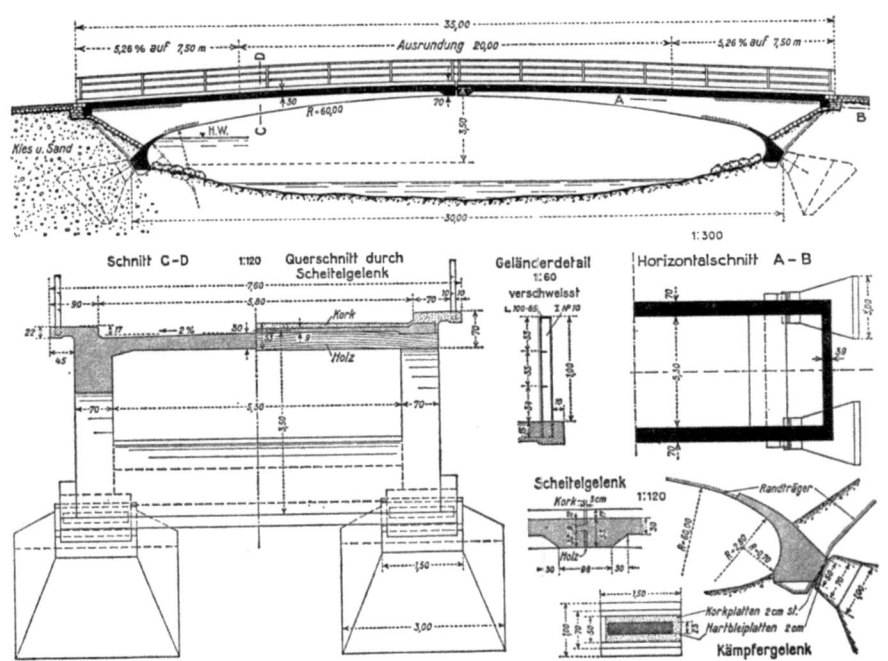

56 Aare-Brücke in Innertkirchen im Zuge der Grimselstraße, Kanton Bern 1934. Längs- und Querschnitte

über die von ihm geleiteten Probebelastungen sei erwähnt: »Die Brücke arbeitet sozusagen genau rechnungsmäßig. Die festgestellten kleinen elastischen Nachgiebigkeiten der Widerlager sind ohne Belang für die Beanspruchung der Gewölbeträger, beweisen aber andererseits die volle Berechtigung der Wahl eines Dreigelenkgewölbes.
Die Messungen haben die Ergebnisse der an der Eidg. Materialprüfungsanstalt ausgeführten Festigkeits- und Elastizitätsmessungen vollauf bestätigt, womit eine Festigkeit des Betons im Bauwerk von weit über 300 kg/qcm z. Z. der Probebelastung nachgewiesen ist.
Die mit vollbelasteten Zwei- und Dreiachsern ausgeführten Untersuchungen über die Auswirkung der von Fahrzeugen zu erwartenden Stoßkräfte ergaben ein durchaus normales Verhalten der Brücke; die ausgelösten Schwingungen blieben für den Dreiachser innerhalb der vorschriftsmäßigen Grenzen und sind nur unter dem Zweiachser etwas größer ausgefallen, ohne daß indessen die Sicherheit des Bauwerkes irgendwie beeinträchtigt würde. Diese Feststellung ist um so wertvoller, als es sich um ein verhältnismäßig elastisches Bauwerk handelt.«

Die Belastungsproben ergeben deutlich, daß dreiachsige Wagen einen geringeren Stoßzuschlag bedingen als zweiachsige. Ferner ist erwähnenswert, daß die Fahrbahnplatte von im Brückenbau ungewöhnlicher Spannweite eine bessere Verteilung der Einzellasten zeigte, als gewöhnlich angenommen wird.

Baujahr 1934; Bauzeit 4 Monate; Baukosten 43 065 Fr. = 162 Fr. pro qm Oberfläche.

Aus: »Schweizerische Bauzeitung«, Bd. 107, Nr. 15/1936, Seite 157-162

57 Lehrgerüst der Lorrainebrücke über die Aare in Bern 1928—30

Die Lorraine-Brücke über die Aare in Bern
von Robert Maillart (Auszug)

Das Lehrgerüst [57] weist eine von den üblichen Systemen abweichende Bauart auf, die mit dem noch zu erläuternden Wölbverfahren im Zusammenhang steht. Statt aus einer Anzahl in Längsrichtung parallel gestellter Binder gleicher Konstruktion besteht das Gerüst aus quergestellten Böcken, die fächerartig auf drei Auflagerpaaren abgestützt sind. Diese Böcke zeichnen sich durch große Stabilität in der Querrichtung aus, da schon die Hauptpfosten selbst diese Quersteifigkeit verbürgen, während bei den üblichen Konstruktionen besondere Verstrebungen, die oft nicht zuverlässig wirken, diese Aufgabe übernehmen müssen. Jeder Fächerfuß ist auf einer Hartholzschwelle gelagert, die auf einem in Beton eingelassenen Sandbett ruht, das zum Absenken des Gerüstes diente. Um ein böswilliges oder zufälliges Entfernen des Sandes zu vermeiden, war das Sandbett, soweit es nicht von der Auflagerschwelle bedeckt war, durch verankerte Holzschwellen abgeschlossen. Das Aufstellen des Lehrgerüstes erfolgte mit Hilfe des Kabelkrans mit bemerkenswerter Raschheit, da große, am Ufer zusammengesetzte Stücke versetzt werden konnten.

Während sonst der Bau eines Gewölbes, wenn auch nicht immer auf ganze Stärke, so doch in seiner ganzen Breite oder in Lamellen mit Querfugen in Angriff genommen wird, ist hier mit einem mittleren, vom einen bis zum andern Widerlager reichenden Gewölbeelement begonnen worden, das beidseitig Verzahnungen aufweist. Die 2 cm weiten Fugen wurden mit trockenem Mörtel 1:3 ausgestampft. Dieses Ausstampfen ist geeignet, das Lehrgerüst zu entlasten; aber ohne diesem günstigen Umstand Rechnung zu tragen, nehmen wir an, das Gerüst habe die ganze Last dieses ersten Gewölbeelementes zu tragen, während dieses selbst vorläufig spannungslos bleibe. In die Verzahnungen werden nun beidseitig weitere Quader eingesetzt. Durch diese Mehrbelastung wird das Gerüst eine gewisse Einsenkung erfahren, die jedoch nicht proportional dem Mehrgewicht, sondern kleiner sein wird, weil das erste Element der Einsenkung folgen muß und damit zum Tragen kommt. Sobald die Fugen zwischen dem ersten und zweiten Element ausgestampft sind, wird in gleicher Weise beidseitig bis zu den Gewölbestirnen fortgefahren. Bei den Kämpfern wurde zur besseren Anpassung der Drucklinie an die mangels Hinterbetonierung noch unvollständige Gewölbeform eine raschere Verbreiterung vorgenommen.

Das Resultat dieses Bauvorgangs ist die Übernahme fast der ganzen Last des Gewölbes durch dieses selbst, während das Gerüst nur einen kleinen Bruchteil zu tragen hat. Es ist klar, daß diese Entlastung des Gerüstes um so größer ist, je mehr es sich unter einer gegebenen Belastung einsenkt. Je schwächer also das Lehrgerüst, um so mehr wird es entlastet.

Aus: »Schweizerische Bauzeitung«, Bd. 97, Nr. 3/1931, Seite 23

Zur Entwicklung der unterzuglosen Decke in der Schweiz und in Amerika

von Robert Maillart

Für weittragende ebene Tragwerke standen früher nur Walzeisen und Holz zur Verfügung, beides Materialien, die nicht in beliebiger Gestaltung, sondern nur in Stabform zur Anwendung kommen konnten, indem das Überwiegen einer einzigen Dimension beim Eisen durch den Walzprozeß, beim Holz durch das Wachstum gegeben ist. Mit diesen der Tragwirkung nach eindimensionalen Grundelementen: Stäben, Pfeilern und Balken war der Ingenieur dermaßen gewohnt zu bauen und zu rechnen, daß sie ihm sozusagen in Fleisch und Blut übergingen und daß ihm andere Möglichkeiten fernlagen. Nur für ganz geringe Spannweiten, Kanal-Abdeckungen, Balkone sowie Füllungen zwischen Trägern, kamen die in Plattenform zur Verfügung stehenden Baumaterialien, nämlich Naturstein und Beton, zur Verwendung. Der Eisenbeton fand diese Auffassung vor, und es wurde daran vorerst nichts geändert: man legte, wie mit Eisen und Holz, Träger von Mauer zu Mauer und von Pfeiler zu Pfeiler. Quer zu diesen Hauptträgern kamen Nebenträger, deren Zwischenraum mit einer Platte abgedeckt wurde, jedoch ohne diese als eigenartiges Konstruktionselement aufzufassen. Man beeilte sich im Gegenteil, sie als in Streifen aufgelöst zu betrachten, welche Streifen dann wieder in altgewohnter Weise als Balken berechnet werden konnten. Nur der Maschineningenieur kam, etwa bei Dampfkesselberechnungen, in die Lage, die Platte als Konstruktionselement aufzufassen, wozu ihm die Grashofschen Ableitungen dienten; der Bauingenieur tat es vorläufig nicht.

Die Möglichkeit, eine Betonplatte kreuzweise zu armieren, gestaltet aber diese zu einem neuartigen Bauelement, das Biegungsbeanspruchungen in jeder beliebigen Richtung, also nicht nur in den beiden Armierungsrichtungen, aufzunehmen imstande ist, und dessen Tragfähigkeit gewissen Gesetzen gehorcht, die verschieden sind von den der Balkentheorie zugrunde liegenden. Die Methode des Streifenschneidens kann nach dieser Erkenntnis nicht einmal mehr als rohe Annäherung befriedigen. Zu einer sachgemäßen theoretischen Behandlung der damit gestellten Aufgabe standen aber höchstens die Grashofschen Formeln zur Verfügung, und diese bieten dem Bauingenieur zuwenig, da sie nur einen einfachen Spezialfall betreffen und für ungleichförmige Belastungen sowie variable Einspannungen und Trägheitsmomente keinen Aufschluß geben. Um vorerst einen gewissen Anhaltspunkt über die konstruktive Brauchbarkeit der Eisenbetonplatte als Konstruktionselement zu gewinnen, wurden im Jahre 1908 auf dem Werkplatz von Maillart & Cie. in Zürich einige kleine Versuchsbauten erstellt und in primitiver Weise mit Säcken belastet. Es ergab sich dann, daß Gebilde, die der frei drehbaren Punktstützung tunlichst entsprechen, praktisch unbrauchbar waren, da sie große Durchbiegungen aufwiesen und in der Nähe der Stüt-

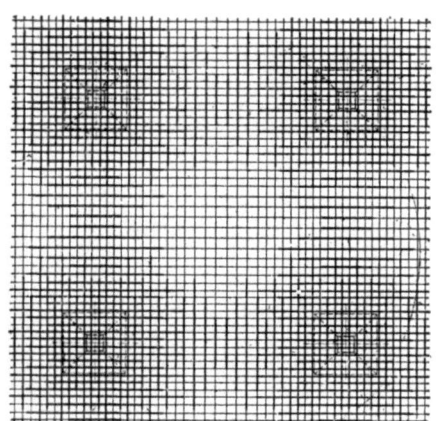

58 Bewehrungsschema des Zweibahnensystems Maillart. Oben liegende Eisen sind dick gezeichnet

zen frühzeitig brachen. Dagegen zeigte ein aus neun Feldern bestehendes Objekt mit abgeschrägtem Übergang von den Pfeilern zur Platte auch bei Belastung einzelner Felder eine Tragfähigkeit, die die praktische Brauchbarkeit des Prinzips erwies. Diese Baute hat insofern historische Bedeutung, als sie wohl die erste unterzuglose Decke im »Zweibahnensystem« darstellt; diese Bewehrungsanordnung zeigt Bild 58 schematisch. Die Frage war nun die, wie zu konstruieren und zu dimensionieren sei. Der rein theoretische Weg erschien ungangbar, und wenn schon heute auch für ungleichförmige Belastungen theoretische Lösungen gefunden sind, wie überhaupt der Platte als Konstruktionselement endlich die längst verdiente Beachtung geschenkt wird, so haben diese die Erkenntnis in verdankenswerter Weise bereichernden Untersuchungen eben doch der Praxis bis heute wenig geboten. Denn – aus den obengenannten allerersten Versuchen ging dies schon mit Deutlichkeit hervor – der elastische Widerstand der Pfeiler und die Verstärkungen über diesen spielen eine ausschlaggebende Rolle, und wenn die Berücksichtigung dieser Umstände schon beim Balken nicht ganz einfach ist, so muß man bezweifeln, daß man für die Platte so bald zu einem für die Praxis brauchbaren theoretischen Rechnungsverfahren gelangen werde.

Die genannte Firma erstellte nun zur versuchsweisen Ergründung des Problems und zur Erlangung von für die Praxis genügenden Grundlagen ein größeres Versuchsobjekt mit neun Feldern von je 4 m Seitenlänge [59]. Die Platte war nur 8 cm stark, um möglichst hohe Elastizität zu gewährleisten. Gleichzeitig wurden eine Anzahl frei drehbar aufgelagerter Balken von gleicher Stärke und mit gleicher Armierung erstellt. Unten an der Platte befanden sich in Abständen von 25 cm Einsenkungspunkte. Mit Hilfe einer Laufkraneinrichtung konnte eine Einzellast von 1000 kg an beliebigen Stellen aufgelegt werden; eine Meterteilung ergab 144 Belastungspunkte. Der Einfluß von Einzellasten konnte nun da-

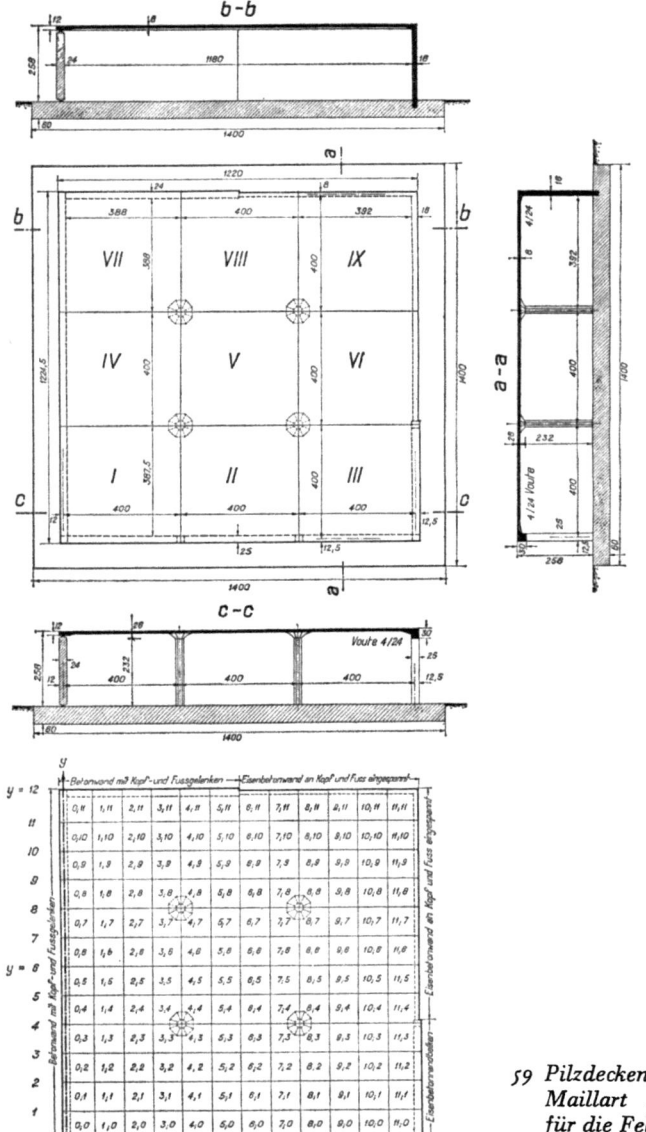

59 Pilzdecken-Versuchsmodell von Maillart 1908. Feldereinteilung für die Feldbelastung und Einzellast. Anordnung der Auflagerung. Grundriß und Querschnitte

durch beurteilt werden, daß die Durchbiegungskurven der Platte mit den den bekannten Biegungsmomenten entsprechenden Durchbiegungskurven der Balken verglichen wurden. Die Querbeanspruchungen in der Platte mögen dabei, besonders in bezug auf die Betonspannungen, störend wirken, aber nicht in wesentlichem, d. h. für die Baupraxis in Betracht kommendem Maße. Durch Summierung der Ordinaten der einzelnen Kurven ergaben sich die Durchbiegungslinien für die verschiedensten Belastungen, und wenn man alle Kurven heranzog, die für einen gewissen Punkt Krümmungen gleichen Sinnes aufwiesen, so war die gefährlichste Belastung für diesen Punkt gefunden. Da die Außenfelder teils in einer Eisenbetonwand eingespannt, teils frei drehbar oder endlich auf einem von Stützen getragenen Balken aufgelagert waren, konnten auch die in den Endfeldern auftretenden Verhältnisse gut beurteilt werden. Gerade die Behandlung der Endfelder bietet ja die größten theoretischen Schwierigkeiten. Man gelangte so zu gewissen Grunderkenntnissen über das Verhalten der Platte auf Punktstützen. Dabei wies die Platte infolge der verstärkten Säulenköpfe ungleiche Biegsamkeit auf, und die Stützen leisteten elastischen Widerstand. Diese letzten Umstände werden von einem Bau zum anderen verschieden sein, und die vollständige versuchsweise Lösung der Aufgabe würde die Ausführung einer ganzen Reihe von Probebauten mit verschiedenen Pfeilerstärken und Voutenformen erfordert haben, was aus naheliegenden Gründen nicht durchführbar war. Von der durch das Versuchsobjekt gewonnenen mittleren Linie der Erkenntnis aus war es aber möglich, Abweichungen nach der einen oder der anderen Richtung, gestützt auf theoretische Erwägungen, mit genügender Sicherheit zu beurteilen, um an Bauausführungen zu schreiten, die gegenüber der Versuchsanordnung keine großen Abweichungen aufwiesen. Dabei konnten bei Anlaß der Probebelastungen an ausgeführten Bauten diese theoretischen Erwägungen nachgeprüft und die Dimensionierungsregeln derart verbessert werden, daß Wirtschaftlichkeit und Sicherheit unbedingt gewahrt waren. Die erste Bauausführung dieser Art war der Neubau der Züricher Lagerhaus-Gesellschaft in Zürich-Gießhübel im Jahre 1910 für Belastungen bis 2000 kg/qm. Diese erste Ausführung der unterzuglosen Decke in Europa und wohl erste Ausführung im Zweibahnensystem überhaupt hat ihren Dienst bis heute ohne jedes Anzeichen von Schwäche versehen. Zu bemerken ist, daß der Pfeilerkopf hier nach einer Hyperbel geformt ist, d. h. als Körper gleicher Scherfestigkeit. Bei späteren Ausführungen wurden diese Köpfe flacher gestaltet als Körper gleicher Biegungsfestigkeit in bezug auf die negativen Momente. In beiden Fällen bestand ein dem natürlichen Kräftespiel entsprechender flüssiger Übergang von Pfeiler zu Platte.
Die großen Vorzüge und die konstruktive Bewährung dieser Bauart führten bald zu größeren Ausführungen nicht nur in der Schweiz, sondern auch in Frankreich, Spanien und Rußland, Deutschland blieb mangels behördlicher Sanktion der Bauweise zurück.
Daß diese Entwicklung vom Erscheinen der »Pilzdecke« in Amerika nicht nur unabhängig war, sondern sogar im schärfsten Gegensatz zu ihr sich vollzog, be-

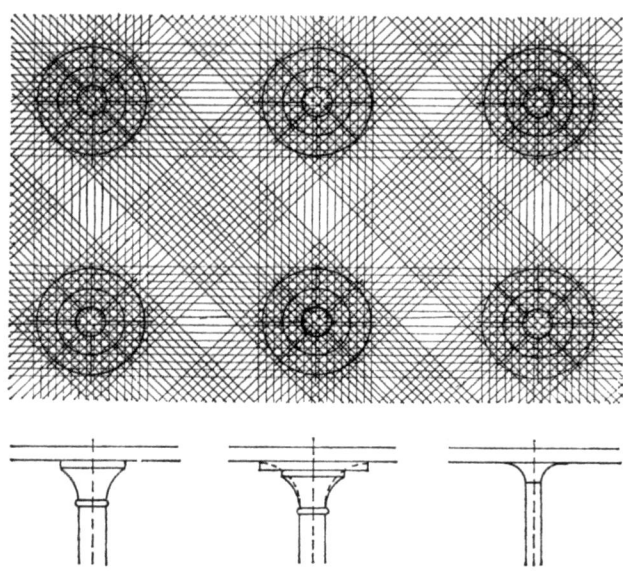

60 Deckenarmierung nach dem Vierbahnensystem Turner. Pfeilerkopfausbildung nach System Turner und System Maillart

weist die grundsätzlich verschiedene Auffassung der Bauweise durch die dortigen Ingenieure (vergleiche C. A. P. Turner, »Concrete Steel Construction«, Minneapolis, 1909). Turner erwähnt zwar auch Grashofs Formel und leitet daraus seine Berechnungsweise für das Moment in Plattenmitte ($M = q.\, l\, 2/50$) in mehr origineller als überzeugender Weise ab. Aber er bleibt an der Idee der »Tragrichtungen« hängen, und demgemäß glaubt er, daß alle Armierungseisen über die Stützen gehen müssen. Um somit die Platte in ihrer ganzen Ausdehnung armieren zu können, sind nicht nur zwei Scharen Eisen in den Achsenrichtungen, sondern zwei weitere in den Diagonalrichtungen nötig, wodurch das »Vierbahnensystem« entstand. Bei den Köpfen sind dann noch weitere Radial- und Ringeisen angeordnet, so daß sich die ziemlich komplizierte Armierung nach Bild 60 ergab. Charakteristisch für die Turnersche Bauweise ist ferner der harte Übergang zwischen Pfeilerkopf und Platte. Am Kopfrand ergeben sich deshalb nicht nur starke Scherspannungen, sondern es finden dort, der großen negativen Momente wegen, auch sonst allzu große Materialbeanspruchungen statt, sofern die Plattenstärke den viel kleineren Biegungsmomenten in Plattenmitte entsprechend bemessen worden ist. Zwar scheint die Armierung am Kopfrand besonders stark; aber das Vorhandensein von vier oder sogar fünf Lagen von Eisen bedingt, daß die untersten etwa in Plattenmitte statt nahe an der

61 *Eidgenössisches Getreidemagazin Altdorf, Kanton Uri 1912. Innenansicht. Pilzdecken mit 5,10×5,10 m Spannweite*

Oberkante zu liegen kommen, so daß sie nicht richtig zur Wirkung gelangen. Aus diesen Gründen zeigten sich bei manchen Ausführungen Mängel in Form von Rissen rings um den Pfeilerkopf, wodurch die Einspannung und damit die Tragfähigkeit der Platte beeinträchtigt wurde, so daß die Bauweise vorerst nicht als einwandfrei gelten konnte und die Entwicklung nicht den Vorteilen entsprach, die in guter Raumausnützung, Belichtung und Lüftung sowie in ihrer Wirtschaftlichkeit und ihrer raschen Ausführung liegen. Erst durch Einschieben einer »Unterlagsplatte« zwischen Pfeilerkopf und Platte wurden diese Mängel gemildert und damit die »klassische« amerikanische Form geschaffen, die nun auch in Europa Eingang fand. Den konstruktiv denkenden und fühlenden Ingenieur kann aber die so gewonnene Form nicht befriedigen; er sieht ohne weiteres ein, daß das außerhalb der punktierten Linie liegende Baumaterial keinen Daseinszweck hat und das klare Kräftespiel nur stören kann, denn einspringende Kanten geben immer Anlaß zu unwillkommenen Spannungen. Dabei stellt sich die amerikanische Anordnung nicht nur infolge des größeren Materialaufwandes, sondern auch der schwierigeren Schalung wegen teurer als der gerundete Übergang.

Es ist deshalb vorauszusehen, daß das amerikanische Vierbahnensystem und die ebenfalls aus Amerika stammende Pfeilerkopf-Ausbildung der rationelleren und schöneren »europäischen« weichen wird. Zwar ist es heute in unseren Technikerkreisen häufig Mode, das zu pflegen, was uns in Amerika vorgemacht wird, wie dies früher mit Bezug auf Deutschland geschah. Diese Abdikation ist gänzlich unberechtigt; denn was in jenen Ländern im Betonbau sowohl als auch im Eisenbetonbau geleistet wurde, ist sicherlich quantitativ, selten aber auch qualitativ den schweizerischen Leistungen überlegen. Gewiß ist in Wissenschaft und Technik der Nationalismus ein Unding und darum zu bekämpfen; deshalb brauchen wir uns aber nicht gerade zum Diener des Nationalismus der anderen zu machen.

Aus: »Schweizerische Bauzeitung«, Band 87/1926, Seite 263-265

Verzeichnis der veröffentlichten theoretischen Arbeiten und Werke

1904 »SBZ« Bd. 44, S. 157: Thurbrücke Billwil: erster Dreigelenkbogen von 2×35 m in vollwandigem Kastenquerschnitt.
1909 »SBZ« Bd. 53, S. 119: Die Sicherheit der Eisenbetonbauten.
»SBZ« Bd. 54, S. 45: Rheinbrücke Rheinfelden (Konk.-Entwurf).
1910 »SBZ« Bd. 56, S. 163: Rheinbrücke Laufenburg (Konk.-Entwurf).
Beide Brücken sind fast unverändert mit eingespannten Gewölben in Beton- und Granit-Quadermauerwerk durch Maillart ausgeführt worden.
1913 »SBZ« Bd. 61, S. 196: Wehrbrücke Augst-Wyhlen mit erstmaligen hölzernem Dreigelenk-Nagelbinder-Lehrgerüst.
»SBZ« Bd. 62, S. 45: Aarebrücke Aarburg, eingespannter Eisenbeton-Bogen von 68 m.
»SBZ« Bd. 62, S. 97: Kabelbrücke Augst-Wyhlen.
1914 »SBZ« Bd. 63, S. 343: Rheinbrücke Tavanasa, erbaut 1904 als erster Dreigelenk-Rippenbogen, Stützweite 51 m. Ihre gewaltsame Zerstörung durch Murgang vgl. »SBZ« Bd. 90, S. 195 und 233 (1927).
1921 »SBZ« Bd. 77, S. 195: Zur Frage der Biegung mit Definition des »Schubmittelpunkts«. Weiteres hierzu vgl. »SBZ« Bd. 78, S. 18; Bd. 79, S. 254, und 1924 Bd. 83, S. 109, 131, 176 und 261.
1923 »SBZ« Bd. 82, S. 43 ff.: Betrachtungen zum Nietproblem.
1925 »SBZ« Bd. 85, S. 151, 169: Betrachtungen zum Gewölbebau.
1926 »SBZ« Bd. 87, S. 263: Entwicklung der Maillartschen Pilzdecke, Versuche seit 1908; Beispiele: Lagerhaus Chiasso (mit Hallendach in Eisenbetonfachwerk); St. Petersburg (1912); Frankreich (1913/14); elegante Shedbauten in Spanien (1924 bis 25).
»SBZ« Bd. 88, S. 217 ff.: Beim Umbau des Grandfey-Eisenbahnviadukts war Maillart verantwortlicher Berater der SBB.
1927 »SBZ« Bd. 90, S. 172: Val Tschiel-Brücke bei Zillis: erster Stabbogen, Stützweite 43 m; Belastungsversuche daran, sowie auch der zwei Wäggital-Stabbogen-Brücken; Aquädukt Eau-Noire der SBB (bogenartiger Kastenrahmen).
1928 »SBZ« Bd. 91, S. 183: Gewölbestaumauern mit abgestufter Druckhöhe.
»SBZ« Bd. 92, S. 55: Wahl der Gewölbestärke bei Bogenstaumauern.
1930 »SBZ« Bd. 96, S. 340: Landquartbrücke der Rh. B. bei Klosters, Stabbogen in 125 m Kurve, Belastungsversuche vgl. »SBZ« Bd. 98, S. 36.
Premier Congrès International du Béton et du Béton Armé, Liége 1930. »Note sur les ponts voûtés en Suisse.«
1931 »SBZ« Bd. 97, S. 1 ff.: Die Lorraine-Straßenbrücke in Bern, Betonquadergewölbe von 82 m Weite.
»SBZ« Bd. 97, S. 165: Pilzdecken im Sihlpostgebäude in Zürich, anormale Formen, Belastungsversuche und Diagramme.
»SBZ« Bd. 98, S. 29: Sicherung des schiefen Turms in St. Moritz.
»SBZ« Bd. 98, S. 149: Masse oder Qualität im Betonbau?
»Der Bauingenieur«, Heft 10: »Leichte Eisenbeton-Brücken in der Schweiz.«

1932 »SBZ« Bd. 99, S. 55, 125: Zum Entwurf der neuen Eisenbeton-Normen.
»SBZ« Bd. 100, S. 309: Erdbebenwirkung auf Hochbauten.
»SBZ« Bd. 100, S. 360: Die Wandlungen der Baukonstruktion seit 1882.
»SBZ« Bd. 100, S. 361: Rossgrabenbrücke bei Schwarzenburg (82 m).
1933 »SBZ« Bd. 101, S. 104: Pilzdecken, Dachbinder und Musikpavillon im Sihlhölzli, Zürich. — Dachbinder-Verstärkung »SBZ« Bd. 105, S. 130.
»SBZ« Bd. 102, S. 218: Schwandbach-Brücke, 37,4 m, mit im Grundriß elliptisch gekrümmtem Stabbogen.
»SBZ« Bd. 102, S. 328: Salginatobel-Brücke, Stabbogen, 90 m weit.
1935 »SBZ« Bd. 105, S. 175: Flachdächer ohne Gefälle.
»SBZ« Bd. 106, S. 248: Wettbewerbsentwürfe für eine Hochbrücke in Schaffhausen (140 m weit) und eine originelle Eisenbeton-Balkenbrücke über den Rhein.
»Génie Civil«, 16 mars: »La Construction des ponts en béton armé, envisagée au point de vue esthétique.«
»Travaux«, février: »Ponts-voûtes en béton armé, de leur développement et de quelques constructions spéciales exécutées en Suisse.«
1936 »SBZ« Bd. 107, S. 157 ff.: Neuere Eisenbetonbrücken: Töss bei Wülflingen; Spitalbrücke Engstligen (schiefe Stabbogen-Brücke); Aarebrücke Innertkirchen (flacher Dreigelenkbogen); Thurbrücke Felsegg (Dreigelenk-Rippenbogen von 72 m); Eisenbahnbrücke Liesberg (schiefe Balkenbrücke).
»SBZ« Bd. 108, S. 159: Quai Perdonnet, Vevey (pneumatische Pfeilergründung).
»SBZ« Bd. 108, S. 215: Viergleisige SBB-Aarebrücke in Bern, Entwurf eines Dreigelenk-Rippenbogen von 132 m, mit vorgeschobenen Kämpfern.
1938 »SBZ« Bd. 111, S. 1: Aktuelle Fragen des Eisenbetonbaues in Gestaltung und Berechnung.
»SBZ« Bd. 112, S. 287: Rippenbögen unter Mitwirkung des Aufbaues, mit Arvebrücke Genf-Vessy, 56 m bei 4,8 m Pfeil.
»SBZ« Bd. 112, S. 126: Zementhalle der Schweiz. Landesausstellung, eine dünne Eisenbetonschale; Bauausführung vgl. Bd. 113, S. 123.
1939 »SBZ« Bd. 113, S. 53: Belastungsversuche an der Schwandbachbrücke.
»SBZ« Bd. 114, S. 320: Rhônebrücke Aire-Peney, kastenförmiger Balken über drei Öffnungen (Entwurf).
»Bulletin Technique de la Suisse romande«, avril: »Evolution de la Construction des Ponts en béton armé« würdigt Maillarts Bauwerke.
1940 »SBZ« Bd. 115, S. 286: Quai Turrettini in Genf.

Aus: »Gedenkschrift des Schweiz. Verbandes für Materialprüfung und Technik zum Tode Maillarts«

FRANZ DISCHINGER
ULRICH FINSTERWALDER

62 Franz Dischinger

63 Ulrich Finsterwalder

Franz Dischinger und Ulrich Finsterwalder

In Dischingers und Finsterwalders Veröffentlichungen werden wesentliche Themen mathematisch und theoretisch behandelt. Daraus könnte der Eindruck entstehen, daß sie die Lösungen ihrer Konstruktionsaufgaben vorwiegend rechnerisch gesucht haben. Aber die beiden Ingenieure haben nichts mit den Mathematikern gemeinsam, »die alles nur durch eine Wolke von x und y sehen« (Freyssinet). Ihre Konstruktionen sind nie primär errechnete Entwicklungen, sondern immer Findungen. Beide sind begeisterte Konstrukteure, die das Experiment lieben. Sie haben ein sicheres Gefühl für die Formbarkeit des Stahlbetons und ein fundiertes Wissen über seine physikalischen, chemischen, mechanischen und geometrischen Eigenschaften. Mit unermüdlicher Energie arbeiten sie an den Problemen, die in der Praxis auftreten, und unterbauen die aus diesen Untersuchungen gewonnenen Ergebnisse theoretisch. Daß sie das Wagnis nicht scheuen, beweisen ihre überaus kühnen Konstruktionen; daß sie es nicht leichtfertig eingehen, dafür bürgen ihre fundamentalen wissenschaftlichen Arbeiten, in denen sie die Erscheinungen, das Verhalten und die Gesetzmäßigkeiten ihrer zunächst intuitiv erfaßten Konstruktionen mathematisch erklären. Beide vereinigen in sich den Empiriker, den Theoretiker und den Praktiker.
Ihr wissenschaftliches Interesse mag neben ihrer Begabung in ihrer Erziehung und Ausbildung begründet liegen.
Franz Dischinger erhielt seine Ausbildung an der Technischen Hochschule in Karlsruhe. Seine Lehrer, die seine spätere Entwicklung am stärksten beeinflußten, waren der Mathematiker Karl Heun und der Statiker Friedrich Engesser, der Altmeister der Näherungsberechnung und Begründer vieler Verfahren der Baustatik. Engessers Art zu denken hat besonders nachhaltig auf Dischinger gewirkt.
Ulrich Finsterwalder ist von Haus aus mit der Mathematik vertraut. Sein Vater, Geheimrat Prof. Dr. Sebastian Finsterwalder, war 46 Jahre lang ordentlicher Professor der Mathematik an der Technischen Hochschule München und wurde durch die Entwicklung der Grundlagen der Photogrammetrie, durch eine Theorie der Gletscherbewegung und durch eine Systematik aller möglichen regelmäßigen Vielflächner bekannt.
Dischinger und Finsterwalder sind gemeinsam mit Walter Bauersfeld (1879–1959) in den zwanziger Jahren durch ihre grundlegenden Versuche und theoretischen Arbeiten auf dem Gebiet des Betonschalenbaues hervorgetreten,

die ein bedeutender Beitrag zur Vervollkommnung des Eisenbetonbaus waren. 1928 schreiben sie darüber:
Durch die Zeiss-Dywidag-Schalengewölbe mit ihrer mannigfaltigen Ausführungsmöglichkeit ist nunmehr dem Eisenbeton das Gebiet der räumlichen Statik erschlossen. Trotz des großen spezifischen Gewichtes des Eisenbetons können jetzt in Massivbauweise Bauten mit einer Spannweite ausgeführt werden, an die man vor kurzem noch nicht gedacht hätte. Dieser Erfolg hat seine Grundlage in dem Ersatz der auf Biegung beanspruchten Balken, Rahmen und Bogen durch die räumlich wirkende Schale, die ihre Lasten nur durch Dehnungsspannungen überträgt, und bei der die Gewichtszunahme, bezogen auf die Flächeneinheit, bei Vergrößerung der Spannweiten kaum merklich ist, während bei den Biegungskonstruktionen schon bei mittleren Spannweiten derartig schwere Konstruktionen erforderlich werden, daß das Material größtenteils für das Tragen des eigenen Gewichts benötigt wird.
Bauersfeld und Dischinger setzten festes Vertrauen in ihre gerade entwickelten Konstruktionsverfahren. Bereits 1924, also in einem frühen Stadium ihrer Entwicklungsarbeit, überdeckten sie eine Halle mit einer Schalendicke von nur $^{1}/_{600}$ der Spannweite. Sie bekannten sich zu ihren Theorien trotz warnender Stimmen aus der Fachwelt. Dischinger erinnert sich:
Als ich die Schalen in das Bauwesen einführte, glaubten nur wenige an einen Erfolg, und ein anerkannter Fachmann sagte mir vor der ersten Großausführung der Frankfurter Großmarkthalle, nachdem ich ihm einen stundenlangen Vortrag über die Theorie und die ausgeführten Versuche gehalten hatte: »Sie können mir erzählen, was Sie wollen, wenn Sie diese dünnwandigen Schalen im Großen ausführen, werden sie einstürzen.« Sie sind aber nicht eingestürzt, sondern sie haben sich inzwischen in der ganzen Welt in größtem Ausmaß durchgesetzt.
Nicht weniger bedeutend sind Dischingers und Finsterwalders Beiträge zur Entwicklung des Spannbetons.
Dischinger baute als erster eine Spannbetonbrücke ganz ohne Verbund. Nachdem die physikalischen Hypothesen über das Kriechen des Betons (vor allem durch Freyssinet) aufgestellt worden waren, schuf er durch zwei sehr verdienstvolle Arbeiten die theoretischen Grundlagen zur mathematischen Erfassung der zeitlichen Auswirkungen des Kriechens und Schwindens auf den Kräftezustand von Betonbauwerken. Diese Arbeiten waren für die Weiterentwicklung des Spannbetons von großem Gewicht.
Von Dischinger stammen ferner wesentliche Abhandlungen über die Verformungstheorie der Bogen- und Hängebrücken. Für diese Brückensysteme entwarf er sehr kühne Projekte, so vorgespannte Bogenbrücken mit 300 m Spannweite und Hängebrücken bis zu 2000 m Spannweite.
Finsterwalder entwickelte in den dreißiger Jahren mehrere Bauarten mit unterspannten und vorgespannten Bewehrungen und baute danach Brücken und Fachwerkträger, die er in nachfolgenden Schriften selbst darstellt.
Seine eindrucksvollsten Leistungen auf dem Gebiet des Spannbetons sind jedoch seine Spannbandbrücken und die im freien Vorbau errichteten Brücken,

die er als erster in Spannbeton ausführte. Mit diesem Verfahren gelang ihm die wirtschaftliche Überspannung großer Weiten ohne Lehrgerüste und damit einer der bemerkenswertesten Fortschritte im Betonbrückenbau.
Mit den Spannbandbrücken löste Finsterwalder den Betonbrückenbau sehr überzeugend von den hergebrachten Formvorstellungen. Wieder einmal sind es ein neues konstruktives Denken und der Sinn und das Verständnis für ein neues Material, die neue Formen entstehen lassen. Der Stahlbeton ist das, was man aus ihm macht. Finsterwalder hat mit dieser Erfindung die Überzeugung geweckt, daß auch auf anderen Baugebieten neue Formen geschaffen werden können, wenn die Erkenntnisse über die Struktur und das Verhalten eines Baustoffes im Gestaltungsprozeß berücksichtigt werden.

Franz Dischinger

geboren am 8. 10. 1887 in Heidelberg, gestorben am 9. 1. 1953 in Berlin.
Dischinger verbringt seine Kindheit in Karlsruhe. Dort studiert er später an der Technischen Hochschule Bauingenieurwesen. Nach der Diplomprüfung, die er »mit Auszeichnung« besteht, beschäftigt er sich im Tiefbau.
1913 tritt er in die Firma Dyckerhoff & Widmann AG in Wiesbaden-Biebrich ein und wird innerhalb weniger Jahre ein anerkannter Fachmann für Druckluftgründungen. Im ersten Weltkrieg ist er Soldat; er erhält Auszeichnungen und wird mehrmals verwundet.
Im November 1922 lernt Dischinger den Erfinder des Zeiss-Planetariums, Walter Bauersfeld, kennen. Bauersfeld hatte für sein Planetariums-Vorführgerät einen Versuchsbau in Form einer halbkugeligen Kuppel aus eisernen Stäben konstruiert. Dieses Stabnetzwerk ist den geodätischen Kuppeln sehr ähnlich, die Buckminster Fuller viele Jahre später baut.
Bei der Schottkuppel für die Absprengerei in Jena verläßt Bauersfeld diese Einteilung des Netzwerkes und teilt das Netz zwecks einfacherer Montagevorgänge nach dem Parallelkreissystem ein.
Bauersfeld tritt an die Firma Dyckerhoff & Widmann heran, um von ihr zu erfahren, mit welchen Mitteln eine glatte Innenfläche über dem Netzwerk seines Versuchsbaues herzustellen sei. Durch den Ingenieur Mergler von der Firma Dyckerhoff & Widmann wird er auf das Torkretieren hingewiesen. Dieses Beton-Aufspritzverfahren war gerade entwickelt worden, und auf diese Weise gelingt der Bau des Planetariums.
Mergler schlägt Bauersfeld vor, die Knotenausbildung seines Netzwerkes und das Verfahren zur Ausführung dünnwandiger Eisenbetonschalen mit tragfähigem Bewehrungsnetz patentieren zu lassen, was dann durch die Zeiss-Werke auch geschieht.
Bauersfeld und Dischinger erkennen sehr bald die Bedeutung dieses ersten Versuches und schaffen durch ihre intensive Zusammenarbeit die theoretischen und praktischen Grundlagen zur Herstellung dünnwandiger Eisenbeton-Schalen-

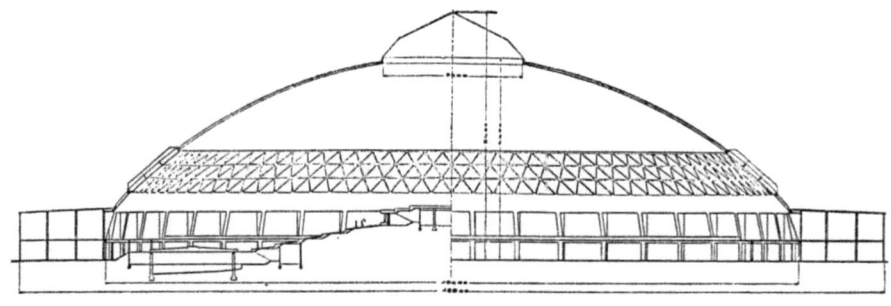

64 Projekt für einen Thermenpalast mit doppelwandiger Schalenkuppel von 150 m Durchmesser, Architekt: Stodieck 1928

flächen mit großen Radien. Dischinger untersucht darüber hinaus, ob sich rechteckige Räume mit diesen dünnwandigen Schalen überdecken lassen.
Über seine Entwicklungsarbeiten und die patentierten Vorschläge berichtet er auf den Seiten 160 und 170.
1924 errichten Bauersfeld und Dischinger die erste zylindrische Eisenbetonschale über dem Fabrikgebäude 23 der Firma Zeiss in Jena.
1925 wird ebenfalls in Jena das Zeiss-Planetarium mit einer Spannweite von 25 m gebaut. In den folgenden Jahren entstehen nach demselben Verfahren Planetarien in Mannheim, Nürnberg, Dresden, Berlin, Düsseldorf, Hannover, Stuttgart, Mailand, Moskau und Hamburg. Die erste Tonnenschale entstand im Jahr 1924 als Dach über dem Fabrikgebäude 23 der Firma Zeiss in Jena, ein Jahr später überdeckte Dywidag auf eigenem Gelände in Neuß eine Halle von 31,5 × 12,0 m mit einer Tonne von 4 cm Dicke.
1926 entwerfen Dischinger und Finsterwalder das tonnenförmige Eisenbeton-Schalendach für die Dywidag-Halle auf der Gesolei in Düsseldorf. Allen weiteren zylindrischen Schalenbauten im System Zeiss-Dywidag liegt Ulrich Finsterwalders Theorie der querversteiften zylindrischen Schalengewölbe zugrunde (s. Seite 185).
Beim Bau der Kuppel der Elektrizitätswerke in Frankfurt a. M. in den Jahren 1927/28 gehen Dischinger und Finsterwalder erstmalig davon ab, das Zeiss-Netzwerk als verlorene Schalung mit einzubetonieren. Sie benutzten verbundene doppelte Zeiss-Netzwerke von hoher Steifigkeit als Schalungsträger, die nach dem Betonieren wieder verwendet werden können. Die Kuppel hat eine Spannweite von 26,0 m bei einer Stichhöhe von 3,5 m und einer Schalenstärke von 4 cm.
1926–1928 konstruieren Dischinger und Finsterwalder die Großmarkthalle in Frankfurt a. M. Es ist der erste Großbau mit querversteiften zylindrischen Schalengewölben.
1927–1929 baut Dischinger mit Hubert Rüsch die Großmarkthalle in Leipzig

(s. Seite 191) und im Jahre 1929 mit Finsterwalder die Großmarkthalle in Basel als symmetrische Achteckkuppel in einem umschreibenden Kreis von 60 m Durchmesser. Die Kuppel in Basel überspannt eine Fläche von 3000 qm und unterscheidet sich von den äußerlich sehr ähnlichen Kuppeln der Großmarkthalle in Leipzig durch die Ausbildung am Kämpfer; sie wird dort nicht durch Gewölbe unterstützt, sondern die von Grat zu Grat als räumliche Träger gespannten Schalen sind freitragend konstruiert. Sie haben eine Stärke von 8,5 cm, das ist $1/700$ der Spannweite (ein Hühnerei hat $1/100$ d/l). Im Gegensatz zu den Schalen der Leipziger Halle sind sie nicht durch Knickrippen ausgesteift [101, 102, 103].
1928 entsteht das Projekt für einen Thermenpalast als doppelwandige Schalenkuppel von 150 m Spannweite. Beide Schalen sind durch Betonstege in Form eines Dreiecknetzwerkes verbunden [64]. Architekt ist Professor Stodieck.
Für die Fiat-Gesellschaft in Rom entwirft Dischinger eine Vieleckkuppel als Klostergewölbe von 25,50 × 20,05 m. Er trägt bei dieser Konstruktion die gesamten Lasten nach den vier Eckpunkten ab. Die Schalengewölbe haben eine annähernd elliptische Form. Die Grate verlaufen im Pfeilverhältnis 1 : 7. Die Schalen werden mit den kräftigen Randträgern zu einem einheitlichen Raumträger verbunden, damit bei dieser sehr flachen Kuppel eine ausreichende Trägerwirkung von Ecksäule zu Ecksäule erreicht werden kann.
1928 erhält Dischinger ein Patent, durch das er sich das Anspannen von Zugbändern in Eisenbetonbogenbrücken mit angehängter Fahrbahn zur Beeinflussung der Bogenmomente schützen läßt. Das an einem Bogenende befestigte, längsmittelachsig im Fahrbahnlängsträger lose liegende Zugband soll mit dem Ausrüsten der Brücke angespannt und danach verkürzt einbetoniert werden. Dieses Verfahren wendet er 1927/28 beim Bau der 68,00 m weit gespannten Saalebrücke in Alsleben und bei einigen Flugzeughallen an.
1929 erscheint in »Beton und Eisen« und als Dissertation (Dresden) »Theorie der Vieleckkuppeln und die Zusammenhänge mit den einbeschriebenen Rotationsschalen«.
1930 erhält Dischinger von der Preußischen Akademie des Bauwesens den ersten Preis für seine Wettbewerbarbeit »Eisenbetonschalen als Raumträger«, in der er sich im wesentlichen mit den doppelt gekrümmten Eisenbetonschalen befaßt. Zu dieser Arbeit äußert sich das Preisgericht unter anderem: »... Der Verfasser versucht, von der Membrantheorie der Kugelschalen ausgehend, Berechnungsverfahren für Schalen verwickelten Grundrisses und verwickelterer Formen zu finden ... Der Verfasser handhabt die Theorie der Schalen mit ungewöhnlicher Gewandtheit, er besitzt eine entschiedene Gestaltungskraft für die Schaffung neuer Raumwirkungen und große praktische Erfahrungen in der Berechnung und Konstruktion der Schalen.«
Für die Zeche Prosper werden 1930 zwei Kühltürme aus 4 cm starken Zeiss-Dywidag-Schalengewölben in Form eines Kegelstumpfes mit 13,36 m bzw. 11,00 m Durchmesser und einer Schlothöhe von 19,00 m bei einer Gesamthöhe des Bauwerkes von 33,35 m gebaut. Die Schlote sind oben und unten durch Ringe ausgesteift, die Biegungsmomente infolge des Winddrucks und ungleich-

65 Flugzeughalle in Zeiss-Dywidag-Schalenbauweise. Stellfläche zweimal 60 × 45 m. 1934—39 mehrfach errichtet

mäßiger Setzungen aufzunehmen haben. Die Dehnungsspannungen werden von der Schale aufgenommen.
Unter Dischingers und Finsterwalders Leitung entstehen zu jener Zeit in Pillau, München-Riem, Tönning und Bug auf Rügen stützenfreie Flugzeughallen [65], z. T. mit zweimal 60,0 × 45,0 m Grundfläche (s. Seite 210).
Im Jahre 1932 erhält Dischinger die Berufung an den Lehrstuhl für Stahlbetonbau an der Technischen Hochschule Berlin-Charlottenburg. Von nun an widmet er sich neben der Lehre besonders intensiv der Forschung.
1932—1934 wird bei Koblenz nach Dischingers konstruktivem Entwurf die sehr flache dreifeldrige Bogenbrücke über die Mosel als Dreigelenkbogen gebaut. Der größte Bogen hat eine Spannweite von 107 m und die Kühnheitszahl $l^2/f = 1410$ (s. Seite 215).
1934 meldet Dischinger ein Patent an, durch das er sich Eisenbetontragwerke, insbesondere Balkenbrücken mit hängewerkartigen Zugankern, die außerhalb des Betonquerschnittes, aber innerhalb der Konstruktionshöhe der Betontragwerke angeordnet sind und nach dem Erhärten des Betons angespannt werden, schützen läßt. Die Vorspannung wird mit dem Ausrüsten durchgeführt. Dischinger schlägt vor, die Vorspannungsmomente gleich groß und entgegengesetzt den Eigengewichtsmomenten zu wählen, so daß der Balken nach der Vorspannung formtreu und damit frei von Biegungsmomenten ist. Der Einfluß des späteren Kriechens und Schwindens des Betons kann durch mehrmaliges Nachspannen

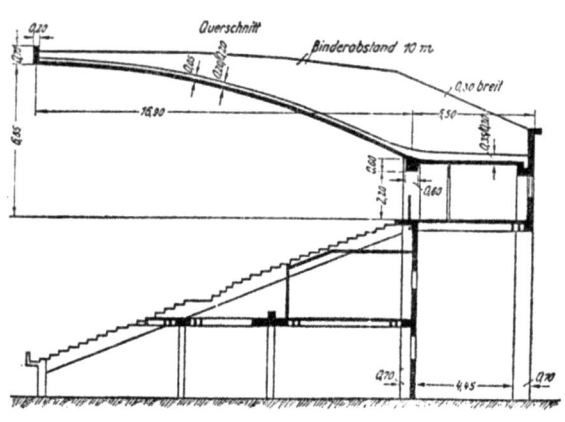

66 Einseitiges Schalenkragdach für eine Tribüne mit 16,9 m Auskragung. 1930

67 Schalenkuppel mit 72 m Spannweite für die Bunawerke. 1949

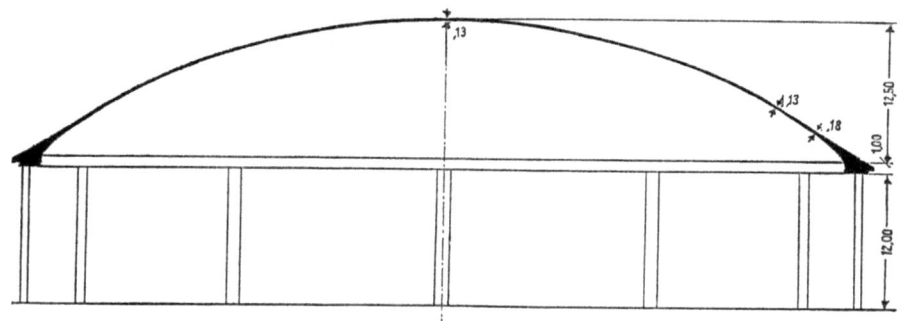

oder durch Überspannen im Zeitpunkt des Ausrüstens aufgehoben werden (s. Seite 203).

Diese Patentanmeldung ist die erste für Spannbeton ganz ohne Verbund. Nach diesem Verfahren baut Dischinger 1936/37 die dreifeldrige Balkenbrücke in Aue/Sachsen mit einer Spannweite der Mittelöffnung von 69,0 m und einer Scheitelstärke von 1,9 m. Im Kriege wird dann der Bau der Warthe-Brücke in Posen mit der größeren Spannweite von 80,5 m begonnen, aber nicht mehr vollendet.

1937 veröffentlicht Dischinger im »Bauingenieur« eine Abhandlung über »Untersuchungen über die Knicksicherheit, die elastische Verformung und das Kriechen des Betons bei Bogenbrücken«.

1939 erscheint, ebenfalls im »Bauingenieur«, seine fundamentale Arbeit über »Elastische und plastische Verformungen der Eisenbetontragwerke und insbesondere der Bogenbrücken«, eine rechnerische Abhandlung über das Schwin-

den und Kriechen des Betons. Diese theoretischen Erkenntnisse finden in den jetzt noch geltenden Bestimmungen ihren Niederschlag.
In den folgenden zwei Jahren beschäftigt er sich u. a. mit vorgespannten Scheibenbogen als eingespannte Tragwerke und als Dreigelenkbogenscheiben. Mit seinem Vorschlag, die von Speer für Berlin entworfene Kongreßhalle mit einer Stahlbetonkuppel von 250 m Spannweite zu überdecken, setzt Dischinger sein ganzes Können für ein Bauwerk ein, das an Maßstabslosigkeit kaum zu überbieten ist. Dischingers Projekt sah, mit Rücksicht auf die Bombeneinwirkungen, zwei Kuppeln vor, eine dünnwandige innere, kugelförmige Kuppel als Trägerin der Kassettierung und eine äußere mit elliptischer Meridiankurve von 3,5 m Wandstärke zum Schutz gegen Bomben. Die Verlockungen, ein so gewaltiges Gewölbe bauen zu können, müssen so stark gewesen sein, daß Dischinger die Überdimensionierungen nicht mehr erkannte.
Im Jahre 1938 werden durch namentliche Nennung Bauersfelds, Dischingers, Finsterwalders, Rüschs und Flügges die Leistungen auf dem Gebiet des Schalenbaues durch die Verleihung der Edward-Longstreth-Medaille des Franklin-Institutes in Philadelphia/USA an die Firmen Dyckerhoff & Widmann und Zeiss-Jena gewürdigt. Im April 1940 überreicht ihm der Deutsche Beton-Verein die Emil-Mörsch-Gedenkmünze.
Während des Krieges wird nach Dischingers Entwurf ein 96,0 m weit gespanntes und 5,0 m starkes Schutzgewölbe gebaut, unter dem sich eine fünfgeschossige Fabrikanlage aus Betonfertigteilen befindet. Immer wieder beschäftigt sich Dischinger mit den Problemen weitgespannter Tragwerke. In seiner Abhandlung über »Hängebrücken für schwerste Verkehrslasten« untersucht er, ob Eisenbahnhängebrücken mit über 1000 m Spannweite zu bauen seien. Er beschreibt das Versagen der alten Schrägseilanordnungen, zeigt, wie die Durchbiegungen und Schnittkräfte vermindert werden können, und erbringt den Nachweis, daß mit erträglichem Materialaufwand Spannweiten bis zu 2000 m bei Hängebrücken für schwerste Verkehrslasten möglich sind. In einer weiteren Arbeit schlägt er weitgespannte flache Bogenbrücken bis zu 300 m Spannweite auch für Böden mittlerer Güte vor (s. Seite 215). Neben diesen Projekten entstehen Konstruktionszeichnungen für weitgespannte, flache, rippenverstärkte Schalenkuppeln mit 150,0 m Spannweite, Stadienüberdachungen und das sehr kühne Kuppelprojekt für die Bunawerke mit 72,0 m Spannweite bei nur 12,5 m Pfeilhöhe. Die Beulsicherheit dieser Kuppel will Dischinger durch eine Schalenstärke von 13 cm gewährleisten [66, 67].
Die hier erwähnten Arbeiten sind nur ein Teil seines umfangreichen Schaffens. Dischingers Werk fand reiche Anerkennung; er wurde allseits verehrt. Die Technischen Hochschulen in Aachen und Karlsruhe und die Technische Universität in Istanbul verliehen ihm die Ehrendoktorwürde. Er war Ehrensenator der Technischen Hochschule Darmstadt und, nach seiner Emeritierung, der Technischen Universität Berlin-Charlottenburg.

Ulrich Finsterwalder

geboren am 25. 12. 1897 in München.
Finsterwalder studiert an der Technischen Hochschule München Bauingenieurwesen und widmet sich schon als Student der Entwicklung der Schalentheorie. 1923 tritt er in die Firma Dyckerhoff & Widmann AG in Wiesbaden-Biebrich ein, in der er seit 1941 als Mitglied der Geschäftsleitung und seit 1948 als persönlich haftender Gesellschafter tätig ist.
Im Herbst 1923 erkennen Bauersfeld und Dischinger, daß durch die Querversteifung der zylindrischen Schale und durch Überhöhung der Querschnittskurve gegenüber der Stützlinie für Eigengewicht eine doppelte Tragwirkung sowohl in Richtung des Gewölbes als auch rechtwinklig dazu erreicht wird; speziell bei überhöhten Querschnittskurven mit vertikalen Endtangenten werden der gesamte im Scheitel erzeugte Schub, das Eigengewicht und die Lasten durch tangentiale Schubkräfte ohne Biegungsmomente nach den Querversteifungen hin abgetragen. Es werden also die Lasten nicht durch Gewölbewirkung auf die Kämpfer, sondern durch Trägerwirkung auf die Binder getragen.
Finsterwalder berechnet in seiner Diplomarbeit die Stabkräfte der Netzwerkkuppel des Zeiss-Planetariums, indem er das Netzwerk in eine Schale umwandelt, diese nach der Membrantheorie für die verschiedenen Lastfälle berechnet und aus den ermittelten Schalenspannungen die Stabkräfte zurückrechnet. Angeregt durch eine Arbeit seines Lehrers August Föppl über ein prismatisches Flechtwerkdach, das sich sowohl auf die Kämpfer als auch auf die Querwände abstützt, entwickelt er gleichzeitig mit Bauersfeld, aber unabhängig von ihm, die Membrantheorie der querversteiften Zylinderschalen. Daraufhin rät ihm August Föppl, sich mit der Biegetheorie dieser Schalen zu befassen. Nach seinem Eintritt in die Firma Dyckerhoff & Widmann untersucht Finsterwalder zu diesem Zwecke in Jena durch Feinmessungen an Blechmodellen die Wirkungsweise der querversteiften zylindrischen Schalengewölbe und ergänzt die Membrantheorie der Zeiss-Tonnengewölbe durch Untersuchungen der Randbelastung und des elastischen Zusammenwirkens von Schale und Randglied. Diese Untersuchungen werden nötig, da der Membrantheorie keine Linienbelastungen zugrunde liegen, also das Gewicht des Zuggliedes am Schalenrand in die Membranrechnung nicht mit eingeführt werden kann. Das wirkt sich besonders ungünstig bei großen Abständen der Versteifungsscheiben, also bei großen Bauwerken, aus.
Finsterwalder läßt nun in den Schalen Biegungsmomente zu, die fast ausschließlich in der Querrichtung auftreten. Dadurch wird die Last des Randgliedes als Flächenlast über die Schale verteilt. Die Schale wirkt wie ein hoher Träger, der die Gewölbeschübe vorwiegend durch Dehnungsspannungen auf die Binder abträgt. Die flachen kreiszylindrischen Schalen mit ihren beiderseitigen Randgliedern bilden ein zwischen die Binder gespanntes räumliches Tragwerk, wobei der Scheitelbereich der Schale den Druckgurt und der Kämpferbereich mit den Randgliedern den Zuggurt bilden. Mit den hierfür entwickelten

Differentialgleichungen der Biegetheorie der querversteiften zylindrischen Schalengewölbe mit kreissegmentförmigem Querschnitt schafft Finsterwalder eine sichere wissenschaftliche Grundlage, die für die Weiterentwicklung der Schalenbauweise von großer Bedeutung ist (s. Seite 185).
1930 findet diese Theorie in Finsterwalders Dissertationsschrift ihren Niederschlag. Seine wissenschaftlichen Arbeiten über die zylindrischen Schalengewölbe erhalten 1926/28 ihre erste weltweite Bestätigung beim Bau der Großmarkthalle in Frankfurt, deren 50,0 m breiter Innenraum mit 15 quergestellten zylindrischen Schalenträgern stützenfrei überdeckt wird (s. Seite 180). Diesem Bauwerk folgen weitere Hallenkonstruktionen, unter denen die Großmarkthalle in Budapest besondere Beachtung verdient.
Aus dem zylindrischen Schalengewölbe werden von Finsterwalder weitere Überdachungskonstruktionen entwickelt. Aus zwei gegeneinander geneigten, ganz flachen Zylinderschalen entstehen einstielige Schalenkragdächer, die mit Rücksicht auf die für die Schalung benützten fahrbaren eisernen Zeiss-Netzwerke zunächst genormte Krümmungsradien von 7,5, 10,0 und 12,5 m haben. Sie werden erstmalig 1928 zur Überdachung der Bahnsteige auf dem Ostbahnhof in München errichtet. 1929 wird in Nürnberg die Postkraftwagenhalle durch einstielige Schalenkragdächer von 9,0 m Spannweite überdeckt, die 3,0 m voneinander entfernt stehen und über diesen Zwischenräumen Oberlichter tragen. Ein Jahr später wird nach diesem Prinzip die Straßenbahnhalle in Budapest über einem sehr unregelmäßigen Grundriß gebaut.
Zu jener Zeit werden auch schon von Dyckerhoff & Widmann unter maßgeblichem Anteil von Hubert Rüsch Shedbauten aus Zylinderschalen vorgeschlagen, die seither das Bild vieler Industriebauten bestimmen. Über 3 Mill. Quadratmeter Industrieflächen werden mit Zeiss-Dywidag-Schalen der verschiedensten Art überspannt.
In Deutschland wird die erste Dywidag-Shedhalle 1934 für die Linoleumfabrik in Bedburg gebaut. Zuvor errichtet Hubert Rüsch eine 70 000 qm große Shedhalle in Südamerika.
Schalenkragdächer als Pilzkonstruktionen, als Tribünenüberdachungen, als Doppelkragdächer mit 30,0 m Spannweite für Flugzeugschuppen mit unbeschränkter Torspannweite sind weitere Projekte unter Verwendung des zylindrischen Schalengewölbes, die Finsterwalder und die Ingenieure von Dyckerhoff & Widmann gegen Ende der zwanziger Jahre entwerfen und die sich damals durch große Kühnheit auszeichnen. 1930 erhält Finsterwalder von der Preußischen Akademie des Bauwesens den 2. Preis für seine Arbeit »Eisenbeton als Gestalter«. Im selben Jahr schlägt Ulrich Finsterwalder in einem Wettbewerbsentwurf für die Dreirosen-Brücke über den Rhein bei Basel erstmalig eine Spannbetonbrücke vor. Sie sollte in drei Öffnungen von 50,0 + 100,0 + 50,0 m mit einem System von Kragträgern den Fluß überspannen. Es war geplant, diese Kragträger in die Strompfeiler zu spannen, an den uferseitigen Enden auf Rollenlagern abzustützen und in Strommitte Pendelgelenke zur Aufnahme von Querkräften einzubauen. Die Kragträger sollten durch Kabel mit einer auf die ganze Trägerlänge

68 Vorgespannter Fachwerkträger der Festhalle in Weimar 1939

konstanten Zugkraft vorgespannt werden [162]. Die Ideen dieser Arbeit wurden von der Jury nicht erkannt, und es vergingen zwanzig Jahre, ehe sie Verständnis fanden. In der Zwischenzeit beschäftigen Finsterwalder immer wieder die Probleme der Vorspannung.

1937 erhält er mehrere Auslandspatente für das Verfahren, die unterspannten Zuganker bei Stahlbeton-Balkenträgern mit in Feldmitte liegender Gelenkfuge durch Absenken der überhöht hergestellten Balkenträgerhälften vorzuspannen und sie nachträglich einzubetonieren. In dieser Bauart errichtet Finsterwalder 1938 die Autobahnbrücke in Wiedenbrück mit einer Spannweite von 34,5 m (s. Seite 206). Im selben Jahr bekommt er Auslandspatente für ein Verfahren, bei Fachwerkträgern die Zugstäbe erst nach dem Ausrüsten und dem vorübergehenden Aufbringen zusätzlicher Lasten einzubetonieren. Dadurch tritt eine selbsttätige Zugvorspannung in den Stahlstäben auf. Finsterwalder: Die Druckstäbe im Fachwerk bilden gewissermaßen ein Spannbett, und es entsprechen die unter Zugbeanspruchung stehenden, zunächst nicht ummantelten Bewehrungsglieder den vorzuspannenden Stahlstäben (s. Seite 210).

Nach diesem System überdacht Finsterwalder 1939 die Festhalle in

Weimar [68]. Außerdem werden diese Fachwerkträger mit Spannweiten bis zu 81 m beim Bau von weitgespannten Flugzeughallen nach der Zeiss-Dywidag-Schalenbauweise für den Flugplatz München-Riem angewandt.
1934–1939 entstehen zahlreiche Flugzeughallen nach der Zeiss-Dywidag-Bauweise [114] mit Torspannweiten bis 60 m und Hallentiefen bis 45 m. Die große Spannweite der Torträger konnte nur dadurch erreicht werden, daß die Randträger der Schale nach dem Fachwerksystem mit Vorspannung durch Wirkung des Eigengewichtes ausgeführt wurden. Die einseitige Belichtung dieser Hallen, die besonders schön wirkt, gibt die Anregung für die Belichtung der 1937–1939 erbauten 57,0 m breiten und 132,0 m langen Großmarkthalle in Köln [69]. Architekt ist Th. Teichen.
1938 Verleihung der Edward-Longstreth-Medaille (s. Biographie Dischinger).
1939 entsteht der Entwurf für den Hauptbahnhof in München. Im Gegensatz zu dem Entwurf von Professor Bonatz, von dem der Bauherr »eine Symphonie aus Glas und Eisen« wünschte, schlägt Finsterwalder eine Flechtwerkkuppel aus Stahlbeton mit 280 m Spannweite und 100 m Höhe vor, die auf 16 Stützen ruht. Es war vorgesehen, die Halle – wie das Pantheon in Rom – durch eine nicht überdachte Öffnung im Scheitel zu belichten. Die mit einem Ventilator unterstützte natürliche Lüftung der Halle sollte das Eindringen des Regens von oben verhindern [70].
Zu Beginn des zweiten Weltkrieges untersucht Finsterwalder in einer theoretischen Arbeit die Anordnung der Stahlbewehrung für Bunkerbauten. Während des Krieges wurden 100 000 t dieser Bewehrung eingebaut.
Im Hinblick auf den Stahlmangel während der Kriegsjahre entwickelt er 1942 Stahlbetonschiffe in Schalenbauweise, darunter Motortankschiffe von 3770 t Tragfähigkeit für die Hochseeschiffahrt (s. Seite 196).
Im Jahre 1949 führt Finsterwalder den Dywidag-Spannbeton ein, ein Spannverfahren, bei dem Stäbe mit kalt aufgewalzten Gewinden aus St.60/90 benutzt werden. Er bevorzugt die beschränkte Vorspannung (s. Seite 236).
1950 baut er die Donaubrücke beim Gänstor in Ulm als vorgespannten gelenklosen Rahmen mit einer Spannweite von 82,4 m. Die Rahmenstiele werden in Stabdreiecke aufgelöst, die monolithisch mit dem Überbau und den Fundamenten verbunden werden können (s. Seite 234).
1951 entwickelt Finsterwalder die Idee des freien Vorbaues von Spannbetonbrücken. Vom Pfeiler aus werden Kragträger abschnittsweise vorgebaut. In jedem Abschnitt werden nur diejenigen Stäbe gespannt, die dort enden, während man die übrigen spannungslos zu den Abschnitten weiterführt, die später betoniert werden. Diese Idee ist sehr bedeutsam für die Entwicklung des Massivbrückenbaues für weitgespannte Konstruktionen, die bis dahin dem Stahlbau vorbehalten waren. Die 60,0 m weit gespannte Lahnbrücke in Balduinstein wird als erste in dieser Bauart ausgeführt. Unmittelbar danach wird in Worms die Nibelungenbrücke mit Spannweiten bis 114 m errichtet. Dieses Bauwerk findet weltweites Interesse. Seither sind nach diesem Verfahren in Dywidag-Spannbeton nahezu 100 Brücken in fast allen Teilen der Erde errichtet worden. In

71 Hochstraße in Dywidag-Spannbeton am Stadtfelddamm, Hannover 1962–63

der Konstruktion und in der Gestaltung am eindrucksvollsten ist die Autobahnbrücke über den Rhein in Bendorf bei Koblenz. Mit ihrer Mittelspannweite von 208,0 m ist das 1962–1964 errichtete Bauwerk (Architekt Gerd Lohmer) die am weitesten gespannte Betonbalkenbrücke der Erde (s. Seite 239).
1950 wird Ulrich Finsterwalder von der Technischen Hochschule Darmstadt die Ehrendoktorwürde verliehen, 1953 erhält er vom Deutschen Beton-Verein die Emil-Mörsch-Gedenkmünze, 1956 verleiht ihm die Braunschweigische Wissenschaftliche Gesellschaft die Gauß-Medaille.
1953 konstruiert er für die Schwarzwaldhalle in Karlsruhe (Architekt Prof. Schelling) das Dach in Form einer auf Lehrgerüst hergestellten sattelförmigen Schalenkonstruktion.
Seit Mitte der fünfziger Jahre beschäftigt sich Finsterwalder eingehend mit dem Bau von Hochstraßen in Spannbeton. Er widmet sich dieser Entwicklung besonders deshalb, weil zur Überquerung von Hindernissen in den Städten und in der freien Landschaft die Hochstraße auf einer mittleren Stützenreihe große Vorteile bietet. 1955 entsteht in Zusammenarbeit mit dem damaligen Münchener Stadtbaurat Professor Högg der Entwurf für die Zusammenführung der drei vor München endenden Autobahnen in einem die Innenstadt umgreifenden Ring von Hochstraßen. Leider wird das Projekt von der Stadtverwaltung abgelehnt. Ausgeführt wird die Hochstraße in Unkelstein, bei welcher der als Hohlkasten ausgebildete Überbau mit je vier Rollenlagern auf den mit einem

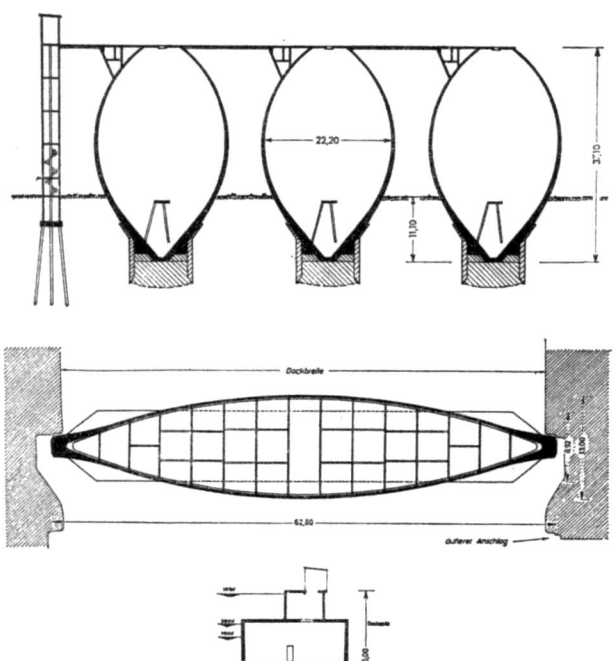

72 Querschnitt durch Faulbehälter in Dywidag - Spannbeton 1955

73 Verschluß für das Trockendock »Elbe Nr. 17« in Hamburg in Dywidag-Spannbeton 1958

Kapitel versehene Säulen aufruht. In Ludwigshafen wird die Hochstraße erstmalig als allseitig aus einer Mittelstütze auskragende massive Spannbetonkonstruktion in Form eines »Pilzes« verwirklicht. Die Pilze haben eine Grundfläche bis 30 × 30 m. Weitere bemerkenswerte Bauten dieser Entwicklungsreihe sind die Hochstraßen am Stadtfelddamm in Hannover [71] und am Vahrer Kreuz in Bremen. Sie zeichnen sich durch eine fugenlose Fahrbahn aus. Für den Bau ähnlicher Hochstraßen in gebirgigem Gelände hat Finsterwalder eine durchschiebbare Rüstung entwickelt, mit welcher jeweils ein Brückenfeld hergestellt wird. Diese Bauweise ist vom Gelände unabhängig und ermöglicht einen sehr raschen Baufortschritt. Das markanteste Beispiel dieses Verfahrens ist die Autobahnbrücke über das Elztal in der Eifel mit 30,0 m Brückenbreite, 9 × 37,5 m Spannweite und bis zu 100 m Stützenhöhe.

Der Überbau ist eine massive, in Längs- und Querrichtung beschränkt vorgespannte Platte veränderlicher Konstruktionsstärke, die am Stützenanschnitt 2,45 m dick ist und von der Stütze nach allen Seiten auskragt. Dieser statischen

74 Elztalbrücke in Dywidag-Spannbeton (Autobahn Montabaur–Trier) 1964/65

Funktion entsprechend nimmt die Plattendicke parabolisch zum Randbereich hin ab. Die Pfeiler haben einen achteckigen Hohlquerschnitt mit Außenabmessungen von 4,80 × 5,80 m und 30 bis 35 cm Wanddicke. Sie werden in Gleitbauweise nach dem Siemcrete-Gleitverfahren ausgeführt. Auf eine Verstärkung der sehr hohen Stützen konnte verzichtet werden, weil die Massivplatte des Überbaues als horizontale Scheibe zur Aufnahme der Horizontalkräfte infolge Wind und infolge unsymmetrischer Verkehrslasten ausgebildet wird [74].
Seit 1955 werden nach den konstruktiven Entwürfen Finsterwalders die Faulbehälter in Berlin-Ruhleben, Bremen, Frankfurt a. M., Hamburg, München und anderen Städten in Dywidag-Spannbeton nach einem neuartigen Verfahren als vorgespannte Schalen errichtet. Die Behälter haben ein Fassungsvermögen von 6000–8000 cbm. Sie sind so geformt und vorgespannt, daß bei den Schalenschnittkräften Randstörungen weitgehend vermieden werden. Sie werden abschnittsweise in einzelnen Schalensegmenten auf einem im Kreis verfahrbaren Gerüst hergestellt [72].

75 Mehrzweckhalle in Ludwigshafen. Architekt: R. Rainer 1962—65

76 Spannbandbrücke über den Rhein bei Köln. Wettbewerbsentwurf in Zusammenarbeit mit Architekt G. Lohmer 1958

1958 baut Finsterwalder im freien Vorbau die Mangfall-Autobahnbrücke zwischen München und Salzburg als Fachwerk-Parallelträger in Spannbeton mit 90,0 + 108,0 + 90,0 m Spannweite, Architekt ist Gerd Lohmer [165, 166].
Eine sehr interessante Aufgabe stellt sich Finsterwalder 1958 mit dem Bau eines Dockverschlusses für das Trockendock »Elbe 17« in Hamburg. Der 62,60 m lange Verschluß hat einen rechteckigen, im Grundriß zweiseitig parabolischen Kastenquerschnitt. Er wird in Spannbeton ausgeführt [73].
Ebenfalls 1958 entsteht nach eingehenden Modellversuchen die Schalenkonstruktion über dem Auditorium maximum der Universität Hamburg als 13 cm dicke vorgespannte Kugelschale mit 65 m Radius über einem unregelmäßigen Grundriß (Architekt Professor Hermkes).
In Zusammenarbeit mit Professor Hermkes entwickelt Finsterwalder 1958 aus der Grundidee der Großmarkthalle Köln die Großmarkthalle in Hamburg in einem von jener abweichenden wellenförmigen Schalenquerschnitt. Aus seiner Schule stammt die Mehrzweckhalle in Ludwigshafen (Architekt Professor Rainer), bei der ein quadratischer Grundriß von 56,8 m Seitenlänge mit einer durch Rippen gegliederten hyperbolischen Paraboloidschale überdeckt wird. Die Schale hat zwei Hoch- und zwei Tiefpunkte, die sich jeweils auf dem Quadratgrundriß diagonal gegenüberliegen. Die vorgespannten Randträger mit Hohlquerschnitt vereinigen sich in den Tiefpunkten gabelförmig und sind unter Gelände durch ein Spannbetonzugband verbunden. Die Rippenschale ist in der Hauptzugrichtung vorgespannt. Die beiden Rippenscharen verlaufen jeweils parallel zu den Diagonalen des Grundrißquadrates. Für die Herstellung der Dachschale wird ein Verfahren angewendet, bei dem in zweimal 17 Bauabschnitten 6,5 cm starke parallelogrammförmige Fertigteilplatten unter weitgehendem Verzicht auf Rüstung durch die örtlich betonierten Rippen zu einer einheitlichen Schalenfläche verbunden werden [75].
Aus der Idee, ein flaches Hängedach als Pultdach auszuführen, entsteht die charakteristische Form der Bremer Stadthalle, deren Bild durch die sechs weit auskragenden Binder bestimmt wird, an denen die Spannbeton-Hängeseile befestigt sind, die die Dachhaut tragen.
Sein besonderes Interesse widmet Finsterwalder der Betonstraße. Durch Beseitigung der Fugen will er einen entscheidenden Fortschritt im Straßenbau erreichen.
1958 fasziniert Finsterwalder die Fachwelt durch seine Vorschläge zur Überbrückung des Bosporus mit einer 30 cm dicken Spannbandbrücke. Für eine ähnliche Brücke über den Rhein bei Köln [76] erhält er zusammen mit Gerd Lohmer den dritten Preis (s. Seite 232).
1963 wird Ulrich Finsterwalder das Große Verdienstkreuz des Verdienstordens der Bundesrepublik Deutschland verliehen. 1964 wird er zum Ehrenmitglied des American Concrete Institute (Amerikanischer Beton-Verein) ernannt.

Fortschritte im Bau von Massivkuppeln
von Franz Dischinger

Schon kurz nach Christi Geburt entstand das Meisterwerk der altrömischen Baukunst, das Pantheon in Rom mit einer Kuppelspannweite von 44 m, einer Spannweite, die erst in allerneuester Zeit durch die Eisenbetonkuppel der Breslauer Jahrhunderthalle überboten wurde. Der nächste bemerkenswerte Bau ist die im 6. Jahrhundert unter Kaiser Justinian in Konstantinopel erbaute Sophienkirche mit einer Spannweite von 31,5 m.
Ein Jahrtausend lang stockte dann die Weiterentwicklung des Kuppelbaues. Dann folgte eine neue Blüte im Bauwesen. Es entstand der bekannte Bau des Domes in Florenz im 15. Jahrhundert, dessen Kuppel eine Spannweite von 42 m besitzt, im 16. Jahrhundert die Peterskirche in Rom mit einer Spannweite von 40 m und im 17. Jahrhundert die St.-Pauls-Kathedrale in London mit einer Spannweite von 33 m. Zu gleicher Zeit entstanden im Osten unter der Herrschaft der Türken eine ganze Reihe hervorragender Kuppelbauten für Moscheen, die noch heute Zeugnis von der hochentwickelten Baukunst der Türken geben.
Diese Kuppelbauten der früheren Zeit sind um so bewunderungswürdiger, als den damaligen Baumeistern keinerlei zugfestes Material und auch keine genaueren Berechnungsmethoden zur Verfügung standen. Durch die rasche Entwicklung des Eisenbetons in der Neuzeit wurde das für den Massivkuppelbau notwendige zugfeste Material geschaffen. Infolgedessen hat auch der Massivkuppelbau in den letzten Jahrzehnten einen neuen Aufschwung genommen, und zwar angeregt durch die weitgespannten eisernen Kuppelbauten, von denen die größten, die Ausstellungskuppel in Lyon, eine Spannweite von 110 m und die Rotunde in Wien eine Spannweite von 102 m besitzen. Dadurch ist es auch erklärlich, daß sich der Massivbau in seiner statischen Berechnung und Konstruktion weitgehend an die Eisenkonstruktionsmethoden anlehnte. Eine große Anzahl und insbesondere die weitgespanntesten Eisenbetonkuppeln bestehen aus radial angeordneten Bindern, die oben durch einen Druckring und unten durch einen Zugring gefaßt sind, zur Verminderung der Momente in den Bindern wurden gewöhnlich noch ein oder mehrere Zwischenringe eingelegt.
Die größte dieser Massivkuppeln ist die bekannte Kuppel der Breslauer Jahrhunderthalle mit einer Spannweite von 65 m. Das Eigengewicht derartiger Rippenkuppeln wächst sehr rasch mit der Spannweite, so daß bei großen Spannweiten Eisenbetonmassivkuppeln gegenüber eisernen Kuppeln unwirtschaftlich werden; auch ist die Herstellung selbst infolge der schwer übersehbaren Ausrüstungsspannungen, die im folgenden noch besprochen werden, mit erheblichen Schwierigkeiten verbunden. Der Grund für das große Eigengewicht und damit für die Unwirtschaftlichkeit derartiger Rippenkuppeln ist darin zu suchen, daß sowohl in den Bindern als auch in den Ringen erhebliche Biegungsmomente auftreten, die kräftige Querschnitte erforderlich machen.

Viel geeigneter als Rippenkuppeln sind die Schalenkuppeln für die Herstellung großer Spannweiten in Massivkonstruktion, weil in Schalenkuppeln mit geringer Wandstärke und bei sachgemäßer Wahl der Randbedingungen fast keine Biegungsmomente senkrecht zur Schale auftreten. Infolge Wegfalls dieser Biegungsmomente kann man mit sehr geringen Schalenstärken auskommen und die Druck- und Zugfestigkeit des Eisenbetons in sehr wirtschaftlicher Weise ausnützen. Es sind bis heute eine große Anzahl derartiger Schalenkuppeln hergestellt worden. Die durch die Dyckerhoff & Widmann AG, Niederlassung Karlsruhe, ausgeführte Innenkuppel der Kirche St. Blasien ist die flachste und wohl auch die kühnste der bisherigen Ausführungen. Sie hat eine Spannweite von etwa 34 m bei einem Stich von nur 5,25 m. Der mittlere Teil der Kuppel ist als Schale mit einem Krümmungsradius von 23,1 m ausgeführt, der äußere Teil der Kuppel dagegen als Zeltdach.

Sieht man von den Einflüssen des Windes und der Schneelast ab, die bei Kuppelbauten immer verhältnismäßig gering sind, und nimmt an, daß die Schalenkuppel nur durch Eigengewicht belastet wird, dann sind, wie leicht nachzuweisen ist, die Spannungen in der Kuppel vollständig unabhängig von der Dicke der Schale selbst, d. h., Schalenkuppeln lassen sich theoretisch mit Rücksicht auf die Spannungen allein ganz beliebig dünn ausführen, eine Begrenzung ist nur gegeben durch die Knickfestigkeit der Schale selbst.

Mit Rücksicht jedoch auf die Spannungen, die in Schalenkuppeln durch die Ausrüstung und auch infolge ungenauer Ausführung der Kuppelfläche entstehen, ist es nicht möglich, die Schalendicke so dünn zu wählen, wie es der statische Nachweis und die Knicksicherheit erforderte. Es ist demnach also von wesentlicher Bedeutung, diese Ausrüstungsspannungen zu vermeiden und die Kuppelfläche mit mathematischer Genauigkeit herzustellen.

Durch das Zusammentreffen von drei wesentlichen Erfindungen in den letzten Jahren sind nunmehr diese Forderungen erfüllt, und es können heute weitgespannte Massivkuppeln bei sehr geringem Eigengewicht und mathematisch genauer Form und unter Vermeidung von Ausrüstungsspannungen hergestellt werden.

Herr Dr. Bauersfeld von der Firma Carl Zeiss, Jena, der Erfinder des durch die verschiedenen Zeitungsnotizen bekannten Planetariums, sah sich vor die Aufgabe gestellt, auf dem Dache eines der Fabrikgebäude von Zeiss für Versuchszwecke einen Kuppelbau zur Darstellung des Himmelsgewölbes zu errichten.

Da die Konstruktion mit Rücksicht auf den schon vorhandenen Bau sehr leicht gehalten werden mußte, kam Herr Dr. Bauersfeld auf die Idee, diese 16 m weit gespannte Kuppel von der Form einer Halbkugel mittels eines leichten eisernen Netzwerkes herzustellen, dessen Stäbe im Dreiecksystem aneinandergereiht und durch ein einfaches Schloß miteinander verbunden werden sollten. Wegen Überführung des Netzwerkes in eine Kugelschale setzte sich dann Zeiss mit der Dyckerhoff & Widmann AG in Verbindung. Die weitere Durcharbeitung dieses patentierten Kuppelbausystems erfolgte dann in Zusammenarbeit der beiden Firmen.

Zwei weitere schon vorhandene Erfindungen, das Torkretverfahren und der hochwertige schnell erhärtende Zement, machten es möglich, dieses Gerippe in kurzer Frist in Eisenbeton einzuhüllen, ohne Verwendung einer festen Unterrüstung und Schalung. In Bild [77] ist das fertig montierte Netzwerk aus dünnen Flacheisenstäben, die eine durchschnittliche Länge von etwa 60 cm besitzen, zu erkennen. Die Kuppel hat die Form einer Halbkugel und ist auf einem zylindrischen Unterbau aufgesetzt, der auch in Netzwerkkonstruktion hergestellt ist.

Von Interesse ist die Stabeinteilung. Es war hierbei Prinzip, möglichst gleich große Stablängen zu erhalten, damit die Eisenmenge möglichst gleichmäßig über die ganze Fläche verteilt wird. Der Stabeinteilung liegt ein 20-Flächner zugrunde, dessen Flächen wiederum so untergeteilt sind, daß auch möglichst wenig Stäbe verschiedener Längen entstanden. Insgesamt wurden für die Kuppel benötigt 3840 Stäbe und 51 verschiedene Stabsorten. Trotzdem das Netzwerk nur ein Gewicht von 9 kg/qm besitzt, ist es befähigt, die ungleichmäßig verteilte Last einer größeren Anzahl Menschen ohne merkbare Deformation zu tragen. Die Steifigkeit des Netzwerkes ist um so bemerkenswerter, wenn man berücksichtigt, daß 9 kg Eisen nur einer durchschnittlichen Blechstärke von etwa 1,1 mm entsprechen und das Gesamtgewicht der 400 qm umfassenden Kuppelfläche nur 3600 kg beträgt. Dieses außerordentlich geringe Gewicht ermöglicht eine sehr einfache Montage. Die Montage wird vom Scheitel aus begonnen, und mit Fortschreiten der Montage wird das Gerippe mittels eines Bockgerüstes allmählich in die Höhe gehoben, so daß die Montage ständig vom Boden aus erfolgen kann.

Bei der großen Anzahl der Stäbe und bei ihrer geringen Länge haben die einzelnen Stäbe eines Knotenpunktes nur sehr geringe Winkelabweichungen von der Tangentialebene. Um die leichte Montage und eine gleichmäßige Spannungsverteilung zu ermöglichen, ist es notwendig, die Stablängen und auch die Scheiben der Schlösser mit außerordentlicher Genauigkeit herzustellen. Die Herstellung erfolgte mit einer Genauigkeit, wie sie nur in einer optischen Anstalt üblich ist. Die Stäbe wurden auf 1/10 000 ihrer Länge genau hergestellt. Der Knotenpunkt besteht aus zwei Scheiben mit ringförmigen Einfräsungen, in die die entsprechend gestanzten Enden der Stäbe eingreifen. Die beiden Scheiben des Knotenpunktes werden durch Schrauben zusammengehalten. Bei der Fräsung der Scheibe wurde die geringe Winkelabweichung der an einen Knoten angreifenden Stäbe in der Fräsung mitberücksichtigt. Nur durch diese große Genauigkeit in der Herstellung des Netzwerkes kann erreicht werden, daß das Gerippe wie ein homogenes Blech, d. h. als Membran wirkt und diese hohe Tragfähigkeit besitzt.

Das Eintorkretieren des Netzwerkes erfolgt vom Äquator aus in einzelnen Ringen. Durch diesen Arbeitsfortschritt in einzelnen Ringen wird das Netzwerk nur wenig belastet, weil die schon erhärteten Ringe befähigt sind, die neu aufgebrachte Last zu übernehmen, so daß nur sehr geringe Spannungen in dem noch nicht torkretierten Netzwerk entstehen.

Um dem Torkretbeton einen guten Halt zu geben, wird das Netzwerk mit einem

77 Das fertig montierte Netzwerk der 16 m weit gespannten Planetariumskuppel auf dem Dache der Zeissfabrik, mit Menschen belastet. 1922

starken Drahtgewebe überzogen. Die Stärke des Torkretbetons beträgt nur 3 cm, an den Netzwerkstäben jedoch wird zwecks besserer Einhüllung und um aus besonderen Gründen das Netzwerk von außen sichtbar zu machen der Beton verstärkt. Die Torkretierung erfolgt von außen mittels beweglicher Schalungstafeln, die an der Innenseite des Netzwerkes mittels Drähten angehängt werden. Das Versetzen der beweglichen Schalungstafeln erfolgt mittels eines Dreharmes, dessen Drehpunkt im Mittelpunkt der Kugel gelagert ist.

Eine zweite wesentliche Ausführung ist die Kuppel für die Absprengerei der Fa. Schott & Gen. in Jena. Die Kuppel hat eine Spannweite von 40 m bei einem Stich von 7,869 m. Die Kuppel ist nach einer Kugel mit dem Radius 28,28 m geformt. Die zentrale Beschickung der Absprengerei und die gute gleichmäßige Beleuchtung waren maßgebend für die Ausführung dieses Fabrikgebäudes in runder Form [78].

Das Netzwerk besteht aus denselben dünnen Flacheisenstäben wie bei der eben beschriebenen Kuppel. Mit Rücksicht auf die große Spannweite dieser Kuppel war es notwendig, die Montage des Netzwerkes vom Zugring aus vorzunehmen; um die Montage möglichst einfach zu gestalten, wurde der Einteilung des Netzwerkes das Parallelkreissystem zugrunde gelegt. Beim Parallelkreissystem ist allerdings die Verteilung der Eisenmenge nicht so gleichmäßig wie bei dem erst beschriebenen Netzwerk, und auch die Stablängen weisen größere Unterschiede auf, jedoch sind diese Nachteile nicht sehr wesentlich gegenüber den Vorteilen der einfachen und raschen Montage und sind statisch von ganz unwesentlicher Bedeutung.

Für die Montage wurde ein leichtes hölzernes Drehgerüst benutzt, das in der Mitte in einem Drehzapfen und an den Enden auf Rollen gelagert war. Trotzdem das Netzwerk bei Frost montiert wurde, war die Montage in drei Wochen fertig. Bei warmer Witterung hätte die Montage fast in der halben Zeit erledigt werden können. Die Montage erfolgte vom Drehgerüst aus vollständig frei ohne weitere Unterrüstung.

Infolge der großen Genauigkeit in der Bearbeitung des Netzwerkes ergaben sich keinerlei Schwierigkeiten bei der Montage, auch nicht beim Schließen der Kuppel am Scheitel, wo solche am meisten zu erwarten waren. Wie sehr aber die Genauigkeit bei der Bearbeitung eine Rolle spielt, zeigte sich darin, daß eine Stabreihe, bei der ein Rechenfehler von 1 mm unterlaufen war, die Form der Kuppel so beeinflußte, daß diese Stabreihe wieder entfernt und durch eine Stabreihe von richtiger Länge ersetzt werden mußte. Besonders interessant ist Bild [79], in dem das mit Menschen belastete Netzwerk von unten zu sehen ist. Auch in der Wirklichkeit erscheinen die Menschen in dem dünnen Netzwerk wie Mücken in einem Spinnwebennetz. Auch dieses Netzwerk wiegt nur 9 kg/qm, entsprechend 1 mm Blechstärke. Trotz des großen Krümmungsradius von 28,28 m ist das Netzwerk steif genug, um die Last einer großen Anzahl Menschen zu tragen. Die Oberfläche der Kuppel beträgt 1400 qm, das Gesamtgewicht demnach etwa 13 t.

Mit Rücksicht auf die erheblich größeren Spannungen dieser flachen Kuppel und auf die Knicksicherheit der Schale war es notwendig, diese in einer Stärke von 6 cm auszuführen. Um einen guten Zusammenhang im Beton zu schaffen und zur Aufnahme der Temperaturspannungen infolge einseitiger Erwärmung der Schale wurde das Netzwerk oben wie unten durch sich kreuzende 5-mm-Eisen verstärkt (insgesamt 3 kg pro qm). Diese Rundeisen dienten auch zugleich dazu, dem Beton beim Torkretieren den nötigen Halt zu geben, und ersetzten das Drahtgewebe, das bei der 16 m weit gespannten Kuppel verwendet worden war. Die Überdeckung der Rundeisen beträgt auf jeder Seite noch 1 cm. Dieser Abstand konnte sehr genau eingehalten werden, weil die Schalungstafeln anliegend an die Schraubenbolzen der Schlösser sehr genau befestigt werden konnten. Die Torkretierung erfolgte ebenfalls von außen in horizontalen Ringen, und um eine gute Verbindung der einzelnen Betonringe zu erhalten, wurde jeder Ring zuerst nur in der halben Schalenstärke torkretiert, die dann zugleich mit der Torkretierung des nächsten Ringes zur vollen Stärke ergänzt wurde. Infolge Verwendung von Dyckerhoff-Doppelzement erfolgte die Herstellung in

78 Eisenbe
Fa. Sch

79 Das m
Jena vc

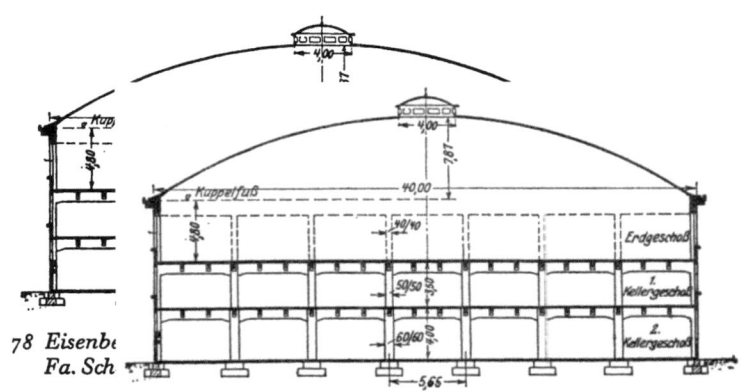

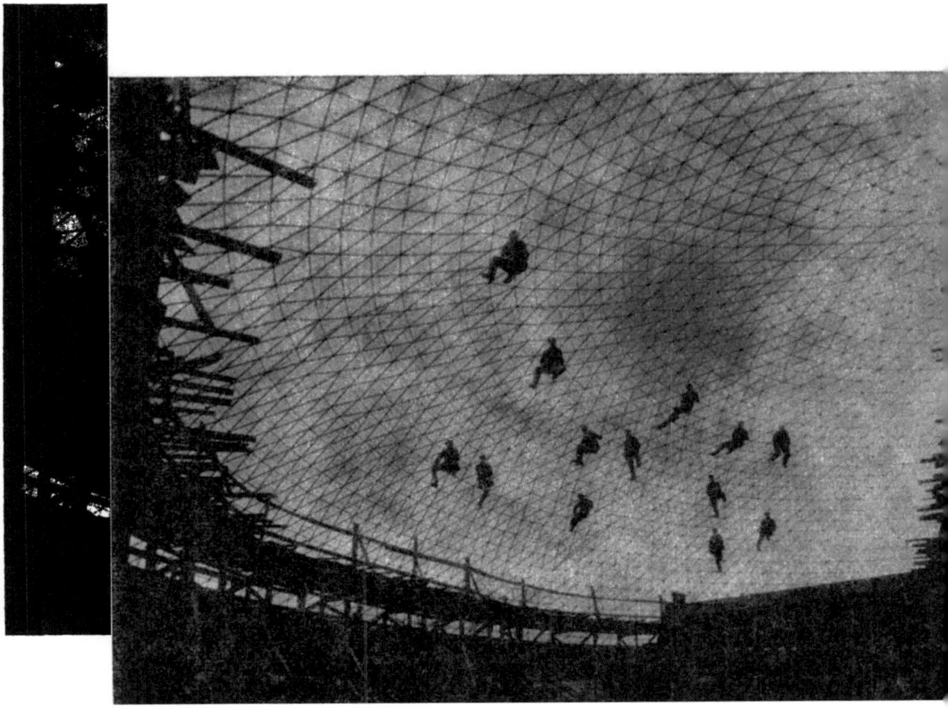

sehr kurzer Zeit. Es konnte jeden Tag ein Ring fertiggestellt werden, so daß für die ganze Torkretierung nur etwas mehr als drei Wochen benötigt wurden.

Aus architektonischen Gründen wurde das Oberlicht der Laterne noch ergänzt durch Sternprismen. Um ein Zerspringen dieser Prismen infolge des verschiedenartigen Druckes in der meridionalen und Ringrichtung zu vermeiden und mit Rücksicht auf die Schwierigkeiten beim Torkretieren wurden diese Prismen nicht mit eintorkretiert, sondern Aussparungen in Dreieckform vorgesehen und die Prismen, in einer besonderen Platte über der Kuppelschale liegend, einbetoniert. Die Abdeckung und Isolierung der dünnen Dachhaut erfolgte mittels Torfoleumplatten in Mörtel verlegt. Auf den Torfoleumplatten wurde ein $1^{1}/_{2}$ cm starker Torkret-Estrich aufgebracht und darauf die teerfreie Pappe geklebt.

Besondere Aufmerksamkeit wurde darauf gewandt, einwandfreie Wand- und Auflagerbedingungen zu schaffen. Bekanntlich liegt bei Kuppeln, die die Form einer Kugel haben, die Bruchfuge, d. h. der Übergang der Ringdruck- zu den Ringzugspannungen, bei einem Öffnungswinkel von etwa 51°. Flache Kuppeln haben deshalb nur Druckspannungen und infolgedessen das Bestreben, sich zusammenzuziehen, während bei Zugring das umgekehrte Bestreben hat, sich auszudehnen. Infolge dieser Zwängungen entstehen Biegungsspannungen in der Schale. Diese Randzwängungsspannungen, soweit sie das Eigengewicht betreffen, wurden zum großen Teil beseitigt durch entsprechende Wahl der Meridiankurve. Immerhin entstehen aber noch Zwängungsspannungen infolge der verschiedenartigen Erwärmung der Schale und des Zugringes.

Das Randspannungsproblem ist deshalb von außerordentlicher Bedeutung für die Herstellung flacher Kuppeln. Bei Gelegenheit dieses Kuppelbaues für die Firma Schott wurde dieses Problem im Zeiss-Werk theoretisch eingehend bearbeitet und auch eine große Anzahl Versuche gemacht, und es gelang Herrn Dr. Geckeler, Jena, eine einfache und übersichtliche Lösung dieser Aufgabe.

Sehr wichtig ist es auch, den Zugring richtig zu lagern, um Zwängungserscheinungen in der Schale und Biegungsspannungen im Zugring zu vermeiden. Infolge seiner Zugspannungen und infolge von Temperaturwirkungen hat der Zugring das Bestreben, sich in einen Kreis von größerem bzw. kleinerem Radius zu verwandeln. Um diese Bewegung zu ermöglichen, ist der Zugring auf Pendelsäulen aufgelagert, die eine freie Bewegung des Ringes in radialer Richtung gestatten, in Richtung des Zugringes selbst aber ein sehr großes Trägheitsmoment besitzen, um horizontale Kräfte aufnehmen zu können und den Zugring von Biegungsmomenten infolge Wind- und Schneebelastungen zu befreien. Durch diese Pendelsäulen, die nur eine Bewegung in radialer Richtung ermöglichen, ist der Zugring gezwungen, ständig seine Kreisform beizubehalten, es können deshalb in ihm auch keine wesentlichen Biegungsmomente auftreten, die den Zugring aus der Kreisform zu biegen versuchen.

Die statischen Berechnungen für diese außerordentlich kühne Konstruktion wurden durch Herrn Professor Spangenberg, München, geprüft und begutachtet. Die Kühnheit der Konstruktion fällt am meisten ins Auge, wenn man bedenkt, daß die Dicke der Schale nur etwa $1/_{600}$ der Spannweite beträgt.

80 Eisenbetonkuppel mit 25 m Durchmesser für das Planetarium der Stadt Jena. Torkretierung des Netzwerkes. 1924—25

Eine dritte Ausführung, welche ebenso wie die vorbeschriebenen von der Niederlassung Nürnberg der Dyckerhoff und Widmann AG durchgeführt wurde, ist gleichfalls in Jena zur Ausführung gekommen. Es handelt sich um einen Kuppelbau von 25 m Spannweite für das Städtische Planetarium. Die Kuppel hat die Form einer Halbkugel, die auf einem zylindrischen Unterbau aufsitzt. Die Kuppel wurde in gleicher Weise hergestellt wie die 40 m weit gespannte Kuppel bei Schott, und zwar ebenfalls in einer Stärke von 6 cm. Das Netzwerk hat dieselbe Stärke wie das der vorher beschriebenen Kuppel. Das Netzwerk, das eine Oberfläche von 900 qm hat, wurde in einer Woche montiert. Auf Bild [80] ist das fertig montierte Netzwerk dargestellt. Der erste Ring ist in halber Stärke torkretiert, und die Schalungstafeln werden dann für die Torkretierung des zweiten Ringes versetzt. Ferner ist die Torkretierung zu ersehen, und zwar wird gerade die zweite Torkretschicht aufgebracht. Dieses Bild läßt den ganzen Arbeitsvorgang klar erkennen und spricht so für sich selbst, daß weitere Ausführungen sich erübrigen.

Stellt man nur die Gewichte der nach den bisherigen Bauweisen ausgeführten Kuppeln zusammen und bringt sie in Vergleich mit solchen nach der neuen Bauweise, so ergeben sich einige hochinteressante Werte. Herr Prof. Gehler hat

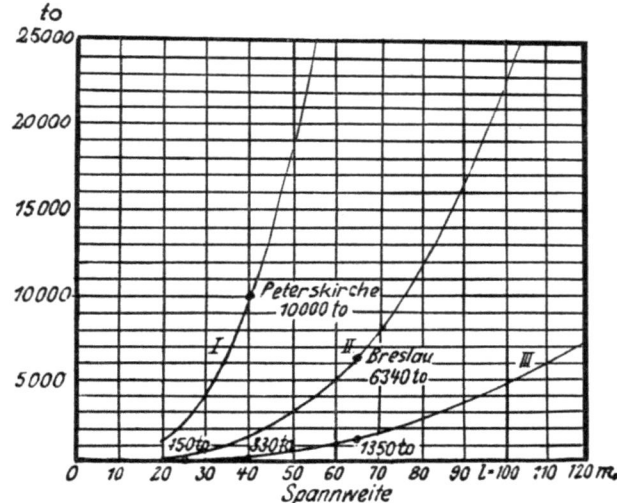

81 Darstellung der Gewichte von Massivkuppeln

im »Armierten Beton«, Jahrgang 23, anschließend an die Beschreibung der Breslauer Kuppel eine Zusammenstellung gebracht über die Gewichte sowohl der alten Massivkuppeln wie auch der neueren Eisenbetonkuppeln. Danach lassen sich die Gewichte darstellen als kubische Parabeln. Diese Zusammenstellung ist in Bild [81] benutzt und ergänzt worden. Die Spannweiten der Kuppeln sind auf der Abszisse, die Gewichte als Ordinaten aufgetragen.
Kurve 1 zeigt die Gewichte der alten Massivkuppeln. Die Peterskirche in Rom mit einer Spannweite von 40 m weist ein Gewicht von 10 000 t auf.
Kurve 2 zeigt die Gewichte der modernen Eisenbetonkuppeln, die um ein Vielfaches leichter konstruiert sind. Danach läßt sich eine Kuppel von 40 m Spannweite entsprechend der Peterskirche mit etwa 1500 t, also etwa 6mal leichter herstellen. In diese Kurve ist die Breslauer Festhalle, bei der die Kuppelkonstruktion ein Gewicht von etwa 6340 t besitzt, eingetragen. Kurve 3 zeigt die Gewichte der Zeiss-Kuppeln. Die Kurve wurde ermittelt auf Grund der bisherigen Ausführungen und durchgearbeiteten Projekte bis 120 m Spannweite. Man erkennt daraus ohne weiteres, daß der Oberbau der Breslauer Festhalle 4–5mal leichter hätte ausgeführt werden können bei Verwendung des Zeiss-Systems.
Für eine Spannweite von 100 m würde man gemäß diesen Kurven für eine Kuppelkonstruktion in der alten Bauweise ein Gewicht von 100 000 t erhalten, für eine Eisenbetonkuppel dagegen etwa 23 000 t.
Nach der genauen Formel für die Rippenkuppeln ergibt sich nach Prof. Gehler für eine Kuppel von 100 m Spannweite in der Bauweise der Breslauer Kuppel ein Gewicht von 21 000 t, das bei Verwendung leichtester Eisenbetondecken auf

16 000 t ermäßigt werden könnte. Alle diese Gewichte beziehen sich natürlich nur auf den eigentlichen Kuppelbau einschl. Zugring.

Demgegenüber hätte ein Kuppelbau von 100 m Spannweite nach der Zeiss-Bauweise nur ein Gewicht von 4800 t. Eine Kuppel von 120 m Spannweite – also von fast doppelter Spannweite wie die Breslauer 65 m weit gespannte Kuppel – dürfte das Gewicht der letzteren nur wenig übersteigen.

Durch den Wegfall der Ausrüstungsspannungen ist es also möglich, größere Kuppeln noch mindestens 4mal leichter herzustellen als in der bisherigen Eisenbetonkonstruktionsweise. Daneben bietet die Zeiss-Bauweise noch folgende Vorteile:

Der Unterbau kann erheblich leichter gehalten werden, die Herstellungszeit ist außerordentlich kurz, die komplizierte Unterrüstung fällt weg, und die Kuppelform läßt sich mit mathematischer Genauigkeit herstellen.

Aus »Der Bauingenieur«, Heft 10/1925, Seite 362-366

Eisenbetonschalendächer, System Zeiss-Dywidag
von Franz Dischinger und Ulrich Finsterwalder (Auszug)

Schalendächer für Überdachung rechteckiger Grundrisse

Die Schalenkuppeln mit runden oder ähnlichen Grundrissen sind von nicht allzu großer wirtschaftlicher Bedeutung, weil das Anwendungsgebiet sehr beschränkt ist. Deshalb ging das Bestreben der Firmen Dyckerhoff & Widmann und Carl Zeiss, Jena, danach, Schalenformen zu finden, die es ermöglichen, auch rechteckige Räume damit zu überdachen und die Lasten des Schalendaches auf die Eckpunkte eines rechteckigen Grundrisses zu übertragen. Die erste Lösung, die der erstgenannte Verfasser hierfür im Frühjahr 1923 fand, bestand in einer doppelt gekrümmten Schale gemäß Bild [82], die dadurch entsteht, daß auf einer elliptisch gekrümmten Leitkurve a eine Erzeugende b von beliebiger Form translatiert. Es ergibt sich hierdurch eine Schale, die überall doppelte Krümmung besitzt. In den Diagonalen des Grundrisses werden durch die Schale 4 Grate ausgeschnitten, die sich nach den 4 Ecksäulen hin immer schärfer ausprägen. Je nach der Wahl der Krümmung der Erzeugenden b treten mehr oder weniger scharf ausgeprägte Grate c in der Diagonale auf. Wählt man als Erzeugende, ebenso wie für die Leitkurve, eine Ellipse mit vertikaler Endtangente, dann verschwinden die Grate vollständig (siehe auch DRP 431 629 [83]). Horizontale Schnitte durch diese Schale ergeben jeweils verschiedenartige Kurven. Schnitte in der Nähe des Scheitels (I–I) sind annähernd kreisförmig. Je näher der Horizontalschnitt an den Kämpfern liegt, um so mehr prägen sich die Grate aus, und die Horizontalschnitte ergeben Kurven, die sich immer mehr dem Quadrat nähern. Bei ungleichen Seitenlängen, d. h. bei rechteckigen Grundrissen, erfolgt ein Übergang von ellipsenförmigen Horizontalschnitten im Scheitel zu rechteckigen Horizontalschnitten am Kämpfer. Da als Leitkurve a eine Ellipse gewählt wurde, erfolgt der Übergang von der Schale zu den aussteifenden Scheiben d immer mittels vertikalen Endtangenten; als Folge davon ergibt sich, daß die Schale keinen Schub auf die den rechteckigen Grundriß begrenzenden Scheiben d ausübt. Die Schale, zusammen mit den Scheiben, trägt sich von Säule zu Säule als Träger mit sehr großem Trägheitsmoment. In Bild [84] ist ein Querschnitt durch die Schale aufgezeichnet, aus dem das gewaltige Widerstandsmoment dieses sehr breiten und hohen Trägers zu ersehen ist. Er ist einem Plattenbalken zu vergleichen, bei dem die Scheiben d den Balken entsprechen, an Stelle der ebenen Platte jedoch ist eine gewölbte Schale getreten, die entsprechend ihrer großen Konstruktionshöhe das Trägheitsmoment ganz gewaltig erhöht. Entsprechend dem großen Trägheitsmoment bleiben die Spannungen auch bei großen Spannweiten in mäßigen Grenzen. Nach Versuchsrechnungen lassen sich in dieser Konstruktion Grundrisse von wenigstens 60×60 m freier Spannweite bei nur 4 Eckstützen überdachen. Einen rohen Überblick über

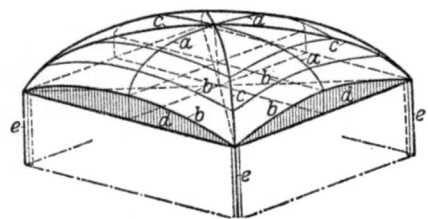
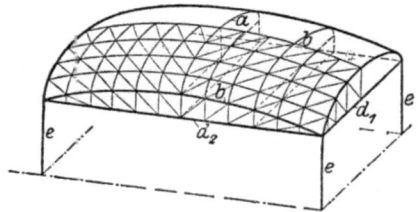

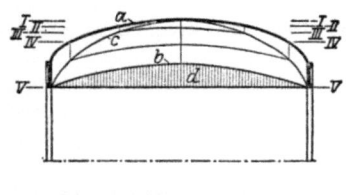
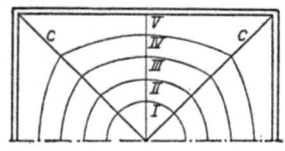

82 (Oben links) Schemazeichnung einer quadratischen Kuppel, zusammengesetzt aus doppelt gekrümmten Zeiss-Dywidag-Schalengewölben

83 (Oben rechts) Schemazeichnung eines doppelt gekrümmten Zeiss-Dywidag-Schalengewölbes

84 Querschnitt und Grundriß zu Bild 82

die Spannungen erhält man, wenn man diese nach dem ebenen Spannungsgesetz ermittelt. Diese Resultate sind jedoch ungenau, weil bei Schalen, deren Belastung aus Massen- und Oberflächenkräften besteht, das ebene Spannungsgesetz nicht mehr gültig ist. Infolge der Schwierigkeit dieses Problems ist es bis heute noch nicht gelungen, für diese Schalen eine allgemeine Lösung mittels Differentialgleichungen zu gewinnen, jedoch gelang es dem erstgenannten Verfasser, für eine bestimmte Form durch Ersetzen der Schale durch ein räumliches Fachwerk die tatsächlichen Schalenkräfte zu ermitteln und damit die Richtigkeit der statischen Auffassung über die Trägerwirkung und die Art der Kräftewirkung zu beweisen. Alle Lasten der Schale werden, unter Vermeidung von Biegungsmomenten senkrecht zur Schale, nur durch Dehnungsspannungen, d. h. durch Zug- und Druckkräfte, in der Schale nach den 4 Eckpunkten hin übertragen. Von den 4 Ecksäulen bzw. den 4 Graten strahlen die Drucklinien über das ganze Gewölbe aus, dazu senkrecht verlaufen die Zuglinien und bewirken, daß die Drucklinien ständig in der Mitte der Schale verlaufen.

Wenn man längliche Räume rechteckigen Grundrisses mit derartigen Schalen überdachen will, dann benutzt man Schalen, die erzeugt werden durch Translation einer flach gekrümmten Erzeugenden b von großer Spannweite über eine elliptische Leitkurve a von geringer Spannweite. (Siehe auch Bild [82] DRP 431629.) Ausgesteift wird die Schale durch die Scheiben d_1 und d_2. Durch Aneinanderreihen mehrerer solcher Schalenträger lassen sich sehr weitgespannte

Hallen überdachen. Infolge der geringen Spannweite dieser Schalen in der einen Richtung kann die andere Spannweite um so größer gewählt werden. Es werden sich mit dieser Konstruktion Spannweiten von mindestens 70 m erreichen lassen. Der Querschnitt durch das Gewölbe zeigt wiederum das große Trägheitsmoment des aus Gewölbe und Scheiben zusammengesetzten Querschnittes. Horizontalschnitte durch diese Schale in der Nähe des Scheitels sind ellipsenförmig, sie gehen gegen den Kämpfer hin allmählich zu rechteckigen Horizontalschnitten über.

Die durch Translation erzeugte doppelt gekrümmte Schale kann bei länglichen Grundrissen auch durch die allgemeinere Form der doppelt gekrümmten Schale nach Patent 456 059 ersetzt werden.

In Bild [83] ist für die Schale ein derartiges obenerwähntes Raumnetzwerk dargestellt, mit dessen Hilfe es möglich ist, die Schalenspannungen zu berechnen. In jeder Schale mit einwandfreien Randbedingungen treten nur Dehnungsspannungen auf, d. h., das Problem ist statisch bestimmt. Infolgedessen läßt sich jede derartige Schale ohne weiteres durch ein räumliches, statisch bestimmtes Fachwerk ersetzen. Wie aus der Anzahl der Stäbe und der Knoten zu ersehen ist, ist das Netzwerk des Bildes [83] statisch bestimmt, jedoch können trotzdem die Stabkräfte ohne weiteres nicht ermittelt werden, weil an jedem Knoten zuviel Stäbe vorhanden sind. Die Berechnung ist nur möglich dadurch, daß an 3 Knoten jeweils eine Stabkraft geschätzt und dann die weitere Berechnung durchgeführt wird. Naturgemäß ergibt sich dann an 3 Knoten eine Überbestimmung. Zur Lösung gelangt man, wenn man die Versuchsrechnung mit den 3 Annahmen dreimal durchführt und auf den überbestimmten Knoten dann 3 Bestimmungsgleichungen für die 3 angenommenen Stabkräfte ableitet und damit diese Annahmen richtigstellt. Das Problem ist demnach außerordentlich mühevoll; es ist ähnlich der bekannten Zimmermannschen Kuppel, jedoch viel komplizierter, weil hier mehrere Annahmen notwendig sind, bei der Zimmermannschen Kuppel jedoch nur eine. Außerdem ist die beschriebene Lösung nur spezieller Natur und gilt nur für die gewählte Form der Schale und für die angenommenen Kräfte. Zu einem praktischen Erfolg werden diese Schalen erst führen, wenn eine allgemeine Lösung mittels Differentialgleichungen gelingt.

Die Schwierigkeiten der genauen Berechnung derartiger Schalenträger durch Lösung der Differentialgleichungen und die Schwierigkeit der Verwendung von Zeiß-Netzwerken für die Einrüstung derartiger doppelt gekrümmter Schalen waren der Grund, von der Verwendung dieser Trägersysteme trotz ihrer günstigen Wirkungsweise vorerst abzusehen und einfach gekrümmte zylindrische Schalen zu untersuchen.

Einfach gekrümmte, zylindrisch geformte Tonnen wurden schon seit langer Zeit ausgeführt, jedoch wurden sie zur Vermeidung allzu großer Biegungsmomente fast ausschließlich nach der Stützlinie geformt. Der Horizontalschub, der sich aus dem Krümmungsradius im Scheitel multipliziert mit dem Flächengewicht ergibt, bleibt vom Scheitel bis zum Kämpfer ständig gleich groß und muß am Kämpfer entweder durch zahlreiche Zugstangen oder durch feste Widerlager aufgenom-

men werden. Bei einseitiger Belastung sowie bei allen Abweichungen von der Stützlinie ergeben sich wesentliche Biegungsmomente, die bei größeren Spannweiten große Dachstärken bedingen und damit unwirtschaftlich werden. Dazu kommt noch das wenig befriedigende Aussehen infolge der vielen den Raum durchschneidenden Zugstangen. Statisch wurden diese Tonnen immer nur als ebenes Problem aufgefaßt. Die Trägerwirkung einzelner durch Querschnitte herausgeschnittener Streifen ist immer völlig gleichartig. Auf eventuelle Spannungen senkrecht zu diesen Querschnitten wurde keine Rücksicht genommen.
Um auch bei einfach gekrümmten zylindrischen Tonnengewölben die Biegungsmomente senkrecht zur Schale zu verhindern und eine räumliche Kräftewirkung wie bei den doppelt gekrümmten Schalen gemäß der Bilder [82] und [83] zu erzielen, schlug der erstgenannte Verfasser vor, diese durch Scheiben auszusteifen. Herr Dr. Bauersfeld von der Firma Carl Zeiss, Jena, stellte dann für derartige ausgesteifte Zylinderschalen als erster die Differentialgleichungen auf[1]. Diese sind einfache lineare Differentialgleichungen, die geschlossene Lösungen zulassen. Dadurch war ein ausgezeichneter Überblick über den Spannungsverlauf geschaffen. Im weiteren Zusammenarbeiten von Dr. Bauersfeld mit dem erstgenannten Verfasser wurde dann im Herbst 1923 erkannt, daß bei Wahl von gegenüber der Stützlinie erhöhten Querschnittskurven eine Trägerwirkung der zylindrischen Schale von Scheibe zu Scheibe eintritt und daß bei Wahl von überhöhten Querschnittskurven mit vertikaler Endtangente die Zylinderschale den gesamten im Scheitel erzeugten Schub und auch das gesamte Eigengewicht nebst Zusatzbelastungen durch tangentiale Schubkräfte nach den Scheiben hin abträgt, so daß die zylindrische Schale nicht nur in der Gewölberichtung, sondern auch senkrecht dazu eine Trägerwirkung besitzt. In Bild [85] ist eine derartig überhöhte Zeiss-Dywidag-Tonne mit vertikalen Endtangenten dargestellt. Als Querschnittskurve ist eine Ellipse gewählt. Die typischen Merkmale dieser ebenfalls durch DRP 431 629 geschützten Konstruktion sind erstens die zylindrisch geformte Schale, deren Querschnittskurve gegenüber der Seillinie erhöht ist, zweitens die Aussteifung dieser Schale durch Scheiben, die an den beiden Enden angeordnet sind. Die Scheiben halten die Schale frei von Biegungsmomenten und zwingen die Schale im Zusammenhang mit der Erhöhung der Querschnittslinie gegenüber der Stützlinie, den gesamten Schub und die gesamten Lasten des Daches durch tangentiale Schubabtragung an die Binder abzugeben. Wie der Vergleich der Bilder [83] und [85] zeigt, ist die eben beschriebene Zeiss-Dywidag-Tonne mit einfach gekrümmter zylindrischer Dachhaut ein Spezialfall der allgemeineren, in Bild [83] dargestellten doppelt gekrümmten Schale; ersetzt man die flach gekrümmte Erzeugende b des Bildes [83] durch eine Gerade, dann ergibt sich eine Tonne gemäß Bild [85].
Die Zeiss-Dywidag-Tonne wirkt nach beiden Richtungen als Plattenbalken. Bei der Kräftewirkung in Richtung der Erzeugenden ist die Platte gekrümmt, bei der Kraftwirkung in Richtung des Gewölbes ist die Platte des Plattenbalkens da-

---

[1] Siehe Handbuch für Eisenbeton, Band XII, 3. Auflage, S. 257 f.

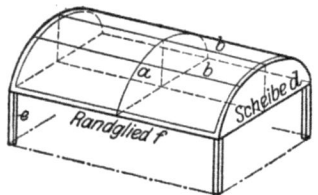  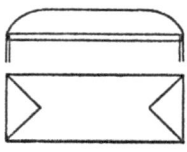

85 Einfach gekrümmtes Zeiss-Dywidag-Schalengewölbe

86 Rechteckkuppel, zusammengesetzt aus einfach gekrümmten Zeiss-Dywidag-Schalengewölben

87 Rechteckkuppel aus Zeiss-Dywidag-Schalengewölben, bei denen sich die Grate nicht in einem Punkte schneiden

gegen geradlinig. In beiden Fällen verteilen sich aber die Druckspannungen auf die die Platte ersetzende Schale nach mathematisch bestimmten Gesetzen. Diese doppelte räumliche Kräftewirkung ist typisch für die Zeiss-Dywidag-Tonnengewölbe.

Selbstverständlich kann man, wenn es aus architektonischen oder aus Herstellungsgründen erwünscht ist, die zylindrisch gekrümmte Fläche dieser Tonnengewölbe durch eine prismatische Fläche, die aus ebenen Streifen zusammengesetzt ist, ersetzen. Die gekrümmte Querschnittlinie wird dann durch ein ein- oder umbeschriebenes Vieleck ersetzt. Bei dieser Art der Ausführung entstehen in Richtung der Querschnittlinie infolge des Ersetzens der gekrümmten Linie durch ein Vieleck zusätzliche Biegungsmomente, die aber nicht von großer Bedeutung sind, wenn die Länge der Vieleckseiten nicht zu groß gewählt wird.

Die Zeiss-Dywidag-Tonnengewölbe lassen sich jedoch nicht nur zur Überdachung von rechteckigen Räumen benutzen, sondern bieten auch die Möglichkeit, Vieleckskuppeln mit sehr großen Säulenabständen herzustellen. Wenn man zwei Tonnen mit den Gewölbespannweiten $2 l_1$ und $2 l_2$ gemäß Bild [86] miteinander verschneidet, erhält man eine rechteckige Kuppel, deren Dachflächen einfach gekrümmt sind. Sie ist ein Spezialfall der allgemeineren Form von doppelt gekrümmten Flächen gemäß Bild [82]. Durch Verschneiden mehrerer Tonnen lassen sich Vieleckskuppeln mit beliebiger Eckenzahl erzielen. Die Aussteifung der zylindrischen Schalen erfolgt bei diesen Vieleckskuppeln nicht durch Scheiben, sondern durch Grate, die durch die Tonnenflächen ausgeschnitten werden. Der Vorteil dieser Konstruktion liegt in der eigenartigen Zusammensetzung von Kuppel und Trägerwirkung. Durch die Ringspannungen der Kuppel werden die Grate bei symmetrischer Belastung von Biegungsspannungen befreit und demnach nur zentrisch beansprucht; zu gleicher Zeit wirken aber die durch die Grate ausgesteiften zylindrischen Schalen als Träger zwischen den Säulen bzw. Graten des Vieleckes und übertragen die Lasten der Schale an diese Grate und damit auf die Ecksäulen. Auch bei antisymmetrischer Belastung durch Windkräfte bleiben die Grate vollständig biegungsfrei, weil infolge des äußeren auf die Kuppel einwirkenden Windmomentes solche Schub- und Ringkräfte entstehen, daß die Grate von allen Biegungsmomenten entlastet werden. Infolgedessen können derartige Vieleckskuppeln mit Spannweiten über 100 m bei geringstem Materialaufwand und bei sehr großen Säulenabständen ausgeführt werden. Auf die Theorie dieser Vieleckskuppel kann hier wegen des beschränkten Raumes nicht eingegangen werden. Sie ist im Handbuch für Eisenbeton, Band XII, 3. Auflage, veröffentlicht. Über die Theorie dieser Vieleckskuppeln bei Windbeanspruchung erfolgt demnächst durch den erstgenannten Verfasser als Dissertationsschrift eine ausführliche Darstellung.

Infolge der großen Säulenabstände, die bei den Vieleckskuppeln durch die Kombination von Kuppel- und Trägerwirkung ermöglicht werden, sind diese den Rotationskuppeln wesentlich überlegen, denn bei Rotationskuppeln müssen die Tragsäulen in geringen Abständen angeordnet werden, weil der Zugring nicht imstande ist, die Lasten der Kuppeln und sein Eigengewicht auf große Strecken durchzutragen und zugleich die sehr hohen Torsionsmomente zu übernehmen, die durch die Krümmung des Zugringes zwischen den Tragsäulen bestimmt werden; oder es müssen, wie bei der Breslauer Jahrhunderthalle, zur Erzielung großer Säulenabstände schwierige Abfangkonstruktionen angeordnet werden.

Die später beschriebene Großmarkthalle in Leipzig, deren Überdachung durch 3 Kuppeln von 76 m Spannweite erfolgt, von denen jede nur auf 8 Tragsäulen aufruht, zeigt am besten die großen Vorteile, die sich durch dieses kombinierte Kuppel- und Trägersystem erreichen lassen.

Von großer Bedeutung sind diese Kombinationen von Kuppeln und Trägern auch bei Überdachung quadratischer und rechteckiger Grundrisse, wobei es nicht notwendig ist, daß die Grate sich in einem Punkt schneiden. In Bild [87] ist eine derartige rechteckige Kuppel, bei der sich die 4 Grate nicht in einem Punkt schneiden, dargestellt. Der mittlere Teil der Kuppel wirkt als Tonnengewölbe, das durch die Grate der Verschneidung ausgesteift wird. Die Spannungen des Tonnengewölbes, bedingt durch die Trägerwirkung, werden durch die Ringspannungen aus der Kuppelwirkung überlagert. Die Grate selbst haben nur Dehnungsspannungen zu übernehmen, da sie durch die Ringspannungen der Kuppel biegungsfrei gehalten werden.

Wie schon erwähnt, benötigen die einfach gekrümmten zylindrischen Zeiss-Dywidag-Tonnen an den Kämpfern ein Zugglied zur Aufnahme der an den Kämpfern angreifenden Schubkräfte. Mit wachsendem Abstand der Scheiben nimmt die Größe dieser Zugkraft quadratisch zu. Zur Unterbringung der Eiseneinlagen ist ein kräftiger Betonquerschnitt notwendig. Der Membrantheorie liegen aber nur Flächenlasten und keine am Rande angreifenden Linienbelastungen zugrunde. Diese nicht erfüllte Randbedingung bewirkt Biegungsmomente in Richtung der Querschnittskurve, mit deren Untersuchung sich insbesondere der zweitgenannte Verfasser beschäftigt hat. Durch diese Biegungsmomente wird die Last des Randgliedes über die Schale verteilt und wird dadurch von einer Linienbelastung in eine Flächenbelastung umgewandelt, welche wie die übrigen

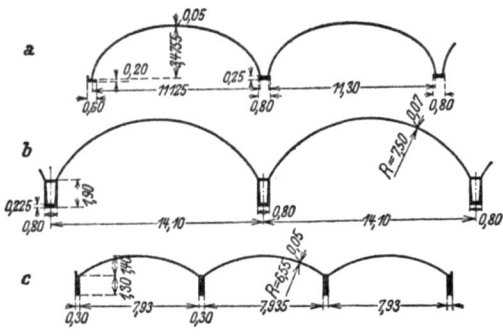

88 Entwicklung der Querschnittskurven der Zeiss-Dywidag-Schalengewölbe
a Dywidaghalle auf der Gesolei
b Großmarkthalle Frankfurt am Main
c Flugzeughalle Kowno

Flächenlasten durch Dehnungsspannungen nach den Scheiben abgetragen werden. Bevor man sich an größere Ausführungen wagen konnte, war es von größter Wichtigkeit, die Größe dieser über den Querschnitt verlaufenden Biegungsmomente zu ermitteln. Zu diesem Zweck wurde eine Reihe von Versuchen an Blech- und Betonmodellen gemacht und die Momente durch Feinmessungen mittels Zeisscher Meßuhren bestimmt. Der erste größere Versuch wurde mit einem Betonmodell von 4×10 m Grundriß durchgeführt. Die Dachhaut hatte elliptischen Querschnitt von 4 m Spannweite und 1,12 m Stich bei 1,5 cm Stärke der Dachhaut. Die aussteifenden Scheiben hatten einen Abstand von 6 m, auf beiden Seiten kragte die Dachhaut um 2 m frei vor. Die damit angestellten Belastungsversuche bis zu 500 kg/cm ergaben eine sehr gute Übereinstimmung mit der Theorie. Eingehende Randbelastungsversuche zeigten, daß die durch die Last der Randglieder verursachten Biegungsmomente sehr klein sind, so daß man sich auf Grund dieser Versuche mit gutem Gewissen an die Ausführung der Dywidaghalle auf der Gesolei wagen konnte.

Die Gewölbe haben elliptische Form, die Gewölbespannweite beträgt 11,65 m, bei 23 bzw. 18 m Trägerspannweite und bei 5,5 cm Stärke der Dachhaut. Der Querschnitt durch das Gewölbe ist in Bild [88a] dargestellt.

Im vergangenen Jahr wurde der erste Großbau – die Großmarkthalle Frankfurt am Main – mit Zeiss-Dywidag-Tonnen überdacht. Diese Tonnen haben eine Gewölbespannweite von 14,1 und eine Trägerspannweite von 36,9 m bei einer Stärke der Dachhaut von 7 cm.

Die Grundform der Gewölbequerschnitte ist eine Halbellipse von 6 m Höhe. Aus statischen und konstruktiven Rücksichten wurde diese jedoch durch einen Segmentbogen von 4 m Stich und hohle Randbalken von 2 m Höhe, 0,8 m Breite und 0,10 m Wandstärke angenähert. Hierdurch wurden allzu tiefe Schneesäcke vermieden und insbesondere dem am ungünstigsten beanspruchten Außengewölbe bessere statische Verhältnisse geschaffen.

Da es sich hierbei um einen außerordentlich weitgespannten und kühnen Bau

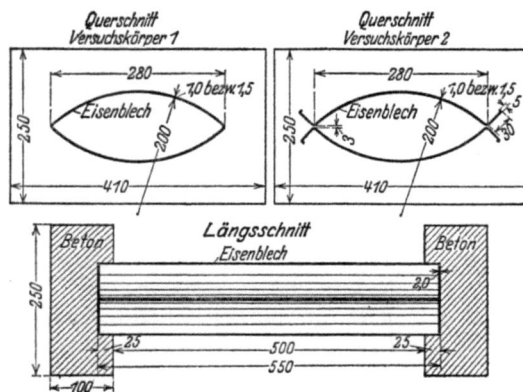

89 Skizze der mit Blechzylinder angestellten Versuche über die Kreissegmenttonnen

handelte, wurde von der Bauverwaltung beschlossen, die Richtigkeit der theoretischen Grundlagen und der bisherigen Versuche durch ein Probemodell nachprüfen zu lassen und als Gutachter hierfür die Prof. Spangenberg und Kleinlogel bestimmt. Auch diese Versuche, bei denen bis zu 1000 kg Belastung pro qm Grundriß aufgebracht wurden, zeigten eine sehr gute Übereinstimmung mit der Theorie. Die Biegungsmomente, die sich aus der Randbelastung ergaben, waren ebenfalls sehr gering. Infolgedessen konnte die Ausführung der großen Tonnen trotz ihrer geringen Schalenstärke von nur 7 cm ohne jedes Bedenken unternommen werden. Im einzelnen kann hier auf die Versuche nicht eingegangen werden, alles Wesentliche findet sich in dem Aufsatz von Prof. Kleinlogel[1].
Um das Randproblem ganz einwandfrei zu klären, führte der zweitgenannte Verfasser eine Anzahl Versuche an Blechmodellen mit kreissegmentförmigem Querschnitt aus, deren Ränder durch Umkrempeln des Bleches elastisch gestützt waren [89]. Die Belastung wurde durch Leerpumpen des Raumes zwischen den beiden Kreissegmenten hergestellt. Nach der Membrantheorie würde sich am Kämpfer ein gewisser Schub ergeben, der der Randbelastung durch das Randglied entspricht. Da dieser Kämpferschub mangels einer Unterstützung in Richtung der Tangente nicht aufgenommen werden kann, ist in diesem Fall ein Gleichgewichtszustand ohne Biegungsmomente in Richtung der Querschnittskurve nicht denkbar. Der Gewölbeschub muß deshalb von seinem Größtwert im Scheitel nach den Kämpfern hin zu Null werden. In den dem Kämpfer benachbarten Zonen ist daher der Gewölbeschub gegenüber dem sich aus der Membranrechnung ergebenden Wert zu gering und nicht in der Lage, die gesamte Flächenlast selbst zu tragen. Infolgedessen muß ein Teil der Flächenlasten in der Nähe des Kämpfers durch Querkräfte senkrecht zur Schale nach den Scheitel-

[1] »Beton und Eisen«, Heft 1 und 2, 1928

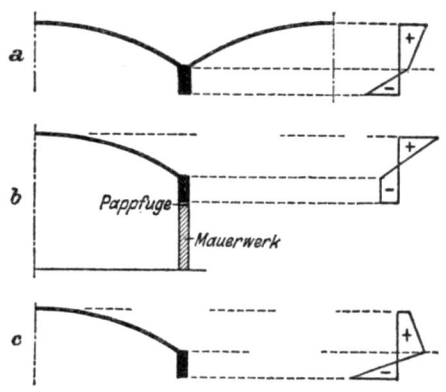

90 Spannungsdiagramm der Längsspannungen in Kreissegmenttonnen.
a für ein freitragendes Mittelrandglied
b für ein aufgelagertes Außenrandglied
c für ein freitragendes Außenrandglied

zonen hin abgetragen werden. Als Folge davon ergeben sich Biegungsmomente senkrecht zur Schale in Richtung der Querschnittskurve. Die in den Scheitelzonen entstehende Vermehrung der Flächenlast kann jedoch nur getragen werden durch einen gegenüber der Membrantheorie erhöhten Gewölbeschub im Scheitel. Die auf diese Weise umgelagerten Dachlasten werden nun wiederum, wie bei den elliptischen Tonnen, nach den Scheiben durch reine Dehnungsspannungen abgetragen.

Auf diesen Gedankengängen aufbauend, gelang es dem zweitgenannten Verfasser im Frühjahr 1927, durch theoretische Ableitungen die gleichen Resultate wie durch den Versuch zu erhalten. Diese Lösung gestattet es, kreissegmentförmige Dächer, gestützt durch beiderseitige Randbalken, zu berechnen. Ein Beispiel dieser Ausführungsart mit besonders flach gespannten Tonnen ist die Flugzeughalle Kowno siehe Bild [88c].

Neuerdings wurde die Theorie mit der bisherigen Theorie der Träger in Zusammenhang gebracht. Der Gesamtquerschnitt wird für die Berechnung durch einen gedachten Schnitt in Randbalken und Schale geteilt. Während die Randbalken normale Träger darstellen, bei welchen durch die Belastungen keine merkbaren Veränderungen in der Querschnittsform auftreten, wird die dünne Schale unter den Lasten erheblich verbogen. Dadurch erlangt sie die Fähigkeit, ungünstigen Beanspruchungen auszuweichen. Das Spannungsdiagramm der Längsspannungen des Gesamtquerschnitts ist zwar gradlinig, aber es hat an der Übergangsstelle von Schale und Randbalken einen Knick. In Bild [90] ist dargestellt, wie bei verschiedenen Anwendungen das Zusammenwirken von Schale und Kämpferbalken erfolgt. Bei Verwendung von hohen Kämpferbalken, d. h. bei Querschnitten, die einer eingeschriebenen Ellipse möglichst angepaßt sind, sind die Biegungsmomente nicht größer als diejenigen, welche in elliptischen Querschnitten durch die Randstörungen verursacht werden. Eine Verminderung der Randstützung durch Verminderung der Höhe der Randbalken hat eine Ver-

größerung der Biegungsmomente und damit auch der notwendigen Schalenstärke zur Folge.
Der Zusammenhang zwischen Schale und Kämpferbalken ist vierfach statisch unbestimmt. Im statisch bestimmt gemachten Zustand denkt man sich im Schnitt die zum Membranspannungszustand der Schale gehörigen Kräfte übertragen. Die entstehende Klaffung des Schnittes wird durch Angabe der gegenseitigen Vertikal-, Quer- und Längsverschiebung zusammengehöriger Punkte sowie der gegenseitigen Verdrehung zusammengehöriger Richtungen bestimmt. Bei letzteren genügt es, die Verdrehungen um die Richtung der Balkenachse ins Auge zu fassen, da die beiden übrigen praktisch gleich Null sind. Um die Klaffung rückgängig zu machen, müssen an jedem Punkt der Schnittlinie drei statisch unbestimmte Kräfte angebracht werden, in Vertikal-, Quer- und Längsrichtung, sowie ein statisch unbestimmtes Moment, welches um die Richtung der Balkenachse dreht. Es gelingt, für die Klaffungen, die statisch unbestimmten Größen und die durch sie hervorgerufenen Deformationen eine gemeinsame Abhängigkeit in der Längsrichtung festzustellen, wodurch sich die statisch unbestimmte Aufgabe auf die Lösung von vier linearen Gleichungen mit vier Unbekannten reduziert. Während die statischen Bedingungen in der ganzen Rechnung streng eingehalten werden, werden die Formänderungsbedingungen näherungsweise mit recht großer Genauigkeit erfüllt. Diese Theorie wird als Dissertationsschrift des zweitgenannten Verfassers erscheinen.
Ebenso wie sich bei den Rotationsschalen das Randproblem durch konstruktive Gestaltung des Überganges von Schale zu Ring lösen läßt und durch Einfügen eines Übergangsbogens die Biegungsspannungen der Rotationsschale am Übergang von Schale zum Ring beseitigen lassen und der reine Membranspannungszustand hergestellt werden kann (siehe die diesbezgl. Arbeit des erstgenannten Verfassers im »Handbuch für Eisenbetonbau«, Band XII, 3. Auflage, S. 167 u. f.), kann man auch durch bestimmte Formen der Segmentschale und des Randbalkens erreichen, daß die statisch unbestimmten Größen zwischen Schale und Randbalken zu Null werden, so daß für diese Segmentschale, unterstützt durch Randbalken, der reine Membranspannungszustand gültig ist und die Berechnung in statisch bestimmter Weise erfolgen kann. Dies gilt sowohl für freitragende Tonnen wie auch für Tonnen mit abgelagerten Randbalken.
Die Vorteile dieser Tonnen nach Bild [88c] gegenüber den elliptischen Formen bestehen darin, daß
1. die Tonnen sehr flach ausgeführt werden können; als Folge davon ergibt sich, daß die unangenehmen Schneesäcke zwischen zwei Tonnen verschwinden und das ganze Gewölbe in normaler Betonierung hergestellt werden kann, während bei den elliptischen Tonnen die dem Kämpfer benachbarten Zonen wegen ihrer steilen Lage torkretiert werden müssen;
2. die einfache Form Ersparnisse bei der Rüstung ermöglicht durch Verwendung normierter Zeiss-Netzwerke s. Bild [92];
3. durch Variation des Stichverhältnisses des Gewölbes und der Höhe der Randbalken der Querschnitt allen Bedürfnissen angepaßt werden kann;

91 Die Großmarkthalle in Frankfurt a. M. Architekt M. Elsaesser 1927

4. die seitlichen hohen Randbalken mit den Tragsäulen rahmenartig verbunden werden können. Infolgedessen können die Biegungsmomente im Gesamtquerschnitt vermindert werden, und es lassen sich dadurch größere Spannweiten erzielen.

Nach dem heutigen Stand der Theorie und auf Grund der Erfahrungen bei der Großmarkthalle Frankfurt a. M. wäre man heute imstande, ohne Verwendung der dort angewandten Schrägstützen die ganze Breite der Halle durch Segmenttonnen mit Randbalken zu überspannen, wenn man diese rahmenartig mit den Tragsäulen verbinden würde. Noch größere Spannweiten lassen sich durch Zusammensetzen mehrerer Tonnen zu einem Sprengwerk erreichen.

Baubeschreibung der Großmarkthalle Frankfurt am Main (Auszug)

Der erste größere Bau nach dem System Zeiss-Dywidag ist die Dywidaghalle auf der Gesolei. Im vergangenen Jahr wurde nach den Plänen von Herrn Baudirektor Elsaesser die Großmarkthalle Frankfurt a. M. errichtet, ein Hallenbau, der durch die imponierende Größe seiner Ausmaße und durch die Sachlichkeit

92 Das Einrüsten der Schalen mittels doppelter Zeiss-Netzwerke

und Reinheit seiner Formen auf den Beschauer tiefen Eindruck macht. Die Aufgabe bestand darin, einen Grundriß von 50×220 m stützenfrei zu überdachen. Ihrem Zweck als Verkaufshalle entsprechend, sollte die Halle tadellos belichtet und belüftet und als Profanbau in keiner Richtung betont sein. Nach außen hin wünschte der Architekt zwischen den beiderseitigen abschließenden Hochhäusern eine bis oben hin verglaste Front in Eisenbetonfachwerk, hinter welcher die Dachkonstruktion verschwinden sollte [91]. Des weiteren war das innere lichte Profil vorgeschrieben, das annähernd trapezförmig sein sollte.

Die Hallenkonstruktion war Gegenstand eines Wettbewerbes zwischen den ersten deutschen Eisen-, Eisenbeton- und Holzfirmen. Die nachstehend beschriebene Konstruktion in Eisenbeton wurde dann der Ausführung zugrunde gelegt, weil sie den Wünschen des Architekten am meisten entsprach und unter Berücksichtigung der Vorteile einer Massivkonstruktion bezüglich der Unterhaltungskosten auch gegenüber Eisenkonstruktionen wirtschaftlich war.

Mit ihrer freien Spannweite von 50 m bei 11 000 qm Grundfläche ist die Großmarkthalle Frankfurt a. M. heute die am weitesten gespannte Trägerkonstruktion in Massivbauweise. Die gesamte Grundfläche wird durch 15 Tonnengewölbe von 36,9 m Trägerspannweite und 14,1 m Gewölbespannweite überdacht. Jeweils 5 quergestellte Tonnen wurden zu einem Bauabschnitt zusammengefaßt und von den anschließenden Komplexen durch Temperaturfugen getrennt. Die an den beiden Seiten der Tonnen angeordneten aussteifenden Scheiben, nach denen alle Dachlasten abgetragen werden, ruhen auf Schrägsäulen auf. Diese bilden zusammen mit dem Randbalken der Tonnen ein charakteristisches trapezförmiges Profil und bestimmen im Verein mit den quergestellten Tonnen den weiten einheitlichen Rhythmus des Innenraumes.

Bei den angesichts der großen Länge von 37 m nicht unerheblichen Längenänderungen der Tonnen unter Temperatureinwirkungen war es notwendig, für die Tonnen eine Bewegungsmöglichkeit zu schaffen. Aus diesem Grund wurden sie auf den Schrägsäulen gelenkig gelagert und diese am Fuß zur Übertragung der Windkräfte fest eingespannt. Das System ist demnach einfach statisch unbestimmt. In den Schrägsäulen treten bei Temperaturänderungen der Tonnen Biegungsmomente auf, die jedoch infolge der großen Höhe der Säulen sehr gering sind. Diese Biegungsmomente würde man ganz ausschalten können, wenn man nur die eine Säule am Fuß eingespannt und die andere als Pendel ausgebildet hätte. In diesem Fall hätte jedoch eine Säule den gesamten Winddruck nach unten abtragen müssen. Es erschien deshalb richtiger, die geringen zusätzlichen Biegungsmomente infolge der Temperaturänderungen in Kauf zu nehmen und beide Säulen für die Übertragung der erheblichen Windkräfte auf die große Halle mit heranzuziehen. Da die beiden Schrägsäulen durch den Randbalken der Tonne fest miteinander verbunden sind, beteiligen sich beide Schrägsäulen fast gleichmäßig an der Übertragung der Windkräfte.

Zwischen den drei Bauabschnitten wurde jeweils ein Zwischenraum von 3,5 m gelassen und dieser durch ein Oberlicht abgedeckt. Entsprechend dieser Einteilung der Dachflächen wurden in der Halle unterhalb dieser Oberlichter Übersichtsbrücken von 3,65 m Breite angeordnet, die zugleich die Verbindung zwischen den beiden Längsfronten entlang laufenden Stegen herstellen. Außerdem dienen diese Brücken dem Wirtschaftsbetrieb.

Die Tonnen selbst wurden auf freitragenden doppelten Netzwerken hergestellt, die durch jeweils vier leichte eiserne Binder ausgesteift wurden und durch die die Lasten auf die Hauptständer der unter den Randgliedern angeordneten Holzgerüste übertragen wurden. Das Holzgerüst unter den Randgliedern wurde auf Schienen fahrbar hergestellt, um das langwierige Umstellen für die beiden anderen Bauabschnitte zu ersparen. Die Einrüstung der Tonnen mittels Netzwerken bietet nicht nur den Vorteil einer billigen und einfachen Unterrüstung, sondern ermöglicht auch infolge ihrer präzisen Form, die Tonnen sehr genau herzustellen. Bei der großen Spannweite und der geringen Schalenstärke ist dies naturgemäß von ganz außerordentlicher Bedeutung. Die Bewehrung der Schalengewölbe besteht aus Rundeisen 6 und 12 mm, die in fünf Lagen angeordnet sind und hauptsächlich in der Richtung der Hauptzugspannungen verlegt sind. Die Betonierung der schrägen Dachflächen erfolgte bei einfacher Schalung mittels Torkretieren, die der ebenen Flächen dagegen in normaler Weise. Die Rinnen zwischen den einzelnen Tonnen wurden für die Wasserableitung benutzt.

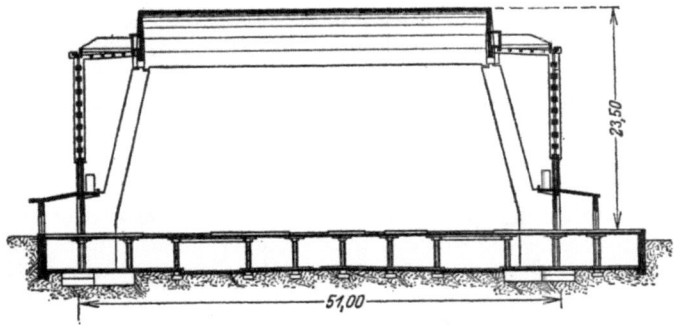

93 Querschnitt durch die Großmarkthalle in Frankfurt a. M.

94 Innenraum der Frankfurter Großmarkthalle

Die Zwickel zwischen den schrägen Tragsäulen und den Längswänden der Halle wurden doppelwandig ausgemauert und durch diese Hohlräume die Abfallrohre nach unten geführt. Auch die seitlichen Oberlichtflächen entwässern nach diesen Abfallrohren. Ebenso sind die Entlüftungsschächte des Kellers durch die Hohlräume im Zwickelmauerwerk hochgeführt. Bild [94] zeigt den Innenraum mit den Schalen und seitlichen Oberlichtern.

Der Hallenbau wurde in außerordentlich kurzer Bauzeit hergestellt. Für das erste Drittel wurden 10 Wochen, für das zweite 8 und für das dritte Drittel nur 6 Wochen benötigt. Diese rasche Herstellung wurde nur ermöglicht durch die Verwendung der Netzwerke im Zusammenhang mit den fahrbaren Gerüsten.

Die Konstruktion und Berechnung erfolgte durch die Dyckerhoff & Widmann AG, Wiesbaden-Biebrich, die Ausführung in Gemeinschaft mit der Wayss & Freytag AG, Frankfurt am Main.

Aus: »Der Bauingenieur«, Heft 44-46/1928

Die querversteiften zylindrischen Schalengewölbe mit kreissegmentförmigem Querschnitt[1]

von Ulrich Finsterwalder

Die im Bauwesen vorkommenden Tonnengewölbe wurden bisher als Gewölbe mit ebener Kräftewirkung behandelt. Gewölbestreifen, welche durch benachbarte Querschnitte begrenzt sind, wurden gleichartig konstruiert und im allgemeinen Fall als dreifach statisch unbestimmtes System behandelt.
Versteift man jedoch Tonnengewölbe an ihren Stirnseiten durch Querwände, Binder oder dergleichen, so erzeugt man ein räumliches Kräftespiel. Die von Querschnitten begrenzten Gewölbestreifen verhalten sich nicht mehr gleichartig, da die benachbarten Streifen Kräfte aufeinander und die den Binder benachbarten Streifen Kräfte auf diese abgeben. In ähnlicher Weise, wie bei Kuppeln, treten hier keine nennenswerten Biegungsspannungen auf, da die Möglichkeit eines räumlichen Kräftespiels vorhanden ist.
Für das Tonnenflechtwerk hat bereits A. Föppl[2] erkannt, daß unter dem Einfluß einer Querversteifung ein räumliches Kräftespiel entsteht. Weiterhin hat D. Thoma[3] darauf hingewiesen, daß in einem freitragenden, mit Wasser gefüllten Rohr keine Biegungsspannungen entstehen, wenn Querversteifungen an den Auflagern vorhanden sind. R. v. Mises[4] hat den an den Enden querversteiften Zylinder auf Stabilität unter Belastung durch äußeren Überdruck untersucht.
Für das Bauwesen erlangte das Problem dadurch eine praktische Bedeutung, daß Bauersfeld und Dischinger[5] die Trägerwirkung von Eisenbetontonnengewölben mit einer gegenüber der Stützlinie für Eigengewicht überhöhten Querschnittskurve, speziell von solchen mit vertikaler Endtangente, erkannten. Durch diese Formgebung wurde ein möglichst biegungsfreier Spannungszustand erstrebt.
Vom Verfasser[6] wurde der Gedanke entwickelt, unter Zulassung von Biegungsmomenten den Gewölbeschub auf die Binder zu leiten und flache, kreiszylindrische Schalen mit beiderseitigen Randträgern als Schalenträger zu verwenden. Nachdem bereits im Jahre 1924 die Möglichkeit hierzu durch Feinmeßversuche an Blechmodellen festgestellt wurde, gelang auch die im Teil II dieser Arbeit dargestellte theoretische Lösung des Problems.

[1] Diese Arbeit wurde in ähnlicher Form am 15. Januar 1930 für das Preisausschreiben der Preuß. Akademie des Bauwesens eingereicht und mit dem 2. Preis ausgezeichnet
[2] A. Föppl, Vorlesungen über Technische Mechanik, Bd. II, S. 266, Leipzig u. Berlin 1920
[3] A. u. L. Föppl, Drang und Zwang, Bd. II, S. 18, 2. Aufl., München u. Berlin 1928
[4] R. v. Mises, Z. VDI 58 (1914), S. 750
[5] Fr. Dischinger, Schalen und Rippenkuppeln aus Handb. für Eisenbeton, Bd. XII, S. 269, 3. Aufl., Berlin 1928
[6] U. Finsterwalder, Beton u. Eisen 1928, S. 205

Der Teil III dieser Arbeit handelt von der Störung des Spannungszustandes am Binder. Er beschränkt sich darauf, diese Störung auf die seit langem bekannte rotationssymmetrische Einschnürung des Kreiszylinders[1] zurückzuführen; die nicht achsensymmetrische Störung wurde neuerdings in einer Arbeit von K. Miesel[2] erschöpfend behandelt.

Die in diesem Zusammenhang wichtige Knickfrage des in Richtung der Erzeugenden gedrückten Zylinders wurde von Lorenz[3], Timoschenko[4], L. Föppl[5] und Geckeler[6], neuerdings von K. v. Sanden und F. Tölke[7] bearbeitet.

Im nachstehenden wird auf die Membrantheorie der Zeiss-Dywidag-Tonnengewölbe im Handbuch für Eisenbeton[8] Bezug genommen. Es ist dort darauf hingewiesen, daß Gewölbe mit vertikaler Endtangente keine Unterstützung des Kämpfers, sondern nur ein Zugglied benötigen, dessen Gewicht jedoch in die Membranrechnung nicht eingeführt werden kann. Die Bedeutung dieses Randgliedes wird ohne weiteres klar, wenn man sich an das Druckgewölbe ein entsprechendes Zuggewölbe angefügt denkt, beispielsweise durch Ergänzung eines halbelliptischen Querschnitts zu einem vollelliptischen. An dem Membranspannungszustand des Druckgewölbes wird sich hierdurch gar nichts ändern, woraus sich ergibt, daß das Zugglied nichts anderes als ein Ersatz für die untere Trägerhälfte ist. An Stelle der Schubverbindung zwischen den beiden Trägerhälften müßte theoretisch ein starres und gewichtsloses Randglied treten, welches die Biegungszugkraft des gesamten Trägers aufnimmt. Da jedoch zur Aufnahme von so bedeutenden Kräften große Betonquerschnitte nötig sind und auch die Dehnung nicht vernachlässigt werden darf, muß die Membranrechnung durch eine Untersuchung der Randbelastung und des elastischen Zusammenwirkens von Schale und Randglied ergänzt werden. Die Lösung dieser Aufgabe bereitet für Gewölbe mit wechselnder Krümmung unüberwindliche mathematische Schwierigkeiten, während bei gleichbleibender Krümmung die Verhältnisse günstiger liegen. Es wurde deshalb der überkrümmte Querschnitt durch ein flaches Kreissegment mit beiderseitigen Randträgern [95] ersetzt, wobei das charakteristische Merkmal der Überhöhung des Gesamtquerschnitts gegenüber der Stützlinie beibehalten wurde [96]. In statischer Hinsicht wurde hiermit eine neue Aufgabe gestellt. Während die Schübe am Kämpfer eines halbelliptischen Gewölbes nach der Membrantheorie zu Null werden, nehmen sie am Kämpfer eines flachen Kreisgewölbes so hohe Werte an, daß sie von einem Randträger keinesfalls aufgenommen werden können. Versuche an Blechmodellen zeigten jedoch, daß dies auch nicht nötig ist, da sich in der Schale ein hoher Träger

---

[1] A. u. L. Föppl, Drang und Zwang, Bd. I, § 13, 2. Aufl., München u. Berlin 1928
[2] K. Miesel, Ing.-Arch. 1 (1929), S. 22
[3] R. Lorenz, Z. VDI 52 (1910), S. 337
[4] Timoschenko, Z. Math. Physik 58 (1910), S. 337
[5] L. Föppl, Sitzungsberichte der Bayr. Akademie d. Wissenschaften, Math.-naturwissenschaftliche Abtlg. (1926), S. 27
[6] J. W. Geckeler, Z. angew. Math. Mech. 8 (1928), S. 341
[7] K. v. Sanden u. F. Tölke, Ing.-Arch. 3 (1932), S. 24
[8] Siehe Fußnote 5, S. 185

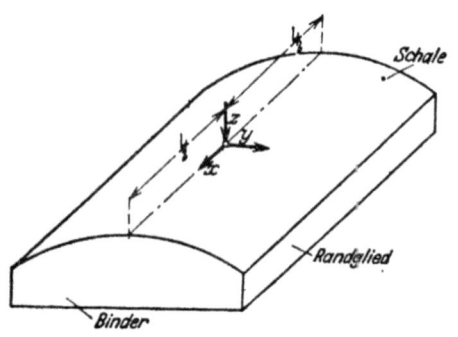
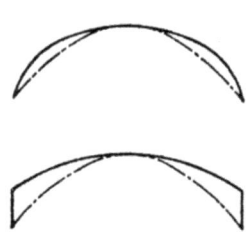

95 Isometrische Darstellung eines Schalenträgers

96 Elliptischer Querschnitt und Kreissegmentquerschnitt mit beiderseitigen Randträgern mit eingetragener Stützlinie für ständige Last

einstellt, welcher die Gewölbeschübe fast ausschließlich durch Dehnungsspannungen auf die Binder abträgt. Nennenswerte Biegungsspannungen treten hierbei nur in Richtung des Querschnitts auf. Um sich hiervon ein anschauliches Bild zu machen, muß man davon ausgehen, daß im Membranspannungszustand der Gewölbeschub die normal zur Fläche liegende Komponente der Flächenlast trägt. Wenn das Gewölbe nur ein ungenügendes Widerlager besitzt, muß sich der Gewölbeschub gegen den Rand verringern und kann die Flächenlast nicht mehr ganz tragen. Die Schale hilft sich, indem sie sich mit Querkräften auf den Randträger auflegt und in der Fläche durch eine Vergrößerung des Gewölbeschubs ein Auflager ausbildet. Auf diese beiden Unterstützungen werden die Lasten mittels Biegung getragen. Aus dieser Überlegung ergibt sich, daß der Randträger hauptsächlich senkrecht zur Richtung der Endtangente oder wenigstens in einem nicht allzu spitzen Winkel hierzu tragfähig sein muß. Weiterhin ist es zweckmäßig, den Randträger so anzuordnen, daß er zusammen mit der Schale als einheitlicher Träger wirkt, wobei die Schale den Druckgurt, der Randträger den Zuggurt bildet.

Die theoretische Lösung der Aufgabe setzt sich zusammen aus dem statisch bestimmten Membranzustand, bei welchem die Fläche belastet ist, und aus dem statisch unbestimmten Biegungszustand, bei welchem die Fläche unbelastet ist und die allgemeine Lösung den Bedingungen am Rand angepaßt werden muß. Der Ausgangspunkt dieser Störung muß nicht unbedingt ein Rand sein, es kann sich auch um eine Linienlast, eine Unstetigkeit in der Flächenlast oder in der Gewölbeform handeln.

Aus: »Ingenieur-Archiv«, Bd. 4/1933

Doppelt gekrümmtes, durch vertikale Binderscheiben ausgesteiftes Dywidag-Dach
von Franz Dischinger und Ulrich Finsterwalder (Auszug)

Bei den doppelt gekrümmten Schalen sind zwei Gewölbewirkungen vorhanden. In der Nähe der Binderscheiben muß zwar der senkrecht zur Scheibe gerichtete Gewölbeschub zu Null werden; trotzdem treten in der Schale aber keine wesentlichen Biegungsmomente auf, weil der fehlende Gewölbeschub durch einen verstärkten Gewölbeschub in der anderen Richtung ersetzt wird. Biegungsmomente in geringem Umfang ergeben sich nur durch die Unstetigkeit der Druckspannungen der Schale und des benachbarten Binders, die jedoch sehr gering sind. Der Wegfall wesentlicher Biegungsmomente und die doppelte Gewölbewirkung ermöglichen es, mit den doppelt gekrümmten Schalenträgern sehr große Spannweiten in zwei Richtungen herzustellen. Auch ist die Knicksicherheit der doppelt gekrümmten Schalen wesentlich größer als die der Zylinderschale.

Nach Klärung der Theorie dieser doppelt gekrümmten Schalen entschloß sich die Firma Dyckerhoff & Widmann AG im Sommer 1931 zu einem großzügigen Versuchsmodell [97]. Diese Kuppel besitzt einen quadratischen Grundriß von $7,3 \times 7,3$ m. Die Stärke der Schale beträgt nur 1,5 cm; nur am Übergang von der Schale zur Scheibe ist sie auf 2,5 cm verstärkt, um die Eisen der Scheibe in die Schale einführen zu können. Die Binderscheiben wirken mit der Schale zusammen als ein einheitlicher großer Raumträger (räumlicher Plattenbalken), der die Dachlasten bei ganz geringen Dehnungsspannungen nach den vier Ecksäulen abträgt. Die Schale wurde mit 3-mm-Maschendrähten bewehrt. Die Kuppel sollte als Modell für eine Großausführung dienen, und hieraus errechnete sich die geringe Schalenstärke von 1,5 cm. Die Schale besitzt die Form einer Translationsfläche, die durch Rückung einer Kurve (Erzeugende) auf einer anderen Kurve (Leitkurve) erzeugt wird (s. D.R.P. 431 629 und 508 506). Bei der Probebelastung wurde die Schale durch Sandsäcke mit 300 kg/qm sowohl ganzseitig als auch halbseitig belastet. Daß die Schale auch Einzellasten gewachsen ist, zeigt Bild [97], bei welchem mit 50 dicht beieinanderstehenden Menschen ein weiterer Belastungsversuch durchgeführt wurde. Bei der Gesamtbelastung mit 300 kg/qm ergab sich eine Durchsenkung des Scheitels gegenüber den Eckpunkten von 2,05 mm. Zugleich ergab sich eine geringe Verschiebung der Scheibe in horizontaler Richtung, die notwendig ist, um die Dehnungskräfte des aus Scheiben und Schale zusammengesetzten Raumträgers auszulösen. Trotz dieser hohen Belastungen blieb die Schale vollständig rissefrei. Durch diesen Versuch ist die günstige Wirkung dieser doppelt gekrümmten Schalenträger augenscheinlich bewiesen und damit dem Eisenbeton ein weiteres Gebiet im Großhallenbau erschlossen, insbesondere da sich mit diesen Trägern architektonisch sehr wirtschaftliche Hallen schaffen lassen.

Aus: »Beton und Eisen«, Heft 16/1932, Seite 245:
»Die weitere Entwicklung der Schalenbauweise ›Zeiss-Dywidag‹«

97 Versuchsbau einer doppelt gekrümmten Zeiss-Dywidag-Schale. 1931

Vieleckskuppeln, System Zeiss-Dywidag, zusammengesetzt aus versteiften Zylinderschalen

von Franz Dischinger (Auszug)

In Bild [98] ist ein durch die beiden Binderscheiben ausgesteiftes Schalengewölbe mit quadratischem Grundriß dargestellt. Denkt man sich nun dieses Tonnengewölbe durch 2 Diagonalschnitte in 4 Teile zerlegt, dann nennt man die mit a bezeichneten Teile Walme, die mit b bezeichneten dagegen Kappen. Wenn die räumliche Kräftewirkung dieser durch Diagonalschnitte begrenzten 4 Teile erhalten bleiben soll, müssen die Schnittstellen wieder durch Scheiben ausgesteift werden. Ist dies der Fall, dann treten in den Schalen der Kappen und Walme, ebenso wie bei dem geschlossenen Schalengewölbe, im wesentlichen nur Dehnungsspannungen auf.

Ein nur aus Walmen zusammengesetztes Gewölbe nennt man ein Klostergewölbe [99], ein nur aus Kappen zusammengesetztes dagegen ein Kreuzgewölbe [100]. An Stelle der in den Bildern [99] und [100] dargestellten quadratischen

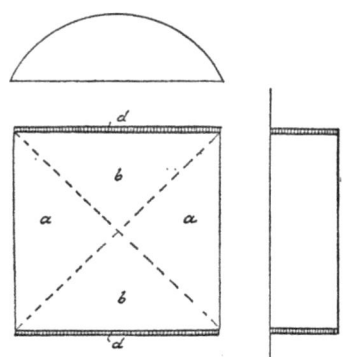
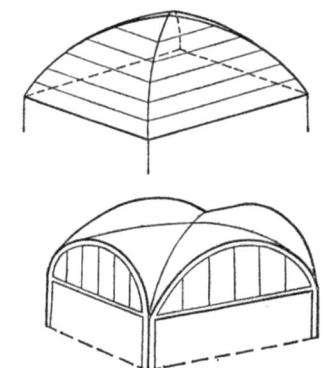

98 (Links) *Tonnengewölbe mit quadratischem Grundriß. a Walme, b Kappen, d Binderscheiben*

99 (Rechts oben) *Ausgesteiftes Klostergewölbe mit rechteckigem Grundriß*

100 (Rechts unten) *Ausgesteiftes Kreuzgewölbe mit rechteckigem Grundriß*

Kuppeln lassen sich durch Verzerrung auch rechteckige Kuppeln und durch Zusammensetzen vieler Walme oder Kappen Vieleckskuppeln herstellen.
Die bisher nach diesem System ausgeführten Vieleckskuppeln der Großmarkthallen Leipzig und Basel wurden als achteckige Klostergewölbe ausgebildet. Die Theorie dieser Klostergewölbe ist von dem Verfasser in allgemeingültiger Form für beliebige Eckenzahl und beliebige Meridiankurven in »Beton und Eisen«, 1929, Heft 5 u. f., veröffentlicht. Das Eigengewicht dieser Vieleckskuppeln in Form von Klostergewölben liegt in der Kombination der Kuppel- und Trägerwirkung. Durch die Kuppelwirkung entstehen, ebenso wie bei einer Rotationsschale, Ringkräfte, durch welche die Grate biegungsfrei gehalten werden. Der Verlauf der Ringspannungen ist ganz ähnlich wie bei der einbeschriebenen Rotationsschale, jedoch sind die Ringkräfte im Vergleich zu denen der Rotationsschalen um so größer, je geringer die Anzahl der Ecken ist. Bei unendlich vielen Ecken geht die Vieleckskuppel in eine Rotationsschale über. Die Verwandtschaft ist so eng, daß es gelingt, die Kräfte der Vieleckskuppel infolge der Kuppelwirkung in Abhängigkeit von den Kräften der einbeschriebenen Rotationsschale darzustellen. Zu dieser Kuppelwirkung tritt jedoch noch eine Trägerwirkung hinzu, denn die durch die Grate ausgesteiften zylindrischen Schalengewölbe wirken als große Raumträger zwischen den Graten und übertragen die Lasten der Dachfläche nach den Graten und damit nach den Ecksäulen ab.
In dieser Vereinigung von Kuppel- und Trägerwirkung liegt, abgesehen von der wirkungsvollen neuen Bauform, der wesentliche Vorteil dieses Kuppelsystems gegenüber den bisherigen Rotationsschalen. Die Trägerwirkung der Schalen ermöglicht Säulenabstände bis zu etwa 40 m, ohne daß zur Übertragung der

Lasten schwere und teure Abfangkonstruktionen nötig werden, denn die Dachfläche wirkt selbst als Träger.
Als besonders interessantes Resultat der theoretischen Untersuchungen ist hervorzuheben, daß die die Schalen aussteifenden Grate nicht nur bei symmetrischer Belastung durch Eigengewicht und Schnee, sondern auch bei antimetrischer Belastung der Kuppel durch Windkräfte nach dem Sinus-Windgesetz vollständig biegungsfrei bleiben, so daß alle Kräfte nur durch räumliche Kräftewirkung, d. h. nur durch Druck- und Zugkräfte, in den Graten und Schalen nach den Auflagern abgetragen werden.
Die erste Anwendung fand dieses Kuppelsystem bei der Planetariumskuppel Dresden, die als 16-Eck bei 25 m Spannweite und 4 cm Schalenstärke ausgeführt wurde. Zwei Jahre später, im Jahre 1928 und 1929, wurde dann die Großmarkthalle Leipzig nach diesem System überdacht. Die gesamte 76 m breite und 238 m lange Halle wird durch 3 Achteckkuppeln von 76 m Spannweite überdacht, vorerst sind von diesen Kuppeln zwei fertiggestellt; die dritte soll erst gebaut werden, wenn es die Entwicklung des Marktes erfordert. Die 9 cm starken Schalen der Kuppeln haben elliptische Form, die halbe Hauptachse dieser Ellipse beträgt 36,79 m, die halbe kleine Achse dagegen 29,33 m. Damit ergibt sich ein Krümmungsradius im Scheitel der Gewölbe von 46 m und in Richtung der Grate gemessen sogar von 54 m. Damit sind die Leipziger Kuppeln die flachsten aller bisher in Eisen wie in Eisenbeton ausgeführten Kuppeln.
Der Schub dieser gewaltigen Kuppeln wird durch 2 Zugringe aufgenommen. Der erste Zugring liegt in Höhe des Kämpfers der Kuppel in der horizontalen, an die Kuppel anschließenden Dachfläche und der zweite in der Kellerdecke. Durch die Schrägstellung der 8 an die Grate anschließenden Schrägsäulen war es möglich, den Kuppelschub in beliebiger und günstigster Weise auf diese beiden Zugringe zu verteilen. An den Kämpfern sind die Schalengewölbe durch in einer schrägen Fläche angeordneten Tragbogen unterstützt. Diese Tragbögen wurden einerseits aus architektonischen Gründen angeordnet, andererseits aber auch zur Übertragung der schweren Lasten der 4 Zwickel, die sich als Differenz des quadratischen Grundrisses und der achteckigen Kuppel ergeben. Für die Unterstützung der Kuppel selbst wären diese Tragbögen nicht notwendig gewesen, da die Schalengewölbe selbst als Träger wirken, wie auch die nachstehend beschriebene Baseler Kuppel zeigt.
Die Knicksicherheit dieser weitgewölbten dünnen Schalen wurde nach den Gleichungen von Prof. v. Mises berechnet und durch Modellversuche nachgeprüft. Hierzu wurden zwei Modellkuppeln aus Stahlblech ineinandergesteckt und in einem Fundament einbetoniert und dann durch Wasserdruck zum Knicken gebracht. Da die Stärken dieser doppelten Stahlblechkuppel der tatsächlichen Ausführung proportional angepaßt wurden, konnten, wie der Aufbau der Misesschen Formeln zeigt, die Ergebnisse des Modellversuches übertragen und damit die genügende Knicksicherheit nachgewiesen werden.
Zur Beleuchtung der Kuppel dient hauptsächlich ein 28 m weit gespanntes Oberlicht, das durch ein 3 m hohes, um den ganzen Bau umlaufendes Lichtband

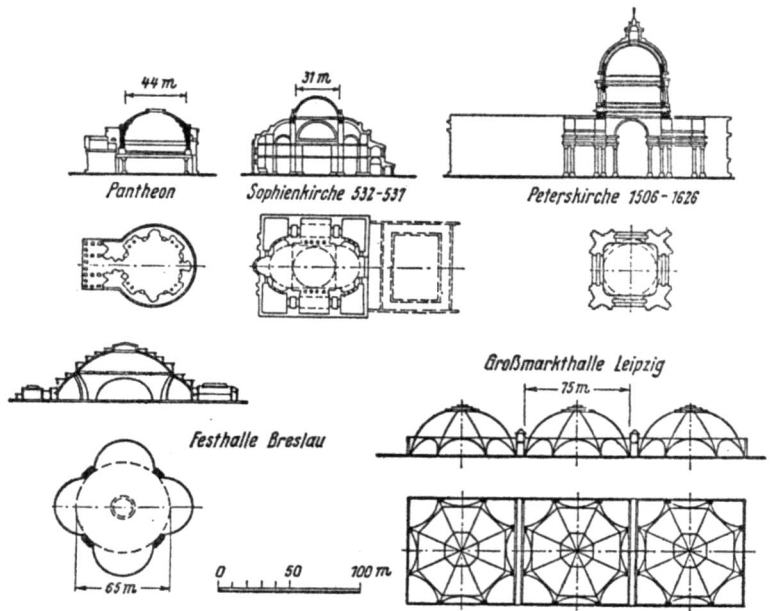

101 Darstellung der Spannweiten von Massivkuppeln

ergänzt wird. Außerdem sind auch in den Dreieckszwickeln weitere Oberlichter angeordnet.

Die 76 m weit gespannten Kuppeln der Großmarkthalle Leipzig sind nunmehr die größten Massivkuppeln der Welt; sie überragen an Spannweite die bisher größte, 65 m weit gespannte, ebenfalls von der Dyckerhoff & Widmann AG ausgeführte Jahrhunderthalle zu Breslau[1] [101].

Diese Spannweiten stellen jedoch keineswegs die Grenzen der Ausführungsmöglichkeiten dar; es lassen sich nach diesem System noch ganz wesentlich größere Spannweiten herstellen. Der große Fortschritt, der durch diesen Bau verwirklicht wurde, geht am besten aus der Tatsache hervor, daß die drei Kuppeln der Leipziger Großmarkthalle trotz ihrer größeren Spannweite *zusammen* nicht schwerer sind als die Kuppel der Jahrhunderthalle. Das Bild [102] zeigt den gewaltigen Innenraum.

Der architektonische Entwurf der gesamten Markthallenanlage stammt von Stadtbaurat Ritter, Leipzig.

Eine ganz ähnliche Achteckkuppel von 60 m Spannweite wurde im Sommer

---

[1] Siehe Trauer und Gabler: »Die Jahrhunderthalle zu Breslau«. Arm. Beton 1913 und 1914

102 *Innenraum der Großmarkthalle in Leipzig 1927—29, Zeiss-Dywidag-Schalenbauweise. Architekt H. Ritter*

103 *Großmarkthalle in Basel in Zeiss-Dywidag-Schalenbauweise. Architekten: Gönner und Rhyner 1928—29*

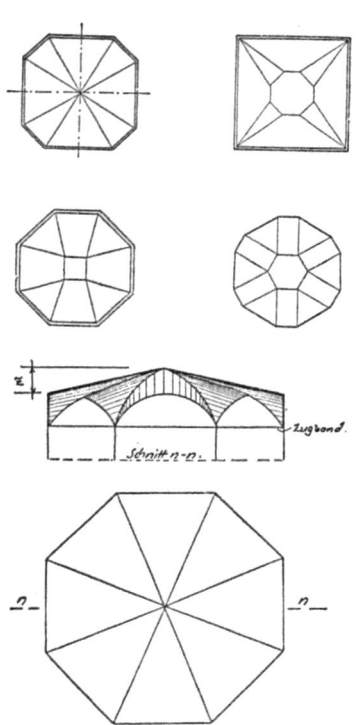

104 Verschiedene Möglichkeiten der Ausbildung von Kuppeln in Form von Klostergewölben mit Hilfe der ausgesteiften Schalengewölbe

105 Achteckige Kreuzgewölbekuppel, zusammengesetzt aus ausgesteiften Zylinderschalen

1929 von der Züblin AG, Basel, nach den Plänen und Berechnungen der Dyckerhoff & Widmann AG für die Großmarkthalle Basel ausgeführt. Die Schalengewölbe dieser Vieleckskuppel haben eine Stärke von 8 cm und besitzen die Form von Zykloiden. Im übrigen ist die Form ganz ähnlich den Leipziger Kuppeln, unterscheidet sich aber dadurch, daß die Schalengewölbe am Kämpfer durch keine Tragbögen unterstützt sind, sondern sich ganz frei von Grat zu Grat als Träger durchtragen.

Der Entwurf für diese Großmarkthalle stammt vom Architekturbüro Gönner & Rhynner, in Zusammenarbeit mit dem Ingenieurbüro Riggenbach & Eger.

Außer den vollständig symmetrischen Klostergewölben, die in Leipzig und Basel zur Ausführung kamen, gibt es noch eine große Anzahl Formen mit nur halber Symmetrie, die sich jedoch ebenfalls als Raumsysteme bei beliebiger Eckenzahl einwandfrei berechnen lassen und von denen einige in den Bildern [104] a—d dargestellt sind.

Auch mittels der ausgesteiften Kreuzgewölbe lassen sich sehr weitgespannte Kuppelbauten herstellen. Bei den Kreuzgewölben des Bildes [100] erfolgt die Aus-

steifung der zylindrischen Schalen einerseits durch die Grate und andererseits durch die an den Außenseiten der Kappen angeordneten Binderscheiben (d).
Bei den Klostergewölben bleiben die aussteifenden Grate infolge der Kuppelwirkung, d. h. infolge der auftretenden Ringkräfte, biegungsfrei; bei den Kreuzgewölben dagegen können derartige Ringkräfte nicht auftreten. Trotzdem ist es möglich, die Grate fast vollkommen von Biegungsmomenten zu befreien, wenn man die Binderscheiben der Außenfronten wesentlich steifer ausbildet, und das ist ohne jede Schwierigkeit möglich, da man diese Binderscheiben durch Ausbildung als Fachwerk im Vergleich zu den nur aus einem Bogen bestehenden Graten vollständig starr ausbilden kann. Von den Binderscheiben d aus werden Schubkräfte durch die Schalen hindurchgeleitet, die bewirken, daß die Grate biegungsfrei und damit zu Stützlinienbindern werden. Damit diese Schubkräfte jedoch möglichst gering bleiben und nicht das zulässige Maß überschreiten, ist in jedem Fall ein bestimmtes Verhältnis der Kuppelhöhe zur Kuppelspannweite erforderlich, für dessen Optimum der Verfasser Gleichungen aufgestellt hat. Z. B. ist es bei einem 8eckigen Kreuzgewölbe zur Erzielung der richtigen Kuppelhöhe unbedingt notwendig, daß die Zylindererzeugenden gemäß Bild [105] schräg gelegt werden. Die Kuppelform des Bildes [105] ist auch sehr gut geeignet für einen zentralen Kirchenbau. Die Kuppeln, zusammengesetzt aus Kreuzgewölben, haben eine ausgezeichnete Akustik und auch eine sehr gute Beleuchtungsmöglichkeit mit Hilfe der Fenster, die in den Kappen angeordnet werden können.
Aus: I. Internationaler Kongreß für Beton und Eisenbeton,
Lüttich 1930 — Verlag La Technique des Travaux, Lüttich 1931
Zitiert nach: »Eisenbetonschalen-Dächer Zeiss-Dywidag«

Betonschiffe in Schalenbauweise[1]

von Ulrich Finsterwalder (Auszug)

Der Bau von Stahlbetonschiffen wurde gegen Ende des ersten Weltkrieges in Deutschland und auch in anderen Ländern aufgenommen und in den ersten Jahren nach dem Krieg fortgesetzt. Er wurde durch den Mangel an Stahlblechen und -profilen erzwungen. Die Ergebnisse waren nicht ermutigend, da die Schiffe nicht die in sie gesetzten Erwartungen erfüllten. Zahlreiche fertiggestellte Schiffe wurden nicht mehr in Fahrt gesetzt und zum Teil versenkt. Auch in Deutschland ist ein Seeschiff gebaut worden; es kam aber nicht zum Einsatz. Flußkähne wurden eine kurze Zeit lang auf Kanälen in Westdeutschland verwendet, aber bald außer Betrieb gesetzt und zu Lagerräumen umgestaltet[2]. Die Gründe für den Mißerfolg waren technischer und wirtschaftlicher Natur.

Erfahrungen mit Betonschiffen vor dem zweiten Weltkrieg

Der Untersuchung des Schiffskörpers wurden damals nur das Eigengewicht und mehr oder weniger genau umschriebene Verkehrsbeanspruchungen, wie Ladungsgewicht und Wellengang, zugrunde gelegt. Man machte sich viel zuwenig Gedanken darüber, daß Schiffe keine ruhenden Bauwerke sind, sondern große, bewegte Massen darstellen, die unvermeidbar an andere Massen – seien es andere Schiffe oder Kaimauern oder Uferböschungen – anstoßen. Sie erleiden dabei Stöße, die einen großen örtlichen Druck hervorrufen. Dieser Druck ist um so größer, je weniger nachgiebig die Schiffswand ist, und beträgt z. B. bei einem betriebsüblichen Anlegemanöver eines beladenen 1000-t-Beton-Güterkahnes bis zu 20 t, auf eine verhältnismäßig kleine Fläche verteilt. Es liegt auf der Hand, daß die früheren Betonschiffskonstruktionen mit ihren im allgemeinen nur bis zu 6 cm dicken, schwach bewehrten ebenen Außenwänden solche Drücke nicht aushalten konnten. Damals gab es auch noch keine hochwertigen Zemente. Bei ihrer Verarbeitung zu dünnwandigen Konstruktionen erhielt man einen Beton, der nur sehr mäßige Eigenschaften aufwies. Durch Anwendung von Bimsbeton konnte man zwar die zu großen Eigengewichte verringern, die Druckfestigkeit wurde aber weiter herabgesetzt. Vielfach war auch die Bauausführung unzureichend, da nicht genügend Vorsorge getroffen war, die Bildung von porösen Stellen zu verhindern und die nötige Dichtigkeit des Betons durch geeignete Kornzusammensetzung und Verarbeitung sicherzustellen. Bei Fahren auf Grund,

---

[1] Nach einem auf der Hauptversammlung 1948 des Deutschen Betonvereins in Wiesbaden gehaltenen Vortrag

[2] Vgl. a. E. Foerster: Donauschleppkähne aus Eisenbeton. Z. VDI Bd. 63 (1919), S. 1021 bis 1026. Das Ende des Eisenbeton-Schiffsbaues. Z. VDI Bd. 66 (1922), S. 954 u. Bd. 67 (1923), S. 144

Berühren der Uferböschungen, leichten Zusammenstößen mit anderen Schiffen, die Stahlschiffe ohne Schaden oder mit leichten Einbeulungen aushalten, ergaben sich Brüche und ernsthafte Schäden. Außerdem war das Eigengewicht der Schiffe im Vergleich zu dem der Stahlschiffe zu groß, so daß eine Wirtschaftlichkeit nicht zu erzielen war und die Fahrten eingestellt werden mußten.
Auf Grund dieser Erfahrungen wurde die vorgeschlagene Wiederaufnahme des Betonschiffbaues zunächst im Jahre 1938 abgelehnt. Erst im Jahre 1940 richtete das Reichsamt für Wirtschaftsausbau eine Versuchsstelle in Nußdorf bei Wien ein, und im Jahre 1942 wurde der Betonschiffbau in größerem Umfang für ein Tankschiff-Programm der Mineralölabteilung des Reichswirtschaftsministeriums aufgenommen. Für diese Neuentwicklung wurde aber erst im Juli 1942 im Rahmen des Hauptausschusses Schiffbau ein Sonderausschuß Betonschiffbau eingerichtet, dessen Leitung dem Verfasser übertragen wurde.

Gründe für die Anwendung der Schalenbauweise statt der bisher üblichen Spantenbauweise

Die vormals im Betonschiffbau übliche Spantenbauweise ist für die Aufnahme großer Stoßbeanspruchungen wenig geeignet. Insbesondere fehlt es hier meistens an der schubfesten Verbindung zwischen Platten und Rippen, die bei feingliedrigen Konstruktionen nicht hergestellt werden kann, obwohl sie für die Stoßfestigkeit grundlegend wichtig wäre. Es wurde deshalb der Versuch unternommen, durch Anwendung der bekannten Stahlbeton-Schalenbauweise einen Fortschritt zu erzielen.
Die Spantenbauweise schließt sich in ihren Konstruktionsgrundsätzen eng an das Vorbild der Stahlkonstruktion an. Man muß sich darüber Gedanken machen, ob das richtig ist; denn die Form und die K o n s t r u k t i o n eines Stahlschiffes ist zweifellos durch den B a u s t o f f mitbestimmt worden. Die Holzschiffe, die dem Stahlschiffbau vorangingen, hatten z. B. keineswegs den rechteckigen Hauptspant-Querschnitt, der im Stahlschiffbau üblich ist, sondern prinzipiell gewölbte Flächen. Es liegt auf der Hand, daß man Schiffsbleche am liebsten im ebenen Zustand verwendet und besonders die Krümmung nach zwei Richtungen nach Möglichkeit vermeidet. Hierdurch kommt der rechteckige Hauptspant-Querschnitt zustande.
Aus dieser Entwicklung heraus ist die Ansicht entstanden, daß der rechteckige Hauptspant-Querschnitt allgemein in schiffbaulicher Hinsicht besonders vorteilhaft sei, was für den Stahlschiffbau sicher zutrifft. Ebenso sicher ist jedoch, daß der Betonbau keineswegs an ebene Flächen gebunden ist, sondern daß die gewölbte Fläche weit mehr dem Baustoff entspricht als die ebene; denn ein Betongewölbe hält nicht nur mehr aus als eine ebene Platte, sondern es kann bei höherer Belastung auch viel leichter, insbesondere in der Form des Schalengewölbes, ausgeführt werden. Von vornherein hat die gerundete Form den offensichtlichen Vorteil einer geringeren Oberfläche – bezogen auf den um-

schlossenen Inhalt – als die rechteckige Form, und es wurde auch durch Versuche bewiesen, daß die gerundete Form in bezug auf Fahrtwiderstand und Steuerfähigkeit den rechteckigen Formen des Stahlschiffes ebenbürtig und sogar überlegen ausgebildet werden kann.

Wenn also beim Betonschiffbau nach der Spantenbauweise die Konstruktion des Stahlschiffbaues übertragen wird, ist eine Skepsis durchaus am Platze. Damit nicht allzuviel Mehrgewicht als beim Stahlschiffbau gebraucht wird, muß die Außenhaut dünn, die Rippenkonstruktion feingliedrig unter Aussparung alles irgendwie entbehrlichen Werkstoffes konstruiert werden. Es ergaben sich hierbei beträchtliche Konstruktionsschwierigkeiten. Die Bewehrungen und die Konstruktionsformen des Stahlbetons wurden nämlich für die üblichen Beanspruchungen des Hoch- und Ingenieurbaues entwickelt. In den allermeisten Fällen handelt es sich dort um die Übertragung eines großen Anteiles ruhender Lasten sowie eines verhältnismäßig geringen Anteiles von veränderlichen Lasten. Wechselbeanspruchungen treten deshalb selten auf. Die Konstruktionsglieder sind im Prinzip für die Belastung in einer Richtung konstruiert, wobei die Stahlbewehrung die Zugkräfte und der Betonkörper die Druckkräfte aufzunehmen hat. Im Schiffbau dagegen treten Belastungen durch Eigengewicht bzw. durch ständige Lasten zurück; und die Hauptbeanspruchungen durch den Wellengang sind wechselnd. Richtung und Größe der Hauptspannungen wechseln dauernd, und die Bewehrung muß all diesen Beanspruchungen gerecht werden. Sie muß deshalb völlig anders aussehen als die im Hoch- und Ingenieurbau übliche. Die Konstruktion muß im übrigen so durchgebildet sein, daß sie gegenüber den im Schiffsbetrieb unvermeidlichen Rammstößen den erforderlichen Widerstand leistet. Diese Stoßfestigkeit hat sich geradezu als der Kernpunkt des Problems erwiesen.

Besondere Gesichtspunkte für die Anwendung der Schalenbauweise

Die Schalenbauweise System Zeiss-Dywidag hat im Stahlbetonbau eine über 25jährige Entwicklung hinter sich, die mit dem Bau der bekannten Planetariumskuppeln begann[1]. Die große Entwicklung der Bauweise kam dadurch zustande, daß man flache zylindrische Schalen durch weit auseinanderstehende Binder aussteifte und diese Konstruktion als Träger zwischen den Bindern verwendete[2]. Bei Flugzeughallen ging man mit dem Abstand der auszusteifenden Binder bis zu 60 m[3]. Im Schiffbau sind die möglichen Binderentfernungen na-

---

[1] Vgl. a. W. Bauersfeld: Das Projektions-Planetarium des Deutschen Museums in München. Z. VDI Bd. 68 (1924), S. 793–797

[2] Fr. Dischinger u. U. Finsterwalder: Die Großmarkthalle Frankfurt a. M. Z. VDI Bd. 73 (1929), S. 1145–1148. Fr. Dischinger: Die Großmarkthalle in Leipzig. Z. VDI Bd. 74 (1930), S. 7–10

[3] Vgl. a. A. Mehmel: Zwei weitgespannte Eisenbeton-Flugzeughallen. Z. VDI Bd. 84 (1940), S. 171/172

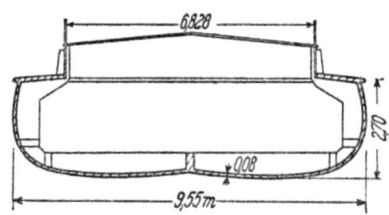

106 Querschnitt eines Leichtbeton-Güterkahnes in Schalenbauweise. Tragfähigkeit 1160 t

türlich viel kleiner, da die Belastungen durch den Wasserdruck sehr hoch sind. Wichtig ist, daß die Schalen durch die Aussteifungen frei von Biegungsmomenten gehalten werden und ihre Beanspruchung vorwiegend durch Zug und Druck in ihrer Fläche hervorgerufen wird. Damit diese Wirkung erzielt wird, muß
1. die Schale in ihrer Fläche in jeder Richtung zug- und druckfest ausgebildet werden,
2. die gleiche Festigkeit bei der Verbindung der Schale mit der aussteifenden Rippe sichergestellt werden.

Praktisch wird diese Festigkeit durch Einlegen einer sechslagigen Bewehrung in die Schale und die Aussteifungsrippe erzielt. Die Bewehrung besteht aus je einem rechteckigen Netz auf der Innen- und Außenseite der Schale und einem dritten, unter 45° hierzu gelegenen Netz in der Mitte der Schale. Diese Netze müssen wegen des Kräfteverlaufes bei Schale und Rippe ineinandergeflochten werden. Ihre Eisenmenge wird den auftretenden Kräften angepaßt. Sorgfältige Versuche, die im Staatlichen Materialprüfungsamt in Berlin-Dahlem durchgeführt wurden, ergaben, daß die Schubfestigkeit solcher Konstruktionen sehr groß ist. Aus diesem Grund wurden die zulässigen Betonspannungen für Schub auf 33 kg/cm^2 bei Berücksichtigung der Stahleinlagen erhöht, während im Betonbau üblicher Art ohne Berücksichtigung der Eisen höchstens 20 kg/cm^2 zugelassen sind. Bei diesen Versuchen zeigte sich, daß die Konstruktion bei einer Spannung von 33 kg/cm^2 völlig elastisch arbeitete. Die bei Spannungen bis 50 kg/cm^2 aufgetretenen Haarrisse schlossen sich bei Entlastung völlig und waren nicht mehr sichtbar. Der Bruch trat bei 100 bis 125 kg/cm^2 ein, womit eine mindestens dreifache Sicherheit erreicht wurde.

Wenn man die beschriebenen Konstruktionsgrundsätze anwendet, kann man sogar bei Erhöhung der Festigkeit weitgehend an Gewicht der Aussteifungen sparen. Man ist deshalb in der Lage, eine verhältnismäßig dicke Außenhaut zu verwenden und den größten Teil der Bewehrung in die Außenhaut zu legen. Die Rammstöße, die jeder Schiffskörper auszuhalten hat, treffen somit auf ein stark bewehrtes Bauglied großer Abmessungen, das genügend widerstandsfähig ist.

Obschon die Schalenbauweise große Gewichtsersparnisse gegenüber der Spantenbauweise ermöglicht, ist das Schiffskörpergewicht immer noch erheblich größer als beim Eisenschiff. Die Festigkeit eines Schwerbetons ist im wesentlichen durch die Festigkeit des Zementleims gegeben, während in der Festigkeit der Zuschlagstoffe ein Überschuß vorhanden ist, der ohne Schaden abgebaut werden kann. Es gelang nun in Zusammenarbeit mit *Graf Czernin* von den Ost- und Mitteldeutschen Zementwerken, aus geeigneten Tonsorten, die sonst zur Herstellung von Ziegeln verwendet werden, ein Zuschlagmaterial in Form von Kies zu brennen, dessen Einzelkorn innen porös und außen mit einer wasserdichten, gesinterten Hülle versehen ist. Dieses Korn hat bei sehr kleiner Wichte eine hohe Festigkeit. Es ist gelungen, Würfelfestigkeiten des Betons von 400 bis 500 kg/cm² zu erzielen, die annähernd ebenso hoch sind wie die von Schwerbetonmischungen gleicher Körnungen und gleichen Zementgehaltes. Die Wichte des Betons ist somit von 2,3 auf 1,7 herabgesetzt worden, das ist um 600 kg je m³ Beton.

Eine weitere Verbesserung der Beförderungsleistungen, nämlich des Produktes aus Tragfähigkeit und Geschwindigkeit, konnte außer durch Anwendung einer strömungstechnisch günstigen Schiffsform durch eine **Herabsetzung des Reibungswiderstandes der Schiffswände** erzielt werden, der bei den verhältnismäßig langsam fahrenden Schiffen einen großen Teil des Gesamtwiderstandes ausmachte. Damit die Außenfläche besser bearbeitet werden konnte, wurden die Schalenschiffe grundsätzlich **kieloben hergestellt**. An Stelle einer Außenschalung wurde zwischen die fünfte und sechste Eisenlage ein Netz von 4 mm dickem Maschendraht eingebaut. Nachdem der Leichtbeton eingebracht und das überschüssige Anmachwasser entwichen war, wurde ein **Außenputz aus Hartbeton** auf die noch feuchte Unterlage aufgebracht, der mit der Kelle geglättet und **maschinell geschliffen** wurde.

Da das Einbringen des Betons in die dichte Bewehrung durch das Drahtnetz gut beobachtet werden kann und das überschüssige Wasser abfließt, wird eine besonders hohe Betongüte erreicht. Durch Versuche wurde ferner nachgewiesen, daß der Außenputz monolithisch mit dem Leichtbeton zusammenwirkt.

Diese Oberflächenbehandlung ist nicht teurer als ein bei einer Blechwand erforderlicher Anstrich und macht diesen entbehrlich. Nach vierjährigem Betrieb hat sich keine Veränderung der Oberfläche gezeigt. Dagegen hat es sich als Vorteil herausgestellt, daß der **Bewuchs wesentlich geringer als beim gestrichenen Stahlschiff** und – da keine Farbe vorhanden ist, an der er sich festklammern kann – ganz einfach zu entfernen ist. Dies ist insofern von Bedeutung, als der Widerstand eines Schiffes durch Bewuchs wesentlich vergrößert wird. Hinzu kommt eine erhebliche Ersparnis an Unterhaltungskosten, weil der jährliche Anstrich und die damit verbundene teure Reinigung des Schiffskörpers entbehrlich sind.

Die Schiffe wurden kieloben zu Wasser gelassen und entweder durch Wasserballast oder mittels eines einseitig anhebenden Schwimmkranes aufgerichtet. Dieses Verfahren hat einen Vorläufer in Norwegen, wo im Jahre 1920 kleine Betonschiffe kieloben erbaut und im Wasser aufgerichtet wurden. Im Schalenschiffbau wurde es für Schiffskörper bis zu 6500 t Verdrängung ausschließlich und mit bestem Erfolg angewendet.

107 Bewehrung eines Betonschiffes in Schalenbauweise

108 Der Rumpf eines kieloben hergestellten Tankschiffes in Schalenbauweise vor dem Stapellauf. Die Oberfläche des Betonkörpers wurde geschliffen

Ausgeführte Schiffstypen

Der größte Teil der Betonschiffe, der während des letzten Krieges in Deutschland und in den mit Deutschland verbündeten oder von Deutschland besetzten Ländern gebaut wurde, waren Schalenschiffe. Die Spantenbauweise wurde nur bei wenigen Schiffen angewendet. Schalenschiffe wurden insgesamt bei vier Schiffstypen entwickelt und gebaut:
1. Motortankschiffe von 3770 t Tragfähigkeit für die Hochseeschiffahrt,
2. Dampffrachtschiffe von 3650 t Tragfähigkeit für die Hochseeschiffahrt,
3. Güterkähne von 1000 t Tragfähigkeit für die Binnenschiffahrt,
4. Motorfrachtschiffe von 300 t Tragfähigkeit für die Küstenschiffahrt.

Da es den vorhandenen Schiffswerften wegen Überlastung mit anderen Arbeiten und wegen der Neuheit der Materie nicht möglich war, diese Entwicklung zu leisten, wurde eine besondere Gesellschaft, die »Schalenschiffbau KG Dr. Erich Lübbert«, gegründet, die den Auftrag für den Bau aller Schiffe übernahm. Im Auftrag dieser Gesellschaft führte die Firma Dyckerhoff & Widmann die Konstruktion und den Bau der Betonrümpfe durch. Die Ausrüstung wurde Schiffswerften übertragen. Die Bauten wurden grundsätzlich unter Aufsicht des Germanischen Lloyd ausgeführt, der Prof. *Dischinger* von der Technischen Hochschule Berlin als Sachverständigen für alle Fragen des Stahlbetons heranzog.

Aus: »Zeitschrift des V.D.I.«, Bd. 91/1949

Eisenbetontragwerk, insbesondere für Balkenbrücken
von Franz Dischinger (Auszug)

In nachfolgendem Patent wird zum erstenmal Spannbeton ohne Verbund vorgeschlagen. Dischinger baut 1936/1937 nach seinem Patent die dreifeldrige Balkenbrücke in Aue (Sachsen) mit 69 m Spannweite in der Mittelöffnung. Die größtmöglichen Spannweiten solcher Konstruktionen gibt Dischinger später mit etwa 200 m an. Diese Projekte sind aber nicht verwirklicht worden.

Patentschrift Nr. 727 429
Patentiert im Deutschen Reich vom 8. 12. 1934 an

Bei der Herstellung von frei aufliegenden Eisenbetonbalkenbrücken oder ähnlichen Bauwerken sind der Spannweite bisher bestimmte Grenzen gesetzt. Die Spannweite beträgt für frei aufliegende Eisenbetonbalkenbrücken maximal etwa 30 bis 40 m, bei durchlaufenden Trägern etwa 60 bis 100 m. Bei solchen Spannweiten ist aber schon eine derartige Anhäufung von Eisen in den Stegen der Balken notwendig, daß die Stege sehr breit ausgebildet werden müssen. Dadurch wächst das Eigengewicht so rasch an, daß die Eisenbetonkonstruktionen durch ihr eigenes Gewicht erdrückt und vor allem gegenüber den leichteren Eisenkonstruktionen unwirtschaftlich werden. Außerdem wachsen aber auch mit diesen Eisenanhäufungen die Betonzugspannungen sehr rasch an, und damit verlieren diese weitgespannten Tragwerke an Güte. Der Verwirklichung von größeren Spannweiten bei Balkenbrücken in Eisenbetonbauweise steht auch das noch ungelöste Problem einer Verminderung der Schubspannungen entgegen. Bei großen Spannweiten, insbesondere von frei aufliegenden Balken, sind die Spannweiten vor allem durch das vorgeschriebene Höchstmaß der Schubspannung von 14 bzw. 16 kg/cm² festgelegt. Bei frei aufliegenden Balken wird dieser Grenzwert schon bei 30 bis 40 m Spannweite erreicht.

Die Erfindung hat sich nun die Aufgabe gestellt, nicht nur die Biegezugspannungen des Eisenbetons ganz oder zum größten Teil zu beseitigen, sondern auch die Schubspannungen auf einen Bruchteil zu vermindern und dadurch den Weg für wesentlich größere Spannweiten bei Massivträgern frei zu machen.

Daß sich durch vorgespannte Konstruktionen Vorteile erzielen lassen, wurde bereits im Anfang dieses Jahrhunderts erkannt. Zur Herstellung von Eisenbetonbalken wurden gerade Eisen unter Benutzung der Schalungen als Widerlager vor dem Einbringen des Betons angespannt, nach Erhärten des Betons die Schalungen abgelöst und damit die Vorspanndrücke auf den Beton übergeleitet. Dabei zeigte es sich, daß die Vorspannung der Eisen zum größten Teil wieder verlorenging. Dieser Verlust war auf die Verkürzung des Betons durch Kriechen zurückzuführen.

Bei der Erfindung sollen die als Hängewerk ausgebildeten Zuganker gegen den erhärteten Beton vorgespannt werden und eine Anpassung der Vorspannkräfte

an die Biegungsmomente aus Eigengewicht erreicht werden, so daß bei Eigengewichtsbelastung der Träger annähernd frei von Biegungsmomenten ist, wodurch auch die Querkräfte und damit die Schubspannungen aus Eigengewicht ganz oder zum größten Teil wegfallen. Zugleich soll zur Ausschaltung des Einflusses des Schwindens und Kriechens auf die Größe der Vorspannkräfte die Möglichkeit geschaffen werden, während der Zeit, in der sich die plastischen Vorgänge abspielen, die Größe der Vorspannkräfte ständig zu verändern, um die Vorspannung auch mit dem üblichen St 52 oder selbst mit St 37 durchzuführen.
Dies wird nach der Erfindung dadurch erreicht, daß die hängewerkartigen, zweckmäßig zwischen den Eisenbetonbalken des Tragwerkes angeordneten Zuganker sich innerhalb des durch die Konstruktionshöhe des Balkens begrenzten Raumes befinden, so daß der Balken bei Eigengewichtsbelastung nur zentrische Druckkräfte zu übernehmen hat und sich auf Querschnittwände der Eisenbetonbalken abstützen. Die Abstützung der Zuganker auf die Querwände ist nach Art von beweglichen Auflagern ausgebildet, durch deren Beweglichkeit der Spannungszustand des Tragwerkes beim erstmaligen Anspannen der Zuganker, das gleichzeitig mit dem Ausrüsten der Eisenbetonbalken erfolgt, und bei dem erforderlich werdenden späteren Nachspannen regelbar ist.
Durch die Vorspannung der Zuganker zugleich mit dem Ausrüsten wird annähernd die gesamte Eigengewichtslast von den Zugankern übernommen. Auf diese Weise können auf den als Druckglied wirkenden Eisenbetonbalken so große Druckkräfte ausgeübt werden, daß die bei Verkehrslast in dem Balken entstehenden Biegezugspannungen durch Druckspannungen so überlagert werden, daß entweder nur Druckspannungen oder nur ganz geringe Biegezugspannungen in dem Balken verbleiben. Der Eisenbetonbalken wirkt jetzt gegenüber der Verkehrslast nicht mehr als Biegungsbalken, sondern als ein exzentrisch auf Druck beanspruchter Balken, für den wesentlich höhere Betondruckspannungen zulässig sind als für den reinen Biegungsbalken. Gleiche Vorteile ergeben sich auch bezüglich der Eisenspannungen. Bei der Erfindung ist nämlich der vorgespannte Zuggurt vom Eisenbetonkörper abgetrennt, und die Zugkräfte werden in diesen nicht durch Schub- und Haftkräfte, sondern durch mechanische Mittel, nämlich durch die Art der Vorspannung, die später noch genauer beschrieben wird, in den Zuggurt eingeleitet. Infolgedessen können jetzt höhere Spannungen für die Eisen entsprechend den für Eisenkonstruktionen geltenden Bestimmungen zugelassen werden.
Das Eigengewicht des Tragwerkes kann bei entsprechender Anspannung der Zuganker annähernd oder ganz durch das Hängewerk nach den Auflagern übertragen werden, während die Verkehrslasten sowohl von den Eisenbetonbalken als auch dem Hängewerk getragen werden. Die durch die Anspannung der Zuganker in dem Eisenbetonbalken erzeugte Druckkraft gleicht die aus der Gesamtbelastung herrührenden Zugspannungen des Eisenbetonbalkens teilweise oder ganz aus.

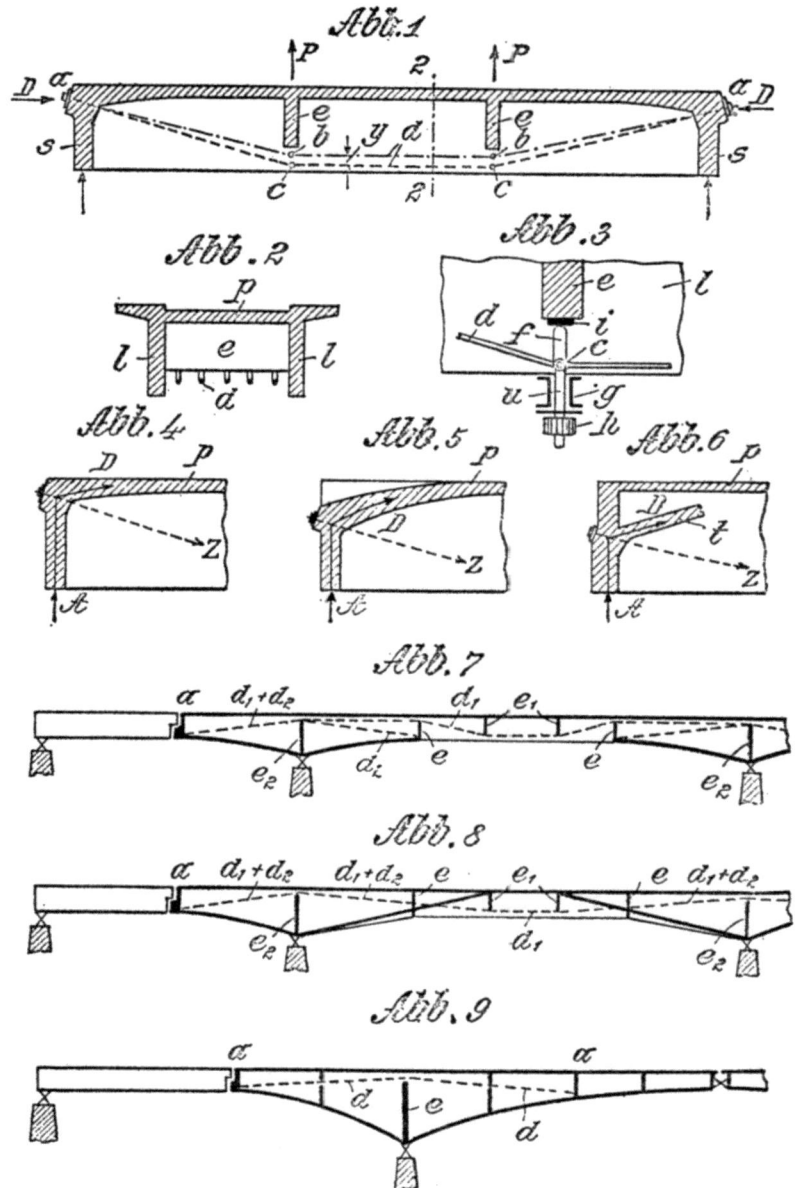

109 Zeichnung aus der Patentschrift Nr. 727 429

Eisenbetonträger mit selbsttätiger Vorspannung[1]
von Ulrich Finsterwalder

Übersicht: Es wird ein neuartiges System eines Eisenbeton-Balkenträgers beschrieben, dessen Eisen durch den Vorgang des Ausrüstens gegenüber dem Beton vorgespannt werden. Ferner wird eine neue Bauart eines Eisenbeton-Fachwerkträgers behandelt, bei welchem die Zugstäbe zunächst nach den Regeln des Stahlbaues ausgeführt und verankert und erst nach dem Ausrüsten der Konstruktion in eine Eisenbetonkonstruktion verwandelt werden.

Das Vorspannen von Eisenbetonträgern ist durch das Buch von Freyssinet »Une Révolution dans les Techniques du Béton[2]«, durch eine Arbeit von Dischinger[3] über die »Ausschaltung von Biegezugspannungen in Balken- und Stabbogenbrücken« und einen Diskussionsbeitrag des Verfassers[4] bekanntgeworden. In beiden Fällen werden die Eisen mittels künstlicher Mittel, hydraulischer Pressen oder dgl. in Spannung gebracht und dann einbetoniert. Im Gegensatz hierzu soll hier von Konstruktionen gesprochen werden, bei welchen die Vorspannung ohne Zuhilfenahme künstlicher Mittel nur durch das Eigengewicht der Konstruktion hervorgerufen wird. Dieses, vom Verfasser entwickelte und der Firma Dyckerhoff & Widmann K.G. geschützte Verfahren ist zwar in der Öffentlichkeit noch wenig bekannt, hat aber bereits eine große praktische Bedeutung erlangt.

Bekanntlich sind die Spannweiten, welche man mit Eisenbetonbalken erreichen kann, durch die zulässigen Spannungen begrenzt. Diese treten hierbei als Kantenpressungen auf, während ein großer Teil des Trägergewichtes im Steg sowie der Ummantelungsbeton der Eisen nicht voll ausgenützt wird und als totes Gewicht den Träger belastet. Für weitgespannte Träger ist dieses Gewicht sehr groß, da die Trägerbreiten wegen der Unterbringung der Eisen vielfach größer gemacht werden müssen, als zur Aufnahme der Schubkräfte nötig wäre.

Dieser wirtschaftliche Grund war ein Hauptanlaß, für Großkonstruktionen Träger mit Vorspannung der Eiseneinlagen zu entwickeln, da diese mit erheblich geringeren Gewichten gebaut werden können. Der Grundgedanke dieser Konstruktionen besteht darin, die Haupttrageisen aus dem eigentlichen Träger herauszunehmen, diesen als ein Eisenbetondruckglied voll auszunützen, die Eisen in Form von Rundeisenzugbändern nach den Regeln des Eisenbaues zu konstruieren und sie erst nach dem Ausrüsten der Konstruktion, also nach erfolgter Deh-

---

[1] Nach dem Vortrag gehalten auf der Hauptversammlung des Deutschen Betonvereins 1938
[2] Freyssinet, E.: Une Révolution dans les Techniques du Béton. Paris 1936
[3] Vorbericht des 2. Kongresses der Int. Vereinigung für Brückenbau und Hochbau, Berlin 1936
[4] Vgl. einen demnächst in den Abhandlungen der Int. Ver. f. Brückenbau u. Hochbau erscheinenden Diskussionsvortrag zu 2. von U. Finsterwalder, gehalten auf dem 2. Kongreß obiger Vereinigung, Berlin 1936

nung, durch Einbetonieren in eine Eisenbetonkonstruktion umzuwandeln. Hiermit wird das alte Prinzip des Verbundkörpers Eisenbeton, nämlich Aufnahme der Druckkräfte durch den Beton und Aufnahme der Zugkräfte durch das Eisen, für Großkonstruktionen in wirtschaftlicher und technisch vollkommener Weise gelöst. Zugspannungen im Beton werden ausgeschaltet bzw. nur in einer Größe zugelassen, daß Zugrisse mit Sicherheit vermieden werden. Das verlangt natürlich schon für die Bestimmung der inneren Kräfte des Trägers ein Eingehen auf die tatsächlichen Eigenschaften des Betons, d. h., neben der elastischen Formänderung muß das Schwinden und das Kriechen beachtet werden[1]. Hierfür sind aus Beobachtungen und Messungen an den bisher erstellten Bauwerken ausreichende Erfahrungen vorhanden, welche laufend weiter ausgebaut werden.
Bild [110] zeigt das Projekt[2] einer 34,5 m weit gespannten Überführung über die Autobahn, mit einer Konstruktionshöhe von nur 1,9 m = $^1/_{18}$ der Spannweite. Dieser Träger ist als normaler Eisenbetonträger nicht mehr zu konstruieren, wohl aber mit Vorspannung.
Die Brücke besteht aus zwei in Feldmitte unterteilten und gelenkig miteinander verbundenen Trägerteilen, welche durch ein an den Auflagerpunkten dieser Trägerteile verankertes Zugband zusammengeschlossen werden.
Der Träger ist aus normalem Eisenbeton und besteht aus zwei je 25 cm breiten Rippen mit einer darüberliegenden 20 cm dicken Platte, welche zugleich die Fahrbahn bildet. Die Konstruktion ist nur schwach armiert, da sie in jedem Belastungszustand fast ausschließlich unter Druck steht. Die Druckkraft wird in den Träger durch ein zweiteiliges Zugband eingebracht, welches über den Auflagern in der Fahrbahnplatte mittels eiserner Platten verankert ist. Weiterhin stützt sich das Zugband auf die Querträger mittels Eisenbetonpendeln ab. Durch diese Anordnung ist der statische Zusammenhang zwischen den beiden Trägerteilen und dem Zugband statisch bestimmt, d. h., die auftretenden Kräfte lassen sich aus den Gleichgewichtsbedingungen allein berechnen und sind von den Formänderungen des Tragwerkes völlig unabhängig. Die Brücke erhält bei der Ausführung eine Überhöhung und setzt sich beim Ausrüsten selbsttätig in Spannung. Das zweiteilige Zugband besteht aus 2×6 Rundeisen Durchmesser 65 mm aus St 52. Es wird erst nach dem Ausrüsten der Brücke durch Einbetonierung in eine Eisenbetonkonstruktion umgewandelt.
Der Eisenbetonträger erhält durch das Zugband eine zentrische Vorspannung von 29 kg/qcm bei Eigengewicht und 41 kg/qcm bei voller Verkehrslast. Die Größe der Vorspannung reguliert sich also selbsttätig nach der Größe der auftretenden Belastung. Je größer die Belastung wird, desto größer wird auch die Vorspannung des Betons und desto größer die Fähigkeit des Trägers, Momente aufzunehmen, welche durch eine Ungleichmäßigkeit in der Belastung hervorgerufen werden. Die statische Berechnung zeigt, daß Biegezugspannungen im Beton weitgehend vermieden werden können. Die im Längsschnitt [111] dar-

---

[1] Vgl. Dischinger, Fr.: Untersuchungen über die Knicksicherheit, die elastische Verformung und das Knicken bei Bogenbrücken. Bauing. 18 (1937), S. 487 ff.
[2] Bei Wiedenbrück in Westfalen in Ausführung begriffen

110 Straßenbrücke über die Autobahn bei Wiedenbrück 1938

111 Schnittzeichnung der nach Bauart Finsterwalder vorgespannten Autobahnbrücke bei Wiedenbrück

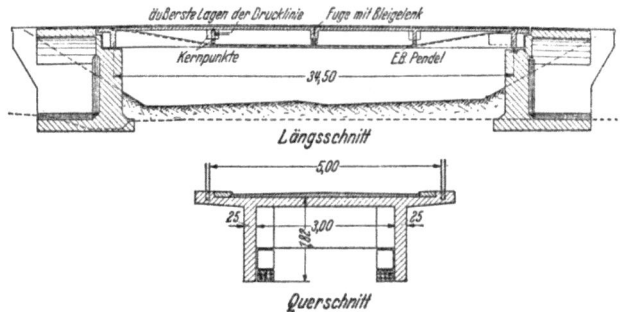

gestellte Drucklinie des Eisenbetonträgers bleibt in jedem Belastungszustand innerhalb des Kerns des Querschnitts. Die Konstruktion zeichnet sich dadurch aus, daß der Spannungszustand klar und einfach ist und durch unsichere Formänderungen des Betons infolge Schwindens oder Kriechens oder durch Temperaturunterschiede zwischen Druck- und Zuggurt nicht beeinflußt wird.

Durch diese Einwirkungen ergibt sich nur eine mäßige zusätzliche Durchsenkung der Konstruktion, welche ohne Spannungsänderung vor sich geht. Gegenüber Verkehrslasten ist die Brücke außerordentlich steif, da ein alter Beton bei kurzdauernden Belastungen einen sehr hohen Formänderungsmodul besitzt. Auf der Zugseite behindert die nach dem Ausrüsten eingebrachte Ummantelung des Zugbandes die Dehnung. Die Durchsenkung unter voller Verkehrslast beträgt 3 cm gleich 1 : 1100 der Spannweite und ist nur 70 % von derjenigen einer Blechträgerbrücke. Der Eisenverbrauch je qm Grundriß ist knapp ein Drittel von dem einer eisernen Brücke und ungefähr ebenso hoch als der einer Eisenbetonbrücke gleicher Konstruktionshöhe mit Mittelpfeiler.

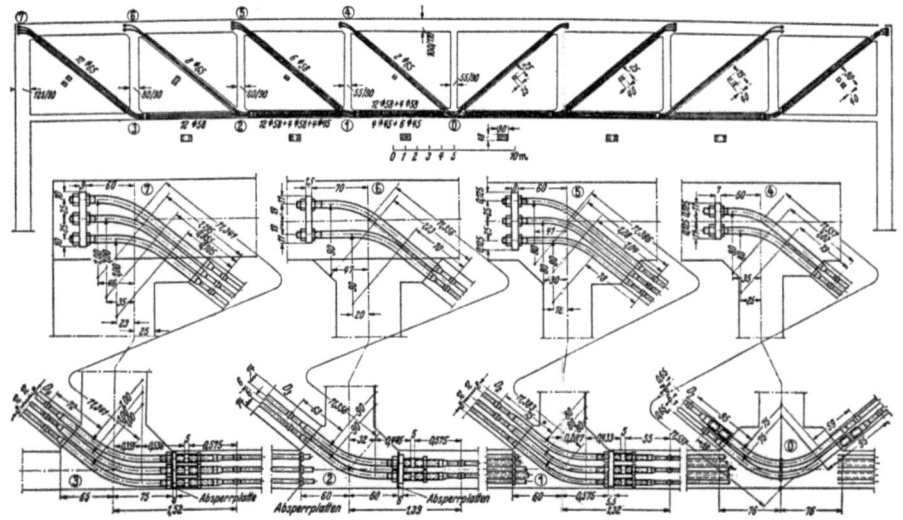

112 *Vorgespannter Eisenbeton-Fachwerkträger nach Bauart Finsterwalder mit 71 m Spannweite*

Die dargestellte Konstruktion ist keineswegs ein Grenzfall der möglichen Spannweite, da die größte Kantenpressung nur 51 kg/qcm beträgt. Ihre Kühnheit läßt sich nach der für Bogenbrücken eingeführten Kühnheitszahl l^2/f beurteilen, wobei l die Spannweite und f den Hebelarm der inneren Kräfte bedeutet. Sie beträgt im vorliegenden Fall 750, während bei Bogenbrücken Ausführungen bis 1200 vorhanden sind. Bei der vorliegenden Konstruktion kann man ungefähr bis 1000 gehen, d. h., einen frei aufliegenden Träger von 70 m Spannweite und nur 5 m Konstruktionshöhe wirtschaftlich auszuführen. Noch weit größere Spannweiten lassen sich mit diesem System an mehrfeldrigen Trägern erreichen.
Durch die Vorspannung läßt sich noch ein anderes wichtiges Problem, das der Eisenbetonfachwerkträger, einwandfrei lösen. Man konstruiert hier die Druckstäbe nach den Regeln des Eisenbetons, die Zugstäbe nach den Regeln des Eisenbaues als Bündel von Rundeisen, welche in den Knoten mittels eiserner Platten verankert werden. Auch hier ergibt sich gegenüber der üblichen Bauweise eine wesentliche Verbilligung bei gleichzeitiger Verbesserung der Konstruktion und damit überraschende neue Anwendungsmöglichkeiten des Eisen-Betons.
Durch das nachträgliche Einbetonieren kann man die Eisen gemäß den Stahlbaubestimmungen mit 2100 kg/qcm ausnützen. Gleichzeitig vermeidet man die Zugspannungen in dem Beton und erreicht eine Verringerung des Gewichtes, da die dicken Zugeisen eng zusammengedrängt verlegt werden können. Man ersieht dies daraus, daß die Stabspannungen unschwer auf 300 kg/qcm, bezogen

113 Baudetail des vorgespannten Eisenbeton-Fachwerkträgers mit 71 m Spannweite

auf den Ummantelungsquerschnitt, gesteigert werden können. Das ist mehr als dreimal soviel, als bei einem hocharmierten normalen Eisenbetonzugstab äußerstenfalls erreicht werden kann. Trotzdem ist die Verankerung dieser Kräfte völlig einwandfrei, da sie mittels eiserner Ankerplatten mit normalen Spannungen geschieht. Als Folge der schlaffen Ausbildung der Zugstäbe werden die Nebenspannungen des Systems außerordentlich vermindert, so daß eine volle Ausnutzung der Betondruckspannung möglich wird. Dies erlaubt leichtere Querschnitte, was für die Wirtschaftlichkeit von Großkonstruktionen ausschlaggebend ist.

Nach diesem System sind in den letzten Jahren zahlreiche Großkonstruktionen mit bestem Erfolg durchgeführt worden. Bild [112] zeigt einen derartigen Träger, welcher als Torträger einer Flugzeughalle von 70 m Spannweite und 45 m Hallentiefe ausgeführt wurde. Dieser Träger hat die Lasten der halben Dachkonstruktion zu tragen, da die als Schalenträger ausgebildete Dachkonstruktion sich von der Rückwand zum Torträger spannt. Der Träger hat parallele Gurtungen, Druckpfosten und Zugdiagonalen. Die Druckglieder sind verhältnismäßig schlank konstruiert, um die Nebenspannungen klein zu halten. Die maximale

Druckkraft im Obergurt beträgt 1285 t und wird durch einen Querschnitt von nur 1,1 qm aufgenommen. Die zentrische Druckspannung beträgt 90 kg/qcm bei einer gleichzeitig auftretenden Nebenspannung von maximal 17 kg/qcm. Derart günstige Werte sind bei Bogenkonstruktionen nicht annähernd zu erreichen. Hieraus resultiert, daß ein Fachwerkträger viel leichter gebaut werden kann als ein Bogenträger. Die Zugstäbe bestehen aus hochwertigem Rundeisen von 45–65 mm Durchmesser. Sie werden gemäß den Stahlbaubestimmungen mit 2100 kg/qcm ausgenutzt. Die Vorspannung der Eiseneinlagen geschieht ganz einfach dadurch, daß der Träger ausgerüstet wird, bevor die Zugstäbe einbetoniert sind. Erst wenn diese durch die Ausrüstung einen großen Teil ihrer Dehnung erhalten haben, werden sie in eine Eisenbetonkonstruktion umgewandelt. Die Verkehrslasten wirken auf den einheitlichen Eisenbetonträger. Die genannten Nebenspannungen errechnen sich unter voller Berücksichtigung der Eisendehnungen sowie der Zusammendrückung des Betons durch die Last, das Schwinden und das Kriechen. Ihre Größe ist hauptsächlich deshalb so gering, weil die aus einem Bündel von Rundeisen bestehenden Zugstäbe ohne Zwängung Winkeldrehungen ausführen können, so daß für die beim Ausrüsten vorhandene Last das System in den Zuggurtknoten Gelenkpunkte besitzt.
Die Zugeisen sind in Form von vier ineinandergeschachtelten Hängegurten geführt. Die am stärksten beanspruchte Diagonale am Auflager hat eine Kraft von 728 t und besteht aus zwölf Eisen Durchmesser 65 mm. An den Verankerungsstellen und bei der Durchführung der Diagonaleisen durch den Knoten sind verdickte Eisen angeschweißt, an welchen die Ankerplatten mittels Muttern und Gewinden festsitzen. Durch eine entsprechende Wahl des Eisendurchmessers läßt sich an diesen Stellen sowohl die Eisendehnung als auch der Lochleibungsdruck, mit welchem die Krümmer auf den Beton drücken, beliebig regulieren. Die in der Werkstatt hergestellten Krümmer sind auf den Details des Bildes [112] zu sehen. Sehr wichtig ist eine genaue Herstellung und Verlegung dieser Umlenkungen, denn die Stabachsen müssen sich im Knoten genau in einem Punkt schneiden. Kontrollen haben ergeben, daß dies mit 1 cm Genauigkeit erreicht wird.
Nach Durchführung der Diagonalen durch den Knoten muß ein Teil der Stabkraft verankert werden, da die Diagonalkraft größer ist als ihre Horizontalkomponente. Die Verankerung geschieht mittels eiserner Platten, die im vorliegenden Fall bis zu 10 cm dick sind. Außer den an die Diagonalen angeschlossenen Eisen gibt es noch gerade durch den Knoten laufende Eisen, für welche beim Durchgang durch den Knoten keine Verdickung notwendig ist. Durch eine geeignete Wahl des Durchmessers der an die Diagonalen angeschlossenen Gurteisen kann man erreichen, daß die durchlaufenden Eisen von der anderen Seite her auf den Knoten drücken, so daß dieser in jedem Belastungsfall unter beiderseitigen Druckkräften steht. Die Gegenkraft wird durch eiserne Ringplatten eingeführt, welche auf den durchlaufenden Eisen befestigt sind.
Außer den beschriebenen dicken Armierungen befinden sich im Knoten noch Querarmierungen aus dünneren Eisen, welche zur Aufnahme der Lochleibungs-

spannungen nötig sind, denn der Pfosten steht mit seiner großen Druckkraft, die gleich der Querkraft des Trägers ist, auf den Krümmern der Umlenkung. Trotz des hohen Eisenprozentsatzes lassen sich diese Knoten überraschend gut betonieren, da sie gut zugängig sind und die Abstände der dicken Eisen schon wegen der Verankerungen mehr als 5 cm betragen. Auch ist das Verlegen der Armierung trotz der hohen Ansprüche an Genauigkeit wegen der großen Gewichte und der genau gearbeiteten Verbindungen sehr wirtschaftlich.
Aus der Fülle der Ausführungen von Fachwerkträgern seien als weiteres Beispiel die Abfangeträger für die Empfangshalle des neuen Flughafens in Tempelhof genannt. Diese haben eine Spannweite von 32 m und werden teilweise durch die Lasten von drei Stockwerken belastet. Vergleichsberechnungen mit üblichen Eisenbetonbalken und Rahmenkonstruktionen ergaben bei gleicher Konstruktionshöhe eine Stahlersparnis von 44 % gegenüber dem günstigsten Normalentwurf.
Bei den mit Schalengewölben überdeckten Flugzeughallen wurde der Fachwerkträger vielfach als Randträger der Gewölbe verwendet. Das Bild [114] zeigt eine Halle von 2 × 50 m lichter Torspannweite und 35 m Tiefe, bei welcher der über dem Tor liegende Träger als Fachwerkträger ausgebildet ist, um durch ihn das Licht in den Raum treten zu lassen.
Bei einer Flugzeughalle von 80 m lichter Torspannweite war die Ausbildung eines Satteldaches verlangt worden [115]. Als billigste und zweckmäßigste Lösung ergab sich die Anordnung eines unter dem First des Daches gelegenen Abfangeträgers von 80 m Spannweite, welcher die 40 m breite Halle trägt. Auch die Querträger werden als vorgespannte Fachwerkträger ausgeführt. Ihre Untergurte sind gleichzeitig die Binder der den Raum abschließenden Schalendecke. Auf den Obergurten liegt ein Falzziegeldach mittels Eisenbetonpfetten auf.
Die Sicherheit solcher Fachwerkkonstruktionen ist außerordentlich groß. Zentrische Druckspannungen bis 100 kg/qcm lassen sich im Eisenbeton mit großer Sicherheit aufnehmen, wenn die Nebenspannungen durch die Systemanordnung in engen Grenzen gehalten werden. Auf der Zugseite hängt die Sicherheit hauptsächlich von der Schweißverbindung ab. Die elektrische Stumpfabschmelzschweißung, welche hier verwendet wird, ist anderen Verfahren weit überlegen, besonders in der Anwendung auf Rundeisen. Es läuft hier der Schweißvorgang rotationssymmetrisch ab, wodurch Eigenspannungen weitgehend vermieden werden. Zudem kann die Schweißstelle nach dem Erkalten in der Schweißmaschine in einfacher Weise ausgeglüht und aufgestaucht werden, wodurch das durch die Schweißung vergröberte Korngefüge wieder in den ursprünglichen Zustand gebracht wird. Zahlreiche und eingehende Versuche haben die Gewißheit gebracht, daß die Stumpfabschmelzschweißung von Rundeisen keinesfalls ähnliche Gefahren in sich birgt wie die im Stahlbau übliche Lichtbogenschweißung von Blechen und Profilen. Durch das Einbetonieren werden die Eisenstäbe in massive Bauglieder verwandelt. Ohne Zweifel ist diese Ummantelung der beste und auf die Dauer billigste Schutz der Eisen gegen Rost, aber auch gegen Feuer, Fliegerbomben oder dgl. Man kann sagen, daß die hohen Ansprüche, die heute in be-

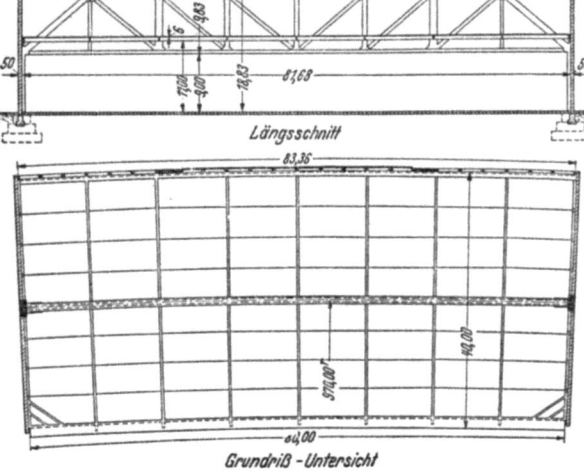

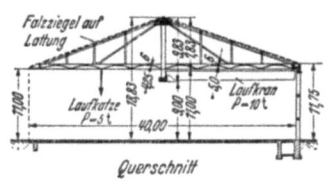

114 *Flugzeughalle mit 60 × 9 m lichter Toröffnung und 45 m Tiefe. Schalengewölbe in Verbindung mit vorgespanntem Eisenbetonfachwerkträger als Randglied*

115 *Flugzeughalle mit Unterdecke aus Schalengewölben Zeiss-Dywidag. Lichte Toröffnung 80 m*

zug auf Güte und Dauerhaftigkeit der Baukonstruktionen mit Recht gestellt werden, von dieser Bauweise in vollkommener Weise erfüllt werden.
Die Wirtschaftlichkeit des Fachwerkträgers aus Eisenbeton gegenüber dem aus Stahl und die Eisenersparnis von 40–60 % hat sich in der Praxis in einigen ausgeführten Fällen schon für Spannweiten bis 80 m erwiesen. Es ist interessant, den Ursachen für dieses von vornherein überraschende Ergebnis nachzugehen. Das Eigengewicht eines Eisenbetonträgers dieser Art verhält sich zu dem eines Eisenträgers gleicher Leistung ungefähr wie 2:1. Ist die Nutzlast doppelt so groß als das Eigengewicht, dann ist das Verhältnis der Gesamtlasten jedoch 6:5. Der Unterschied ist also nicht sehr bedeutend. Gegen Nietkonstruktionen wird er auf der Zugseite dadurch ausgeglichen, daß wegen des Wegfalls der Nietabzüge die Kräfte im Eisenbeton wirtschaftlicher aufgenommen werden. Für die Aufnahme der Druckkräfte ist der Eisenbeton an und für sich sowohl preislich als auch seiner Struktur nach überlegen. Dies hängt damit zusammen, daß im Fachwerkträger ungewöhnlich hohe Druckspannungen bis 100 kg/qcm vom Beton aufgenommen werden können, ohne daß Knickzuschläge oder besondere Verbände hierzu erforderlich wären. Die Knicksicherheit senkrecht zur Trägerebene wird im Gegensatz zum Eisenbau durch den monolithischen Zusammenhang mit den die Last übertragenden Bauteilen ohne besonderen Aufwand hergestellt.
Aus diesen Überlegungen ist ersichtlich, daß die Vereinigung der beiden konkurrierenden Bauweisen Stahl und Eisenbeton in der beschriebenen Konstruktion große Vorteile technischer und wirtschaftlicher Art erwarten läßt.

Aus: »Der Bauingenieur«, Heft 35, 36/1938

Weitgespannte Tragwerke
von Franz Dischinger (Auszug)

Eine der markantesten flachen Bogenbrücken war die bekannte, nach meinen Entwürfen gebaute Moselbrücke Koblenz, bei welcher Dreigelenkbogen zur Ausführung kamen Bild [116]. Die Gelenkspannweite des größten Bogens betrug 107,0 m bei einem Pfeil von 8,12 m ($l/f = 13{,}18$), womit sich eine Kühnheitszahl $l^2/f = 1410$ m ergab. In der Festschrift der Moselbrücke zeigte ich, daß man bei gutem Felsboden noch wesentlich kühnere Brücken erreichen kann. In Bild [117] ist der Entwurf einer Bogenbrücke für Straßenverkehr mit einer Spannweite von $l = 260$ m und einem Pfeil von $f = 16{,}90$ m ($l/f = 15{,}4$, $l^2/f = 4000$ m) dargestellt (Weite zwischen den Mitten der Widerlager $L = 339$ m).

Während demnach bei Felsboden die Spannweiten der Bogenbrücken fast unbegrenzt sind, waren bis jetzt bei Kies-, Sand- und Mergelboden flache Bogenbrücken nicht ausführbar, einerseits wegen der geringen zulässigen Bodenpressung, andererseits wegen der kleinen zulässigen Reibungszahl.

Von dem russischen Verkehrsministerium wurde mir 1946 die Aufgabe gestellt, eine Lösung für flache Eisenbahn-Bogenbrücken zu schaffen, die auf Kies-, Sand- oder Mergelboden bei einer zulässigen Bodenpressung von 5 kg/cm² und einer zulässigen Reibungszahl von $\mu = 0{,}35$ zu gründen sind. Die Ergebnisse sind in den Bildern [118] und [119] wiedergegeben.

Der Brücke in Bild [118] entspricht eine lichte Spannweite von 150,0 m, sie ist mit Rücksicht auf die geringe Pfeilhöhe als Dreigelenkbogen mit einer Gelenkspannweite von 136 m und einer Pfeilhöhe $f = 13$ m (Kühnheitszahl $l^2/f = 1420$ m) konstruiert. Um den obigen Bedingungen Genüge zu leisten, wurden die beiderseitigen Widerlager, die als dreieckförmige Böcke ausgebildet sind, durch hochwertige vorgespannte Seile miteinander verbunden. Damit wird der Horizontalschub, der von den Widerlagern auf die Bodenscheibe zu übertragen ist, auf etwa die Hälfte verringert. Zugleich wird durch diese Seilkräfte auf die Widerlager ein nach der Stromseite wirkendes Moment ausgeübt, wodurch die resul-

116 Moselbrücke bei Koblenz 1932–34

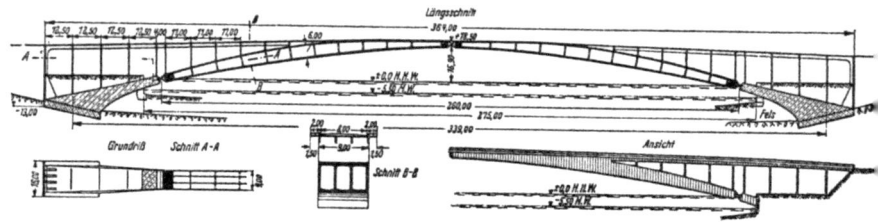

117 Projekt einer 260 m weit gespannten, auf Fels gegründeten Dreigelenk-Bogenbrücke

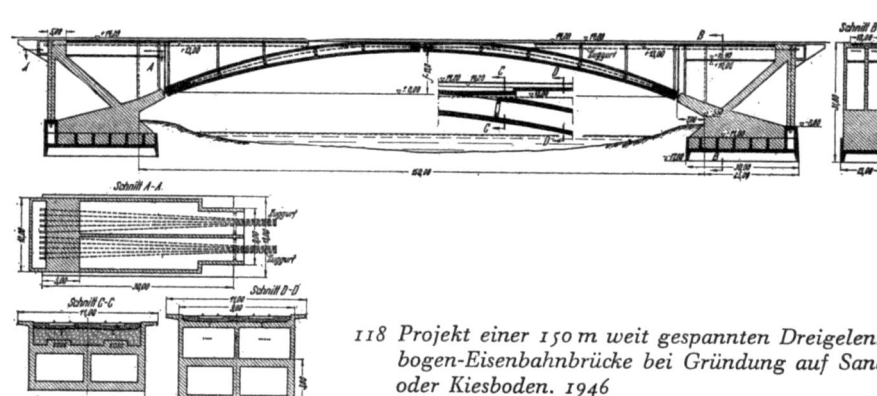

118 Projekt einer 150 m weit gespannten Dreigelenk-bogen-Eisenbahnbrücke bei Gründung auf Sand oder Kiesboden. 1946

119 Projekt einer 200 m weit gespannten Eisenbahn-Bogenbrücke. 1946

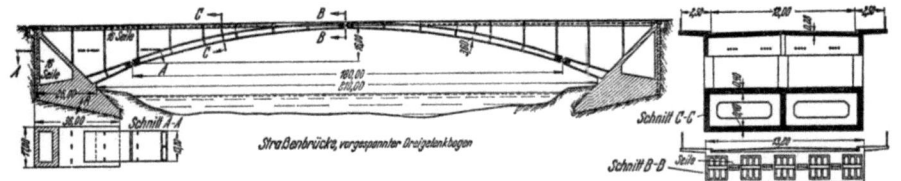

120 Projekt einer 210 m weit gespannten Straßenbrücke

121 Projekt einer 300 m weit gespannten Straßenbrücke

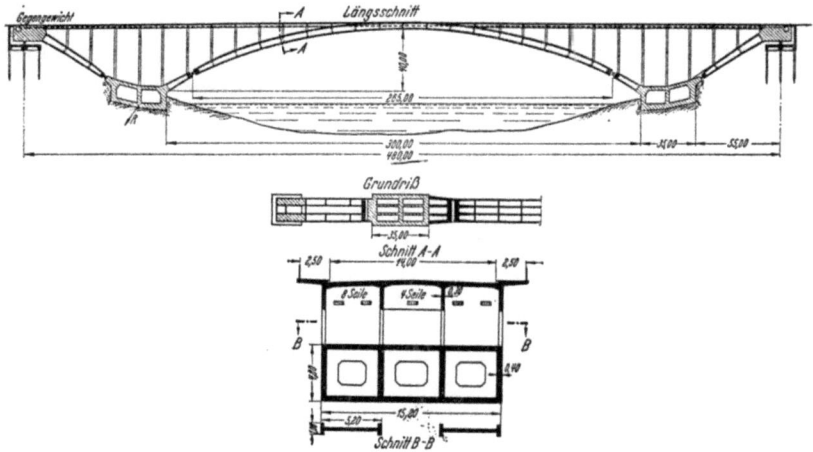

tierende Kraft des Widerlagers erheblich nach der Stromseite hin verlagert wird. Deshalb erhalten die Widerlager nach der Brückenöffnung zu kräftige Auskragungen.

Die Vorteile dieser Vorspannung der Bogenbrücken bestehen darin, daß der von dem Fundament auf die Bodenscheibe zu übertragende Horizontalschub und damit das Fundamentgewicht selbst auf ungefähr die Hälfte ermäßigt wird und daß die resultierende Kraft stromwärts verlagert wird, wodurch sich die Ausführung der Fundamente erleichtert. Da die Seilspannungen durch die Verkehrslasten nicht berührt werden, können sie ohne weiteres zu 60 % der Zerreißfestigkeit angesetzt werden, d. h. in gleicher Höhe, wie nach den Richtlinien die Vorspannung im Spannbett vorgesehen ist.

Das Bild [119] zeigt ein weiteres Projekt einer zweigleisigen Eisenbahn-Bogenbrücke mit einer lichten Spannweite von $l' = 200$ m. Die Gelenkspannweite beträgt $l = 180$ m, die Pfeilhöhe 18 m, die Kühnheitszahl $l^2/f = 2220$ m. Auch hier sind die Widerlager als dreieckförmige Böcke ausgebildet.

Dieses System der Vorspannung ist selbstverständlich auch für flache Gewölbe von Straßenbrücken geeignet, wie aus den Bildern [120] und [121] zu ersehen ist. Die Straßenbrücke [120] hat eine lichte Weite von 210 m. Der Dreigelenkbogen hat bei 180 m Gelenkspannweite nur einen Pfeil von $f = 16$ m und eine Kühnheitszahl $l^2/f = 2025$ m. Auffallend ist das leichte Fundament mit seiner starken stromseitigen Auskragung. In den senkrechten Wänden der dreieckförmigen Böcke der Fundamente an der Landseite entstehen infolge der Zerlegung der Seilkräfte große Zugkräfte, die ebenfalls durch vorgespannte Anker aufgenommen werden müssen [120].

Bei größeren Pfeilhöhen treten an die Stelle der Dreigelenkbogen die statisch günstigeren Zweigelenkbogen. Wegen der größeren Höhe der Brücke müssen die Dreiecksböcke der Widerlager durch eine zweckmäßigere Ausbildung ersetzt werden, weil die stromwärts gerichteten Momente aus den Vorspannkräften zu groß werden und durch die erwähnten Auskragungen nicht mehr aufnehmbar sind.

Bild [121], welchem eine lichte Weite von 300 m zugrunde liegt, zeigt hierfür eine zweckmäßige und interessante Lösung, bei welcher für die Fundamente trotz der großen Gewölbespannweite nur ganz geringe Massen erforderlich sind. Die Abminderung des Schubes, der von den Widerlagern auf die Bodenscheibe zu übertragen ist, wird durch beiderseitige Kragarme erreicht, die an die Fundamente gelenkig angeschlossen sind und an den Enden Gegengewichte tragen. Die Vorspannkräfte der Seile zerlegen sich an den Verankerungsstellen, d. h. an den Gegengewichten, in Schrägkräfte in Richtung der Kragarme und in senkrechte Komponenten. Damit können die Horizontalschübe der Fundamente gegenüber der Bodenscheibe in beliebigem Maße abgemindert werden. Um zugleich die Pressungen unter den Fundamenten möglichst niedrig zu halten, sind diese als Hohlkörper ausgebildet.

Durch diese Art der Vorspannung, wie sie bei den gewölbten Brücken der Bilder [118]–[120] gezeigt wurde, ist die Möglichkeit geschaffen, weitgespannte flache Bogenbrücken auch bei Böden mittlerer Güte auszuführen, und ich hoffe, damit für den Massivbrückenbau ein neues Arbeitsgebiet geöffnet zu haben.

Aus: „Der Bauingenieur", Heft 10/1949, Seite 308—310

Echte Hängebrücken aus Stahl für schwerste Verkehrslasten (Eisenbahnen)

von Franz Dischinger (Auszug)

Die Projekte des vorhergehenden Abschnittes haben ein Bild der größtmöglichen Spannweiten gegeben, die sich in Stahlbeton erreichen lassen. Ich verlasse nun das Gebiet des Massivbaues und wende mich den echten Hängebrücken des Stahlbaues zu, bei besonderer Berücksichtigung der Hängebrücken für Eisenbahnverkehr, für welchen die Schrägkabel von ganz besonderer Bedeutung sind, weil sich nur mit diesen die für den Eisenbahnverkehr notwendige Steifigkeit erreichen läßt.

Schon im Jahre 1941 habe ich mich mit diesem Problem beschäftigt und für Herrn Geheimrat Schaper ein Gutachten für den Umbau der Kölner Eisenbahnbrücken als Hängebrücken ausgearbeitet und in der Folge zusammen mit der MAN entsprechende Entwürfe gemacht. Die notwendige Steifigkeit wurde erreicht, allerdings bei einem erheblichen Materialaufwand. Aber da in jener Zeit die Kosten als nebensächlich betrachtet wurden, war dies vorerst von geringerer Bedeutung. In den vergangenen trostlosen Jahren nach dem Zusammenbruch hatte ich nun in Berlin genügend Zeit, mich eingehend mit diesen Problemen zu beschäftigen, und ich erkannte, daß die notwendige Steifigkeit der Hängebrücken bei erträglichen Kosten nur bei Verwendung von Schrägseilen zu erreichen ist.

Bekanntlich wurden schon von Roebling bei der Brooklyn-Brücke in New York und bei der Eisenbahnbrücke über den Niagara Schrägseile in Ergänzung der senkrechten Hänger nach Fertigstellung der Montage zur Erhöhung der Steifigkeit der Brücke eingezogen. Diese Schrägseile wurden durch Winden angespannt, und infolgedessen waren die dadurch erzeugten Spannungen sehr gering, und die Schrägseile erwiesen sich als unwirksam, so daß die Niagara-Brücke wieder abgebrochen werden mußte.

Wenn man ein Schrägseil anspannt, ist die Verlängerung nicht nur eine Funktion des tatsächlichen Elastizitätsmoduls, sondern auch des bei der Eigengewichtsbelastung vorhandenen Durchhanges, wobei bei geringen Eigengewichtsspannungen der letztere Einfluß vielfach größer ist als der erstere. Daraus folgt, daß der ideelle Modul, der beide Einflüsse umfaßt, nur ein Bruchteil des tatsächlichen Moduls ist, so daß der ideelle Modul auf $1/1000$ und noch weniger des tatsächlichen absinken kann. Dies ist die Ursache, weshalb die zusätzlich eingezogenen Schrägseile der beiden genannten Brücken so wenig wirksam sind. Will man mit den Schrägseilen Erfolge erzielen, so muß man dafür sorgen, daß schon bei der Eigengewichtsbelastung die Schrägseile Spannungen von 3000 bis 4000 kg/cm^2 besitzen und daß die Verkehrslastspannungen wesentlich kleiner als die Eigengewichtsspannungen sind. Es handelt sich hierbei um ein Problem, das ganz ähnlich ist dem des Vorspannens der Stahlbetontragwerke. Auch Koenen hatte 1907 schon Versuche mit Vorspannen gemacht, er hatte aber keinen Erfolg, weil er zu geringe Vorspannungen benutzte. Hätte er diese fünf- bis zehnmal größer angesetzt, so wäre das System des Vorspannens vor dem Erhärten des Betons schon 30 Jahre früher geklärt worden. Ähnlich liegen auch die Verhältnisse bei den Schrägseilen, Erfolge lassen sich damit nur erzielen, wenn man ihnen bei Eigengewichtsbelastung sehr hohe Vorspannungen erteilt.

Bevor ich nun auf die Einzelheiten meiner Entwürfe eingehe, will ich Ihnen zunächst einen Überblick über die größten bestehenden Eisenbahnbrücken der Welt geben, die als Gerber-Fachwerkträger ausgeführt wurden. Das Bild [122] zeigt die bekannte Firth-of-Forth-Brücke in Schottland mit $2 \times 521{,}2$ m Spannweite, und in Bild [123] ist die Brücke über den St.-Lorenz-Strom mit 548,6 m Spannweite dargestellt. Die letztere ist bekanntlich während des Baues zweimal eingestürzt, in beiden Fällen war eine mangelnde Stabilität die Ursache des Bauunglücks. Das erste Mal knickte ein Fachwerkstab, und die gesamte Brücke stürzte in den Strom – mein einstiger Lehrer Engesser klärte als erster diesen Unglücksfall –, und das zweite Mal stürzte der Einhängeträger bei der Montage in den Strom. Die Fachwerkstäbe dieser Brücke besitzen schon Längen von über 100 m, und daraus folgt, daß größere Spannweiten nur mittels Hängebrücken zu erreichen sind, die zugleich auch in ästhetischer Hinsicht ein zusagenderes Bild geben.

Bevor ich auf diese Konstruktionen eingehe, will ich auch noch einige Bilder der größten Straßenbrücken zeigen, die selbstverständlich alle als Hängebrücken ausgeführt wurden. Die größte Brücke dieser Art ist zur Zeit die Golden-Gate-Brücke [124] mit 1280 m Spannweite. Die seitlichen Durchbiegungen dieser Brücke unter Winddruck sind mit etwa 6,50 m schon doppelt so groß als die senkrechten unter den Einflüssen der Verkehrslast, und wir ersehen daraus, daß bei den weitgespannten Straßenbrücken die Belastung durch die Windkräfte von größerer Bedeutung ist als diejenige durch Verkehr; dies um so mehr, als die Verkehrslasten in der vorgeschriebenen Größe praktisch niemals vorhanden sind im Gegensatz zu den Windkräften. Die zweitgrößte Straßenbrücke ist die Washington-Brücke in New York [125] mit 1066,8 m Spannweite. Die kühnste aller Hängebrücken war jedoch die in den ersten Kriegsjahren eingestürzte Tacoma-Brücke, die im Bild [126] im Längs- und Querschnitt dargestellt ist. Sie besaß eine Spannweite von 855 m bei einer Konstruktionshöhe des Versteifungsträgers von nur 2,45 m = $l/350$, und die Brückenweite war nur 11,90 m = $l/72$. Bei 18 m/sec. Windgeschwindigkeit geriet die Brücke in antimetrische Schwingungen (Frequenz 12 Schwingungen pro Minute) mit Schrägstellungen der Fahrbahn in der Querrichtung bis zu 45°. Im weiteren Verlauf zerbrachen die Versteifungsträger und stürzten in den Strom. Die antimetrischen Schwingungen sind ganz besonders gefährlich, weil hierbei der Kabelzug unverändert bleibt. Widerstand also leisten nur die Torsionssteifigkeit der Träger, die Biegesteifigkeit der Träger und der Widerstand $H \varepsilon v$ des Seiles. Eine Torsionssteifigkeit war nicht vorhanden, da die beiden Träger nur durch einen Windverband verbunden waren, die Biegesteifigkeit der Träger ist bei ihrer geringen

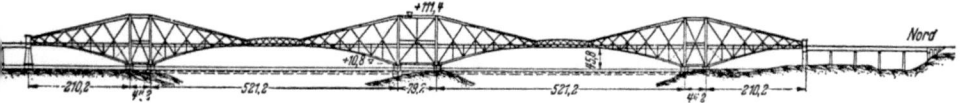

122 Firth-of-Forth-Brücke in Schottland

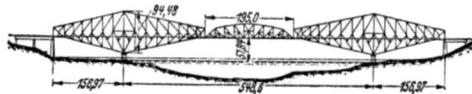

123 Brücke über den St.-Lorenz-Strom

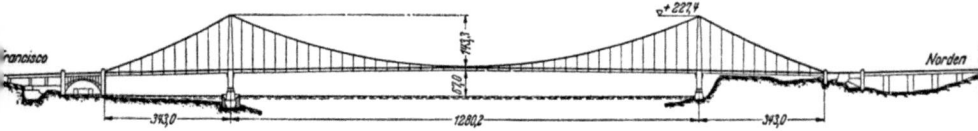

124 Golden-Gate-Brücke

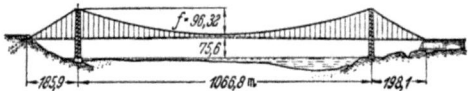

125 Washington-Brücke in New York

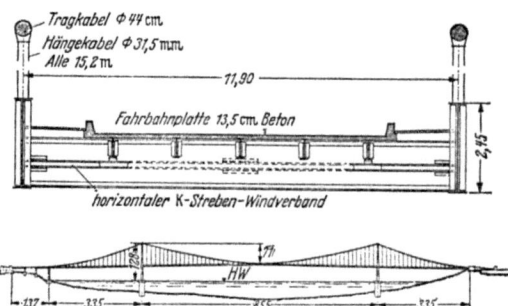

126 Tacoma-Brücke in Amerika

127 Einsturz der Tacoma-Brücke

Höhe verschwindend gering, so daß nur der Widerstand H g v des Seiles wirksam war, und auch dieser Widerstand war klein, weil die Brücke sehr leicht konstruiert worden war. Hätte man anstelle der beiden Einzelträger einen dünnwandigen Hohlkasten ausgeführt, so hätte man, wie ich in einem gesonderten Aufsatz im »Bauingenieur« zeigen werde, eine 30- bis 40fach höhere Stabilität erzielt. Eine hinreichende Stabilität hätte man auch durch zusätzliche vorgespannte Schrägseile erreichen können.

Sie ersehen aus diesen Ausführungen, daß die Frage der Steifigkeit nicht nur bei den Hängebrücken für Eisenbahnverkehr, sondern auch bei denen für Straßenverkehr eine große Rolle spielt. Die Durchbiegungen sind eine Funktion der Steifigkeit. Bemerkenswert ist, daß bei den Hängebrücken mit senkrechten Hängern die Durchbiegungen unter durchgehender Verkehrslast kleiner sind als unter halbseitiger Belastung, die sich wiederum aus einer durchgehenden Belastung + p/2 und einer antimetrischen Belastung ± p/2 zusammensetzt. Dies zeigt Ihnen Bild [128], in welchem beide Durchbiegungslinien dargestellt sind.

Ich bespreche nun im weiteren eine Anzahl von Entwürfen weitgespannter Eisenbahn-Hängebrücken, die ich unter Verwendung von Schrägseilen ausgearbeitet habe. Allen diesen Entwürfen liegt eine Spannweite der Mittelöffnung von 1280 m zugrunde, welche derjenigen der Golden-Gate-Brücke entspricht. Der Querschnitt der Brücke ist im Bild [129] dargestellt, die Brücke ist zweigeschossig ausgebildet. In dem oberen Geschoß sind eine Autostraße mit 2×9 m bei Richtungsverkehr mit einem 1 m breiten Trennstreifen und die

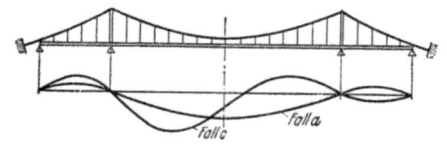

128 Hängebrücke mit senkrechten Hängern

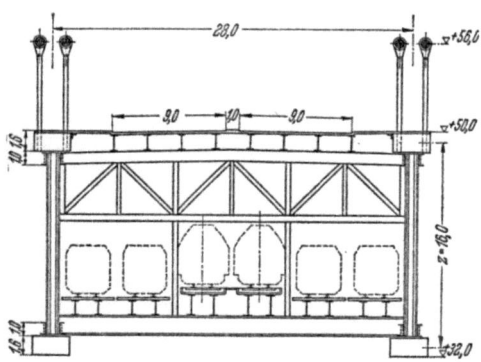

129 Entwurf einer zweigeschossigen Hängebrücke

beiderseitigen Fußwege mit je 3 m Breite untergebracht. Das untere Geschoß enthält 4 Schnellbahngleise und 2 Vollbahngleise.

Demgemäß wurden der Berechnung folgende Verkehrslasten zugrunde gelegt:

a)	2 Vollbahngleise zu je 9 t/m	=	18 t/m
b)	4 Schnellbahngleise zu je 2 t/m	=	8 t/m
c)	Straßenverkehr	=	6 t/m
		p =	32 t/m

Da derartig weitgespannte Brücken im allgemeinen nur in dichtbesiedelten Gebieten zur Ausführung kommen, liegt das Bedürfnis vor, neben den Vollbahngleisen auch Schnellbahngleise sowie Autofahrbahnen zu überführen. Die Zusammenfassung aller drei Verkehrsarten ist auch in wirtschaftlicher Hinsicht vorteilhaft, weil eine Brücke für Vollbahn- und Schnellbahnverkehr durch den Straßenverkehr nur in geringem Maße zusätzlich belastet wird.

Bei den großen Hängebrücken mit senkrechten Hängern wurden die Versteifungsträger durchweg als durchlaufende Träger ausgebildet, um die seitlichen Durchbiegungen infolge des Winddruckes zu ermäßigen. Bei den nachstehenden Brückensystemen ist dies nicht notwendig. Man kann die Seitenöffnungen der auf den Bildern [130]–[135] dargestellten Brücken in Stahlbeton ausführen, wodurch sich eine wesentliche Kostenersparnis ergibt.

Bei der Brücke nach Bild [130] ist der Versteifungsträger als Gerberträger ausgebildet. Er besteht aus den beiderseitigen Kragarmen, die durch Schrägseile getragen werden, und einem Einhängeträger, der durch senkrechte Hänger an das

Hauptkabel angehängt ist. Durch die Schrägkabel werden in die Kragarme der Versteifungsträger so große Horizontalkräfte eingetragen, daß dadurch die Zugkräfte aus den Windmomenten überlagert werden. Wir erhalten damit einen gegenüber Winddruck starr eingespannten Versteifungsträger. Nur in dem Bereich des Einhängeträgers werden senkrechte Hänger verwendet. Da aber dessen Spannweite nur 480 m gegenüber 1280 m der Gesamtspannweite beträgt, sind die Biegungsmomente in diesem Bereich verhältnismäßig gering. Allerdings darf die Berechnung der Hängebrücke in dem Bereich des Einhängeträgers nicht mittels der üblichen Theorien durchgeführt werden, weil der Einhängeträger auf den Kragträgern elastisch gelagert ist und auch die Schrägseile der Verformung unterworfen sind. Auch die Kragarme werden mit Hilfe der Hauptkabel montiert, und zwar durch provisorische Hänger, die nach Montage der Kragarme durch die Schrägkabel ersetzt werden. Die Schrägkabel werden entweder durch eine überhöhte Montage oder mittels hydraulischer Pressen angespannt. Während der Montage müssen die Schrägkabel auf den Pylonen mit Hilfe gesonderter Rollenlager oder Pendel gelagert werden, da jedes dieser Kabel verschiedenartige Bewegungen ausführt. Nach vollendeter Montage ist aber zweckmäßigerweise diese gesonderte Bewegungsmöglichkeit auszuschalten, weil damit die Steifigkeit der Schrägkabel und auch der Brücke selbst wesentlich erhöht wird, da jetzt alle Kabel auf der Landseite des Pylonen gleiche Spannungen und Dehnungen besitzen. Die Kabelzüge der Schrägseile heben sich an jedem Pylonen gegenseitig auf, die zugehörige Druckkraft wird durch den Kragarm und die Stahlbetonkonstruktion der Seitenöffnungen geleitet. In den Bildern [131] und [132] sind entsprechende Lösungen für die Überleitung dieser Druckkraft gegeben. Bei dem Bild [131] wird der Schub der Schrägseile, der von den Kragarmen auf die Pylonenpfeiler ausgeübt wird, durch Gewölbe nach den Verankerungsblöcken weitergeleitet, bei dem Bild [132] dagegen durch gerade, in der Bodenlinie liegende Balken, die durch hydraulische Pressen in Spannung gesetzt werden. Die Balken gleiten hierbei in einem bituminierten Fundamentstreifen.

Dadurch, daß das Hauptkabel nur in dem mittleren Teil durch den Versteifungsträger belastet ist, ergibt sich ein gegenüber einer üblichen Hängebrücke verringerter Krümmungsradius des Hauptkabels (etwa 70 bis 80 %), und dadurch wird auch der auf die Verankerungsblöcke ausgeübte Zug entsprechend geringer. Ein großer Nachteil dieses Systems sind die Gelenke, obwohl die an den Gelenken auftretenden Winkeländerungen beim Befahren durch die Züge auch nicht größer sind als bei den üblichen Eisenbahn-Balkenbrücken.

Es besteht jedoch keine Schwierigkeit, diese Gelenke auszuschalten und trotzdem die Verschieblichkeit gegenüber den Temperaturbewegungen zu erhalten. In den Bildern [133] und [134] sind derartige Lösungen dargestellt. Bei der ersteren wird der von einem zum anderen Pylonen durchlaufende Versteifungsträger von den beiderseitigen Kragträgern getragen, die wiederum an den Schrägseilen angehängt sind. Die Lagerung des Versteifungsbalkens erfolgt mit Hilfe von Rollenlagern. Der Versteifungsträger ruht demnach als durchlaufen-

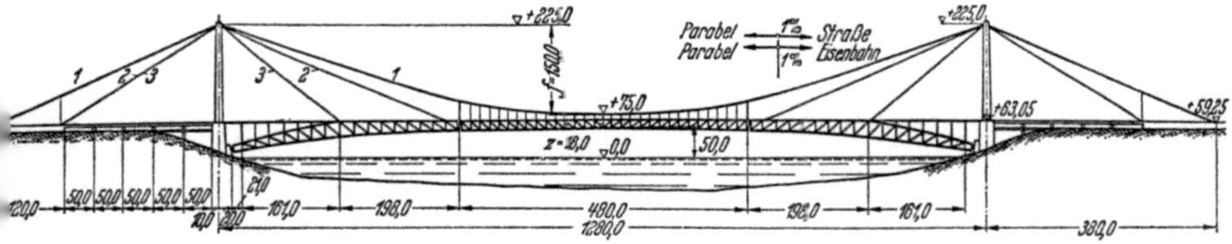

130

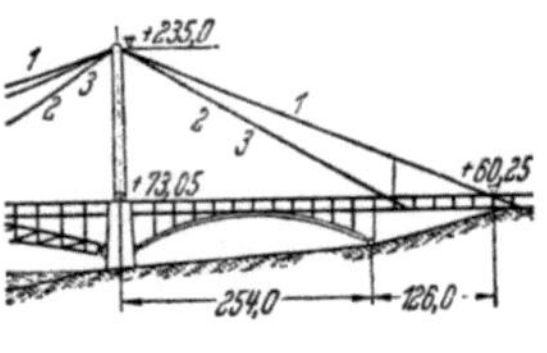

131 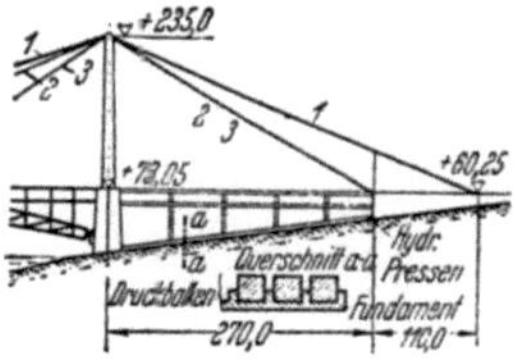 132

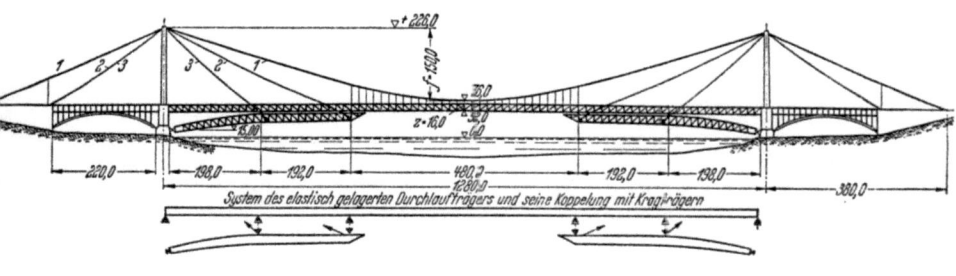

133

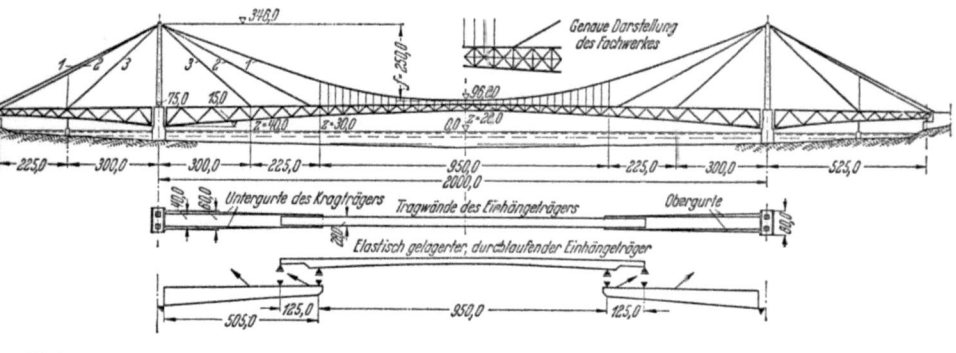

134

225

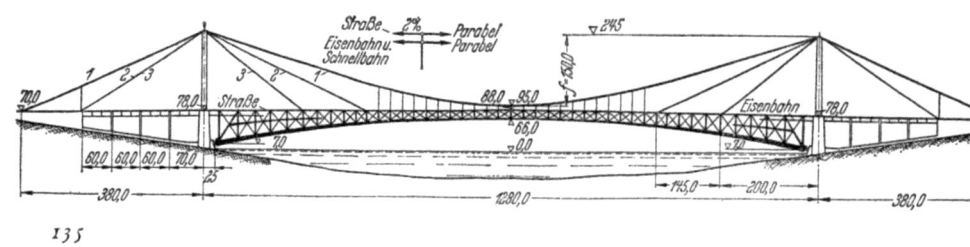

135

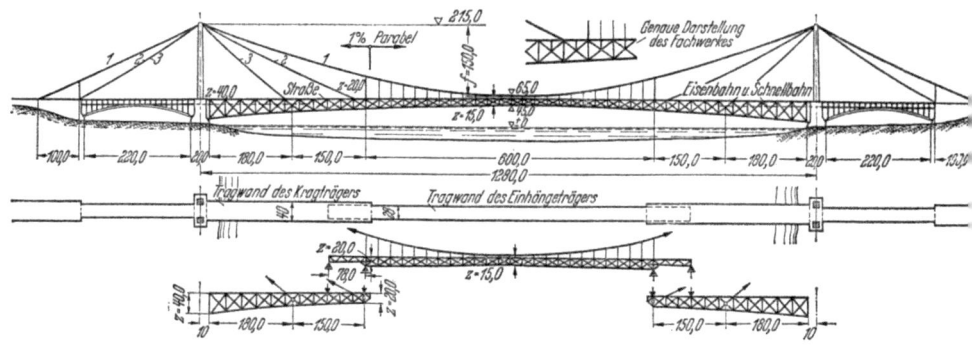

136

137 Projekt für die Washington-Brücke von Prof. Kriwoshein

der Balken auf elastisch nachgiebigen Stützen. Der Entwurf ist selbstverständlich nur als eine Systemskizze zu betrachten. Bei einer praktischen Ausführung läßt man des besseren Aussehens wegen die Kragträger und den Versteifungsträger sich der Höhe nach übergreifen.

Die Gelenkwirkung kann man nach Bild [134] schon dadurch ausschalten, daß man den Einhängerträger auf beiden Seiten eine Strecke in den Kragträger hineinschiebt. Diese Strecke wählt man zweckmäßig so groß, daß bei den Endlagern keine negativen Auflagerkräfte entstehen. Von den vier Lagern des Ein-

hängerträgers ist eines fest, und die andern drei sind längsverschieblich. Dieses dritte System ist besonders für ganz große Spannweiten geeignet, wie das spätere Bild [136] zeigen wird.
Bei kleineren Spannweiten sind die zulässigen Durchbiegungen unter Verkehrslast, die nach den Deutschen Eisenbahnbestimmungen bei St 52 mit $l/700$ festgelegt sind, schwerer einzuhalten als bei den größeren Brücken, was eine Folge des niedrigeren Eigengewichtes ist. Man kann aber die Steifigkeit dieser kleineren Brücken nach Bild [135] ganz wesentlich erhöhen, wenn man den Versteifungsträger durch einen unter der Fahrbahn liegenden flachen Bogen ersetzt, dessen Pfeilhöhe allerdings dann aus ästhetischen Gesichtspunkten nur etwa $1/3$ bis $1/2$ des Pfeiles des Kabels betragen darf. Es ergeben sich hierbei ganz außerordentlich große Krümmungsradien für dieses Stahlgewölbe; so beträgt der Krümmungsradius bei dem Projekt nach Bild [135] etwa 2700 m. Bei einem derartig großen Radius ist der Bogen kaum in der Lage, sein eigenes Gewicht zu tragen. Das ist aber auch gar nicht notwendig, weil sein Eigengewicht durch die Kabel getragen wird. Dagegen übernimmt er einen wesentlichen Teil der Verkehrslasten (etwa 40 bis 50 %) und entlastet dadurch das Kabel und erhöht die Steifigkeit der Brücke auf fast das Doppelte gegenüber einer Hängebrücke, die nur durch einen Balken versteift ist. Von ganz besonderem Interesse sind bei diesem System die Temperaturbewegungen, da hierbei das Kabel und der Bogenträger entgegengesetzte Bewegungen ausführen wollen, und bei einer gleichen Steifigkeit der beiden tragenden Bauglieder werden die Temperaturbewegungen zu Null. Diese Vernichtung der Temperaturbewegungen bedingt selbstverständlich zusätzliche Spannungen, die aber nicht sehr viel größer sind als die eines unbehinderten Bogens mit gleichem Stich. Das letztere Hängebrückensystem ist besonders für Eisenbahnbrücken kleinerer Spannweite sehr geeignet.
Die Kombination von Hänge- und Bogenbrücken wurde schon von Müller-Breslau, in Berlin-Schöneweide zur Ausführung gebracht. Ein ähnliches Projekt wurde schon von Prof. Kriwoshein auch für die Washington-Brücke aufgestellt, die in Bild [137] wiedergegeben ist. Bei beiden Brücken liegt aber der Bogen über der Fahrbahn, wodurch sich ein wenig zusagendes Überschneiden der Hängebrücke und der Bogenbrücke ergibt.

Aus: »Deutscher Beton-Verein e.V., Vorträge zum 50jährigen Bestehen 1949«

Über das Entwerfen von Spannbetonbrücken
von Ulrich Finsterwalder

Durch die Anlage neuer Verkehrswege in Stadt und Land entstehen allerorten reizvolle Bauaufgaben. Aus diesem Anlaß erlebt die alte Kunst des Brückenbauens in unserer Generation eine neue Blüte. Was vor dem Krieg in der Epoche, die durch die Namen von Todt und Bonatz gekennzeichnet ist, gebaut worden war, wird selten in der alten Form wiederaufgebaut. Nicht nur der technische Fortschritt verändert die Bauformen, sondern auch die Baugesinnung ist einem Wandel unterworfen. Man baut nicht mehr für die Ewigkeit, sondern nur mehr für die Zeit. Und doch sind Brücken im Zuge moderner Verkehrswege Bauten, die Generationen überdauern und unsere Umwelt in zunehmendem Maß mitformen. Das Streben, über die Erfüllung des unmittelbaren Zwecks hinaus ein Kunstwerk zu schaffen, scheint deshalb des Schweißes der Edlen wert zu sein.

Schon vor dem Krieg standen die Massivbauweise und die Stahlbauweise im Wettstreit. Nach dem Krieg wurde die Massivbauweise durch die Entwicklung des Spannbetons wesentlich verbilligt und verbessert und der Stahlbau zur Einführung des Leichtbaus gezwungen. Dadurch kam die Revolutionierung des Brückenbaues zustande.

Die Massivbrücken alter Zeit sind Gewölbe, die sich auf Widerlager abstützen. Sie arbeiten im wesentlichen auf Druck, wobei dieser bei unsymmetrischer Belastung so exzentrisch wirken kann, daß im Gewölbequerschnitt einseitig auch geringe Zugspannungen gleichzeitig mit erhöhten Druckspannungen auf der anderen Seite auftreten können. Bei Stahlbetongewölben kann dieser Zugspannungsanteil wegen der Stahleinlagen größer sein, wodurch schlankere Gewölbe möglich wurden.

Die neue Konstruktionsform, die der Stahlbeton hervorgebracht hat, ist jedoch nicht das Gewölbe, sondern der massive Balken, bei welchem sich die Lasten trotz der geraden Form gewölbeartig auf einbetonierte Stahleinlagen abstützen. Diese ersetzen gewissermaßen die Widerlager des Gewölbes. Weil der Beschauer die einbetonierte Stahleinlage nicht sieht und dem Baustoff Beton eine Tragfähigkeit auf Zug mit Recht nicht zutraut, hat sich das Gefühl mancher Architekten gegen diese Bauform gesträubt. Andere werden durch die Idee gestört, daß die Zugzone des Betons Risse aufweist, als Folge davon, daß der Beton die Dehnungen der einbetonierten Stahleinlagen nicht rissefrei mitmachen kann. Während das auf Widerlager abgestützte Gewölbe mit Rücksicht auf die Standfestigkeit der Widerlager gegen Schub und die Knickgefahr des Bogens nie so flach ausgeführt werden kann, daß die Druckfestigkeit des Steins oder des Betons ausgenützt wird, kann ein Stahlbetonbalken ohne weiteres so niedrig entworfen werden, wie es die Festigkeit des Materials erlaubt.

Die Betrachtung der Tragwirkung eines frei aufliegenden Stahlbetonbalkens als der eines Bogens mit Zugband gibt ein zwar anschauliches, aber unvollständiges Bild, insbesondere, wenn man es auf allgemeine Balkenformen übertragen will. In Wirklichkeit schachteln sich bogenartige und bei aufgebogenen Stahleinlagen hängewerkartige Tragwirkungen zu einem komplizierten Kräftespiel ineinander. Da Abmessungen und Stahleinlagen diesem angepaßt sein müssen, muß der Konstrukteur trotzdem ein anschauliches Bild von ihm gewinnen. Als Hilfsmittel hierzu dienen ihm die Berechnungsmethoden der Statik mit dem Gedankenbild des Trägers mit gerissener Zugzone.

Im Spannbeton werden die Stahleinlagen als sogenannte Spannglieder zunächst in Hüllrohren längsbeweglich einbetoniert. Nach dem Erhärten des Betons werden sie künstlich gedehnt und an den Enden verankert. Erst anschließend werden sie durch Einpressen von Zementleim in die Hüllrohre zum Verbund mit dem Beton des Trägers gebracht. Die Kräfte der Spannglieder werden auf den Beton durch die Endverankerungen, bei gekrümmter Spanngliedführung durch den Lochleibungsdruck und zum geringsten Teil durch den nachträglichen Verbund übertragen. Die Führung der Spannglieder und die Abmessungen der Betonquerschnitte werden so gewählt, daß der Beton des Tragglieds auf Druck ausgenützt ist und Randzugspannungen so beschränkt sind, daß Haarrisse vermieden werden. Dank dieser künstlichen Steuerung ist das Kräftespiel des Spannbetons einfacher und übersichtlicher als das des Stahlbetons.

Die Mehrzahl der Spannverfahren arbeitet jetzt mit Einzelspanngliedern, die nach Bedarf zusammengefaßt werden. Beim Dywidag-Spannverfahren besteht das Einzelspannglied aus einem Rundstab $\varnothing$ 26 aus St 105 mit 31 t zulässiger Tragkraft und einer glockenförmigen Endverankerung von 14 cm $\varnothing$. Die Enden des Stabs sind mit aufgerollten Gewinden versehen, die dazu dienen, die Spannpresse anzusetzen und die Verankerungsmutter einzustellen. Beliebig große Spannkräfte in der Größe von vielen tausend Tonnen können auf engstem Raum durch paketweise Anordnung der Einzelspannglieder in Lagen nebeneinander und übereinander aufgenommen werden, wobei der gegenseitige Abstand 6 cm beträgt. Die Zugzone des Trägers hat durch die hohe Ausnützbarkeit des hochwertigen Stahls auf Zug und seine paketweise Anordnung, die wenig umhüllenden Beton erfordert, ein viel geringeres Gewicht als bei Stahlbeton. Durch die Materialersparnis tritt eine starke Verbilligung ein. Insbesondere aber ergeben sich hieraus ungeahnte neue Konstruktionsmöglichkeiten, die nachstehend an Beispielen beschrieben werden:

1. Der frei aufliegende Träger mit Plattenbalkenquerschnitt. Erstausführung bei der Würmbrücke in Starnberg (1949).

Bild [138]: Schema der Spanngliedführung bei einem frei aufliegenden Träger. Ausgezogene Linien drei Spannglieder mit Verankerungsglocken; gestrichelte Linien drei zugehörige Drucklinien.

Bild [139]: Autobahnbrücke von 28 m Spannweite und 1,10 m Trägerhöhe.

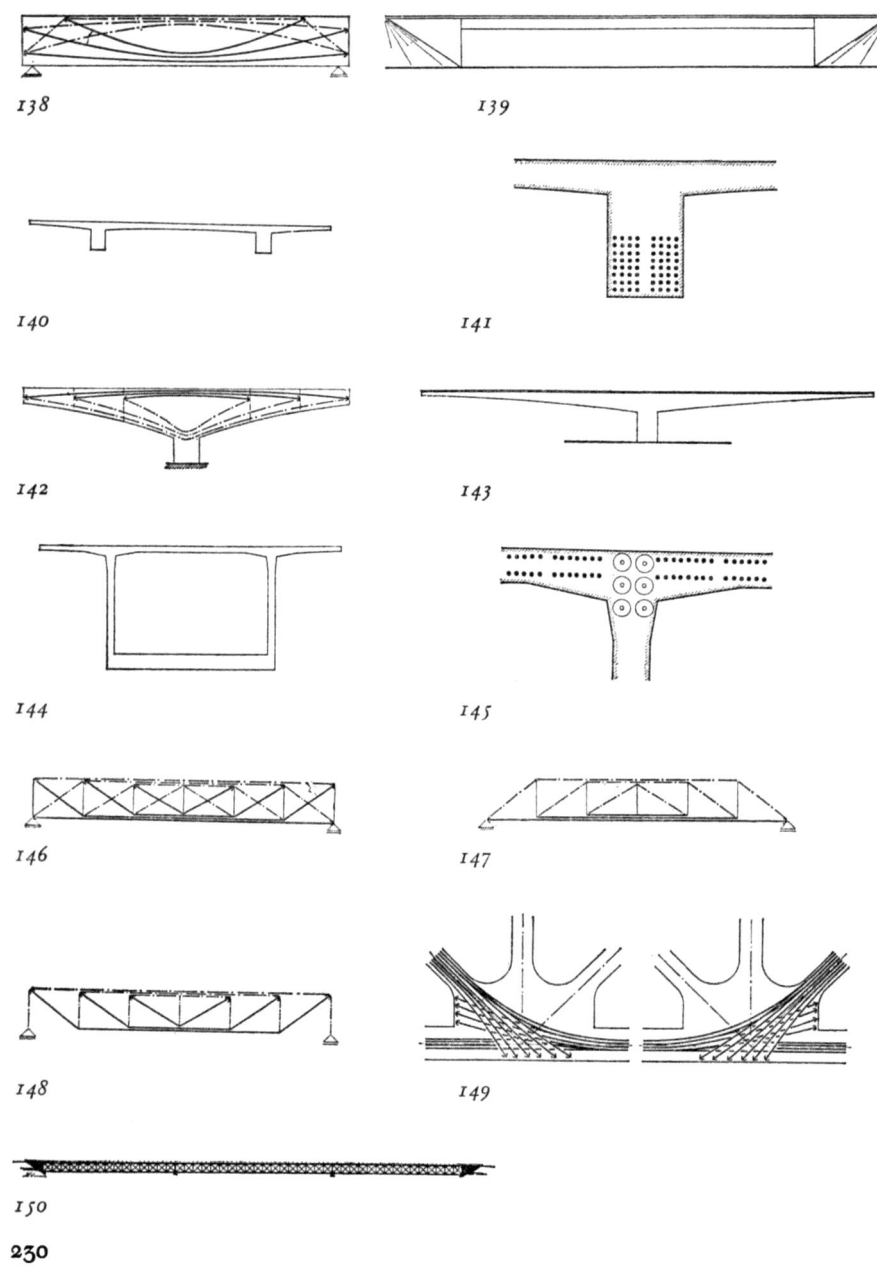

Bild [140]: 12 m breiter Querschnitt zu Autobahnbrücke Bild [139] im doppelten Maßstab.

Bild [141]: Mittelschnitt eines Trägers mit paketweiser Anordnung von 64 Spanngliedern und mittlerem Schlitz zum Einführen des Rüttlers in zehnfachem Maßstab.

Dieselbe Bauaufgabe hätte als durchgehende Hohlplatte aus Stahlbeton etwa 100% mehr Stahl und 100% mehr Beton erfordert.

2. Der Auslegerträger.

Erstausführung bei der Nibelungenbrücke in Worms (1952).

Bild [142]: Schema der Spanngliedführung bei einem Auslegerträger. Ausgezogene Linien drei Spannglieder mit Verankerungsglocken. Gestrichelte Linien drei zugehörige Drucklinien.

Bild [143]: Teil einer aus aneinandergereihten Auslegerträgern bestehenden Autobahnbrücke von 180 m Spannweite und 8 m Höhe am Pfeiler. Bauprinzip: Abschnittsweiser freier Vorbau des Trägers.

Bild [144]: Querschnitt der Brücke an der halben Auskragung im zehnfachen Maßstab.

Bild [145]: Detail 1 : 40 mit abschnittsweiser Verankerung von sechs Spanngliedern und Anordnung der durchgehenden Spannglieder in der Fahrbahnplatte. Der Auslegerträger wird so geformt, daß die Zug- und die Druckkräfte vom Anfang bis zum Ende des Trägers möglichst gleichmäßig abnehmen. Dadurch ist das Gewicht bei der größten Ausladung am kleinsten und das Widerstandsmoment am Pfeiler am größten. Hierdurch erklärt sich die große Schlankheit des Auslegerträgers im Vergleich zu der eines Bogens mit Zugband, als dessen Gegenstück mit Zurückhängen des Bogenscheitels zum Widerlager ein Auslegerträger auch ausgeführt werden könnte.

3. Der Spannbetonträger als perforierte Wand.

Erstausführung bei der Autobahnbrücke über die Mangfall bei München (1959).

Bild [146]: Schema der Spanngliedführung bei einer perforierten Wand. Ausgezogene Linien drei Spannglieder mit Verankerungsglocken. Gestrichelte Linien drei zugehörige Drucklinien.

Bild [147]: Schema wie bei [146], jedoch nur Darstellung der ineinanderliegenden Sprengwerke.

Bild [148]: Schema wie bei [146], jedoch nur Darstellung der ineinanderliegenden Hängewerke.

Bild [149]: Detail 1 : 100 der Spanngliedführung an zwei zur Mitte der Spannweite symmetrisch liegenden Untergurtknoten. Verschwenkt liegende Überdeckungsstöße zwecks Ermöglichung des Anspannens der Spannglieder bedingen die Form des Knotenpunktes.

Bild [150]: Maßstäbliche Darstellung der perforierten Wand der Mittelöffnung der Mangfallbrücke.

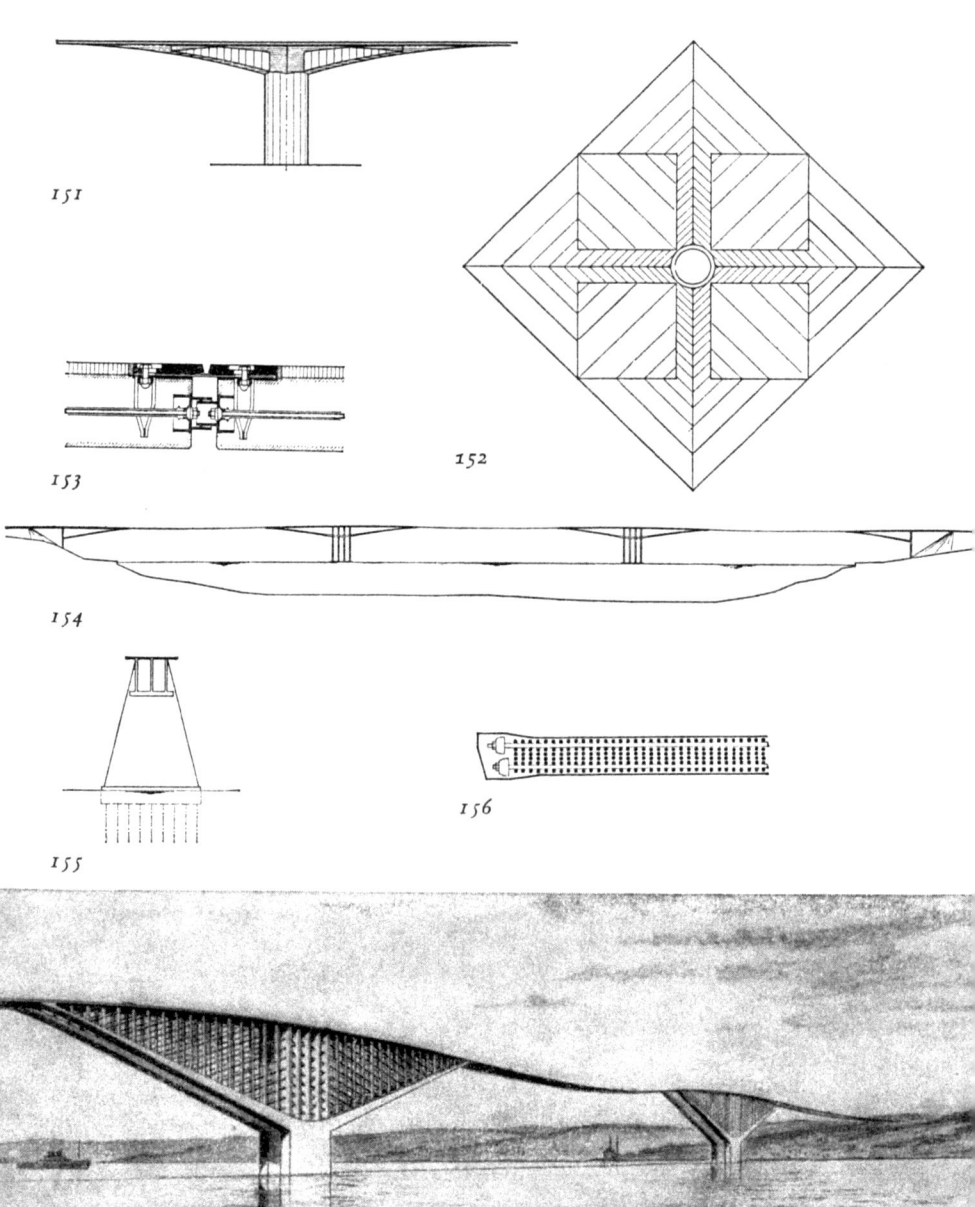

151
152
153
154
155
156
232

4. Die Pilzstraße.
Erstausführung bei der Hochstraße Ludwigshafen (1958).

Bild [151]–[152]: Diagonalschnitt sowie Grundriß mit Untersicht eines Einzelpilzes einer Hochstraße von 32 m Breite mit Schichtliniendarstellung. Die Fahrbahnplatte besteht aus einer 30 cm dicken Spannbetonplatte, die pyramidenförmig bis zu 1 m an den Viertelspunkten des Grundrisses verdickt ist. Die Pyramidenflächen sind zylindrisch und setzen sich in der Unterfläche der diagonal angeordneten Kragrippen bis zum Schnitt mit der runden Mittelstütze fort. Diese Form bildet die Stützfläche für das quadratische Netz der Spannglieder, welche in der Mittelfläche der 30 cm dicken Fahrbahnplatte liegen.

Bild [153]: Detailpunkt 1:20 der Spanngliedverankerung mit Verdübelung, welche an der Dehnungsfuge aneinanderstoßender Pilze erforderlich ist. Dieses neuentwickelte Detail ist eine notwendige Grundlage für den Entwurf.

5. Die Spannbandbrücke, ein Vorschlag für die Überbrückung des Bosporus.

Bild [154], [155] und [156]: Für die Überbrückung des 1200 m breiten Bosporus dürfen nur zwei Pfeiler gebaut werden. Der Gedanke des Spannbandes besteht darin, die tragenden Eisen enggepackt in die Fahrbahnplatte zu legen und sie über die mit Auslegerträgern versehenen Pfeiler und Widerlager zu spannen und in den Uferfelsen zu verankern. 2600 Stahlstäbe ϕ 26 aus St 105 sind in der 30 cm dicken Fahrbahnplatte auf engstem Raum gepackt. Die Kuppenradien von 3000 m an den Auslegerpylonen und die Wannenradien von 3300 m in den frei hängenden Teilen des Spannbandes ermöglichen ein Befahren der Brücke mit einer Ausbaugeschwindigkeit von 90 km/Std. Die 409 m breite Mittelöffnung weist einen Durchhang von nur 2,80 m und eine maximale Neigung von nur 3 % auf.

Tragseil, Hängestangen, Versteifungsträger und Fahrbahn einer konventionellen Hängebrücke sind in einem einzigen Bauteil, dem Spannband, vereinigt.

Spannbetonbrücken sind technische und baukünstlerische Entwicklungen. Aus den neu geschaffenen konstruktiven Möglichkeiten entstehen neue Formen, die den unveränderlichen Gesetzen der Schönheit unterworfen sind, sich aber an die früheren Formen von Brücken aus Stein oder Beton nicht anlehnen können. Architekt und Ingenieur arbeiten gemeinsam unter Wahrung der konstruktiven Grundgedanken und zu deren Ausformung. Beide müssen von dem Bestreben durchdrungen sein, ein Kunstwerk zu schaffen. Jeder von beiden muß von seinem Standpunkt aus die Arbeit des Partners nach bestem Vermögen zu fördern suchen. So werden beide zusammen Besseres schaffen, als es der einzelne allein vermag.

Aus: »Der Baumeister«, Heft 6/1960, Seite 369–371

◁ *157 Spannbandbrücke über den Bosporus. Projekt I, unter Mitarbeit von Architekt G. Lohmer 1963*

Die Donaubrücke beim Gänstor in Ulm
von Ulrich Finsterwalder und Hermann König (Auszug)

Wahl des Systems. Die Schwierigkeit der Bauaufgabe geht aus der Überlegung hervor, daß die Kräfte eines Bogentragwerkes proportional mit dem Quadrat der Spannweite l und umgekehrt proportional mit der Stichhöhe f anwachsen. Aus diesem Grunde ist die Zahl l^2/f für die Kühnheit eines solchen Bauwerkes maßgebend. Sie liegt für die Gänstorbrücke mit $l^2/f = 81{,}30^2/3{,}67 = 1820$ wesentlich höher als bei der bisher kühnsten Massivbrücke, der Moselbrücke in Koblenz von Prof. Dischinger mit $l^2/f = 1410$. Eine zweite Schwierigkeit für den Entwurf einer Bogenkonstruktion bestand darin, daß der tragfähige Baugrund nicht unmittelbar unter dem Kämpfer, sondern erst wesentlich tiefer ansteht. Schließlich kann dem Baugrund, der aus festgelagertem Mergel besteht, nur eine Horizontalkraft von maximal $1/3$ der gleichzeitig auftretenden Vertikalkraft zugemutet werden.

Bei ähnlichen Bauaufgaben wurde schon mehrfach der Vorschlag gemacht und auch in die Tat umgesetzt, Kämpfergelenke auszubilden, die unterhalb der Bogenkämpfer liegen, wodurch der Bogenschub herabgesetzt wird und eine Bogenscheibe entsteht. Fast immer muß man dabei in Kauf nehmen, daß die Kämpfergelenke im Wasser liegen und nicht unterhalten werden können, oder man muß zum Schutz der Kämpfergelenke wasserdichte Kammern anbringen.

Eine wirklich elegante und einwandfreie Lösung der immer wiederkehrenden Grundaufgabe, einen Fluß bei normalen Baugrundverhältnissen (kein Fels) mit einem schlanken Betontragwerk zu überspannen, war bisher noch nicht gefunden. Im vorliegenden Fall wurde erstmalig ein gelenkloser Rahmen konstruiert, dessen Scheitel und Kämpfer so elastisch sind, daß die Stützkraft durch den Kern des Scheitelquerschnittes und die Mitte der Fundamentfuge geht [158]. Das Weglassen des Scheitelgelenkes empfiehlt sich bei derart schlanken Konstruktionen, da im Gelenkpunkt durch die plastische Verformung ein Knick in der Achse des Tragwerkes entstehen könnte, der zusätzliche Spannungen zur Folge hat. Durch Anwendung der Vorspannung ergeben sich im ganzen Bauwerk geringere Winkeldrehungen als bei Biegung ohne Vorspannung, so daß es leichter fällt, ohne Scheitelgelenke auszukommen. Die Kämpfergelenke werden dadurch entbehrlich, daß die Rahmenstiele in ein Stabdreieck aufgelöst werden, das aus dem verlängerten Rahmenriegel, einer lotrechten Druckstütze und einer vorgespannten schrägen Zugstütze besteht, wobei die Mitte der Fundamentfuge im Achsenschnittpunkt dieser beiden Stützen liegt. Bei festliegendem Fundament müssen beide Stützen an ihrem oberen Ende die durch die Verformung des Rahmenriegels notwendigen Verschiebungen und Winkeldrehungen mitmachen. Beide Stützen sind so schlank ausgebildet, daß sie die notwendige Verbiegung mit zulässigen Spannungen ausführen können. Die in

158 Donaubrücke beim Gänstor in Ulm in Dywidag-Spannbeton 1950

159 Schnittzeichnung der Gänstorbrücke

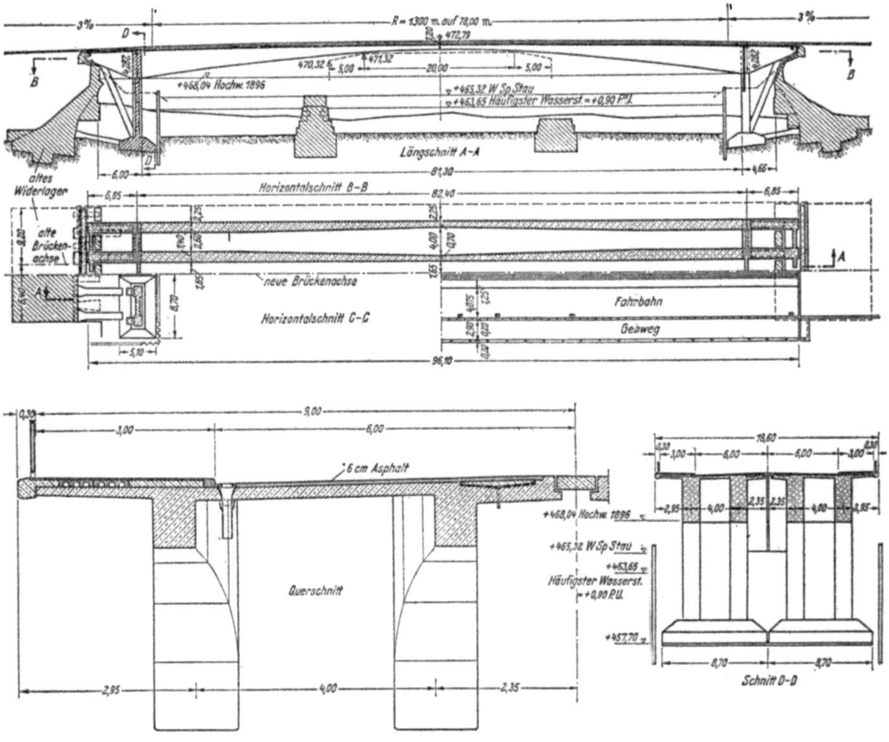

beiden Stützen auftretende Exzentrizität der Kraft ist sowohl für den Rahmenriegel als auch für das Fundament ohne Bedeutung.
Eine wesentliche Hilfe für die Konstruktion dieses gelenklosen Rahmens bietet die durch die Bestimmungen für vorgespannte Bauwerke legitimierte Erhöhung der zulässigen Druckspannungen.

Abmessungen der Brücke. Die Brücke hat 82,40 m Spannweite und rd. 15 m Höhe von Unterkante Fundament bis Oberkante Fahrbahn. Die Fahrbahn ist 12 m, die beiderseitigen Gehwege sind je 3 m breit. In der Längsachse ist die Brücke durch eine auch durch die Fundamente gehende Fuge in zwei gleiche Hälften geteilt. In der Fahrbahn wird die Fuge durch eine 60 cm breite, frei aufliegende Einhängplatte überbrückt. Die Gesamtlänge der Fahrbahn beträgt 96,10 m.

Jede Brückenhälfte hat 2 Hauptträger in 5,40 m Abstand, von außen zu außen gemessen, und eine 20–22 cm dicke Fahrbahnplatte mit 2,25 m Ausladung in den Gehwegen und 1,65 m Ausladung zur Brückenmitte. Querträger wurden nicht ausgeführt, da die sowohl quer als auch längs vorgespannte Fahrbahnplatte genügend lastverteilend wirkt. Eine Verbindung der beiden Längsträger ist nur an den Kämpfern vorhanden, um die Längsträger für Torsionsbeanspruchungen einzuspannen und Seitenkräfte in das Fundament zu führen. Die Höhe der Längsträger wächst vom Scheitel zum Kämpfer von 1,20 auf 4,28 m, ihre Breite von 0,70 m auf 1,40 m, wobei die Außenflächen der Träger parallel zur Brückenachse ausgeführt wurden.

Die Druckstützen sind 1,40 m breit, 1,10 m dick und durch eine 60 cm dicke Wand verbunden. Die vorgespannten Zugstützen messen 0,80/1,00 m und sind ohne gegenseitige Verbindung. Die Fundamente jeder Brückenhälfte sind nur 5,10 m mal 8,70 m breit, da sie stets zentrisch belastet werden.

Die Anordnung verhältnismäßig großer Auskragungen der Fahrbahnplatten hängt damit zusammen, daß Längsträger und Fahrbahn als einheitliches Tragwerksystem konstruiert wurden, wofür es zweckmäßig ist, den Träger ungefähr in der Mitte der anteiligen Platte zu legen. Die gegenüber früheren Ausführungen auffallende Einfachheit der gesamten Anordnung wurde u. a. auch zur Vereinfachung der Vorspannung gewählt.

Vorspannung

1. Grundsätzliches. Für das gesamte Tragwerk wurde eine möglichst vollkommene Vorspannung angestrebt und erreicht. Hierunter ist eine Vorspannung der zwischen die Längsträger gespannten Platte in der Querrichtung und eine Vorspannung der Längsträger in der Längsrichtung zu verstehen, wobei angestrebt ist, die Vorspannungsbewehrung über die Zugzone des Trägers gleichmäßig zu verteilen. Zur Vollkommenheit der Vorspannung gehört außerdem der Verbund der vorgespannten Bewehrung mit dem Beton, da dieser für die Sicherheit der Konstruktion bei Überlastungen wichtig ist. Von relativ untergeordneter Bedeutung ist die Begrenzung der Betonzugspannung im Gebrauchszustand, die so erfolgt, daß Zugrisse ausgeschlossen sind. In der Sprache der

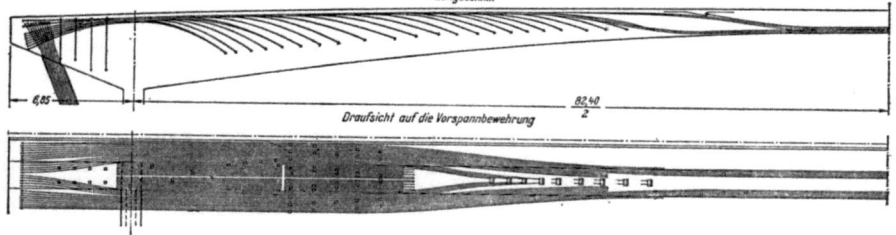

160 Vorspannbewehrung des Längsträgers

»Bestimmungen« wird diese Vorspannung als »beschränkte Vorspannung mit nachträglichem Verbund« bezeichnet, da Zugspannungen, die unter der Rißgrenze bleiben, zugelassen sind im Gegensatz zur vollen Vorspannung ohne jede Zugspannung. Es sei hierzu bemerkt, daß eine volle Vorspannung sehr unvollkommen sein kann, wenn der erzielte Verbund mangelhaft oder die Zugkräfte konzentriert statt nach den anerkannten Regeln des Stahlbetons verteilt sind. Die Forderung einer vollen Vorspannung würde die Aufnahmefähigkeit eines vorgespannten Querschnitts für Biegemomente wesentlich vermindern, wodurch die Konstruktionsmöglichkeiten eingeschränkt werden. Hierzu besteht kein Grund, wenn das Tragwerk Überlastungen ohne Schaden aushält. Bei dem zur Verwendung gelangten St 90 steigt die Eisenspannung bei 1,75facher Überlastung (Eigengewicht + Verkehrslast) nur um etwa 2000 kg/qcm bis zur Streckgrenze an, das ist der gleiche Betrag wie in einer mit St II bewehrten, nicht vorgespannten Stahlbetonkonstruktion bei der Belastung vom spannungslosen Zustand bis zur Gebrauchslast. Dementsprechend ist selbst bei 1,75facher Überlastung der mit St 90 bewehrten Spannbetonkonstruktion kein ungünstigeres Rißbild zu erwarten als bei normalem Stahlbeton unter Gebrauchslast. Es ist leicht zu verstehen, daß bei Verwendung höher gespannter Vorspannstähle die Rißgefahr bei Überlastung größer ist und dementsprechend auch die Frage der beschränkten Vorspannung anders beurteilt werden muß als bei Verwendung von St 90.

2. Das angewendete Verfahren. Für die Vorspannbewehrung wurde ein einheitlicher Durchmesser 26 mm verwendet. Die Stäbe erhalten an ihren Enden aufgerollte Feingewinde 27/2 mm mit 25 mm Kerndurchmesser. Durch das Aufrollen der Gewinde im Kaltwalzverfahren wird die Kerbwirkung der Gewindegänge vermieden und das Material so vergütet, daß der Kernquerschnitt dieselbe Festigkeit wie der Schaftquerschnitt aufweist. Die Stangen werden vom Werk, mit Gewinden versehen, in den planmäßigen Längen geliefert, am Bau mit Muffen $\varnothing$ 55 mm aus Stahl II gestoßen und mit handelsüblichen Muttern und eisernen Platten 140/140/30 mm verankert. Um beim Einbetonieren die Haftung zwischen Beton und Bewehrungseisen auszuschalten, werden

sie mit gefalzten Blechrohren von 30 mm Durchmesser überzogen. Diese sind an den Stoßstellen einige Zentimeter übereinandergeschoben, mit Gummimuffen gedichtet und an den Enden in das Loch der Ankerplatte eingefalzt. Die Spannkraft von 24 t wird durch eine Spezialpresse, die am Stabende angreift und sich auf die Ankerplatte stützt, aufgebracht, wobei an einem Zählwerk die Verkürzung des Eisens gegenüber dem Beton mit einer Genauigkeit von 0,1 mm abgelesen wird. Dieses Maß wird in der statischen Berechnung errechnet und ist am Bau für die Größe der Vorspannung maßgebend. Der Manometerdruck bzw. die Größe der Spannkraft wird lediglich registriert, da er je nach der Reihenfolge, in der die Eisen gespannt werden, und nach dem Grad der Ausrüstung der Brücke verschieden ist.

Nach dem Spannen werden die Rohre mit einer Zementschlempe W/Z = 0,55 unter Beigabe von Plastiment unter Druck injiziert, wodurch der Verbund hergestellt wird.

Statische Untersuchung des Überbaues. Die statische Berechnung wurde im Konstruktionsbüro der Firma Dyckerhoff & Widmann KG aufgestellt und im Auftrag des Bauherrn durch Herrn Prof. Dr.-Ing. Rüsch, München, geprüft.

Aus: »Der Bauingenieur«, Heft 10/1951, Seite 289—292

Von der Lahnbrücke Balduinstein bis zur Rheinbrücke Bendorf

Die Entwicklung des freien Vorbaus von Spannbetonbrücken
von Ulrich Finsterwalder und Herbert Schambeck

Nach einer Bauzeit von weniger als drei Jahren wurde vor einigen Wochen die Autobahnbrücke über den Rhein bei Bendorf im Rohbau fertiggestellt. Dieses Bauwerk ist ein 1029 m langer Brückenzug aus Spannbeton, dessen westlicher, 524 m langer Teil mit der Überbrückung der Hauptstromöffnung des Rheins von einer Arbeitsgemeinschaft der Firmen Dyckerhoff & Widmann KG und Grün & Bilfinger AG errichtet wurde, während die Ausführung des östlichen Teils – der Weiterführung bis über den Bahnhof Bendorf – in den Händen der Firma Wayss & Freytag KG lag. Der westliche Teil überbrückt die Schiffahrtsöffnung des Rheins mit einer Mittelspannweite von 208 m. Damit ist die Rheinbrücke Bendorf zur Zeit die weitest gespannte Betonbalkenbrücke der Welt [161].
Mit der Fertigstellung der Rheinbrücke Bendorf hat eine Entwicklung ihren vorläufigen Höhepunkt gefunden, die nach 1950 von der Firma Dyckerhoff & Widmann KG eingeleitet und von ihr seitdem mit großer Zähigkeit verfolgt wurde. Es ist die Entwicklung eines Verfahrens des freien Vorbaues von Spannbetonbrücken, das der Firma Dyckerhoff & Widmann KG (Deutsches Patent Nr. 973 407) geschützt ist. Diese Bauweise hat in den vergangenen Jahren in starkem Maße das Interesse von Fachleuten und Laien gefunden, denn durch sie wurde es erstmals möglich, auf ortsfeste Gerüste zu verzichten, die bis dahin zum Massivbau ebenso gehört hatten wie Zement und Stein.
Neue Entwicklungen in der Technik sind nur zu einem Teil das Produkt eines einzigen fruchtbaren Gedankens, in erster Linie aber das Ergebnis der unbeirrten Verfolgung eines als richtig erkannten Zieles. Zur Bekräftigung dieser Tatsache sei hier kurz die Entwicklungsarbeit skizziert, die zum freien Vorbau geführt hat.
Bereits im Jahre 1930 wurde in einem Wettbewerb für die Dreirosenbrücke in Basel von der Firma Dyckerhoff & Widmann KG der Vorschlag gemacht, 3 Öffnungen von 50+100+50 m durch ein System von vorgespannten Kragträgern mit einem Gelenk in der Mitte des Mittelfeldes zu überbrücken [162]. Dieser Entwurf zeigt bereits die wesentlichen Merkmale der Brücken, die 20 Jahre später in Worms und Koblenz ausgeführt wurden. Der Entwurf wurde damals vom Preisgericht abgelehnt, da die Zeit für eine derartige Lösung noch nicht reif war.
Während bei diesem Entwurf als Spannglieder 60 mm dicke verschlossene Drahtseile mit Vorspannung ohne Verbund vorgeschlagen wurden, setzten sich bei den folgenden Ausführungen von großen Hallenbauten nach der Zeiss-Dywidag-Schalentheorie und bei Brücken als vorgespannte Zugglieder dicke Rundeisen aus St 52 mit einem Durchmesser von 40—80 mm durch, welche mit verdickten

Anschweißenden und geschnittenen Gewinden versehen waren. Die unterspannten Träger – System Dischinger und Finsterwalder – und die vorgespannten Fachwerkträger – System Finsterwalder und Rüsch – kennzeichnen diese Richtung.
Ein entscheidender Fortschritt konnte nach dem Krieg erzielt werden, als das Hüttenwerk Krupp Rheinhausen den σ-Stahl 60/105 produzierte, dessen Festigkeit und Streckgrenze etwa doppelt so hoch ist wie bei St 52. Es gelang, diesen Stahl durch Aufrollen von Gewinden für Verbindungen und Verankerungen geeignet zu machen und ihn durch Recken und Anlassen auf eine Streckgrenze von 80 kp/mm^2 zu bringen. Dieser gegen Sprödbruch und Spannungskorrosion unempfindliche Stahl 80/105 ist die Grundlage des Dywidag-Spannverfahrens. Ein Einzelstab mit einem Durchmesser von 26 mm ergibt ein vielseitig verwendbares Spannglied von 30 t Tragkraft. Der Stab liegt in einem Hüllrohr und dient damit zur Herstellung von Spannbeton mit nachträglichem Verbund. Mit diesem Spannverfahren wurde im Jahre 1949 als erstes Bauwerk die 21 m weit gespannte Würmbrücke in Percha bei Starnberg vorgespannt. Die Aufgaben wuchsen sehr schnell: Bereits ein Jahr später wurde mit dem Bau der Gänstorbrücke in Ulm – einem neuentwickelten gelenklosen Rahmensystem – begonnen. Weitere Projekte bewiesen die Wettbewerbsfähigkeit des Baustoffes Spannbeton im Großbrückenbau gegenüber dem Stahlbau; sie zeigten jedoch auch in vielen Fällen, daß die Aufstellung eines Lehrgerüstes nicht möglich war oder einen wesentlichen Teil der Gesamtkosten beanspruchte. So entstand der Gedanke, Brücken nicht auf einem aufwendigen Lehrgerüst in einem Zuge zu betonieren, sondern sie mit sogenannten Vorbauwagen in Abschnitten von 3 bis 4 m Länge herzustellen. Diese grundlegend neue Entwicklung wurde dadurch wesentlich erleichtert, daß beim Dywidag-Spannverfahren die Spannstäbe durch Muffenverbindungen beliebig verlängert werden können.
Beim Wettbewerb für die Köln-Mülheimer Rheinbrücke wurde 1948 von der Dyckerhoff & Widmann KG erstmals der freie Vorbau einer Spannbetonbrücke vorgeschlagen, und zwar mit einer Vorspannung mit Wirkung des Eigengewichtes. Der Entwurf, der einen Fachwerkträger mit einer Mittelspannweite von 200 m vorsah, wurde mit einem Ankauf ausgezeichnet. Weitere Projekte folgten – so z. B. der Entwurf eines Vollwandträgers für die Brücke in Koblenz-Pfaffendorf. Das erste Ausführungsbeispiel der neuen Bauweise ist die 1950 errichtete Brücke über die Lahn bei Balduinstein mit einer Mittelspannweite von 62 m [163]. Ihr folgten bereits 1952 die Nibelungenbrücke über den Rhein bei Worms [164] und die Moselbrücke bei Koblenz mit Spannweiten von maximal 114 und 123 m. Nach der erfolgreichen Ausführung dieser beiden Brücken interessierte sich auch das Ausland für den freien Vorbau. So begann 1954 mit dem Bau der Oesterdalälvenbrücke in Skandinavien eine Serie frei vorgebauter Brücken, die von einheimischen Firmen als Lizenzbauten hergestellt wurden. Dabei erwies es sich als sehr praktisch, daß die Fahrbahnquerschnitte aller ausgeführten Brücken annähernd gleich waren. Der Nutzen zeigte sich in mehrfacher Weise. Die Herstellungskosten konnten durch den mehrmaligen Ein-

161 Autobahnbrücke über den Rhein bei Bendorf, unter Mitarbeit von Architekt G. Lohmer 1962—64

162 Wettbewerbsentwurf für die Dreirosenbrücke in Basel 1930

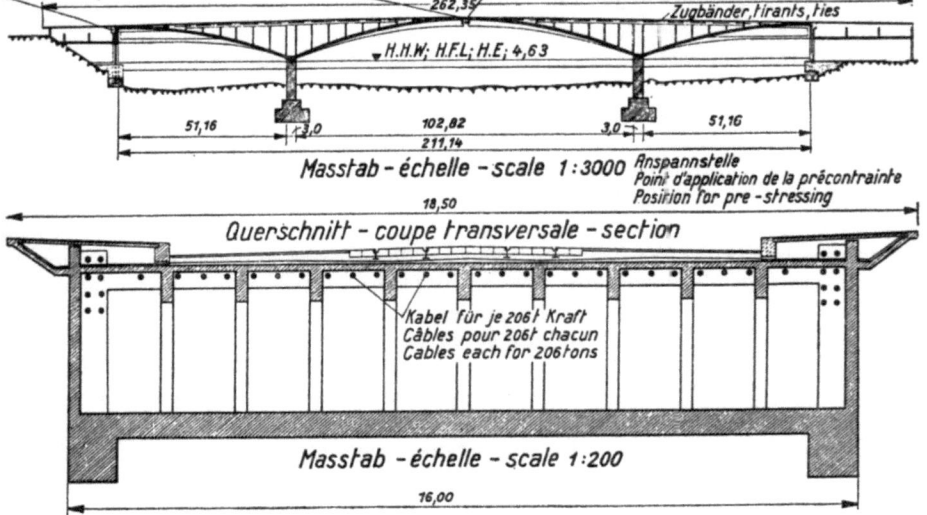

163 Lahnbrücke bei Balduinstein. Erster freier Vorbau in Spannbeton. 1950

satz der ohne Umbauten verwendbaren Vorbauwagen gesenkt werden; die Ausführungsqualität war besonders hoch, da eingearbeitete Arbeitskolonnen eingesetzt waren; der Verdienst der Akkordkolonnen lag weit über dem Durchschnitt, da sich die Arbeiten stets wiederholten und dadurch Arbeitsstunden eingespart wurden; schließlich ergab sich für die beteiligten Firmen der Vorteil einer günstigen Abschreibung der Vorbauwagen. Auch in Japan wurde seit dem Jahre 1958 eine große Anzahl frei vorgebauter Brücken mit Spannweiten bis zu 160 m errichtet – darunter auch erstmals eine Eisenbahnbrücke, die Washinosubrücke. Neben zahlreichen Lizenzbauten in Belgien, Holland und Österreich sind 1964 weitere in Griechenland und Italien für die Autostrada Genua–Sestri Levante dazugekommen.

Unter den bisher im freien Vorbau hergestellten Brücken befinden sich sehr verschiedenartige Trägersysteme: Gevoutete Durchlaufträger, die von Pfeilern mit provisorischer Einspannung nach beiden Seiten als Kragarme frei vorgebaut und nachträglich in Feldmitte zusammenbetoniert wurden; Rahmenbrücken, wie die Rohrdammbrücke und die Dischingerbrücke in Berlin, bei denen Hilfsjoche zur vorübergehenden Unterstützung dienten; Durchlaufträger, wie die 1952 von der Dyckerhoff & Widmann KG erbaute Mainbrücke bei Karlstadt und der jetzt von der Wayss & Freytag KG errichtete östliche Teil der Bendorfer Rheinbrücke, bei denen der Überbau während des Bauzustandes wie eine Zügel-

164 Nibelungenbrücke über den Rhein bei Worms im freien Vorbau 1952

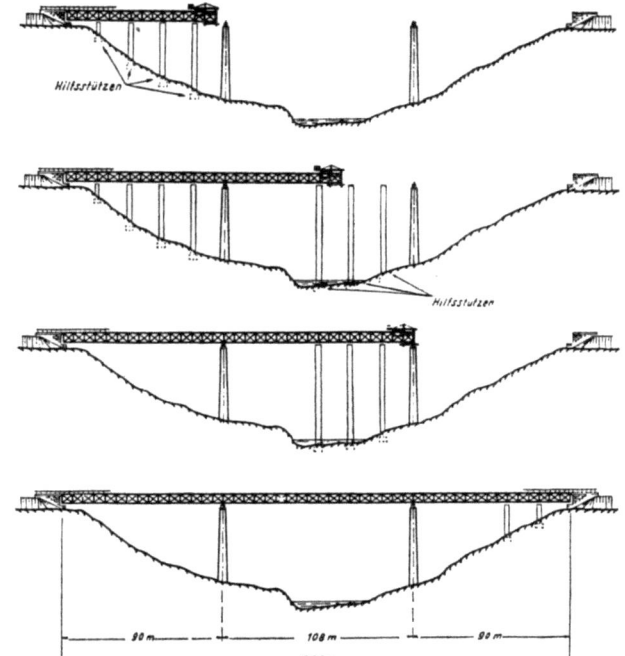

165 Schemazeichnung des freien Vorbaus der Mangfall-Brücke

gurtbrücke durch schräge Abspannungen an einem Hilfspylon aus Stahl oder Beton aufgehängt wurde. Auch ein Fachwerk-Parallelträger mit 108 m Spannweite — die Autobahnbrücke über die Mangfall zwischen München und Salzburg — wurde in dieser Bauweise hergestellt [165, 166]. Der Prototyp des frei vorgebauten Brückensystems, der bei der Rheinbrücke Bendorf mit seiner Spannweite von 208 m den »Weltrekord« unter den Betonbalkenbrücken hält, ist jedoch der Kragarm, der vom Pfeiler aus ohne zusätzliche Hilfsmaßnahmen abschnittsweise vorgebaut wird. Bei diesem System wird es durch die Anordnung der Bewegungsfuge am Kragarmende am Pfeiler möglich, den Überbau mit dem Pfeiler zusammenzubetonieren und auf teure und unterhaltungsbedürftige Lager zu verzichten. Über die wirtschaftlichen Vorteile hinaus hat dieser Wegfall der Lager in architektonischer Hinsicht große Bedeutung: Der Überbau und die Pfeiler bilden ein einheitliches Ganzes, das nach Ansicht der Verfasser besser befriedigt als ein gevouteter Durchlaufträger früherer Bauart, der aus 3 verschiedenen Einzelelementen, nämlich dem in Beton oder Stahl errichteten Überbau, den Lagern und den meist mit Naturstein verblendeten Pfeilern, besteht.
Die architektonische Gültigkeit dieser neuen Form dürfte bei Brücken, deren

166 Mangfall-Brücke. Frei vorgebauter Spannbeton-Fachwerkträger mit 108 m Spannweite, unter Mitarbeit von Architekt G. Lohmer 1958

Pfeilerhöhe klein ist im Verhältnis zur Spannweite, heute unbestritten sein. Die Brücken in Worms, Koblenz, Höchst und Bendorf sind Beispiele dafür. Bei hohen Talbrücken dagegen werden bei dem Gedanken an einen gevouteten Träger auf hohen Pfeilern verschiedentlich Bedenken laut. Diese Bedenken sind verständlich bei dem erwähnten alten Typ des Durchlaufträgers, der dem Augenschein nach mit seinen Lagern zuwenig stabil auf den Pfeilern sitzt. Dagegen zeigt der aus dem Pfeiler herauswachsende, richtig geformte Spannbetonkragträger das Kräftespiel und das Wesen des Baustoffes Spannbeton so überzeugend, wie es nur eine aus einer richtigen Idee entwickelte ausgereifte Form vermag.

Im Ausland hat sich der Kragträger auf hohen Stützen bereits durchgesetzt: Viele der in den skandinavischen Ländern, in Japan und in Italien erbauten Brücken führen über tiefe Schluchten und weite Täler und gelten als markante Beispiele des modernen Massivbrückenbaues [167].

In statischer Hinsicht ist der Kragträger ein so elementares Bauelement wie beispielsweise der Bogen und ist damit einer Darstellung seiner grundlegenden Eigenschaften wert:

Unter einem für den Brückenbau idealen Kragarm stellen wir uns einen Träger mit einem Hohlkastenquerschnitt vor, dessen untere Leibung in Brückenlängsrichtung nach einer ganz bestimmten Kurve geformt ist. Diese Kurve ist in ihrer Bedeutung vergleichbar der Stützlinie eines Bogens. Sie soll so verlaufen, daß die Zug- und Druckkräfte im Ober- und Untergurt von der Kragarmspitze zum Pfeiler hin nahezu linear zunehmen. Diese lineare Zunahme bedeutet, daß die Schubkräfte in den Stegen auf die ganze Kragarmlänge nahezu konstant sind und daß somit auch die Stegstärke und die Schubbewehrung in den Stegen konstant sein können. Bild [168] soll dies in idealisierter Form nochmals veranschaulichen. In dem dargestellten Kragarm muß in einem Horizontalschnitt A–A durch die Stege auf die ganze Kragarmlänge durch Schubkräfte die Gesamtzugkraft Z_1 in den Obergurt eingeleitet werden, die an der Einspannstelle I vorhanden ist. Die Zugkraft Z_1 wird – bei gegebener Konstruktionshöhe h_1 und gegebener Belastung und Spannweite – von dem Verlauf der unteren Leibung nicht beeinflußt, und daher ist auch die Summe der Schubkräfte unabhängig davon. Die Verteilung der Schubkräfte über die Kragarmlänge hängt jedoch von der Trägerform ab: Bei einem Parallelträger würden sich die Schubkräfte stark zur Einspannstelle hin konzentrieren und würden dort Verdickungen der Stege erforderlich machen. Bei einer entsprechenden Form der unteren Leibung dagegen ist – wie in Bild [168] angedeutet – die Schubkraft und damit auch die erforderliche Stegdicke auf die ganze Kragarmlänge annähernd konstant. Eine wirtschaftliche Konstruktion ist nun erreicht, wenn diese erforderliche konstante Stegdicke etwa der Mindeststegdicke entspricht, die sich aus konstruktiven Gründen und aus der Querschnittsgestaltung heraus ergibt. Diese Mindestdicke beträgt heute für einen Hohlkasten mit einer üblichen, in Querrichtung vorgespannten Fahrbahnplatte etwa 30–35 cm, bei einem Querabstand der Stege von 6–7 m.

167 Tromsöbrücke (Schweden). Entwurf und Konstruktion: Dr. Aas Jacobson, Oslo. Dywidag-Spannbeton. 1958—59

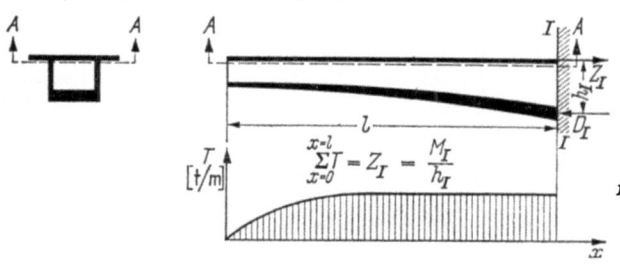

168 Die Schubkräfte am idealisierten Kragträger

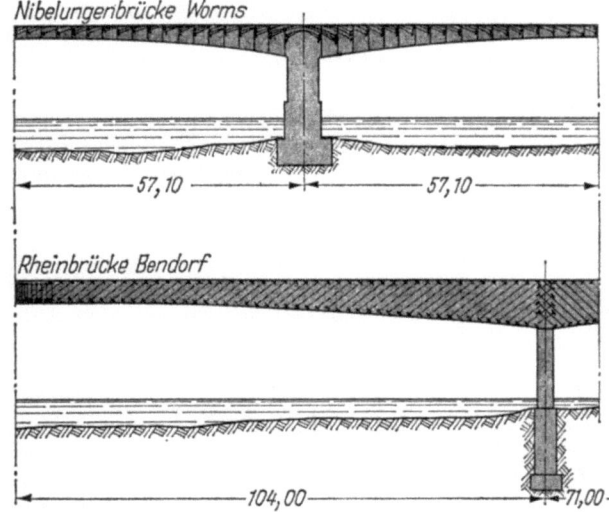

169 Der Hauptkragarm der Rheinbrücke Worms und der Rheinbrücke Bendorf. Das Bild zeigt die schlanke Form des Bendorfer Pfeilers und die Unterschiede in der Spannbewehrung der Stege

Das Konstruktionsprinzip des gevouteten Kragträgers mit annähernd konstanter Schubkraft wurde bereits bei der Rheinbrücke in Worms angewendet. Dort waren jedoch bei der gewählten, in Bild [169] dargestellten Spannbewehrung auf eine Brückenbreite von 14 m 4 Stege mit einer Dicke von je 35 cm erforderlich. Bei der Planung noch größerer Spannweiten zeigte sich, daß die Fahrbahnplatte als Zugglied und die untere Bodenplatte als Druckglied des Kragarmes ohne große Schwierigkeiten verstärkt werden konnten. Zur Bewältigung des Schubproblems der Stege dagegen mußte eine gegenüber der Brücke in Worms verbesserte Lösung gefunden werden. So wurde 1954 beim Wettbewerb der Gotenringbrücke in Köln an Stelle vollwandiger Stege eine statisch als engmaschiges Fachwerk wirkende »perforierte« Wand mit einer schrägen Spannbewehrung vorgeschlagen. Dieser Entwurf, der auch in architektonischer Hinsicht befriedigte, wurde mit dem 3. Preis ausgezeichnet [170]. Die höheren Aufwendungen für die Ausführung dieser perforierten Wand beeinträchtigten jedoch die Wettbewerbsfähigkeit. Daher wurde bei weiteren Projekten – so z. B. bei der Rheinbrücke Schierstein – die in Köln geplante schräge Spannbewehrung auf vollwandige Stege übertragen, und es zeigte sich, daß mit dieser konsequenten Schrägbewehrung der Stege die schiefen Hauptzugspannungen im Rahmen der DIN 4227 im Gebrauchs- und im Bruchzustand gemeistert werden konnten. Für die Dimensionierung ist dabei maßgebend, daß nach DIN 4227 unter der Bruchlast die schiefen Hauptzugspannungen den Wert von 40 kp/qcm für einen Beton B 450 nicht überschreiten dürfen. Diese Beschränkung der schiefen Hauptzugspannungen im Bruchzustand erscheint zunächst schwer verständlich, da ja beim Biegenachweis im Bruchzustand keinerlei Begrenzungen der Betonzugspannungen vorgesehen sind. Die erforderlichen Stegdicken, die sich bei der festgelegten Grenze der schiefen Hauptzugspannungen und dem gewählten Schema der Schrägvorspannung ergeben, sind jedoch richtig, da die dabei auftretenden schiefen Hauptdruckspannungen in einem vernünftigen Rahmen bleiben. Diese Hauptdruckspannungen werden vorerst in der DIN 4227 nicht behandelt; auf ihre Größe muß jedoch bei der Dimensionierung der Stege und ihrer Bewehrung geachtet werden. Die Hauptdruckspannungen würden wesentlich höher werden, wenn die Stege mit senkrechten statt mit schrägen Spannstäben vorgespannt würden.

Die beschriebene Lösung des Schubproblems durch Anordnung einer Schrägvorspannung bedeutet praktisch den Schlüssel zu dem Entwurf der Rheinbrücke Bendorf. Eine detaillierte Beschreibung dieses Entwurfs findet sich an anderer Stelle, siehe Veröffentlichungen Seite 259. Im Rahmen des vorliegenden Aufsatzes sollen nur die Grundzüge aufgezeigt werden, die für die Gesamtentwicklung des Massivbrückenbaues im allgemeinen und des freien Vorbaues im besonderen von Bedeutung sind.

Zunächst sei die für den gesamten Betonbau erfreuliche Tatsache hervorgehoben, daß es hier erstmals gelungen ist, bei einer Brücke mit einer Spannweite von mehr als 200 m in einem öffentlichen Wettbewerb erfolgreich gegen den Stahlbau zu konkurrieren. Für diesen Wettbewerb – an dem sich viele namhafte

170 Spannbeton-Entwurf »Perforatia« für die Gotenringbrücke in Köln. 3. Preis. 1954

deutsche Stahlbaufirmen und Bauunternehmungen beteiligten – hatte die Arbeitsgemeinschaft der Firmen Dyckerhoff & Widmann KG und Grün & Bilfinger AG mit architektonischer Beratung durch Dr.-Ing. e. h. Lohmer einen Entwurf ausgearbeitet, der für den gesamten Brückenzug – die Überbrückung des Hauptstromes (Los I) und die Weiterführung bis über den Bahnhof Bendorf (Los II) – ein einheitliches, im freien Vorbau errichtetes Spannbetontragwerk vorsah. Der Längsschnitt dieses Angebotsentwurfes [171a] zeigt für Los I die ausgeführte Brücke und für Los II einen Durchlaufträger mit Vouten an den Pfeilern zu beiden Seiten des Bahnhofes Bendorf. Im Dezember 1961 erteilte der Bauherr – die Bundesrepublik Deutschland, vertreten durch die Straßenverwaltung Rheinland-Pfalz, Straßenneubauamt Vallendar – der Arbeitsgemeinschaft den Auftrag für die Strombrücke. Die Ausführung der Flutbrücke wurde der Firma Wayss & Freytag KG übertragen. Dabei wurde bei Los II der Brückenquerschnitt von Los I übernommen und die Spannweitenaufteilung dem Los I angepaßt. Dagegen wurde die Konzeption der Firma Wayss & Freytag KG für die Konstruktionshöhen des Überbaues – eine fischbauchartige Verstärkung im Bereich der 94-m-Öffnung – beibehalten [171b].

Die weiteren technischen Fortschritte, die bei der Rheinbrücke Bendorf erzielt werden konnten, betreffen die Konstruktion selbst:
a) Es wurden erstmals im freien Vorbau Dywidag-Spannstäbe $\varnothing$ 32 mm St 80/105 an Stelle des bisher üblichen $\varnothing$ 26 mm verwendet. Durch die neuen Stäbe $\varnothing$ 32 mm wird die Konstruktions- und Bewehrungsarbeit wesentlich vereinfacht, ohne daß deshalb die gleichmäßige Durchsetzung des Querschnitts

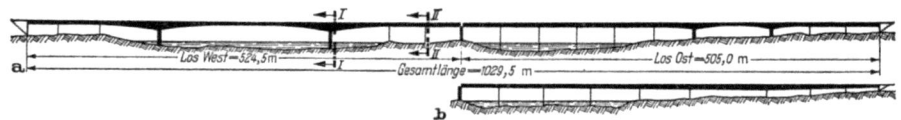

171 Angebotsentwurf für eine Brücke über den Rhein bei Bendorf

mit Spannbewehrung – ein großer Vorteil des Dywidag-Spannverfahrens – aufgegeben werden muß.

b) Eine der Verstärkung des Zuggurtes analoge Maßnahme war der Einbau einer schlaffen Druckbewehrung in der Bodenplatte des Hauptkragarmes. Normalerweise ist die Aufnahme von Druckkräften durch Stahl teurer als durch Beton. Im vorliegenden Fall jedoch erhöhte diese Maßnahme die Wirtschaftlichkeit, da durch die damit verbundene Gewichtsverminderung des Überbaues Spannstahl im Zuggurt des Kragarmes eingespart werden konnte. Der Überbau wurde so bemessen, daß nach dem Kriechen und Schwinden eine maximale Betondruckspannung von 130 kp/cm² – der nach DIN 4227 für B 450 bei Hohlkästen zulässige Wert – eingehalten wird. Vorher tritt vorübergehend eine größte Betondruckspannung von 150 kp/cm² auf.

Vergleich der Abmessungen verschiedener Brücken

Bauwerk	B [m]	L [m]	b [m]	h [m]	k
Nibelungenbrücke Worms	14,00	54,36	1,40	6,50	83,5
Neue Moselbrücke Koblenz	20,40	65,47	1,40	7,00	136
Weserbrücke Bremen	30,40	41,80	2,40	3,90	136
Rheinbrücke Au-Lustenau	12,00	44,00	0,80	4,02	164
Rheinbrücke Bendorf	30,86	102,60	1,20	10,40	254

$$k = \frac{B \cdot L}{b \cdot h} = \frac{\text{Grundrißfläche des Kragarmes}}{\text{Querschnittsfläche der Stege an der Einspannstelle}}$$

darin ist: B = gesamte Brückenbreite
L = Länge des Kragarmes
b = Summe der Stegbreiten
h = Konstruktionshöhe des Hohlkastens an der Einspannstelle

c) Die Behandlung des Schubproblems wurde bereits ausführlich beschrieben. Hier sei nur ergänzend an Hand der Tabelle aufgezeigt, wie durch die konsequente schräge Spannbewehrung die auf die Brückenbreite bezogene Stegdicke gegenüber früheren Ausführungen reduziert werden konnte. Der Faktor »k« ist ein Maßstab dafür. Er gibt das Verhältnis der Grundrißfläche des Kragarmes zur Stegfläche – die etwa als »Schubübertragungsfläche« gelten kann – an der Einspannstelle an. Die Zahlen zeigen den Einfluß der Schubbewehrung: Bei der Nibelungenbrücke in Worms ergab sich aus konstruktiven Festlegungen ein verhältnismäßig niedriger k-Wert. Bei der Moselbrücke Koblenz wurden die Tragmöglichkeiten unter Beibehaltung des Wormser Bewehrungsschemas voll ausgenützt. Die Weserbrücke in Bremen wurde zunächst nach demselben Prinzip geplant. Im Laufe der Ausführungsberechnung wurde die Bewehrung dann bereits auf das Bendorfer Schema der schrägen Schubzulagen umgestellt, ohne daß von der möglichen Einsparung der Stegdicken noch Gebrauch gemacht worden wäre. Die Rheinbrücke Au-Lustenau ist ein Beispiel für einen Hohlkasten mit senkrechter Schubvorspannung.

d) Ein weiteres Charakteristikum der Rheinbrücke Bendorf – die schlanken Hauptpfeiler – hängt mit der Geländeform und mit der Aufteilung der Spannweiten zusammen. In Worms und Koblenz stehen 3 annähernd gleich große Öffnungen – und damit eine Kette von Kragarmpaaren – nebeneinander. Dabei sind zur Ableitung der Wechselmomente aus den Kragträgern in den Baugrund starke Pfeiler erforderlich. Bei der Rheinbrücke Bendorf war es möglich, an die 208 m weit gespannte Hauptstromöffnung beiderseits mit verhältnismäßig kurzen Randfeldern von nur 71 m Spannweite anzuschließen. Dadurch sind die Kragarme der Mittelöffnung relativ starr in die Randfelder eingespannt. Die Hauptpfeiler erhalten somit nur geringe Biegemomente und können deshalb in ihrer Dicke reduziert werden. Von dieser Möglichkeit wurde in konsequenter Weise Gebrauch gemacht: Die Pfeilerdicke beträgt statt 6,0 m bei der Wormser Brücke in Bendorf nur noch 2,80 m, obwohl die größte Kragarmlänge von 57 auf 104 m angewachsen ist.

e) Der Baubetrieb stand vor der Aufgabe, 10 m hohe, stark bewehrte Wände betonieren und in der Fahrbahnplatte eine sehr massierte Spannbewehrung verlegen zu müssen. Diese Gegebenheiten wurden bereits bei der Ausbildung der Schalung, der Festlegung der Abstandhalter und der Anordnung der Rüttler berücksichtigt. Durch diese Vorbereitungen und durch die außerordentlich sorgfältige Arbeit aller an der Ausführung Beteiligten konnten diese Aufgaben gemeistert werden; die guten Betonsichtflächen des Überbaues sind eine Bestätigung dafür [172].

f) Ein weiteres Problem bestand darin, die bis zu 2,40 m dicke Bodenplatte des Hohlkastens ohne unzulässig hohe Wärmespannungen zu betonieren. Eingehende Laborversuche zeigten, daß die Anfangstemperatur des Frischbetons von ausschlaggebender Bedeutung für die in dicken Bauteilen auftretenden Temperaturdifferenzen ist. Daher wurde der in Worms und Koblenz beschrittene Weg einer Innenkühlung durch Kühlrohre im bereits betonierten Bauteil verlassen. Statt dessen wurden alle Komponenten des Mischgutes so weit vorgekühlt, daß eine Frischbetontemperatur von 15° C erreicht wurde. Die Zementmenge wurde auf 300 kg Z 375 begrenzt. Außerdem wurden die in Brückenquerrichtung durch den Abbindevorgang entstandenen Zugkräfte durch vorgespannte, als Fertigteile eingelegte Betonstangen aufgenommen. Diese Maßnahmen hatten den Erfolg, daß keinerlei Haarrisse am Bauwerk festgestellt werden konnten.

Der vorstehende Aufsatz zeigt die Vorteile der bei der Rheinbrücke Bendorf gewählten Form des Kragträgers. Diese Form kann auch für größere Spannweiten verwendet werden, wobei der vordere Teil des Kragarmes ungeändert bleibt und der rückwärtige Teil unter Einhaltung des Prinzips der konstanten Schubbeanspruchung verlängert wird. So glauben die Verfasser, daß auch die bei der Rheinbrücke Bendorf erreichte 208-m-Öffnung noch nicht die Grenzspannweite darstellt, sondern daß mit diesem System und mit diesem Bauverfahren in wirtschaftlicher und technisch einwandfreier Weise noch größere Aufgaben bewältigt werden können.

Aus: »Der Bauingenieur«, Heft 3/1965, Seite 85—91

172 Hauptöffnung der Rheinbrücke Bendorf mit 208 m Spannweite während des freien Vorbaus

Franz Dischinger
Vorträge und Veröffentlichungen

Fortschritte im Bau von Massivkuppeln
Der Bauingenieur, Heft 10/1925
Deutsche Bauzeitung, Konstruktion, Ausführung, Nr. 49/1925

Eine neue Konstruktion für Großmarkthallen in Leipzig
Deutsche Bauzeitung, Konstruktion, Ausführung, Nr. 23/1927

Neuere Druckluftgründungen der »Dywidag« unter Verwendung von Eisenbetonschwimm-Caissons
Der Bauingenieur, Heft 49/1928

Membrantheorie der antisymmetrisch belasteten Rotationsschalen und Vieleckkuppeln
Fotokopie Bibliothek HV V/22/1928

Schalen und Rippenkuppeln
Handbuch für Eisenbetonbau III. Aufl., XII. Bd. Bibliothek HV V/21, a, b/1928

Großmarkthalle Leipzig
Deutscher Beton-Verein XXXII. Bericht, 1929

Die Theorie der Vieleckkuppeln und die Zusammenhänge mit den einbeschriebenen Rotationsschalen (Dissertation, Dresden)
Beton und Eisen, Heft 5, 6, 8, 9/1929

Eisenbetonschalendächer Zeiss-Dywidag zur Überdachung weitgespannter Räume
I. Internationaler Kongreß f. Beton u. Eisenbeton Lüttich
La Technique des Travaux, Dec. 1930

Beseitigung der zusätzlichen Biegungsmomente im Zweigelenksbogen mit Zugband
Internationale Vereinigung für Brücken- und Hochbau, 1932

Beitrag zur Theorie der Halbscheibe und des wandartigen Balkens
Internationale Vereinigung für Brücken- und Hochbau, I., 1932

Die Ermittlung der Eiseneinlagen in wandartigen Trägern
Beton u. Eisen, Heft 15/1933

Die zweite feste Straßenbrücke über die Mosel bei Koblenz
Die Bautechnik, Heft 12, 15, 19, 23, 26, 36, 41/1934

Moselbrücke Koblenz
Festschrift Bibliothek HV X/61/1934

Kritische Betrachtungen über die Sicherheit von Massivbogen anhand durchgerechneter Beispiele
Die Bautechnik, Heft 50/1934

Ermittlung der Knicksicherung von Massivbogen bei Berücksichtigung der Veränderlichkeit des Trägheitsmomentes
Die Bautechnik, Heft 55/1934

Die Rotationsschalen mit unsymmetrischer Form und Belastung
Der Bauingenieur, Heft 35/36 und 37/38/1935

Untersuchungen über weitgespannte Massivbogenbrücken bei vollständigem Ausgleich der beiderseitigen Rand-Druckspannungen
Der Bauingenieur, Heft 11/12 und 13/14/1935

Die strenge Theorie der Kreiszylinderschale in ihrer Anwendung auf die Zeiss-Dywidag-Schalen
Beton und Eisen, Heft 16 und 18/1935

Das durchlaufende ausgesteifte zylindrische Rohr und Zeiss-Dywidag-Dach
Internationale Vereinigung für Brücken- und Hochbau, 1936

Flächentragwerke des Eisenbetonbaues
Internationale Vereinigung für Brücken- und Hochbau, Vorbericht, 1936

Der Spannungszustand in affinen Schalen und Raumfachwerken unter Anwendung des Prinzips des statischen Massenausgleichs
Der Bauingenieur, Heft 23/28/1936

Massivbau
Aus: Taschenbuch für Bauingenieure (Schleicher), 1936 und 1949/Seite 1320 bis 1527

Die Ursachen des Einsturzes der Baugrube der Berliner Nord-Süd-S-Bahn in der Hermann-Göring-Straße
Der Bauingenieur, 1937

Entwicklung und Fortschritte im Eisenbetonbau
Aus: Neues Bauen in Eisenbeton (Zementverlag), 1937

Untersuchungen über die Knicksicherheit, die elastische Verformung und das Kriechen des Betons bei Bogenbrücken
Der Bauingenieur, Heft 33/34, 35/36, 39/40/1937

Elastische und plastische Verformungen der Eisenbetontragwerke und insbesondere der Bogenbrücken
Der Bauingenieur, 1939, Seite 53, 286, 426, 563

Der durchlaufende Träger mit veränderlichem Trägheitsmoment
Veröffentlichung TH Berlin, Bibliothek HV I/21/1939

Eingespannte Bogenbrücken mit statisch bestimmtem Horizontalschub
Beton und Eisen, Heft 1/2 und 3/1941

Kritische Betrachtungen zu den Deutschen Bestimmungen für Stahlbeton in der Frage der mitwirkenden Plattenbreite bei Einzellasten und der zugehörigen Querbewehrung
Der Bauingenieur, Heft 43/44/1942

Kritische Betrachtungen zu den Deutschen Bestimmungen für Stahlbeton bzw. der Berechnung der Haft-, Schub- und Scherspannungen
Der Bauingenieur, Heft 35/36/1942

Der durchlaufende Träger und Rahmen auf elastisch senkbaren Stützen
Der Bauingenieur, Heft 3/4 und 9/10/1942

Beitrag zur Berechnung der Tragwerke mittels der Formänderungsmethode
Forschungshefte aus dem Gebiet des Stahlbaues, Nr. 6/1943

Stahlbrücken im Verbund mit Stahlbetondruckplatten bei gleichzeitiger Vorspannung durch hochwertige Seile
Der Bauingenieur, Heft 11 und 12/1949

Weitgespannte Tragwerke
Der Bauingenieur, Heft 9 und 10/1949

Hängebrücken für schwerste Verkehrslasten (Eisenbahnen)
Der Bauingenieur, Heft 3 und 4/1949

Weitgespannte Balkenbrücken mit Vorspannung durch Seile und nachträglichem Verbund
Beton- und Stahlbetonbau, Heft 5/1950

Einfluß der Torsionssteifigkeit der aussteifenden Träger auf die Stabilität der Hängebrücken
Der Bauingenieur, Heft 5 und 7/1950

Neue Gesichtspunkte für die Konstruktion und die Berechnung von Bogenstaumauern
Deutscher Beton-Verein, Bericht der Hauptversammlung. 1950

Schalenkuppel mit 72 m Spannweite (modernes Projekt f. d. Bunawerke)
Bauplanung und Bautechnik, Heft 6/1950, Seite 191

Das Knicken der Stahlbetonfahrbahnplatten bei gekoppelten Stahlträgern und der Einfluß einer einseitigen Erwärmung der gekoppelten Fahrbahnplatten
Der Bauingenieur, Heft 4/1951

Auslegebrücken, gekoppelt mit einem bodenverankerten Kabel
Der Bauingenieur, Heft 10/1951

Einiges aus der Scheiben- und Schalentheorie
Vorlesungen an der TH Berlin (Broschüre), Bibliothek HV V/20

Ulrich Finsterwalder
Vorträge und Veröffentlichungen

1. Betonverein

Zeiss-Dywidag Schalengewölbe unter besonderer Berücksichtigung der Großmarkthalle in Frankfurt a. M.
Vortrag D. B. V., 1928

Bau des Kaischuppens 59, Hamburg
Vortrag D. B. V., 1932

Eisenbetonträger mit selbsttätiger Vorspannung
Der Bauingenieur, Heft 35/36/1938

Betonschiffe in Schalenbauweise
Zeitschrift d. V. D. I., Bd. 91/1949

Spannbeton mit Stahl 90
Bericht Hauptversammlung D. B. V., 1951

Bau der Straßenbrücke über den Rhein
Bericht Hauptversammlung D. B. V., 1952

Vorgespannte Schalenbauten
Vortrag auf der Hauptversammlung des D. B. V., 1954

Konstruktionsformen neuzeitlicher Hochstraßen
Vortrag auf dem Betontag, 1957

Die neue Mangfallbrücke
Bericht über den Betontag, 1959

Technische Entwicklung des freien Vorbaues bis zum Bau der Brücke Bendorf
Vortrag auf dem Betontag, 1965

2. I. V. B. H. Internationaler Spannbeton-Kongreß

Theorie der zylindrischen Schalengewölbe System Zeiss-Dywidag und ihre Anwendung auf die Großmarkthalle in Budapest
Abhandlungen, 1932

Zylindrische Schalengewölbe
Beitrag I. V. B. H., 1936

Die Anwendung von hochwertigem Stahl im Eisenbeton
Beitrag I.V.B.H., 1936

Spannbeton und Freivorbau mit Stahl 90
Schlußbericht 4. Kongreß, 1953

Dywidag-Spannbeton u. freier Vorbau, Weiterentwicklung u. Erfahrungen
Schlußbericht 5. Kongreß, 1957

Entwicklungen im Massivbrückenbau
Schlußbericht 6. Kongreß, 1960

3. Internat. Schalenbaukongreß

Vorgespannte Schalenbauten System Zeiss-Dywidag
2. Schalenbaukongreß, 1957

4. Internat. Betonstraßenkongreß

Hochstraßen in Betonbauweise
Kongreßbericht, 1957

5. Allgemein

Die Innenkuppel des Planetariums in Düsseldorf
Der Bauingenieur, Heft 37/1926

Die Dywidag-Halle auf der Gesolei (Obering. Dischinger u. Dipl.-Ing. Finsterwalder)
Der Bauingenieur, Heft 48/1926

Die Schalendächer des Elektrizitätswerkes in Frankfurt a. M.
Beton und Eisen, Heft 11/1928

Schalenbauweise System Zeiss-Dywidag (Obering. Dischinger u. Dipl.-Ing. Finsterwalder)
Der Bauingenieur, Heft 44/46/1928

Die Frankfurter Großmarkthalle
Zement, Heft 12/32/1928

Die Großmarkthalle Frankfurt/Main (Dr.-Ing. Dischinger u. Dipl.-Ing. Finsterwalder)
Zeitschrift des VDI, Nr. 33/1929

Neuere Entwicklungsformen der Schalenbauweise System Zeiss-Dywidag (Dr.-Ing. Dischinger u. Dr.-Ing. Finsterwalder)
Beton und Eisen, Heft 7 f./1932

Die querversteiften zylindrischen Schalengewölbe mit kreissegmentförmigem Querschnitt
Ingenieur-Archiv, 1933

Neue Lagerhallen aus Eisenbeton nach der Zeiss-Dywidag-Schalenbauweise
Der Bauingenieur, Heft 13/14/1934

Eisenbetonträger mit Vorspannung durch Wirkung des Eigengewichtes
Zeitschrift des V. D. I., Band 82/1938

Die neue Großmarkthalle der Stadt Köln (mit Beitrag Dr. Finsterwalder)
Moderne Bauformen, Heft 3/1941

Die neue Donaubrücke beim Gänstor in Ulm
Der Bauingenieur, Heft 10/1951

Dywidag-Spannbeton
Der Bauingenieur, Heft 5/1951

Bau der Straßenbrücke über den Rhein in Worms
Beton- und Stahlbetonbau, Heft 1/1953

Dywidag-Spannbeton
Beton, Niederländische Betonvereinigung, Nr. 52/1954

Bau der Straßenbrücke über den Main bei Karlstadt
Beton- und Stahlbetonbau, Heft 11/1954

Die neue Moselbrücke in Koblenz, Entwurf u. Berechnung (Dr.-Ing. Finsterwalder u. Dr.-Ing. Knittel)
Der Bauingenieur, 1954

Konstruktion von Schutzbunkern aus Stahlbeton unter besonderer Berücksichtigung der Bewehrung (Dr.-Ing. Finsterwalder u. Dr.-Ing. Knittel)
Ziviler Luftschutz, 1955

Spannbeton im modernen Brückenbau
Europa-Verkehr, Heft 4/1955

Ergebnisse von Kriech- und Schwindmessungen an Spannbetonbauten
Beton- und Stahlbetonbau, Heft 1/1955

Ergebnisse von Kriech- und Schwindmessungen an Spannbetonbauten
Beton- und Stahlbetonbau, Heft 5/1958

Hochstraßen in Betonbauweise
»Straßenbau überwindet Verkehrsnot«, Schriftenreihe der Arbeitsgruppe Betonstraßen der Forschungsgesellschaft für das Straßenwesen, Heft 7/1956

Verlegung öffentlicher Verkehrswege in Unterpflaster- oder Tieflage (von Dr.-Ing. Schreier, Beitrag Dr. Finsterwalder)
Straßen- u. Tiefbau, Heft 1/1960

Über das Entwerfen von Spannbetonbrücken
Der Baumeister, Heft 6/1960

Düsenclipper landen auf Beton
Aufsatz im Handels-Blatt, Nr. 103/1960

Betrachtungen zur Entwicklung eines Schutzbaues in Kugelform (Dr.-Ing. Finsterwalder u. Dr.-Ing. Kern)
Zivilschutz, Heft 12/1961

Die Dywidag-Halbkreisbewehrung (Dr.-Ing. Finsterwalder u. Dr.-Ing. Kern)
Zivilschutz, Heft 4 und 5/1962

Die Mainbrücke der Farbwerke Hoechst (Dr.-Ing. Finsterwalder u. Dipl.-Ing. Schambeck)
Der Bauingenieur, Heft 12/1962

Sprengversuche an schutzbewehrten Stahlbetonplatten (Dr. Finsterwalder u. Dr. Kern)
Zivilschutz, Heft 7/8/1963

Bauen in Spannbeton (Dr. Finsterwalder u. Dr. Kern),
Beton, Heft 9/1963

Die Entwicklung des freien Vorbaus im Massivbrückenbau,
Schweiz. Techn. Zeitschrift, Nr. 32/33/1963

Neue Möglichkeiten im Bau von Spannbetonbrücken
Neue Zürcher Zeitung, Beilage Technik, 1964

Die Spannbetonbrücke über den Rhein bei Bendorf, Los I (Dr. Finsterwalder — Schambeck)
Beton- und Stahlbetonbau, Heft 3/1965

Von der Lahnbrücke Balduinstein bis zur Rheinbrücke Bendorf (Dr. Finsterwalder u. Dipl.-Ing. Schambeck)
Der Bauingenieur, Heft 3/1965

6. Fremdsprachig

Free-Span Prestressed Concrete Bridge
Journal of the American Institute Concrete, November 1952

Construction of the Road Bridge over the Rhine at Worms
C. A. C. A. Library Translation, Nr. 50/1953

Dywidag System of Prestressed Concrete and its Applications
Journal of the Inst. of Engineers (India), Nr. 7/1955

Cemento Armato Precompresso Sistema Dywidag
Giornale del Genio Civile, 1956

El Concreto Precomprimido »Dywidag«
Vortrag vor dem Beton-Institut Mexiko-City, 1959

Voorspansystemen het System Dywidag
Cement (Holland), Heft 8/1963

I Ponti in cemento armato precompresso e il sistema di costruzione a sbalzo
L'industria italiana del Cemento, Heft 11/1963

II calcestruzzo precompresso Dywidag
Costruzioni – Tecnica ed Organizzazione dei Cantieri, Aug., Sept. 1963

Bendorf Bridge: A New World Record in Prestressed Concrete. West German Pioneers in Concrete
Engineering News Record, Oktober 1964

Carreteras de Hormigón Armadas con Barras de Hormigón Pretensado
Ass. Argentina de Carreteras, Nr. 5/1964

La Construccion en voladizo de tramos de Puente en Hormigón Armado Pretensado
Sika publicación técnica, Mai, August 1964

Prestressed Concrete Bridge Construction
Journal of the Am. Concrete Inst., Heft 9/1965

7. Forschungsgesellschaft für das Straßenwesen
Schriftenreihe der Arbeitsgruppe Betonstraßen

Spannbeton-Versuchsstrecke auf der Autobahn bei Montabaur
Heft 6/1955

Dischinger — Rüsch

Die Großmarkthalle in Leipzig
Beton und Eisen, Heft 5, 6, 8, 23, 24, 29/1929

Die Großmarkthalle in Leipzig
Zeitschrift des V. D. I., Nr. 1/1930

Geschichtliches über die Entwicklung des Stahlbetons

Die ältesten uns bekannten wasserfesten Mörtel aus Kalk und Ziegelmehl und aus Kalk mit vulkanischer Asche haben die Phönizier verwendet.
Die Griechen im südlichen Italien und die Römer entwickelten das Gußmauerwerk, wobei die Römer, nach Überlieferungen von Cato d. Ä. und Plinius d. Ä., von Frotinus und vor allem von Vitruv, hydraulische Mörtel kannten (Kalk mit Puzzolanerde oder Ziegelmehl oder Tuffstein).
Die Römer verwendeten Beton im Hafen- und Molenbau kurz nach Christi Geburt.
Nach Darstellungen von J. F. John und F. Quietmeyer sind auch im Mittelalter hydraulische Bindemittel verwendet worden. Im 17. Jahrhundert macht man Experimente mit Schmiede- und Koksschlacken als Zusätze zum Kalk.

1753	erscheint B. F. de Bélidors Buch »Architecture hydraulique«, in dem er u. a. über hydraulische Grobmörtel schreibt, die er »Béton« nennt.
1756	Untersuchungen des Engländers John Smeaton ergeben, daß Tonbeimengungen für die Hydraulizität des Wasserkalks bestimmend sind.
1756 –59	baut John Smeaton den Eddystone-Leuchtturm mit Mörtel aus Aberthaw-Kalk und Puzzolanerde.
1796	erhält der Engländer James Parker ein englisches Patent für die Erfindung des Romancementes.
1815	legt der deutsche Chemiker J. F. John eine wissenschaftliche Arbeit vor, in der er auf die durch Analysen erkannten Verbindungen von Kalk, Kieselsäure, Tonerde und Eisenoxyd im Wassermörtel hinweist.
1816	baut der Franzose Louis Vicat mit einem von ihm entwickelten hydraulischen Kalk, der dem der Engländer gleicht (Patent von E. Dobbs, 1810), die heute noch stehende Brücke über die Dordogne bei Souillac.
1824	meldet der Engländer Joseph Aspdin ein Patent zur Herstellung eines »Portland-Cements« an. Das Verfahren: Schlamm oder Staub von mit Kalksteinen hergestellten Straßen oder gebrannter und gelöschter Kalkstein werden mit einem bestimmten Quantum Ton durch Hand- oder Maschinenarbeit mit Wasser bis zur Unfühlbarkeit gemischt. Die Mischung wird getrocknet, in Stücke gebrochen, bis zur Entweichung der Kohlensäure im Schachtofen gebrannt und zu feinem Pulver gemahlen.
1837	baut der Engländer J. B. White ein Haus ganz aus Beton.
1838	erscheint das Buch »Observations on limes, Calcareous cements, mortars, stucco and concrete« des Engländers Pasley.

1844	erfindet I. Ch. Johnson den bis zur Sinterung gebrannten Portlandzement.
1849	bringt Pettenkofer durch Analysen die bis dahin geheimgehaltenen Herstellungsverfahren des Portlandzements vor die Öffentlichkeit.

Über die Entwicklung der hydraulischen Bindemittel und die Mörtelforschung haben zu jener Zeit N. v. Fuchs (1829), Hermann Bleibtreu (1853), Wilhelm Michaelis (1867, 1869), v. Tetmajer (1884, 1886), E. Langen (1879), H. le Chatelier (1887), Törnebohm (1897), Rohland (1903) u. a. bedeutende Arbeiten veröffentlicht.

1854	erhält W. B. Wilkinson aus England ein Patent für Bauteile aus Eisenbeton, in die er die Eisenbewehrung in die Zugzone legt. Am Auflager führt er die Bewehrung in den Obergurt.
1855	erhält der Franzose Joseph Louis Lambot ein Patent zur Herstellung von Betonträgern, Pflanzkübeln, Wasserbehältern und Schiffsplanken mit Eiseneinlagen. Durch seine Erfindung will er das Holz ersetzen. Er baut Eisenbetonboote, die jahrzehntelang auf einem Gutsteich benutzt werden.
1855	erhält der Franzose François Coignet ein englisches Patent für Betondecken mit kreuzweiser Eisenstabbewehrung. In seinem Zusatzpatent spricht er von »Zugstangen«.
1856	wird in Schottland eine Betonstraße gebaut.
1861	erscheint François Coignets Buch: »Bétons agglomerés appliqués à l'Art de Construire«, in welchem er seine Vorstellungen und Erfahrungen mit bewehrtem Beton beschreibt. Er macht u. a. Vorschläge für bewehrte flache Gewölbe. Coignet baut Häuser, die nur aus Beton bestehen und flache Dächer haben.
1867	erhält der Franzose Joseph Monier ein Patent für die Herstellung eisenbewehrter Betonkübel. Das Verfahren soll er bereits 1845 entwickelt haben. Er erhält Zusatzpatente: 1868 für Röhren und Behälter, 1869 für ebene Platten, 1873 für Brücken und Gewölbe, 1875 für Treppen.
1868 –70	baut Monier einen Wasserbehälter mit 25 000 l Fassungsvermögen in Fontenaibles.
1873	baut W. E. Ward ein zweigeschossiges Betonhaus mit Decken-, Dach- und Trägerkonstruktionen aus Eisenbeton. Er legt hierbei, im Gegensatz zu Monier, die Bewehrungseisen in die Zugzone.
1874	erhält der Amerikaner Th. Hyatt ein Patent für Betonsäulen mit Spiral- und Vertikalbewehrung.
1875	wird die erste Eisenbetonbrücke der Welt im Schloßpark zu Chazelet nach der Monierbauweise errichtet. Länge: 16,5 m, Breite: 4 m.
1876	läßt Monier sein Patent durch Nichtzahlung der Patentgebühren verfallen.
1877	meldet Monier ein neues Patent an (Eisenbeton-Eisenbahnschwellen).
1877	berichtet der Amerikaner Thaddeus Hyatt, daß er bereits im Jahre 1855 Versuche unternommen hat, Betonkörper mit Eisen zu bewehren.
1878	meldet Monier ein Zusatzpatent von großer Ausführlichkeit an, das als das eigentliche Monierpatent bekannt wurde.
	erhält Th. Hyatt ein amerikanisches Patent für Eisenbetonplatten, Eisenbetonträger und Eisenbetongewölbe und betont, daß die Band- und Rundeisen auf der Zugseite anzuordnen sind (englische Patente 1871, 1873, 1874). Hyatt erwähnt bereits die Bügel und aufgebogenen Eisen.

1880	errichtet die Firma Dyckerhoff & Widmann auf der Gewerbe- und Kunstausstellung in Düsseldorf einen 12 m weit gespannten Betonbogen von 20 cm Dicke und 2,25 m Pfeilhöhe.
1882	wird in Seifersdorf die erste deutsche Beton-Eisenbahnbrücke gebaut. Spannweite: 10 m.
1884	erwerben die deutschen Firmen Freytag & Heidschuch und Martenstein & Josseaux gemeinschaftlich Joseph Moniers deutsches Patent.
1885	treten diese Firmen ihr Monier-Patentvorkaufsrecht für Norddeutschland unentgeltlich an Gustav Adolf Wayss ab.
	bemüht sich G. A. Wayss bei dem Bauleiter des Reichstagsgebäudes, Reg.-Baumeister Matthias Koenen, um Anwendung der Monierbauweise. Koenen setzt sich intensiv mit der Monierbauweise auseinander, veranlaßt Versuche über das Haften und Rosten der Eisen in J. Bauschingers Versuchsanstalt und wendet 1888 die Monierbauweise für tragende Deckenplatten beim Reichstagsgebäude an.
1886	erhält der Amerikaner P. H. Jackson ein amerikanisches Patent, in welchem er angespannte Zuganker mit Keil- und Schraubenverankerung in Betonkörpern erwähnt.
1887	baut Koch eine Dreigelenkbogenbrücke bei Erbach aus Beton. Spannweite: 29 m, Pfeilhöhe: 4 m. Gelenke: Asphaltplatten. Die ersten Gelenke kamen 1880 in eine Steinbrücke, die Köpke in Langenhennersdorf errichtete.
	erscheint »Das System Monier in seiner Anwendung auf das gesamte Bauwesen«, worin Wayss und Koenen ihre praktischen und wissenschaftlichen Ergebnisse der Öffentlichkeit mitteilen.
1888	tritt M. Koenen als technischer Leiter in die Firma Wayss ein.
	wird auf dem Zementfabrikgelände in Züllchow ein Monierbogen errichtet. Spannweite: 40 m, Pfeilhöhe: 4 m, Breite: 1 m.
	schlägt der Deutsche W. Doehring in einem deutschen Patent das Einbetonieren gespannter Drähte gegen die Rissebildung in Betonplatten und -balken vor.
1889 1890	Belastungsversuche an einem Moniergewölbe von 10 m lichter Weite, 4 m Breite und Gewölbestärken von 15 cm (Scheitel) und 20 cm (Kämpfer) in Matzleinsdorf, um Erfahrungen für Überführungsbauwerke zu sammeln.
1890	baut von Leibbrand in Munderkingen eine Betonbrücke mit 50 m Spannweite und 5 m Pfeilhöhe. Hier werden im Betonbau erstmalig eiserne Gelenke verwendet. Von Leibbrand führt wegen der schlechten Bodenverhältnisse auf dem einen Ufer der Donau eine schräge Pfahlgründung aus.
	wird in Bremen auf der Gewerbe- und Industrieausstellung eine Brücke aus Eisenbeton errichtet. Spannweite: 40 m, Pfeilhöhe: 4,5 m, Stärke am Scheitel: 0,25 m, Stärke am Kämpfer: 0,55 m.
	verwendet der Amerikaner E. L. Ransome zur Bewehrung seiner Betonbalken in kaltem Zustand verwundene Quadrateisen.
	baut Carlo Gabellini Eisenbetonschiffe (bis 90 t) und -pontons für Schiffsbrücken.
um 1890	untersuchen Edmond Coignet und N. de Tédesco theoretisch und praktisch das Kräftespiel im Eisenbeton und kommen zu noch heute gültigen Ergebnissen.
1892	meldet der Franzose François Hennebique in Belgien und Frankreich für die Herstellung von Verbundkonstruktionen Patente an. Frankreich erkennt das Patent nicht an und verweist auf die Priorität Moniers. Viele Gedanken Henne-

biques finden sich bereits in den Patenten, Schriften und Bauten von Hyatt, Wayss, Koenen u. a., jedoch strebt Hennebique in seinen Bauten nach umfassender Monolität. Er verwendet keine eisernen Unterzüge und Säulen, entwickelt Plattenbalkendecken mit Flacheisenbügeln und Querschnittsverstärkungen zur Aufnahme der Schubkräfte und zur Erzielung eines einwandfreien Verbundquerschnittes und führt die Bewehrungen der Eisenbetonstützen in die Deckenkonstruktion. Die Eiseneinlagen biegt er — wie auch schon Wayss und Koenen — den Vorzeichen der Momente entsprechend ab. In seiner sichtbaren Skelettbauweise errichtet er von 1892 an mehrgeschossige Fabriken und Großlager, berechnet für große Verkehrslasten.

meldet Joseph Melan ein Patent für Eisenbetondecken und -brücken an, die als Bewehrung steife Eisenrippen in Form von Gitterträgern haben. Die Gitterträger dienen gleichzeitig als Schalungsträger.

verwendet Edouard Coignet für seine Bauten großformatige Fertigteile aus Eisenbeton.

1893	baut Edmond Coignet den Aquädukt von Achères in Eisenbeton.
	entwickelt Max Möller Fischbauchträger aus Eisenbeton sowie Plattenbalkenbrücken mit nach unten fischbauchartig durchhängenden Stegen (Okerbrücke in Braunschweig mit 23 m Spannweite).
1894	melden Edouard Coignet und Coizeau ein Patent für Rammpfähle aus Eisenbeton an.
	weist Fritz Edler von Emperger in einem Vortrag die amerikanische Gesellschaft für Zivilingenieure auf die Melanbauweise hin und gründet die Melan-Arch.-Constr. Co., die viele Brücken dieser Bauweise ausführt.
1896	erscheint die Zeitschrift Le Ciment (Paris).
	baut F. Hennebique transportable Fertighäuser für Schrankenwärter aus 5 cm dicken Eisenbetonwänden.
	regt der Österreicher J. Mandl an, der Lastspannung durch Vorspannung zu begegnen (»Zur Theorie der Cementeisen-Konstruktionen«).
1896—1906	werden in Australien mehrere Bogenstaumauern aus Eisenbeton errichtet.
1898	wird in Steyr eine Melanbrücke mit 42,4 m Spannweite und 2,67 m Pfeilhöhe als Dreigelenkbogen errichtet.
	werden in Southampton nach dem System Hennebique Pfahlgründungen in Eisenbeton ausgeführt.
	wird der Deutsche Betonverein gegründet.
1899	baut Hennebique eine Dreifeldbogenbrücke mit je 50 m Spannweite in Châtelleraut. Als Konstruktion wählt er einen eingespannten Plattenbalken mit aufgeständerter Fahrbahn. Das Material ist Eisenbeton.
	baut Hennebique einen 34 m hohen Eisenbetonschornstein.
	erhält F. Kemnitz ein DRP für Verfahren zur Erzeugung einer Anfangsspannung in den Drahteinlagen von Betondecken.
1900	entwickelt Franz Visintini vorgefertigte Fachwerkträger aus Eisenbeton für Decken und Brücken.
	wird der Eisenbeton in vielen Formen auf der Weltausstellung in Paris gezeigt.
1901	entsteht die erste Bogenbrücke mit untenliegender Fahrbahn aus Eisenbeton in Brünighofen (Elsaß). Spannweite: 17 m.
	tritt Emil Mörsch in die Firma Wayss & Freytag ein.

gründet Fritz Edler von Emperger die Zeitschrift »Beton und Eisen«, die sich in hervorragender Weise um die Entwicklung des Eisenbetons verdient gemacht hat.

baut Robert Maillart seine erste Brücke mit organischem Verbund von Fahrbahn und der als Hauptträger ausgebildeten Gewölbeplatte als Dreigelenkbogen mit 30 m Spannweite und 3 m Pfeilhöhe in Zuoz-Engadin.

1902 veröffentlicht M. Koenen »Grundzüge für die statische Berechnung der Beton- und Eisenbetonplatten«.

erscheint, herausgegeben von der Wayss & Freytag AG, »Der Betoneisenbau, seine Anwendung und Theorie«; den theoretischen Teil hat E. Mörsch bearbeitet.

1903 berichtet E. Mörsch vor dem Deutschen Betonverein über seine Bemessungstheorie.

entwirft E. Mörsch die Brücke über die Isar bei Grünwald in Monierbauweise mit 70 m Spannweite. Konstruktion: 2 parallele Dreigelenkbögen mit aufgeständerter Fahrbahn.

Gründung des »Chambre Syndicale des Constructeurs en Ciment Armé de France«.

wird der 40 m hohe Leuchtturm von Nikolajew aus Eisenbeton in Form eines sich von 7,70 m auf 2,00 m verjüngenden Rohres mit 15 bzw. 10 cm starken Wandungen errichtet.

1904 erscheint die Zeitschrift »Zement und Beton«.

Le Béton armé (System Hennebique, Paris), Cement and Engineering News (Chicago), Il Cemento (Mailand), Concrete and Constructional Engineering (London) sind weitere Zeitschriften, die der Entwicklung des Eisenbetons großes Interesse entgegenbringen.

wird die große Eisenbahnbrücke bei Kempten mit einer Mittelöffnung von 64,5 m in Stampfbeton errichtet.

1905 erscheint von E. Mörsch: »Über die Haftfestigkeit einbetonierten Eisens.«

erhält der Skandinavier J. G. E. Lund ein US-Patent für das Verfahren, gespannte Rundeisen mit Gewindeverankerung zur Verminderung der Rissebildung im Beton einzubetonieren.

baut Robert Maillart die Rheinbrücke bei Tavanasa mit 51 m Spannweite, 2,80 m Gewölbebreite und 5,50 m Pfeilhöhe als Dreigelenkbogen in noch wirtschaftlicherem Verbund mit dreieckförmigen Ausschnitten in den Kämpferpartien [44]. Die Brücke wurde 1927 durch einen Bergrutsch zerstört.

baut Max Littmann in München das Anatomiegebäude in sichtbarem Eisenbeton.

1906 wird in Berlin-Wilmersdorf eine Eisenbahnbrücke als Dreigelenkbogen mit 30 m Spannweite und 2 m Pfeilhöhe nach der Bauart Monier errichtet.

experimentiert M. Koenen auf Anregung von Baurat Labes mit Bewehrungen, die vor dem Einbetonieren gespannt werden.

1907 spricht E. Mörsch vor dem Deutschen Betonverein über »Versuche über die Schubwirkungen bei Eisenbetonträgern«.

wird in Breslau die Markthalle als Eisenbetonkonstruktion in skelettartiger Bauweise errichtet.

baut Eugène Freyssinet die Brücke von Le Veurdre als Dreigelenkbogen mit 72,5 m Spannweite und $1/15$ Pfeilhöhe. Das Ausrüsten der Stahlbetonbögen geschieht durch hydraulisches Auseinanderpressen des Bogenscheitels [7].

1908	entwickelt R. Maillart Pilzdecken nach dem Zweibahnensystem (s. S. 130).
	erhält der Amerikaner C. R. Steiner ein US-Patent für ein Verfahren, bei dem die Bewehrung durch leichtes Anspannen vom Verbund mit dem jungen Beton gelöst wird, später jedoch weiter angespannt wird. Seine Spannglieder sind gekrümmt. Er strebt eine hohe Spannung an.
1909	berichten C. Bach und O. Graf über Versuche mit Eisenbetonbalken zur Bestimmung des Gleitwiderstandes und zur Klärung der Rißbildung.
1910	umwickeln der Deutsche Zisseler und der Schweizer Siegwart unabhängig voneinander Betonrohre mit gespannten Drähten.
	veröffentlichen Carl Bach und Otto Graf die Ergebnisse ihrer Spannversuche in Eisenbetonbalken.
	veröffentlicht A. Kleinlogel eine Studie zur Frage der wahren Größe der Haftfestigkeit.
	erhält Ch. Rieckhoff ein deutsches Patent für Verfahren zur Herstellung von Eisenbetonrippenplattendecken mit vorgespannten Zugeisen zwischen Formsteinreihen.
1910 –11	machen C. Bach und Otto Graf Versuche mit Eisenbetonbalken zur Bestimmung des Gleitwiderstandes, zur Ermittlung der Widerstandsfähigkeit verschiedener Bewehrung gegen Schubkräfte, zur Bestimmung des Einflusses der Hakenform der Eiseneinlagen.
1911	erkennt und untersucht E. Freyssinet das Kriechen des Betons.
1911 –13	wird nach Plänen von Max Berg die Jahrhunderthalle in Breslau als Eisenbetonrippenkuppel mit 65 m Durchmesser von der Fa. Dyckerhoff & Widmann errichtet.
1912	erhält M. Koenen ein deutsches Patent für Verfahren zur Erzeugung einer Anfangsdruckspannung in der Zugzone von Eisenbetonbalken oder -platten. Koenen schlägt Beton mit verschieden großen Schwindmaßen vor. Die unterschiedlichen Betone ordnet er in seinen Spannbetonbalken in zwei Lagen übereinander an.
1913	baut F. Edler von Emperger in Leipzig seine erste Brücke aus umschnürtem Gußeisen (Gußeisenkern mit umschnürtem Betonmantel).
1916	meldet der Engländer W. Wilson ein englisches Patent an für hängewerkartig verlaufende Spannglieder, die nach dem Spannen einbetoniert werden. Zusätzlich ist noch eine schlaffe Bewehrung angeordnet.
1918	erhält K. Mautner ein deutsches Patent für ein Verfahren zur Herstellung eines Eisenbetonstreckbalkens, der mit einem bleibenden eisernen Hängewerk verbunden ist. Nach Erhärten des Eisenbetons wird zwischen Obergurt und Hängewerk vorgespannt.
1919	erscheint von August Föppl »Drang und Zwang«.
	baut Eugène Freyssinet die weitgespannte Stampfbetonbrücke in Ville-Neuve-sur-Lot (s. a. S. 45).
	wird nach Plänen von Auguste und Gustave Perret in Paris das Konfektionsatelier Esders in sichtbarer Eisenbetonkonstruktion errichtet.
	beginnt Karl Wettstein seine Versuche mit den nach ihm benannten Wettstein-Betonbrettern. Als Bewehrung benutzt er Klaviersaitendrähte, die er hoch anspannt. In seinem deutschen Patent von 1921 spricht er bereits von 0,3 mm dicken Klaviersaiten und erwähnt die Vergrößerung der Haftfläche durch die Verwendung mehrerer dünner Drähte.

	baut die Fa. Dyckerhoff & Widmann die aufgelöste Staumauer für die Talsperre Vöhrenbach/Baden.
1921	werden nach Plänen von Eugène Freyssinet die Eisenbetonhallen für Lenkluftschiffe in Orly mit 175 m Länge, 60 m Höhe und 91 m Breite gebaut (s. S. 57).
1922	berichten O. Graf und E. Mörsch über Verdrehungsversuche zur Klärung der Schubfestigkeit von Eisenbeton.
	entwickelt Walter Bauersfeld von der Firma Carl Zeiss in Jena ein Verfahren zur Herstellung von Kuppeln und ähnlichen gekrümmten Flächen aus Eisenbeton. Das Verfahren wird im selben Jahr patentiert. Es besteht darin, daß ein sich selbst und einen Teil des Gesamteigengewichts tragendes, in der Dachhaut liegendes räumliches Netzwerk aus Eisenstäben aufgebaut und unter Verwendung leichter, unmittelbar an das Eisenwerk angehängter Schalungen, beispielsweise durch das Spritzverfahren, mit dem zur Erreichung der vollen Tragfähigkeit erforderlichen Betonmantel umhüllt wird (s. S. 160).
1923	berichtet F. v. Emperger über seine unter Vorspannung umwickelten Betonrohre.
1923 –24	wird in Jena nach dem Verfahren Zeiss-Dywidag die Schottkuppel mit 40 m Spannweite, 7,87 m Stich und 6 cm Schalenstärke errichtet, ein Bauwerk von großer Kühnheit [78].
1924	erhält die Firma Carl Zeiss in Jena ein deutsches Patent für ein pfettenloses Eisenbeton-Tonnendach, das auf die Arbeiten von Walter Bauersfeld und Franz Dischinger zurückzuführen ist, die beide die Trägerwirkung von Eisenbeton-Tonnengewölben mit einer über der Stützlinie für Eigengewicht überhöhten Querschnittskurve, speziell von solchen mit vertikalen Endtangenten, erkannten.
	wird die erste Tonnenschale im System Zeiss-Dywidag auf dem Fabrikgebäude 23 der Firma Zeiss in Jena ausgeführt.
1925	wird durch die Firmen Carl Zeiss und Dyckerhoff & Widmann auf der Grundlage des Zeiss-Patentes von 1922 das Planetarium in Jena gebaut [80].
	berichtet M. Roš über die Druckelastizität des Mörtels und Betons.
	versuchen die Franzosen Lossier und Peré die Vorspannung mittels Quellzement. Sie verwenden mittig zweigeteilte Stahlbetonbalken mit durchgehender Bewehrung und füllen die Fuge zwischen beiden Balkenteilen mit Quellbeton, der die Balkenteile auseinanderdrückt.
	baut R. Maillart seine erste Stahlbetonbrücke als versteiften Stabbogen im Val Tschiel bei Donath Andeer mit einer Spannweite von 43,2 m [49].
1926	J. Geckeler schreibt über die Festigkeit achsensymmetrischer Schalen.
	tritt die Fa. Dyckerhoff & Widmann mit dem tonnenförmigen Eisenbeton-Schalendach für die Dywidag-Halle auf der Gesolei in Düsseldorf erstmalig vor die Öffentlichkeit. Gewölbespannweiten: 11,5 m, Stich: 3,5 m, Schalenstärke: 5 bzw. 5,5 cm.
	erscheint E. Freyssinets »Une révolution dans les techniques du béton«.
1926 –30	wird nach Plänen von E. Freyssinet die große Bogenbrücke über den Elorn bei Plougastel gebaut. Freyssinet führt an dieser Brücke umfangreiche Messungen über das Kriechen und Schwinden des Betons durch (s. S. 46).
1927	wird nach dem System Zeiss-Dywidag die Großmarkthalle in Frankfurt a. M. mit tonnenförmigem Schalendach gebaut. Trägerspannweite: 36,9 m, Gewölbespannweite: 14,1 m (s. S. 180).

1927	erhält Richard Färber ein deutsches Patent für das Verfahren, die Spanndrähte mit Hülsen zu umgeben, um ihrer Haftung am Beton entgegenzuwirken, damit sie nach Erhärten des Betons gespannt werden können.
1927 –29	wird nach dem System Zeiss-Dywidag die Großmarkthalle in Leipzig gebaut. Die Halle wird durch drei Achteckkuppeln überspannt. Zwei davon werden gebaut. Die Kuppeln bestehen aus vier sich verschneidenden Schalengewölben von elliptischer Form mit 9 cm Stärke. Die Spannweite der Schalen zwischen dem Zugring beträgt 65,80 m (s. S. 191).
1928	erscheint F. Dischingers und U. Finsterwalders Aufsatz »Eisenbetonschalendächer System Zeiss-Dywidag« (s. S. 170).
	erhält F. Dischinger ein deutsches Patent zur Herstellung von Eisenbeton-Bogenbrücken mit angehängter Fahrbahn und Zugbändern aus Eisenbeton. Durch das Spannen des Zugbandes und durch die Bogenverkürzung sollen die Biegungs- und Eigengewichtsmomente im Bogen beeinflußt werden. Er baut nach diesem Verfahren die Saale-Brücke bei Alsleben.
	meldet E. Freyssinet mit Jean Séailles ein deutsches und ein französisches Patent an, die auf der Erkenntnis beruhen, daß hochwertige Stähle, mit hochwertigem Beton verbunden, für eine wirksame Vorspannung nötig sind. Sie spannen gerade Stäbe vor dem Betonieren mit mindestens 4000 kg/qcm vor.
	baut Bernard Laffaille in Verdun eine Textilfabrik mit Stahlbeton-Konoid-Sheds.
1928 –30	wird nach Plänen von R. Maillart die Lorraine-Straßenbrücke über die Aare in Bern als eingespanntes, nichtarmiertes, 82 m weit gespanntes Gewölbe aus einzelnen Betonquadern in einem von ihm entwickelten Wölbverfahren gebaut (s. S. 129).
1929	erscheint Dischingers Dissertationsschrift über die Theorie der Vieleckskuppeln.
1929 –32	baut Pier Luigi Nervi das Stadio Comunale in Florenz mit einem 17 m weit auskragenden Tribünendach aus Stahlbeton.
1930	berichtet F. Brandeis über die Möglichkeiten der Verwendung vorgespannter Eisenbetonsäulen im Skelettbau.
	wird in der Nähe der Stadt Herval in Brasilien die erste Stahlbeton-Brücke im freien Vorbau mit einer 68,50 m breiten Mittelöffnung in jedoch schlaffer Armierung gebaut.
	berichtet Rudolf Saliger über Versuche mit Stahlbetonsäulen und -balken mit geschweißter hochwertiger Stahlbewehrung.
	berichtet Walther Schütte über im Jahre 1929 durchgeführte Bruchversuche an Betonplatten mit neuartiger Armierung aus geschweißten Stahlgeweben. Baustahlgewebe — wenn auch nicht in dieser Güte — waren bereits vorher in England und Nordamerika bekannt.
	veröffentlicht O. Graf seine Forschungen über den Aufbau des Mörtels und Betons.
	baut R. Maillart die Salginatobelbrücke mit 90,04 m Spannweite als Dreigelenkkastengewölbe bei Schiers, Kanton Graubünden (s. S. 109).
	macht Ulrich Finsterwalder beim Internationalen Wettbewerb für die Drei-Rosen-Brücke in Basel den Vorschlag, die drei Öffnungen von 51,16 m, 102,82 m, 51,16 m durch ein System von reinen Kragträgern zu überbrücken, die in die beiden Strompfeiler eingespannt sind, auf den uferseitigen Enden auf Rollenlagern aufliegen und in Strommitte durch ein Pendelgelenk ver-

bunden werden, das nur Querkräfte überträgt. Die Kragträger sollten durch vorgespannte Seile fest mit den Pfeilern verbunden werden (Vorspannung ohne Verbund). Das Projekt wurde jedoch nicht ausgeführt [162].

1931 wird durch die Firma Wayss & Freytag die Kanalhafenbrücke in Heilbronn mit 112,80 m Spannweite und 13,70 m Pfeilhöhe als Dreigelenk-Bogenscheiben-Brücke gebaut. Die vier ca. 70 cm dicken Bogenscheiben sind durch Querwände ausgesteift.

errichtet die Fa. Dyckerhoff & Widmann (Dischinger und Finsterwalder) das Versuchsmodell einer doppelt gekrümmten, durch vertikale Binderscheiben ausgesteiften Schale über einem quadratischen Grundriß von 7,30 m Seitenlänge. Die Schalenstärke beträgt 1,5 cm, am Übergang der Schale zur Scheibe 2,5 cm [97].

1932 und 1938 veröffentlicht W. Gehler Untersuchungsergebnisse über Festigkeit, Elastizität, Kriechen und Schwinden des Betons und Eisenbetons.

1933 läßt Bernard Laffaille eine nach zwei Seiten je 12,50 m auskragende Schale in Form hyperbolischer Paraboloide aus Stahlbeton errichten.

veröffentlicht O. Graf Versuche über das Verhalten von Eiseneinlagen in Beton verschiedener Zusammensetzung und Versuche über das Schwinden des Betons.

1934 erhält F. Dischinger ein deutsches und ein französisches Patent zur Herstellung von Tragwerken in Spannbeton ohne Verbund mit hängewerkartigen Spanngliedern. Durch mehrmaliges Nachspannen sollen die Einflüsse des Kriechens und Schwindens auf die Vorspannkräfte reguliert werden. 1936 wird nach diesem System die Brücke in Aue/Sachsen gebaut (s. S. 203).

wird nach Plänen von Manuel Sánchez Arcas und Eduardo Torroja die Markthalle in Algeciras/Spanien mit achteckigem Grundriß, die mit einer Kuppel von 47,62 m Durchmesser überspannt wird, gebaut. Der Kämpfer der Kuppel wird durch 8 die Kuppel durchdringende Zylinderschalen verstärkt. Ein Teil der Randkräfte wird durch einen Zugring aufgenommen.

führt W. K. Hatt Versuche mit vorgespannten Stahlbetonbalken durch.

baut Giorgio Baroni in Mailand ein Fabrikdach aus hyperbolischen Paraboloiden in Stahlbeton.

melden Kurt Lenk und Georg Ehlers ein deutsches Patent für Verfahren zur Herstellung von trägerlosen Eisenbetondächern an, »bei denen die raumabschließenden Teile gleichzeitig Tragwerke sind (Faltwerke, Schalendächer usw.), dadurch gekennzeichnet, daß über vorübergehend verankerte Binder beliebiger Art Bewehrungseisen nach einer Seillinie durchhängend aufgehängt, diese mit quer laufenden Bewehrungseisen, wie Rundeisen, Drahtgeflecht o. dgl., zu einem Bewehrungsnetz verflochten werden, das dann ohne oder mit Benutzung einer daran gehängten Schalung mit der Betonmasse umkleidet wird«.

1935 werden nach Plänen von E. Torroja, C. Arniches, L. Domingues die Tribünendächer der Pferderennbahn in La Zarzuela/Spanien gebaut. Die Überdachung besteht aus einer Aneinanderreihung einmanteliger Hyperboloide aus Stahlbeton, die 12,57 m auskragen.

erwirbt die Fa. Wayss & Freytag AG die Lizenz für das Spannbeton-Verfahren Freyssinet und baut nach diesem Verfahren die Autobahnbrücke bei Oelde/Westfalen, die damit die erste Spannbetonbrücke mit Verbund in Deutschland ist. Die Brücke besteht aus vier I-förmigen Spannbeton-Trägern mit 33 m Spannweite und 1,60 m Konstruktionshöhe in Feldmitte. Dem Bau der Brücke waren Versuche an Spannbeton-Trägern in Frankfurt und an der Technischen Hochschule in Dresden vorangegangen.

erhöhen E. Freyssinet und M. Stucky die aufgelöste Staumauer von Beni-Bahdel in Algerien (s. S. 77).

berichtet E. Freyssinet über praktische Fortschritte der mechanischen Betonbehandlung. Ausführung bei der Gründung des Seebahnhofes Le Havre.

erscheint in den Abhandlungen der Internationalen Vereinigung für Brücken- und Hochbau Bernard Laffailles »Allgemeine Untersuchung der Regelschalen«.

1935 —41 baut P. L. Nervi mehrere Flugzeughallen aus Stahlbeton bzw. Stahlbetonfertigteilen in Orbetello, Orvieto und Torre del Lago mit einer frei überspannten Grundfläche von 100 × 40 m und einer Torhöhe von 9 m. Das tonnenförmige Dach ruht z. T. nur auf 6 Stützen.

1936 baut die Fa. Dyckerhoff & Widmann in Bug/Rügen eine Flugzeughalle über eine Grundfläche von 2 × 60 auf 45 m als Betonschale mit Versteifungsrippen gegen Ausbeulen [65].

veröffentlicht der Franzose F. Aimond in den Abhandlungen der Internationalen Vereinigung für Brücken- und Hochbau seine statischen Untersuchungen über Schalen in Form hyperbolischer Paraboloide.

und 1937 veröffentlichen W. Gehler und H. Amos Versuche über Säulen und Balkenanschlüsse an Säulen mit Walzprofilbewehrung.

1937 erhält U. Finsterwalder ein französisches und ein amerikanisches Patent zur Herstellung von Eisenbeton-Fachwerkträgern, bei denen er die Druckstäbe nach den Regeln des Eisenbetons, die Zugstäbe nach den Regeln des Eisenbaues als Bündel von Rundeisen konstruiert. Die Zugstäbe werden erst nach dem Ausrüsten und nach dem Aufbringen des Eigengewichtes einbetoniert und in eine Eisenbetonkonstruktion umgewandelt, also erst, nachdem sie eine Dehnung erhalten haben. Im Beton wird eine leichte Vorspannung erzielt. Die Nebenspannungen im System und die Rissebildung im Beton werden wesentlich herabgemindert.

erhält U. Finsterwalder ein französisches, ein britisches und ein amerikanisches Patent für ein Tragwerk, bei dem das Eigengewicht des Betons die unterspannten, außerhalb der Betonstege liegenden Spannstähle vorspannt. Er baut nach diesem Verfahren die Autobahnbrücke bei Wiedenbrück mit 34,5 m Spannweite. Der Balken erhält in der Feldmitte ein Gelenk. Beide Balkenteile werden nach der Feldmitte zu auf überhöhter Schalung betoniert und dann abgesenkt, wodurch die Unterspannung eingeleitet wird (s. S. 206).

baut Bernard Laffaille die Flugzeughalle in Pancevo/Jugoslawien und verwendet erstmalig als Fassadenelemente vorgefertigte Stützen in V-Form, die unter dem Namen V-Laffaille bekannt werden.

1937 —39 baut die Fa. Dyckerhoff & Widmann nach dem Entwurf von Th. Teichen die Großmarkthalle in Köln als kurze, durch Binder ausgesteifte Tonnenschale. Sie überdeckt eine Grundrißfläche von 57 × 132 m. Die Schalenstärke beträgt 8 cm [69].

1938 erwähnt E. Freyssinet die Möglichkeit, Spannstähle durch glasfaserverstärkte Kunststoffseile zu ersetzen.

stellt E. Hoyer Spannbetonträger mit dünner Klaviersaitenbewehrung auf langen Spannbahnen her und schneidet die erhärteten Betonträger in bestimmte Längen.

1938	baut die Skanska Cementgjuteriet die Sandö-Brücke in Schweden als eingespannten Bogen mit aufgeständerter Fahrbahn. Die Brücke ist mit 269 m Spannweite zwei Jahrzehnte lang die am weitesten gespannte Stahlbetonbrücke der Welt.
	baut G. Baroni das Dach einer Lagerhalle in Ferrara aus hyperbolischen Paraboloiden in Stahlbeton in Form eines »Regenschirms«.
1939	erscheint F. v. Empergers »Stahlbeton mit vorgespannten Zulagen aus höherwertigem Stahl«.
	veröffentlicht F. Dischinger seinen grundlegenden Aufsatz über »Elastische und plastische Verformung der Eisenbetontragwerke«.
	berichtet O. Graf über die Verwendung der Rohre von Deckenheizungen als Bewehrung von Eisenbetondecken.
	wird nach Plänen von Hans Leuzinger (Architekt) und Robert Maillart die Zementhalle auf der Schweizerischen Landesausstellung in Zürich als kurze, beidseitig auskragende Tonnenschale in parabolischer Form mit Aussteifungsrippen gebaut. Spannweite: 16 m, Pfeilhöhe: 12 m, Schalenstärke: 6 cm [41].
1939 1940	erhält E. Freyssinet französische, österreichische und Schweizer Patente für seine Keilverankerung der gespannten Seile oder Drahtbündel, mit der er gleichzeitig bis zu 18 Spanndrähte festhalten kann. Freyssinet verwendet Betonkeile aus B 1000 oder für größere Drahtbündel mit größerem Eisendurchmesser Stahlkeile mit konischen Rillen für jeden Draht, wodurch sich die Klemmkraft vergrößert.
1940	werden die ersten vorgespannten Tonnenschalen nach dem Verfahren Freyssinet in Meerut/Pakistan errichtet.
	entwickeln Gustave Magnel und Blaton-Aubert in Belgien ein Spannbetonverfahren, bei dem sie die Spanndrähte im Gegensatz zu Freyssinet mittels mehrerer übereinandergelegter, mit Keilnuten versehener Ankerplatten in bestimmten Abständen voneinander verankern (Sandwich-Plates-Keilverankerung).
1941	baut E. Freyssinet die hervorragende Marne-Brücke in Luzancy. Sie ist eine Zweigelenkrahmenbrücke mit 55 m Spannweite. Die Trägerhöhe beträgt 1,27 m in der Mitte. Die Brücke besteht aus im Bauhof vorfabrizierten Fertigteilen, die vom Ufer aus fortschreitend frei vorgebaut werden. In Feldmitte werden die Fertigteile zu einem 40 m langen Träger am Ufer zusammengebaut und durch Montagekräne versetzt. Diese Brücke wird als erste in drei Richtungen vorgespannt. Bis 1950 entstehen nach diesem Verfahren fünf weitere Marne-Brücken, die in der Stadt Esbly vorfabriziert werden (s. S. 52).
1942	schlägt der Amerikaner B. Billner eine Vorspannung durch Erwärmen vor. Die mit einem Thermoplast überzogenen Drähte werden im spannungslosen Zustand einbetoniert. Durch die Erwärmung mit elektrischem Strom erweicht der Thermoplast, die Drähte dehnen sich und werden verankert. Durch die nachfolgende Abkühlung entsteht die Vorspannung, der Thermoplast erhärtet wieder und stellt den Verbund her.
	entwickelt U. Finsterwalder Motortankschiffe und Dampffrachtschiffe für die Hochsee- und Binnenschiffahrt aus Stahlbeton in Schalenkonstruktion und verweist auf deren konstruktive Vorteile gegenüber den Betonschiffen in Spantenbauweise. Die Schiffe werden von der Schalenschiffbau KG, Dr. Lübbert und der Fa. Dyckerhoff & Widmann gebaut (s. S. 196).

1943	erhält der Amerikaner R. H. Dill ein amerikanisches Patent, in dem er kalt aufgewalzte Gewinde zur Verankerung von Spannstäben erwähnt.
	erscheint von Emil Mörsch »Der Spannbetonträger«. Es ist das erste deutsche Buch über Spannbeton und behandelt die Herstellung und statische Berechnung der Spannbetonbalken, bezugnehmend auf die von der Fa. Wayss & Freytag ausgeführten Bauwerke.
	erhält P. L. Nervi ein Patent zur Herstellung von »Ferro-Cemento« (engmaschiges Stahlgewebe mit aufgetragenem Zementmörtel) und baut 1945 in Rom ein 21×10,5 m großes Lagerhaus mit wellenförmigen Wänden und Dach von 3 cm Stärke. Außenmaße der Halle: 21,88×11,38×7,14 m Höhe.
	berichten W. Gehler, H. Amos und E. Friedrich über Versuche an Stahlbetonbalken zur Bestimmung der Bewehrungsgrenze.
	baut Konrad Hruban eine Fabrikhalle in Nove Mesto mit einem Dach aus hyperbolischen Paraboloiden aus Stahlbeton.
1944 1945	berichtet G. Magnel über Knickung des vorgespannten Betons und das Kriechen des Stahles.
1946	entwirft E. Freyssinet die erste vorgespannte Startbahn für den Flugplatz Orly/Paris.
1948	erscheint G. Magnels Buch »Le Béton précontraint«.
	baut E. Freyssinet in Orléans einen Wasserhochbehälter für rund 7000 cbm Inhalt in rechteckiger Form aus Spannbeton.
	baut G. Magnel über die Miroir-Straße in Brüssel die erste Eisenbahnbrücke aus Spannbeton mit 20 m Spannweite.
1948 1949	baut P. L. Nervi die Ausstellungshalle in Turin von 73×94,1 m Grundfläche mit stirnseitig vorgelagertem halbkreisförmigem Raum aus wellenförmigen, durch Querscheiben ausgesteiften Fertigelementen aus Ferro-Cemento von 2,50 m Breite, 4,50 m Länge und max. 5 cm Stärke, die durch nachträglich eingelegte und einbetonierte Eisen miteinander verbunden sind (Patent 1948).
1949	entwickeln Fritz Leonhardt und W. Baur (Mitarbeiter) das Spannbetonverfahren Baur-Leonhardt (Leoba), »bei dem sie das Spannglied mit Ankereinrichtungen gegen erhärtenden Einpreßmörtel abstützen (Injektionsanker). Baur-Leonhardt konzentrieren die Spannglieder in wenigen Gleitkanälen und spannen alle Kabel eines Bauwerkes gemeinsam vor.«
	bauen G. Magnel in Scalyn über die Maas die durchlaufende vorgespannte Balkenbrücke über zwei Felder mit je 63 m Spannweite und Fritz Leonhardt und W. Baur die nach dem Leoba-Verfahren mit nachträglichem Verbund vorgespannte Durchlaufbrücke über die Elz in Emmendingen mit den Spannweiten 15+30+15 m.
	entwickelt U. Finsterwalder in der Firma Dyckerhoff & Widmann den Dywidag-Spannbeton, bei dem auf die Verwendung hochfester Spannstähle verzichtet und statt dessen die beschränkte Vorspannung mit St. 60/90-Stäben mit kalt aufgewalzten Gewinden bevorzugt wird. Dabei wird die Dehnfähigkeit des Betons mit in Anspruch genommen (s. S. 236).
1950	baut U. Finsterwalder die 82,40 m weit gespannte Donau-Brücke beim Gänstor in Ulm im Dywidag-Spannverfahren als gelenklosen Rahmen. Der Riegel des Rahmens besteht aus einem Plattenbalken, die Stiele aus Dreiecksböcken mit vertikaler Druckstrebe und schräg vorgespannter Zugstrebe. Die Zahl der Kühnheit beträgt $l^2/f = 1820$ (s. S. 234).

1950	baut U. Finsterwalder in Balduinstein über die Lahn die erste Spannbetonbrücke im freien Vorbau mit Dywidag-Spannbeton. Die 62,09 m weit gespannte Brücke wurde in 3-m-Abschnitten nach der Flußmitte hin betoniert. Das Brückensystem ist ein frei aufliegender Träger mit überkragenden Enden, die durch Betongegengewichte belastet sind (s. S. 239).
1950 1951	wird die erste deutsche vorgespannte Eisenbahnbrücke über den Neckarkanal in Heilbronn nach dem Spannbetonverfahren Baur-Leonhardt gebaut. Sie entsteht als fünffeldrig kontinuierlich durchlaufende Hohlplatte mit der größten Stützweite von 21,57 m und $1/20$ Konstruktionshöhe. Im selben Jahr erhält die Firma Dyckerhoff & Widmann den Auftrag für die sechsfeldrige Eisenbahnbrücke über die Eder bei Grifte, die sie als vorgespannten Durchlaufbalken mit der größten Spannweite von 25,1 m ausführt. bauen J. Le Couteur, P. Herbe, B. Laffaille und R. Sarger die Kirche Notre Dame de France in Biserta aus Stahlbeton mit einem Dach aus hyperbolischen Paraboloiden.
1950 1952	wird nach Plänen von Auguste Perret und Nicolas Esquillan die Flugzeughalle Marignane/Frankreich gebaut. Die Hallenkonstruktion besteht aus zwei Schalendächern mit 101,5 m Spannweite und einer Pfeilhöhe von 13,20 m, die sich aus je 6 kreisbogenförmigen, durch Binderscheiben ausgesteifte Wellen zusammensetzen. Die Horizontalschübe werden durch vorgespannte Zugbänder aufgenommen. Die Schalenstärke beträgt 6 cm. Die gesamte Konstruktion wurde am Boden betoniert und um 18,5 m angehoben.
1951	wird nach Plänen von G. Magnel die erste Spannbetonbrücke in Amerika, die Walnut-Lane-Brücke in Philadelphia, gebaut. Sie besteht aus 13 nebeneinanderliegenden Spannbetonfertigträgern. bauen J. G. Reyna und Félix Candela das Laboratorium für kosmische Strahlenforschung der Universität Mexiko. Das Gebäude besteht aus zwei aneinandergrenzenden hyperbolischen Paraboloiden, die am Scheitel eine Schalenstärke von 1,5 cm haben. Spannweite: 11,8 m.
1952	baut U. Finsterwalder die Rheinbrücke in Worms mit den Spannweiten $101,65 + 114,20 + 104,20$ m im Freivorbau. Die Kragarme der Mittelpfeiler laden 57,10 m aus. Die aneinanderstoßenden Kragarme sind durch Fugen getrennt, um die freie Dehnung zu gewährleisten [164]. berichten W. Gehler und H. Teichmann über die Erzeugung von Expansivbeton.
1953	baut P. L. Nervi in der Wollfabrik Gatti in Rom eine als Pilzkonstruktion berechnete Decke, bei der die sichtbaren Deckenrippen dem Verlauf der Hauptmomente entsprechend geführt sind. Er verwendet vorgefertigte Schalungskästen aus Ferro-Zement. (Patent der Ingenieure Nervi, Bartoli und Arcangeli.)
1954 1955	wird nach den Plänen von F. Leonhardt der Fernsehturm in Stuttgart gebaut. Der Turm ist ein zylindrisches Betonrohr von 161 m Höhe, 5,04 m Durchmesser und Wandungen zwischen 60 und 18 cm Stärke. Hervorzuheben ist u. a. die Gründung des Bauwerkes.
1955	wird nach Plänen von Louis Simon, A. Morrisseau und R. Sarger die Markthalle in Royan/Frankreich errichtet. 13 dreieckförmige Schalen doppelter Krümmung werden über einem dreizehneckigen Grundriß in einem umschriebenen Kreis von 52,40 m Durchmesser hergestellt. Schalenstärke: 8 cm.

1955 1956	wird in Mailand das **Pirelli-Hochhaus** nach Plänen von G. Ponti, A. Fornaroli, A. Rosselli, G. Valtolina, E. Dell'Orto und der Ingenieure A. Danusso und P. L. Nervi gebaut. Das Gebäude ist 124,20 m hoch, die Keller reichen 11,50 m in die Tiefe. Die Konstruktion besteht aus vier großen Stahlbeton-Pfeilerwänden, die sich dem Kräftespiel entsprechend nach oben hin auflösen, und aus vier Halbspitzen aus Betonscheiben. Die Decken haben eine max. Spannweite von 24 m. Die ersten Decken ruhen auf beweglichen Auflagern, um bei Temperaturausdehnungen den Schub auf die Endscheiben verhindern zu können.
1956 1957	bauen E. Torroja und seine Mitarbeiter A. Páez und F. del Pozo in Fedela/ Spanien einen Wasserturm in Form eines in zwei Richtungen vorgespannten einmanteligen Hyperboloides.
1957	bauen A. Vitellozzi und P. L. Nervi den **Kleinen Sportpalast** in Rom. Die Halle ist mit einem Kugelabschnitt aus 1620 Stahlbetonfertigteilen überdeckt, der auf 36 Y-förmigen Stützen ruht und am oberen Rand der Stützen einen Durchmesser von 60 m hat. Der Scheitelpunkt liegt 21 m über dem Spielfeld. wird mit Freyssinet-Spanngliedern ein filigranartiges räumliches Fachwerk mit 33,5 m Spannweite und 6,10 m Achsabstand für eine **Flugzeughalle in Gatwik/ England** errichtet. Das Fachwerk wurde aus vorgefertigten Stäben am Boden zusammengebaut.
1957 1958	entsteht in Paris nach den Plänen der Architekten und Ingenieure R. Camelot, J. de Mailly, B. Zehrfuß, P. L. Nervi, N. Esquillan und J. Prouvé die **Ausstellungshalle des Centre National des Industries et des Techniques** als doppelschalige festeingespannte Konstruktion in Form eines Kreuzgewölbes über dreieckiger Grundrißfläche von 218 m Seitenlänge. Der Scheitel der Stirnseiten ist 48 m hoch. Die Fußpunkte der Halbbogen sind durch Zugbänder verbunden.
1958	bauten J. Alvarez Ordóñez und Félix Candela das **Restaurant Los Manantiales, Xochimilco/Mexiko**, über einem achteckigen Grundriß von 12,42 m Seitenlänge. Die Überdeckung besteht aus einer Schale, die aus 8 gleichen Flächen zusammengesetzt ist. Jede Fläche ist ein Ausschnitt aus dem hyperbolischen Paraboloid. Die Schale ist 4 cm stark, die Kehlen sind verstärkt. baut U. Finsterwalder die **Mangfall-Autobahnbrücke** zwischen München und Salzburg als vorgespannten Fachwerk-Parallelträger im freien Vorbau mit der größten Spannweite von 108 m [165, 166]. baut U. Finsterwalder mit Dyckerhoff & Widmann die **Hochstraße in Berlin-Schmargendorf** als zweistegigen Hohlkasten, dessen untere Platte parabolisch gekrümmt und über den Stützen in Querscheiben eingespannt ist, wodurch eine schalenartige Tragwirkung (Zugschale) erreicht wird. Stützweiten: 60 m. bauen J. Glowczewski, St. Sikorski, W. Zalewski und Z. Zielinski in Kalisch/ Polen eine vorgespannte Shedkonstruktion aus zusammengesetzten kleinen Fertigelementen. Die Shedform ist hier konkav.
1958 1960	baut P. L. Nervi den **Großen Sportpalast** in Rom. Die Überdeckung der Halle ist eine Kuppel von 100 m Durchmesser in Form eines Kuppelabschnittes, die auf geneigten Stützen ruht. Die Kuppel besteht aus vorgefertigten Stahlbetonrippen mit V-förmigem Querschnitt und einer darüberliegenden vorgefertigten Deckenplatte von 9 cm Stärke. Die Kuppel wirkt als Membrane, jedoch widerstehen auch die einzelnen Bogenrippen den äußeren Belastungen.

1959	macht Eduardo Torroja im Instituto Técnico de la Construcción y del Cemento, Costillares, Versuche mit vorgespannten, aus Fertigteilen zusammengesetzten Schalen, die in der Längs- und Querrichtung gekrümmt sind und deren Gestalt den Momenten entsprechend geformt ist. Ferner gibt er einen zweiten Versuch bekannt, bei dem er nach der optimalen Konstruktion für die Decke eines Wasserbehälters für 2000 kg/qm Belastung sucht. Das Resultat ist eine freie Form. veröffentlicht Heinz Isler eine Arbeit über Methoden zur Gestaltung neuer Schalenformen. Er zeigt Studien des frei geformten Hügels, der Membrane unter Druck und des hängenden Gewebes in der Umkehrung.
1959 1962	wird nach den Plänen des Italieners Riccardo Morandi die 8678 m lange Brücke über den Maracaibo-See in Venezuela gebaut. Die Brücke hat Spannweiten bis zu 235 m. Die Fahrbahn befindet sich 50 m über dem Wasserspiegel. Sie besteht z. T. aus ca. 50 m langen vorgefertigten und vorgespannten Einhangträgern, die zwischen mit Schrägkabeln abgespannte Kragarme eingeschwommen werden. Die Kragarme hängen an A-förmigen Pylonen. Bei einigen Feldern ruhen die vorgefertigten Fahrbahnträger auf V- und X-förmigen Stützen.
1962	wird nach den Plänen von F. Leonhardt und W. Baur die Caronibrücke bei Ciudad Bolivar in Venezuela aus 10 m langen Fertigteilen gebaut, die am Ufer hergestellt und zusammengespannt werden. Der gesamte Überbau wird dann mittels hydraulischer Pressen über die Pfeiler und über Hilfspfeiler zum anderen Widerlager geschoben. Danach werden die Spannglieder entsprechend dem Momentenverlauf verlegt und einbetoniert. Der Überbau überspannt im Endzustand Spannweiten von 96 m. wird die Gladesville-Brücke in Sydney mit 305 m Spannweite als Massivbogenbrücke begonnen. Der Bogen setzt sich aus vier kastenförmigen Rippen zusammen, die aus rechteckigen Stahlbeton-Fertigteilen zusammengebaut werden. Der Scheitel liegt ca. 40 m über dem Wasserspiegel. Die Fahrbahn ist aufgeständert und als vorgespannter Plattenbalken ausgebildet. Der Entwurf stammt von der Société Technique pour l'Utilisation de la Précontrainte/Frankreich (Spannverfahren Freyssinet). baut U. Finsterwalder in Bendorf bei Koblenz die am weitesten gespannte Betonbalkenbrücke der Welt nach dem System des freien Vorbaus in Dywidag-Spannbeton. Das 524,7 m lange Bauwerk ist ein symmetrischer Durchlaufträger über 7 Felder mit den Spannweiten 43,0 m + 44,35 m + 71,0 m + 208,0 m und 71,0 m + 44,35 m + 43,0 m, der mit den beiden Hauptpfeilern biegesteif verbunden ist, auf den übrigen Pfeilern mit Rollenlagern aufliegt und in der Mitte des Mittelfeldes ein längsverschiebliches Gelenk erhält (s. S. 239).
1963	schlägt U. Finsterwalder zur Überspannung des Bosporus eine 1200 m lange und 50 m über dem Wasserspiegel liegende Spannbandbrücke vor. Der Grundgedanke ist, ein sehr stark armiertes Band aus Spannbeton zwischen zwei Widerlagern so straff zu spannen, daß es unter Einhaltung der Ausrundungsradien unmittelbar als Fahrbahn dienen kann. Für das Projekt wird ein über die ganze Brückenlänge durchlaufendes 30 cm dickes Spannband geplant, das auf zwei Zwischenpfeilern mit weit auskragenden Armen, die 408 m weit auseinanderstehen, aufliegt [155].

Literaturverzeichnis

Außer den bereits genannten Veröffentlichungen Freyssinets, Maillarts, Dischingers und Finsterwalders und den unter »Geschichtliches über die Entwicklung des Stahlbetons« aufgeführten Büchern, Aufsätzen und Patentschriften wurde noch folgendes Schrifttum verwendet (Reihenfolge nach dem Erscheinungsdatum):

L. Vicat: Recherches experimentales sur les chaux de construction, les bétons et le mortiers ordinaires. Paris 1818

J. F. John: Über Kalk und Mörtel im allgemeinen und den Unterschied zwischen Muschelschalen- und Kalksteinmörtel insbesondere, nebst Theorie des Mörtels. Berlin 1819

W. Ritter: Die Bauweise Hennebique. Schweizerische Bauzeitung 1899

La construction des ponts au XXe siècle. Le ponts Hennebiques. Paris 1906

F. Quietmeyer: Zur Geschichte der Erfindung des Portlandzementes. Berlin 1911 (Dissertationsschrift)

M. Foerster: Entwicklungsgeschichte und Theorie des Eisenbetons, Handbuch für Eisenbetonbau, Bd. I. Berlin 1912

F. v. Emperger: Neue Bogenbrücken aus umschnürtem Gußeisen. Berlin 1913

Festschrift der Wayss & Freytag AG. Stuttgart 1925

B. Laffaille: Construction d'un Hangar double en béton armé à l'aérodrome de Metz-Frescaty. Le Génie Civil 1934

K. W. Mautner: Spannbeton nach dem Freyssinet-Verfahren. Beton u. Eisen 1936

W. Gehler: Hypothesen und Grundlagen für das Schwinden und Kriechen des Betons, Deutscher Beton-Verein e. V. Zementverlag Berlin 1938

Festschrift der Firma Beton- und Monierbau AG. Berlin 1939

H. Lossier: Les ciments expansifs et leurs applications autocontraintes du béton. Le Génie Civil 1944

M. Lalande: Le Pont du Luzancy sur la Marne. Travaux 1946

O. Graf: Die Baustoffe, ihre Eigenschaften und ihre Beurteilung. Stuttgart 1947

K. Wettstein: Die Entwicklung der Wettstein-Betonbretter. Betonsteinzeitung 1948

J. Melan: Der Brückenbau. Wien 1948

F. Schleicher: Taschenbuch für Bauingenieure. Berlin 1949

M. Bill: Robert Maillart. Zürich 1949

K. Bracher: Entwicklung der Deckenkonstruktionen im Spiegel der Patentliteratur. Wien 1949 (Dissertationsschrift)

O. Graf: Die Eigenschaften des Betons. Versuchsergebnisse und Erfahrungen zur Herstellung und Beurteilung des Betons. Berlin 1950

F. Leonhardt und W. Baur: Brücken aus Spannbeton, wirtschaftlich und einfach. Beton- und Stahlbetonbau 1950

E. Klett: Die Spannbetonbrücke der Bundesbahn über den Neckarkanal in Heilbronn. Beton- und Stahlbetonbau 1951

K. Kober: Die Ederstrombrücke bei Grifte. Beton- und Stahlbetonbau 1952

H. Möll: Das Spannbeton-Patent. Festschrift des Deutschen Patentamtes 1952

M. R. Roš: Der heutige Stand der Entwicklung des vorgespannten Betons. Moos'schen Eisenwerke. Luzern 1953

F. Leonhardt: Verschiedene Spannbetonbrücken in Süddeutschland. Der Bauingenieur 1953

H. Möll: Spannbeton. Stuttgart 1954

G. Magnel: Theorie und Praxis des Spannbetons. Wiesbaden – Berlin 1956

Y. Guyon: Béton précontraint. Étude théoretique et expérimentale. Paris 1958

E. Mörsch: Brücken aus Stahlbeton und Spannbeton. Neubearbeitet von H. Bay, K. Deininger, F. Leonhardt. Stuttgart 1958

E. Torroja: Logik der Form. München 1961

F. Leonhardt: Spannbeton für die Praxis. Berlin 1962

F. Baravalle: Concrete Elements for Bridge Construction. Wien 1963

H. Simons, H. Wind, H. Moser: Die Brücke über den Maracaibo-See in Venezuela. Wiesbaden – Berlin 1963

Gert v. Klass: Weit spannt sich der Bogen. Wiesbaden 1965

P. L. Nervi: Costruire Correttamente. Mailand 1965

C. Faber: Candela und seine Schalen. München 1965

l'architecture d'aujourd'hui No. 47: **Hangar in Marignane**

l'architecture d'aujourd'hui No. 64: **Loeuvre Sarger de B. Laffaille**

l'architecture d'aujourd'hui No. 99: Bauten R. **Sargers**

Ferner wurden für die geschichtliche Übersicht mehrere Jahrgänge der Zeitschriften Beton und Eisen, Zement und Beton, Le Béton armé, Le Ciment, Il Cemento, Armierter Beton, Concrete and constructional Engineering, Der Bauingenieur, und Beton- und Stahlbetonbau herangezogen.

Fotonachweis

Die Fotos für das Kapitel über Freyssinet wurden von der Société Technique pour l'Utilisation de la Précontrainte, Paris, zur Verfügung gestellt. Einige Abbildungen wurden den Zeitschriften Le Génie Civil und Travaux, der Jubiläumsschrift des Deutschen Beton-Vereins und dem Buch »Brücken aus Stahlbeton und Spannbeton« von E. Mörsch entnommen.

Die Firma Dyckerhoff & Widmann besorgte das Fotomaterial für die Beiträge über Dischinger und Finsterwalder.

Die Fotos der Werke Maillarts wurden aus der Gedenkschrift des Schweizerischen Verbandes für die Materialprüfungen der Technik und der Schweizerischen Bauzeitung übernommen.

Ullstein Bauwelt Fundamente

1 Ulrich Conrads, Programme und Manifeste zur Architektur des 20. Jahrhunderts
   180 Seiten, 27 Bilder, DM 10,80 / öS 80,— / sfrs. 12,80

2 Le Corbusier, Ausblick auf eine Architektur
   216 Seiten, 231 Bilder, DM 12,80 / öS 95,— / sfrs. 15,—

3 Werner Hegemann, Das steinerne Berlin
   344 Seiten, 100 Bilder, DM 12,80 / öS 95,— / sfrs. 15,—

4 Jane Jacobs, Tod und Leben großer amerikanischer Städte
   221 Seiten, 4 Bilder, DM 10,80 / öS 80,— / sfrs. 12,80

5 Sherman Paul, Louis H. Sullivan
   164 Seiten, 26 Bilder, DM 9,80 / öS 72,50 / sfrs. 11,65

6 L. Hilberseimer, Entfaltung einer Planungsidee
   140 Seiten, 121 Bilder, DM 10,80 / öS 80,— / sfrs. 12,80

7 H. L. C. Jaffé, De Stijl 1917—1931
   272 Seiten, 52 Bilder, DM 14,80 / öS 109,50 / sfrs. 17,30

8 Bruno Taut, Frühlicht — Eine Folge für die Verwirklichung des neuen Baugedankens
   224 Seiten, 240 Bilder, DM 9,80 / öS 72,50 / sfrs. 11,65

9 Jürgen Pahl, Die Stadt im Aufbruch der perspektivischen Welt
   176 Seiten, 86 Bilder, DM 9,80 / öS 80,— / sfrs. 12,80

10 Adolf Behne, Der moderne Zweckbau
   132 Seiten, 95 Bilder, DM 10,80 / öS 80,— / sfrs. 12,80

11 Julius Posener, Anfänge des Funktionalismus
   232 Seiten, 48 Bilder, DM 12,80 / öS 95,— / sfrs. 15,—

12 Le Corbusier, Feststellungen zu Architektur und Städtebau
   248 Seiten, 230, teils farbige Bilder, DM 14,80 / öS 109,50 / sfrs. 17,30

13 Hermann Mattern, Gras darf nicht mehr wachsen
   12 Kapitel über den Verbrauch der Landschaft
   184 Seiten, 40 Bilder, DM 12,80 / öS 95,— / sfrs. 15,—

14 El Lissitzky, Rußland: Architektur für eine Weltrevolution
   208 Seiten, 116 Bilder, DM 11,80 / öS 87,— / sfrs. 13,90

15 Christian Norberg-Schulz, Logik der Baukunst
   308 Seiten, 118 Bilder, DM 15,80 / öS 117,— / sfrs. 18,40

16 Kevin Lynch, Das Bild der Stadt
   216 Seiten, 143 Bilder, DM 12,80 / öS 95,— / sfrs. 15,—

17 Günter Günschel, Große Konstrukteure 1
   Freyssinet — Maillart — Dischinger — Finsterwalder
   276 Seiten, 172 Bilder, DM 15,80 / öS 117,— / sfrs. 19,40

Ullstein Berlin Frankfurt/M Wien

Bei Fragen zur Produktsicherheit wenden Sie sich bitte an:
If you have any questions regarding product safety,
please contact:

Birkhäuser Verlag GmbH
Im Westfeld 8
4055 Basel, Schweiz
productsafety@degruyterbrill.com